Forschungsinstitut der Friedrich-Ebert-Stiftung
Reihe: Politik- und Gesellschaftsgeschichte, Band 34

Herausgegeben von Dieter Dowe und Michael Schneider

Katharina Keller

Modell SPD?

Italienische Sozialisten
und deutsche Sozialdemokratie
bis zum Ersten Weltkrieg

Verlag J. H. W. Dietz Nachfolger

Meinen Eltern

Die Deutsche Bibliothek – CIP-Einheitsaufnahme

Keller, Katharina:
Modell SPD? : Italienische Sozialisten und deutsche Sozialdemokratie bis
zum Ersten Weltkrieg / Katharina Keller.
[Forschungsinstitut der Friedrich-Ebert-Stiftung]. – Bonn : Dietz, 1994
(Reihe: Politik- und Gesellschaftsgeschichte ; Bd. 34)
Zugl.: Freiburg (Breisgau), Univ., Diss., 1990 u. d. T.:
Keller, Katharina: Die sozialistische Arbeiterpartei Italiens und
die deutsche Sozialdemokratie 1892 bis 1904
ISBN 3-8012-4046-0
NE: GT
ISSN 0941-7621

Forschungsinstitut der Friedrich-Ebert-Stiftung
Godesberger Allee 149, D-53175 Bonn

Copyright © 1994 by Verlag J.H.W. Dietz Nachfolger GmbH
In der Raste 2, D-53129 Bonn
Umschlag: Manfred Waller, Reinbek
Bildnachweis:
Titelfoto rechts: Karl Kautsky, © Archiv der sozialen Demokratie (AdsD), Bonn
Titelfoto links: Filippo Turati, aus: Immagini del socialismo, S. 79.
Direzione PSI, Sezione Attività Editoriali di Propaganda, Rom o.J.
Satz: LibroSatz, Kriftel
Druck und Verarbeitung: Plump, Rheinbreitbach
Alle Rechte vorbehalten
Printed in Germany 1994

Vorwort

Meine Beschäftigung mit dem italienischen Sozialismus geht auf ein Seminar über den Faschismus in Italien und meine daraus hervorgegangene Magisterarbeit über die sozialistische Vergangenheit Mussolinis zurück. Da dieses Thema in der Forschung bereits gründlich aufgearbeitet ist, entschloß ich mich zu einer Studie über die internationalen Beziehungen der Sozialisten zur Zeit der II. Internationale. Unter dem Titel „Die Sozialistische Arbeiterpartei Italiens und die deutsche Sozialdemokratie 1892 bis 1904. Eine rezeptionsgeschichtliche Studie" wurde die hier in leicht gekürzter und überarbeiteter Fassung vorgelegte Studie im Sommer 1990 von der Philosophischen Fakultät der Albert-Ludwigs-Universität zu Freiburg i. Br. als Dissertation angenommen.

Professor Dr. Bernd Martin hat durch Anregungen und beratende Gespräche das Entstehen der Arbeit gefördert. Finanzielle Unterstützung erhielt ich vom Deutschen Akademischen Austauschdienst, Bonn, und vom Deutschen Historischen Institut, Rom.

Erste Kontakte zu italienischen Historikern vermittelte mir der im September 1988 verstorbene Professor Paolo Spriano, Universität Rom. Professor Franco Andreucci, Universität Pisa, war mir bei der Konkretisierung des Projektes behilflich. Von großem Nutzen waren mir schließlich die zahlreichen Fachgespräche mit den Historikern Aart Heering und Claudio Natoli, Universität Rom. Wertvolle Hinweise verdanke ich auch Professor Rudolf Lill, Universität Karlsruhe.

Beate Rosenzweig und Kuno Dünhölter danke ich für die kritische und sorgfältige Durchsicht des Manuskriptes.

September 1993   K. K.

Inhalt

Einleitung

Der Eindruck Bebels, daß die gesamte sozialistische Welt 1890 voller Bewunderung auf Deutschland schaute und die deutsche Sozialdemokratie als „eine Art Musterpartei"[1] ansah, traf sicherlich auf kein Land so stark zu wie auf Italien.[2] Die Mailänder Sozialisten, die sich zu diesem Zeitpunkt anschickten, die Führung in der sozialistischen Arbeiterbewegung Italiens zu übernehmen, schätzten an der deutschen Partei ihre „wunderbare anglosächsische Disziplin"[3] und mußten sich dafür von einigen ihrer Landsleute den Vorwurf der „Tedescomanie"[4] gefallen lassen. Bei aller Bewunderung hegte Filippo Turati, einer der Väter der italienischen sozialistischen Arbeiterpartei und Herausgeber der Zeitschrift „Critica sociale"[5], aber auch Zweifel an der Übertragbarkeit des „deutschen Modells" auf Italien. In der Tat entwickelte sich aus der stark an der SPD orientierten, 1892 in Genua gegründeten, sozialistischen Arbeiterpartei eine sowohl strukturell als auch politisch-ideologisch grundsätzlich andersartige Organisation. Bernhard von Bülow, 1894 Botschafter in Rom, schätzte die Chancen der Ausbreitung marxistischer Organisationen in Italien sehr gering ein: „Die Stetigkeit, der Doktrinarismus, der einseitige Fanatismus und die Neigung zum Phantastischen, welche für die Lehren von Marx und Lassalle empfänglich machen, liegen dem gleichzeitig beweglichen und nüchternen italienischen Nationalcharakter fern."[6]

Die Äußerung Bülows enthielt zwei Vorurteile, die sowohl in der öffentlichen Meinung als auch in der Historiographie auch heute noch auftauchen: Erstens erfolgte die Rezeption des Marxismus in Italien in oberflächlicher, reduzierter Weise und zweitens seien die Italiener leicht zu begeistern, hätten aber keinen Sinn für systematische Organisations- und Propagandaarbeit. Gerade die Tatsache, daß bereits damals noch heute gängige Meinungen und Vorurteile auftauchen, provoziert die Frage nach den Gründen für eine bestimmte Art der Rezeption des deutschen Sozialismus und nach den Bedingungen für die Entstehung von spezifischen Formen der Organisation in Italien.

Stellte sich als Ausgangspunkt der Arbeit zunächst die grundlegende Frage,

---

1 Pt. 1890, S. 28.
2 Vgl. Ragionieri: Socialdemocrazia tedesca e socialisti italiani, S. 17.
3 CS: Sul nuovo programma tedesco. In: CS, 31.7.1891.
4 Siehe z.B. Angiolo Cabrini an Alfredo Casati, August 1892: „[. . .] e benché non sia lieve e tenue l'affetto e la stima che mi legano a Turati, all'Anna e al Croce, pure sono deciso ad oppormi risolutamente all'andazzo tedescomane che ne sovrasta e soverchia fino ad asfissiarci." Zit. n.: Zeffiro Ciuffoletti: La fondazione del partito socialista italiano e l'azione di Filippo Turati. In: Lezioni di storia, S. 9-41. Auch in: Manacorda: Il movimento operaio italiano attraverso, S. 383f.
5 Die CS erschien seit 1891 als Halbmonatszeitschrift in Mailand. Vgl. Kap. IV,1.
6 AAPA, Eur.Gen. 82, 7, Bd. 4.

welchen Stellenwert das Beispiel der SPD für die italienischen Sozialisten hatte und wie sich die Beziehungen zwischen deutschen und italienischen Sozialisten im Laufe der Zweiten Internationale entwickelten, so entstanden daraus folgende Problemfelder: 1. Inwieweit schlug sich das SPD-Modell in der italienischen Parteiorganisation konkret nieder. 2. Welche Rolle spielten die beiden großen Strategiedebatten in der deutschen Sozialdemokratie nach 1890, die Agrar- und die Revisionismusdebatte, in Italien. Entsprechend ist die Studie thematisch gegliedert.

Schwerpunktmäßig wird der Zeitraum zwischen 1892 und 1904 behandelt. Das Jahr 1892 wurde als Gründungsjahr des Partito dei Lavoratori Italiani (PdLI) zum Ausgangspunkt gewählt. Das Jahr 1904 stellte insofern eine Zäsur dar, als mit dem Zusammenstoß zwischen Reformisten und orthodoxen Marxisten auf dem Kongreß der Sozialistischen Internationale in Amsterdam die seit einigen Jahren schwelende Revisionismusdebatte ihren Höhepunkt fand. Mit der Rede des französischen Reformsozialisten Jean Jaurès wurde erstmals seit Gründung der Zweiten Internationale der Führungsanspruch der deutschen Sozialdemokratie massiv in Frage gestellt. Dieser Zeitpunkt markierte gleichzeitig den Beginn der Schwerpunktverlagerung innerhalb der Zweiten Internationale von Deutschland nach Rußland.[7] Ziel der Untersuchung ist es, die Rolle der SPD in den verschiedenen Stadien der Entwicklung des PSI bis 1904 aufzuzeigen. Es ist zu prüfen, ob die italienische Partei, nach der durch den starken Einfluß der SPD geprägten Gründungsphase, dem deutschen Beispiel bei für die Partei entscheidenden Fragen in den folgenden Jahren folgte. Dies betrifft besonders die Agrarpolitik sowie das Verhältnis zu den bürgerlichen Parteien und zum Staat. Darüber hinaus soll ein Beitrag zu den Forschungen über die deutsch-italienischen Beziehungen geliefert werden.

Die Arbeit baut auf einer Studie des marxistischen Historikers Ernesto Ragionieris über die Beziehungen zwischen deutschen und italienischen Sozialisten zwischen 1875 und 1895[8] auf und greift damit die von Franco Andreucci aufgeworfene Frage auf: „Kann die von Ernesto Ragionieri für die Konstituierungsphase des PSI aufgezeigte Rolle der SPD als dauerhaft bezeichnet werden?"[9] Der von Ragionieri behandelte Zeitraum war in Deutschland durch das Sozialistengesetz geprägt, in Italien durch den Beginn einer autonomen Arbeiterbewegung und die Anfänge der Verbreitung des Marxismus. Die Zäsur 1895 begründete Ragionieri mit dem Beginn der Bernsteindebatte und dem Tod von Friedrich Engels.[10] Ragionieri griff mit der 1961 erschienenen Untersuchung ein Thema auf, das bis zum Zeitpunkt der Publikation in der Historiographie nur wenig beachtet worden war.[11] Fünfzehn Jahre später, auf dem von der Redaktion der Zeitschrift „Mondo ope-

---

7 In der DDR-Historiographie wird das Ende der Hegemonie der deutschen Sozialdemokratie bereits auf 1895/96 datiert.

8 Ragionieri: Socialdemocrazia tedesca e socialisti italiani. Kurzfassung auf deutsch: Der Einfluß der deutschen Sozialdemokratie. Siehe auch die Rezension Cortesis: A proposito.

9 Andreucci: Marxismo collettivo, S. 133.

10 Ragionieri: Socialdemocrazia tedesca e socialisti italiani, S. 39.

11 Mit den internationalen Aspekten der Partei beschäftigte sich in den 50er Jahren der sozialdemokratische Historiker Leo Valiani. Valiani: Dalla Prima alla Seconda Internazionale.

raio" organisierten Kongreß über „Anna Kuliscioff und das Zeitalter des Refor-
mismus"[12], beklagte Franco Andreucci den nach Ragionieris Studie eingetretenen
Stillstand in der Forschung über die internationalen Beziehungen des PSI.[13] Ein
Beitrag zu dem von Ragionieri und Andreucci umrissenen Thema muß auch eine
kritische Auseinandersetzung mit den politisch-ideologischen Positionen der beiden
Historiker beinhalten. Darüber hinaus zeigte sich, daß auch methodisch neue Wege
beschritten werden müssen. Konnte Ragionieri noch in dem von ihm untersuchten
Zeitraum die persönlichen Beziehungen zwischen Führungspersönlichkeiten in den
Vordergrund stellen, so muß sich der Schwerpunkt nach der Etablierung der Partei
auf eine Analyse der Rezeption der Presseorgane konzentrieren.

Die 1892 gegründete Partei war, im Gegensatz zu ihren Vorläufern, auf nationaler Ebene organisiert. Sie verstand sich als die von allen bürgerlichen Parteien
unabhängige Repräsentantin der Arbeiterklasse, und sie orientierte sich in ihrem
Programm am Marxismus. Die Parteigründung ist damit in Zusammenhang mit der
Entwicklung des Sozialismus seit der Gründung der Zweiten Internationale 1889 zu
sehen, in der die Führungsrolle der SPD zunächst unbestritten war.[14] Das erste
Kapitel der Arbeit ist daher der Vorgeschichte des PdLI gewidmet. Im zweiten Teil
wird die Bedeutung der SPD in der Gründungsphase der italienischen Sozialistenpartei (bis 1895) dargestellt.[15]

An diese Kapitel anschließend sollen in einem Vergleich der Parteiorganisationen
die Grenzen des „Modellcharakters" der SPD für Italien aufgezeigt werden. Die
unterschiedlichen Parteistrukturen werden auf dem Hintergrund des jeweiligen
Standes der wirtschaftlichen Entwicklung sowie der politischen und gesellschaftlichen Rahmenbedingungen in Deutschland und Italien untersucht. Damit werden
die grundlegenden Unterschiede zwischen der italienischen und der deutschen Partei
aufgezeigt, welche die Basis der spezifischen Rezeption in Italien darstellen.

Bevor näher auf die speziellen Probleme der beiden Strategiedebatten eingegangen wird, scheint es sinnvoll, einen Überblick über die wichtigsten sozialistischen
Zeitungen und Zeitschriften zu geben, die in dieser Zeit erschienen. Neben den
zentralen Parteiorganen („Lotta di classe" und ab 1896 „Avanti!") und den wichtigsten Publikationen der sozialistischen Führer („Critica sociale", „Avanguardia
socialista", „Socialismo") wurde auch die lokale Presse berücksichtigt.[16] Bei der
Auswahl wurde darauf geachtet, möglichst alle Regionen Italiens abzudecken. Das
in diesem Teil dargestellte Pressematerial ist die wichtigste Grundlage der beiden
folgenden rezeptionsgeschichtlichen Kapitel.

---

12 Anna Kuliscioff e l'età del riformismo, Milano 1976.
13 Andreucci: Il partito socialista italiano e la Seconda Internazionale. In: Anna Kuliscioff e l'età del
   riformismo, S. 36.
14 Auch in Galizien, Rumänien und Polen wurden in den frühen 1890er Jahren sozialistische Arbeiterparteien nach deutschem Vorbild gegründet. Siehe auch Internationale Stellung, Berlin.
15 Siehe dazu auch die Arbeiten Ragionieris, Cortesis, Manacordas, Arfés.
16 Dafür wurden die Bestände der Nationalbibliothek in Florenz, der Bibliothek des Istituto Gramsci,
   der Fondazione Basso, der Biblioteca di storia moderna e contemporanea in Rom und der Kom-
   munalbibliothek in Reggio Emilia konsultiert.

Zunächst wird die Agrarfrage behandelt, die in Deutschland aufgrund wahltaktischer Überlegungen in zunehmendem Maße an Bedeutung gewann. Da im Deutschen Reich das allgemeine, gleiche Wahlrecht galt, wurden Landarbeiter und Bauern als potentielle Wähler „umworben". In Italien lag die Problematik aufgrund des Zensuswahlrechtes anders. Dort berührte die Agrarfrage den Kern der sozialistischen Bewegung. Unter dem Stichwort „Agrarfrage" können alle Fragen nach der angemessenen Haltung gegenüber den verschiedenen Schichten der Agrarbevölkerung zusammengefaßt werden. Gerade vor diesem Hintergrund stellt sich die Frage, ob es dem PSI gelang, zu der in allen Ländern aktuellen Diskussion einen eigenen theoretischen Ansatz beizusteuern.

Um die Jahrhundertwende wurde in den Parteien mehrerer Länder über die Richtigkeit der Marxschen Prognosen diskutiert. Obwohl die Debatte europäisches Ausmaß hatte, verlief sie doch in den verschiedenen Ländern sehr unterschiedlich. In Deutschland konzentrierte sich die Diskussion auf die Thesen Bernsteins, die auf dem Parteitag in Hannover 1899 zum ersten Mal von offizieller Seite verurteilt wurden. In Italien kamen die wichtigsten Anstöße zur Kritik am Marxismus nicht aus der sozialistischen Partei, sondern von parteiunabhängigen Intellektuellen. Die beiden Philosophen Antonio Labriola und Benedetto Croce hatten zwar zeitweise mit der sozialistischen Partei sympathisiert, sich aber von der Organisation ferngehalten. Einzig der vom Anarchismus herkommende Saverio Merlino strebte die Rolle eines „italienischen Bernstein" an. Von diesen Diskussionen ziemlich losgelöst, entstand in der Partei ein Streit um die richtige „Taktik". Das ist vor dem Hintergrund des veränderten politischen Klimas zu sehen, das durch den Regierungsantritt Giuseppe Zanardellis (mit Giovanni Giolitti im Innenministerium) im Jahre 1901 entstand. Die italienischen Sozialisten befanden sich durch die Politik Giolittis, die darauf abzielte, den gemäßigten Flügel der sozialistischen Arbeiterbewegung an den Staat zu binden[17], in einer völlig neuen Situation. Auf diese Herausforderung reagierte der pragmatische Teil der Partei mit grundsätzlicher Bereitschaft zur Unterstützung der liberalen Kräfte.

Karl Kautsky wandte sich in seinem Kampf gegen den Revisionismus auf internationaler Ebene jedoch gegen diese Richtung und unterstützte seit 1903 die Syndikalisten um Arturo Labriola, die den Parlamentarismus strikt ablehnten und auf gewaltsamen Umsturz abzielten. Die Verbindung erwies sich jedoch als wenig dauerhaft. Die Ablehnung des Generalstreiks durch die SPD auf dem Kongreß der Sozialistischen Internationale in Amsterdam entfremdete die syndikalistisch-revolutionären Italiener wieder von der deutschen Sozialdemokratie.

Wie reagierten die italienischen Sozialisten auf die Verurteilung der Thesen Bernsteins? Wandte man sich, wie die italienische Forschung zuweilen behauptet, um 1900 völlig von der SPD ab und folgte stattdessen dem Beispiel der französischen Reformsozialisten um Jean Jaurès? Ohne Zweifel wirkte sich die Bernstein-Debatte

---

17 Diese für das italienische politische System so charakteristische Methode wird als „trasformismo" bezeichnet.

negativ auf die Beziehungen zwischen den beiden Parteien aus. Ein differenziertes Urteil über diesen Entfremdungsprozeß erfordert jedoch eine genaue Analyse aller verfügbaren öffentlichen und privaten Quellen.

Hierbei spielt das Zeitungsmaterial[18] eine zentrale Rolle; daneben sind Reden, Schriften und Broschüren[19], die Parteitagsprotokolle des PSI und die Kongreß-berichte der Sozialistischen Internationale zu berücksichtigen. Eine weitere wichtige Informationsquelle sind die Briefwechsel, die zum Teil veröffentlicht sind (wie die Korrespondenz Turati-Kuliscioff), zum Teil auf Mikrofilm im Archiv der sozialen Demokratie (Bonn) vorhanden sind.[20] Informativ sind auch die im Politischen Archiv des Auswärtigen Amtes (Bonn) lagernden Akten zur italienischen Sozial-demokratie und zu den italienischen Korrespondenten der deutschen Reichsregie-rung sowie die im Staatsarchiv in Rom vorhandenen Personalakten über die damals in Berlin lebenden italienischen Journalisten.[21] Schließlich ist auch die Darstellung der italienischen Partei in den Organen der deutschen Sozialdemokratie aufschluß-reich für die Entwicklung der Beziehungen.

Gerade das Zeitungsmaterial ist in der Forschung bisher vernachlässigt worden. Die „Lotta di classe", das Zentralorgan des PSI bis zur Gründung des „Avanti!", beispielsweise ist zur Agrarfrage, einem der zentralen Themen der 1890er Jahre, bisher lediglich von dem DDR-Historiker Harry Stein[22], einem Schüler der Leip-ziger Historikerin Jutta Seidel, ausgewertet worden. Die Positionen der Zentral-organe sollen mit den Stellungnahmen der kleineren, lokalen Blätter verglichen werden. Dies erscheint gerade wegen der im Vergleich zur SPD lockeren Partei-struktur und der starken regionalen Unterschiede in Italien unerläßlich. Die Lokalzeitungen wurden in ihrer Haltung zur deutschen „Führungspartei" bisher nicht untersucht und erwiesen sich zum Teil als wahre „Fundgruben". So fanden sich beispielsweise in einer kleinen, palermitanischen Zeitung Berichte über die Revisionismusdebatte in Hannover, die Antonio Labriola als „spezifisches Problem der deutschen Sozialdemokratie" bezeichnet hatte.[23]

Aber auch die Erschließung des auf nationaler Ebene erschienenen Pressemate-rials weist zum Teil große Lücken auf. So fand beispielsweise der Mailänder „Tempo", eine zunächst demokratische Zeitung, die schließlich in die Hände der Reformsozialisten überging, wenig Beachtung, obwohl das Mailänder Blatt seit 1903 zum wichtigsten Sprachrohr der Reformisten wurde. Aus diesem Grund war bislang auch unbekannt, daß Gustavo Sacerdote, den die Forschung als Korre-

---

18 Siehe Kap. IV.
19 Eine umfangreiche Sammlung von Broschüren zu Fragen der Agrarpolitik befindet sich in der Biblioteca di Storia della Resistenza in Toscana, Florenz.
20 Die Originale befinden sich im Internationalen Institut für Sozialgeschichte (IISG) in Amsterdam. Freundlicherweise wurden mir die in Deutschland nicht vorhandenen Briefe aus dem Nachlaß Kautsky von dem holländischen Institut als Fotokopie zugeschickt.
21 Robert Michels, Gustavo Sacerdote, Romeo Soldi, Oda Olberg-Lerda.
22 Stein: Deutsche Sozialdemokratie, Kap. 2.2.3., S. 75-81.
23 Antonio Labriola: Polemiche sul socialismo. In: Ders.: Democrazia e socialismo, S. 85-88. Vgl. auch Kap. VI,2.

spondenten des „Avanti!" kennt, in den ersten Jahren nach der Jahrhundertwende für den reformistischen „Tempo" schrieb. Als Manko erwies sich auch, daß die Publikationen der Parteiflügel in erster Linie in bezug auf den „Richtungsstreit" untersucht wurden. Die Berichterstattung über das Ausland geriet dadurch in den Hintergrund.

Insgesamt erwies sich die Analyse des Pressematerials als sehr ergiebig. Aufgrund der Ergebnisse dieser Untersuchung war es möglich, das gängige Urteil der Forschung in einigen Punkten zu modifizieren.

Eine der italienischen Forschung weitgehend unbekannte Quelle stellen die Akten der deutschen Reichsregierung über die italienische Sozialdemokratie dar. Das im Auswärtigen Amt lagernde Material enthält insbesondere hinsichtlich der italienischen Korrespondenten in Berlin Informationen, die über den bisherigen Kenntnisstand hinausgehen. Die übersteigerte Furcht der deutschen Regierung vor internationalen sozialistischen Verschwörungen hatte darüber hinaus zur Folge, daß über tatsächliche und vermutete Beziehungen zwischen deutschen und ausländischen Sozialdemokraten genaustens Buch geführt wurde. Auch in diesem Bereich war es möglich, Zusammenhänge zu erschließen, die in der italienischen Literatur bisher nicht bekannt waren.

Die italienische Historiographie über die „Giolitti-Ära" konzentrierte sich unter dem Einfluß Palmiro Togliattis nach dem Zweiten Weltkrieg auf die Frage nach den Gründen für die Niederlage des liberalen Staates gegenüber der faschistischen Bewegung.[24] Seit Ende der 50er Jahre bemühte sich eine eher sozialdemokratisch ausgerichtete Historiographie um die Emanzipation von marxistisch-kommunistischen Prämissen. Als wichtigstes Werk ist hier Gaetano Arfès „Geschichte des italienischen Sozialismus" zu nennen, in dem die Zeit von der Gründung der Partei bis zur Ermordung des sozialistischen Abgeordneten Giacomo Matteotti (1924) und der aventinischen Opposition beschrieben wird.[25] Aber auch die marxistische Geschichtsschreibung beschritt nun neue Wege. Mit Hilfe eines verschiedene historiographische Kategorien kombinierenden Ansatzes wurde versucht, die Beschäftigung mit der rein ideologischen Diskussion zu überwinden. Als Beispiel ist der Vortrag Gastone Manacordas auf dem anläßlich des 70. Jahrestag der sozialistischen Partei 1963 in Florenz veranstalteten Kongreß zu nennen.[26] Der an der römischen Universität „La Sapienza" lehrende Historiker verschmilzt in seinem Ansatz Aspekte der Geschichte der Arbeiterklasse, der Gewerkschaften sowie der politischen Partei. In die gleiche Richtung zielt Giuliano Procaccis Studie über die Arbeiterbewegung zu Beginn des 20. Jahrhunderts.[27] Beschreibt er in den ersten

---

24 Zur Entwicklung der italienischen Historiographie über den Sozialismus siehe Hunecke: Die neuere Literatur; Valiani: Questioni; L'Italia unita nella storiografia; Granata: Il socialismo italiano nella storiografia.
25 Arfé: Storia del socialismo. Zu dieser Richtung werden außerdem Maurizio degl'Innocenti, Franco Gaeta, Idomeneo Barbadoro gezählt.
26 Manacorda: Formazione e primo sviluppo.
27 Procacci: La classe operaia italiana; ders.: Geografia e struttura; ders.: Lo sciopero generale. Auch in: Ders.: La lotta di classe. Die zitierten Aufsätze wurden darin als Kap. 1,2 und 5 aufgenommen.

Kapiteln die Lage der Arbeiterklasse[28], so kommt er in den folgenden auf die ideologischen Auseinandersetzungen und die institutionelle Entwicklung der Partei- und Gewerkschaftsorganisationen zu sprechen. In dem gleichen Zusammenhang ist die bereits erwähnte Arbeit Ernesto Ragionieris über die Beziehungen zwischen deutscher Sozialdemokratie und italienischen Sozialisten einzuordnen. Darüber hinaus sind die Studien Paolo Sprianos[29], Giuseppe Mammarellas[30] und Luigi Cortesis[31] zu nennen.

In den 60er Jahren distanzierte sich eine jüngere Generation marxistischer Historiker von der vorherrschenden geistesgeschichtlichen Forschung und entwickelte eine sogenannte „ouvrieristische" Geschichtsschreibung, die nach dem Gegenstand ihres Interesse, nämlich der Arbeiterklasse selbst, so bezeichnet wurde.[32] Dieser Richtung steht auch der Berliner Historiker Volker Hunecke nahe, der 1974 einen Überblick über die „neuere Literatur zur Geschichte der italienischen Arbeiterbewegung" in deutscher Sprache vorlegte.[33] Den neuen Strömungen trug Leo Valiani in seinem zweiten, 1977 erschienenen Forschungsbericht Rechnung.[34] Die wichtigste Entwicklung für die Erforschung der internationalen Dimension der Arbeiterbewegung war in den 70er Jahren die Einführung einer neuen Methode der „Sozialgeschichte". Auf dem in Deutschland von Steinberg[35] gewiesenen Weg richtete sich das Forschungsinteresse von den Partei- und Gewerkschaftsführern auf die „Basis".[36] Auf diesen Ansatz, der auch für die vorliegende Arbeit von Bedeutung war, wird noch näher einzugehen sein.

Grundlegend für die aktuelle Forschung über Sozialismus und Arbeiterbewegung war die Bereitstellung von wichtigen Hilfsmitteln. Hierbei spielte die „Stelle für die Erforschung der Geschichte des Sozialismus und der Arbeiterbewegung"[37] eine zentrale Rolle. Neben einer mehrbändigen Bibliographie, die auch den Bestand an zeitgenössischen Zeitschriften in der Nationalbibliothek in Florenz umfaßt[38], wurden die parlamentarischen Initiativen der Sozialisten publiziert.[39] Von großer Hilfe ist außerdem ein fünfbändiges, biographisches Lexikon, das von Tommaso

---

28 Er wird daher von Tommaso Detti eher der „ouvrieristischen" Historiographie zugerechnet. Siehe Detti: Storia politica e storia sociale nella storiografia sul movimento operaio. In: L'Italia unita nella storiografia, S. 299-309, hier Anm. 31.
29 Spriano: Storia di Torino operaio e socialista.
30 Mammarella: Riformisti e rivoluzionari.
31 Die wichtigsten Arbeiten in diesem Zusammhang sind: Cortesi: La costituzione; ders: La giovinezza; ders.: Il partito socialista e il movimento dei fasci (1892-1894).
32 Das Zentrum dieser Richtung ist die Zeitschrift „Classe", einer der wichtigsten Vertreter Stefano Merli.
33 Hunecke: Die neuere Literatur.
34 Siehe auch Valiani: La storiografia.
35 Steinberg: Sozialismus.
36 Unter anderem Andreucci: Marxismo collettivo; Rosada: Biblioteche popolari; Haupt: Partito e sindacato.
37 Ente per la storia del socialismo e del movimento operaio italiano (ESSMOI).
38 Bibliografia des socialismo.
39 Attività parlamentare.

Detti und Franco Andreucci herausgegeben wurde.[40] Darüber hinaus ist die von Franco della Peruta bearbeitete „Bibliographie über die italienische Wochenpresse des Sozialismus und der Arbeiterbewegung"[41], die einen kurzen Überblick über die Tendenzen und Entwicklungen der Zeitungen gibt, zu nennen. Luigi Cortesi publizierte 1969 die zentralen Kongreßdokumente des PSI, so daß die wichtigsten Parteitagsreden nun leicht zugänglich sind.[42] Das veröffentlichte Material zur institutionellen Geschichte der Partei wurde 1974 durch eine Sammlung der sozialistischen Programme und Statuten erweitert.[43] Diese Initiativen waren insbesondere wegen des fehlenden Parteiarchivs von großer Bedeutung. Auch die Veröffentlichung der Briefwechsel ist relativ weit fortgeschritten. An erster Stelle ist hier die bereits erwähnte, umfangreiche Korrespondenz zwischen Filippo Turati und Anna Kuliscioff zu nennen, die von Franco Pedone ediert wurde.[44]

Im Bereich der Beziehungen zur internationalen Arbeiterbewegung beschäftigten sich die italienischen Historiker vornehmlich mit der Verbreitung des Marxismus. Die wichtigsten Dokumente, Schriften und Briefwechsel der beiden Begründer des Marxismus mit Italienern wurden von Aldo Romano[45], Giovanni del Bo[46], Gian Mario Bravo[47], Gianni Bosio[48] und Luigi Cortesi[49] zwischen 1945 und 1964 herausgegeben. Die Briefwechsel Antonio Labriolas mit deutschen, österreichischen, französischen, polnischen und russischen Sozialisten hat Giuliano Procacci 1960 ediert.[50]

Auch der Revisionismus ist dank des Vorherrschens der ideologiegeschichtlichen Geschichtsschreibung relativ gut erforscht.[51] Die vorliegende Studie beschäftigt sich, da die sozialistische Partei Gegenstand der Untersuchung ist, in erster Linie mit dem Reformismus, der nach Meinung Enzo Santarellis die „typischste Variante des Revisionismus in Italien" darstellte.[52] Ausgehend von den Prämissen der marxistisch-leninistischen Geschichtsschreibung versteht Santarelli den Revisionismus als „kleinbürgerliche Tendenz zum Reformismus"[53], die sich am deutlichsten in der

---

40 Dizionario biografico.
41 Bisher ist diese Arbeit u.a. für Mailand geleistet. I periodici di Milano.
42 Cortesi: Il socialismo. Vgl. auch die Rezension in St. cont., 1976, S. 173ff. Die ältere Bearbeitung von Pedone: Il Partito Socialista Italiano nei suoi congressi hat zusammenfassenden, beschreibenden Charakter und bringt lediglich die Beschlüsse im Wortlaut.
43 Programmi e statuti.
44 FT-AK Carteggio. Weitere Veröffentlichungen siehe im Quellenverzeichnis. Der Briefwechsel wurde als Quelle insbesondere von Brunello Vigezzi genutzt. Siehe u.a. Vigezzi: Il PSI, le riforme e la rivoluzione.
45 Romano: Nuovi documenti per la storia del marxismo.
46 La corrispondenza di Marx e Engels con italiani. Auch in: MEW, 33.
47 Bravo: Marx e Engels.
48 Marx/Engels: Scritti italiani.
49 Corrispondenza Engels-Turati, S. 220-283. In deutscher Sprache: Der Briefwechsel. Auch in: MEW, 39.
50 Labriola e la revisione.
51 Unter anderem Santarelli, der sich besonders mit internationalen Aspekten beschäftigt hat. Santarelli: La revisione. Siehe auch Spriano: Rezension von Santarelli: La revisione. Frosini: Breve storia.
52 Santarelli: La revisione, S. 387.
53 Ebd., S. 372.

Akzeptanz des Imperialismus[54] bemerkbar mache. Turati war demnach Revisionist, ohne sich klar zwischen Kautsky und Bernstein zu entscheiden.[55] Dagegen arbeitete der Sozialdemokrat Arfé als wesentlichen Unterschied zwischen Bernsteinschem Revisionismus und Turatianischem Reformismus das Festhalten des Italieners an der Autonomie der Arbeiterklasse heraus. Valiani vertritt die Meinung, daß der von Kautsky theoretisch untermauerte Immobilismus der deutschen Sozialdemokratie einem Reformismus, der vom Marxismus sehr viel weiter entfernt war als der italienische, den Weg ebnete, nämlich dem Reformsozialismus Friedrich Eberts.[56] Wenn Turati kein Marxist war, so Valiani, dann waren es auch Jean Jaurès, Victor Adler und selbst die deutschen Sozialdemokraten um 1900 nicht.[57]

Die Forschungskontroverse zwischen marxistisch-leninistischer Historiographie einerseits, sozialdemokratischer und „liberaler" marxistischer Geschichtswissenschaft andererseits wurde in jüngster Zeit durch Renato Monteleones Biographie über Filippo Turati neu belebt.[58] Die Frage, inwieweit der italienische Reformismus marxistisch war, wird also sehr stark und kontrovers diskutiert. Bereits in der zeitgenössischen Debatte war die Frage umstritten, welche „corrente" die authentische Interpretation des Marxismus verkörpere. Aufgrund der Tatsache, daß Marx und Engels Deutsche waren, aber auch bedingt durch die Autorität Kautskys spielte die SPD dabei eine große Rolle. So ist zu untersuchen, inwieweit Kautsky und die SPD zur Legitimierung der jeweiligen „corrente" in Anspruch genommen wurden. Dieser Aspekt wurde bisher in der Forschung vernachlässigt. Steht die marxistisch-leninistische Forschung zu sehr unter dem Diktum ideologischer Prämissen, so ist der Blickwinkel von Historikern wie Arfé zu stark auf die innerparteilichen Aspekte gerichtet. Die Hinweise hinsichtlich der internationalen Beziehungen und der Rezeption ausländischer Vorbilder bleiben vereinzelt; sie finden sich sowohl in allgemeinen Darstellungen über die Geschichte der Sozialistischen Partei (beispielsweise in der Studie Arfés) als auch in Studien über Einzelaspekte und die verschiedenen „correnti".[59] Auch in den Biographien, mit Ausnahme der beiden neuen, umfangreichen Arbeiten über Turati[60] und Anna Kuliscioff[61], wird der Wandel im Verhältnis zur SPD kaum berücksichtigt.[62]

Eine wichtige Rolle für die vergleichende Geschichtsschreibung spielt das Italie-

---

54 Ebd., S. 373.
55 Ebd., S. 311.
56 Valiani: Questioni, S. 96.
57 Ebd.
58 Monteleone: Turati.
59 Unter anderem Renda: I fasci siciliani; Riosa: Il sindacalismo; Vigezzi: Il PSI, le riforme e la rivoluzione.
60 Monteleone: Turati. Franco Livorsi beschränkt sich auf den Hinweis, daß Turati nach 1900 stärker den französischen Sozialismus rezipierte; den Kommentar zum Kongreß von Hannover interpretiert er m.E. nicht richtig als Solidarisierung mit Bernstein. Livorsi: Turati, S. 125. Die ältere Biographie Franco Catalanos ist sehr summarisch. Catalano: Turati.
61 Casalini: La signora del socialismo.
62 So zum Beispiel in Colapietras Bissolati-Biographie und in Cortesis Bonomi-Biographie. Siehe Colapietra: Bissolati und Cortesi: Ivanoe Bonomi.

nisch-Deutsche Historische Institut in Trient. Im Jahre 1976 war die Arbeiterbewegung in Italien und Deutschland Thema eines von diesem Institut veranstalteten Seminars. Vergleichende Aspekte standen insbesondere in dem Vortrag Leo Valianis im Vordergrund.[63]

In der nichtitalienischen Literatur über Sozialdemokratie, Marxismus und Revisionismus spielt Italien durchweg eine marginale Rolle;[64] Sprachprobleme stellen hier vermutlich eine Barriere dar. Sehr informativ und überzeugend sind die Antonio Labriola, Benedetto Croce und Saverio Merlino gewidmeten Kapitel der 1972 in deutscher Sprache erschienenen Studie Bo Gustafssons.[65] Die übergreifende Darstellung über die „Hauptströmungen des Marxismus" aus der Feder Leszek Kolakowskis bleibt dagegen in den Italien betreffenden Teilen an der Oberfläche und kommt zu Fehlschlüssen.[66] Der Syndikalismus ist in der italienischen Forschung – dank des lange Zeit vorherrschenden ideengeschichtlichen Schwerpunktes – umfassend aufgearbeitet. Es fehlt allerdings noch immer an deutschsprachiger Literatur zu dem Thema.[67]

Die Stellung der SPD innerhalb der Zweiten Internationale war eines der Themen, denen die DDR-Historiographie besondere Aufmerksamkeit widmete. Diese Forschungsrichtung hatte ihren Schwerpunkt an der Universität Leipzig, wo zum Thema „Internationale Stellung und internationale Beziehungen der deutschen Sozialdemokratie" 1980 ein Symposium veranstaltet wurde. Die Redakteurin der Konferenzprotokolle[68], Jutta Seidel, hat 1982 eine Monographie mit dem gleichen Titel herausgebracht, das Thema jedoch auf die institutionelle Ebene beschränkt.[69] Auf ihre Anregung hin wurde im Rahmen einer Dissertation auch das Verhältnis zwischen deutscher Sozialdemokratie und italienischem Sozialismus untersucht.[70] Im Mittelpunkt der sorgfältig recherchierten Arbeit steht jedoch nicht – wie bei der vorliegenden Arbeit – die Sozialistische Partei, sondern die Auseinandersetzung deutscher Sozialdemokraten mit italienischen Intellektuellen, die der Partei fernstanden, jedoch einen gewissen Einfluß auf deren theoretische Positionen hatten. Dazu zählte beispielsweise der Soziologe Achille Loria, ein Gegner der Marxschen Mehrwerttheorie, der in Filippo Turatis Zeitschrift „Critica Sociale" ein Forum

---

63 Valiani: Il movimento operaio socialista. Auch Ute Heidrun-Hesse stellt die Ergebnisse ihrer Forschungen über die sozialistische Fraktion des PSI in Beziehung zur sozialdemokratischen Fraktion im deutschen Reichstag. Hesse: Il gruppo parlamentare.

64 Überhaupt nicht berücksichtigt werden die kleineren sozialistischen Bewegungen, wie die italienische, in der vergleichenden Untersuchung der Historiker Stearns und Mitchell über die Situation der Arbeiter. Vgl. Workers and Protest.

65 Gustafsson: Marxismus und Revisionismus, insbes. Kap. V: Italienische Inspiratoren, S. 162ff.

66 Kolakowski: Die Hauptströmungen des Marxismus, S. 28. Vgl. dagegen das Urteil Gustafssons: Marxismus und Revisionismus, S. 185.

67 Wilfried Röhrich hat 1977 die erste deutschsprachige Gesamtdarstellung vorgelegt, der jedoch keine weiteren Detailstudien gefolgt sind. Röhrich: Revolutionärer Syndikalismus.

68 Internationale Stellung, Leipzig.

69 Internationale Stellung, Berlin. Darin auch eine Bibliographie marxistischer Literatur zum Thema, S. 264ff.

70 Stein: Deutsche Sozialdemokratie.

fand.[71] Breit besprochen wird außerdem die Rolle Antonio Labriolas, der der Partei ebenfalls nicht angehörte und lediglich in der Gründungsphase Einfluß auf ihr theoretisches Konzept hatte. Die in der DDR entstandenen Arbeiten leiden, wie zahlreiche Studien italienischer Marxisten, an der dogmatischen Interpretation, die eine ausgewogene Beurteilung der Reformisten und ihrer Haltung zur deutschen Sozialdemokratie verhindert.

Der Einfluß der deutschen Sozialdemokratie auf die sozialistischen Parteien des Auslandes ist von George Haupt für den südosteuropäischen Raum[72] untersucht worden und von Jacques Droz für Frankreich.[73] Über den Einfluß von Engels auf die italienische Arbeiterbewegung referierte Ragionieri auf einer anläßlich des 150. Geburtstages von Friedrich Engels veranstalteten Tagung.[74] Ragionieri lieferte einen weiteren beziehungsgeschichtlichen Beitrag mit der Untersuchung der Rezeption der italienischen Arbeiterbewegung in der „Neuen Zeit"[75], der jedoch bisher nur in italienischer Sprache vorliegt. In den gleichen Zusammenhang ist seine Arbeit über die Beziehungen zwischen Werner Sombart und der italienischen Arbeiterbewegung einzuordnen.[76] Sowohl die deutsche als auch die internationale Sozialdemokratie erfassende Studie von Hans Georg Lehmann über die Agrarfrage[77], berücksichtigt die italienische Sozialdemokratie, kann jedoch aufgrund ihres umfassenden Ansatzes nicht ins Detail gehen. Der Autor scheint auch außer der von Pedone 1959 vorgelegten Darstellung „Der PSI im Lichte seiner Kongresse"[78] nur deutschsprachiges Quellenmaterial, wie etwa die Berichte im „Vorwärts", im „Sozialdemokrat" und in den Akten des Auswärtigen Amtes ausgewertet zu haben.[79]

In den 80er Jahren gab es wiederholt Initiativen zur Fortführung der Studien in diesem Bereich. 1982 wurde in Mailand vom „Istituto socialista di studi storici" ein Seminar zum Thema „Filippo Turati und der europäische Sozialismus"[80] organisiert. Der Referent zum Thema „Filippo Turati und die II. Internationale"[81], der Holländer Aart Heering, beschäftigte sich in der Folge mit den außenpolitischen Vorstellungen der italienischen Sozialisten[82] und mit den Beziehungen zwischen deutschen und italienischen Intellektuellen, die auch Gegenstand seines Vortrags bei einem vom Pariser „Maison des sciences de l'homme" veranstalteten Kolloquium

---

71 Ebd., S. 44-51. Dieses Thema ist in der italienischen Forschung von Gian Mario Bravo behandelt worden. Friedrich Engels. 1820-1870, S. 175-189.
72 Haupt: Der Einfluß der deutschen Sozialdemokratie.
73 Droz: Der Einfluß. Siehe auch Seidel: Politische Beziehungen.
74 Ragionieri: Engels und die italienische Arbeiterbewegung. In: Friedrich Engels. 1820-1870, S. 189-200.
75 Ragionieri: L'Italia e il movimento operaio italiano.
76 Ragionieri: Werner Sombart.
77 Lehmann: Die Agrarfrage.
78 Pedone: Il Partito Socialista Italiano nei suoi congressi.
79 Vgl. Quellen- und Literaturverzeichnis, Ausland. Lehmann: Die Agrarfrage, S. 101.
80 Turati e il socialismo europeo.
81 Ebd., S. 108-122.
82 Die von der Universität Groningen geförderte Arbeit ist noch nicht abgeschlossen.

über „Rolle und Stellung der Intellektuellen in der Zweiten Internationale"[83] waren. Eine Forschungsgruppe um Franco Andreucci, Jutta Scherer und Marek Waldenberg beschäftigte sich mit der Verbreitung sozialistischer Ideen in Europa zur Zeit der Zweiten Internationale. Die Publikation von Franco Andreuccis Studie über den „Kollektivmarxismus"[84] ist in diesen Zusammenhang einzuordnen. Andreucci verfolgt einen Ansatz, der Ideengeschichte, Sozial- und Wirtschaftsgeschichte und internationale Aspekte miteinander verbindet. Sein Forschungsinteresse konzentriert sich auf die Zirkulation der sozialistischen Ideen und die „Vehikel" ihrer Verbreitung. Dazu gehört die Untersuchung nicht nur der Presseorgane der sozialistischen Führer, sondern auch der Lokalpresse, der Propaganda-Broschüren und der Konferenzen. Darüber hinaus stellte die Emigration einen wichtigen Kanal der Verbreitung sozialistischer Ideen dar. Mit der Analyse des „Kollektiv"- oder „Massen"-Sozialismus will Andreucci in Italien einen Aspekt bearbeiten, der in Deutschland bereits durch die Arbeiten Steinbergs[85] und in Frankreich durch die Studie Claude Willards[86] aufgegriffen wurde.[87] Das Verhältnis des italienischen Sozialismus zur deutschen Sozialdemokratie ist seiner Meinung nach einer der wichtigsten Aspekte für die Einordnung des PSI in den internationalen Sozialismus.[88] Andreucci untersuchte darüber hinaus die Beziehungen zwischen dem PSI und den Institutionen der Internationale.[89]

Im Jahr 1988 fand außerdem im Rahmen der vom Trierer Karl-Marx-Haus organisierten Ausstellung über die „Verbreitung der Werke von Karl Marx und Friedrich Engels in Italien" ein wissenschaftliches Kolloquium zum Thema „Die Entwicklung des Marxismus in Italien" statt.[90] Im gleichen Jahr diskutierten Wissenschaftler aus aller Welt in Bremen über Karl Kantskys Bedeutung für die Geschichte der sozialistischen Arbeiterbewegung.[91] Die internationalen Aspekte des italienischen Sozialismus sind also ein Forschungsgegenstand, der seit Beginn der 80er Jahre auf starkes Interesse gestoßen ist. Durch die bisher zu diesem Thema erschienenen Arbeiten wurden wichtige Aspekte bereits aufgearbeitet. Dennoch bestehen in wesentlichen Punkten noch Desiderate.

Bei der Behandlung der internationalen Aspekte der italienischen Sozialdemokratie sind im wesentlichen zwei Ebenen zu unterscheiden: Erstens die Beziehungen und gegenseitige Beeinflussung auf Führungsebene, die sowohl anhand einer Analyse der entsprechenden Publikationen als auch mit Hilfe der Korrespondenzen zu

---

83 Heering: Italiens et Allemands. Die vom Istituto Ragionieri (Florenz) geplante Publikation der Vorträge ist noch immer nicht realisiert.
84 Andreucci: Il marxismo collettivo.
85 Steinberg: Sozialismus.
86 Willard: Les Guesdistes. Le mouvement socialiste en France 1893-1905.
87 Andreucci: Il marxismo collettivo, S. 33ff.
88 Ders.: Il partito socialista e la Seconda Internazionale. In: Anna Kuliscioff e l'età del riformismo, S. 37.
89 Ebd., S. 33-58.
90 Kuck: Die Entwicklung des Marxismus.
91 Rojahn, Marxismus und Demokratie.

untersuchen sind, und zweitens die Rezeption auf der unteren Parteiebene, die in der Lokalpresse und in Broschüren zum Ausdruck kam. Die Lokalpresse stellt ohne Zweifel den schwerer zugänglichen Forschungsgegenstand dar. Das größte Problem liegt in der Unerschlossenheit des Materials; die Durchsicht von Zeitungsmaterial ist ungewöhnlich zeitaufwendig, und der Ertrag steht nicht immer in einem ausgewogenen Verhältnis dazu.[92] In dieser Schwierigkeit ist der Hauptgrund für die Desiderate in diesem Bereich zu sehen. In den letzten Jahren wandte sich die Forschung jedoch verstärkt diesem methodischen Ansatz zu.[93]

In der vorliegenden Arbeit sollen beide Ebenen der Partei – die Führung und die Basis – berücksichtigt werden. Die rezeptionsgeschichtlichen Aspekte sollen mit der allgemeinen politischen und wirtschaftlichen Geschichte verknüpft werden. Die vorliegende Studie ist damit als Weiterentwicklung des von Franco Andreucci gewiesenen Weges zu sehen. Das zentrale Erkenntnisziel der Arbeit besteht in einer differenzierten Analyse des Einflusses der SPD auf die Arbeiterpartei Italiens. Durch die Ausweitung der Untersuchung auf die „unteren Chargen" der Partei soll es möglich werden, das in der Literatur häufig anzutreffende pauschale Urteil zu modifizieren, der PSI habe sich nach der Jahrhundertwende von der SPD ab- und den französischen Sozialisten zugewandt. In diesem Kontext muß auch die Position Kautskys stärker als bisher beleuchtet werden. Dabei geht es in erster Linie um die Beweggründe seiner Intervention in die Angelegenheiten des italienischen Sozialismus.[94]

Um das verbreitete Vorurteil abzubauen, die italienischen Sozialisten hätten theoretischen Problemen gegenüber lediglich Unverständnis gezeigt, müssen die Motive für ihre Handlungsweisen und Entscheidungen vor allem vor dem politischen Hintergrund der Zeit gesehen werden. Ein zentrales Anliegen der Arbeit besteht daher auch in der Überwindung von stereotypen Schemata, die teils ideologische Wurzeln haben und teils Resultat eines spezifisch deutschen Italienbildes sind.

---

92 Bei dem behandelten Thema kommt der schlechte Zustand der Zeitungen erschwerend hinzu. Das in der Nationalbibliothek in Florenz lagernden Material wurde von der Arnoüberschwemmung 1966 stark beschädigt.

93 So auch Jens Petersen bei der 31. Tagung des Italienisch-Deutschen Historischen Institutes in Trient im September 1989.

94 Dabei muß auch die Rolle Kautskys in der deutschen Revisionismusdebatte berücksichtigt werden. Vgl. Meyer, Thomas: Karl Kautsky im Revisionismusstreit und sein Verhältnis zu Eduard Bernstein. In: Rojahn: Marxismus und Demokratie, S. 57-74.

I. Die Entwicklung des Sozialismus in Italien bis 1890

1. Die Probleme der italienischen Nationalstaatsbildung und die organisatorischen Anfänge der Arbeiterbewegung

Die Gründung der italienischen Sozialistischen Arbeiterpartei (Partito dei Lavoratori Italiani) im August 1892 in Genua stellte einen Zusammenschluß von rund 200 bereits bestehenden Organisationen dar. Darunter waren Widerstandsligen (leghe di resistenza), Arbeiterhilfsvereine (società di mutuo soccorso), sozialistische Propagandagruppen (circoli propagandistici) und Wahlvereine (circoli elettorali). Der älteste Typ der in Genua vertretenen Vereine waren die „società di mutuo soccorso". Gastone Manacorda schreibt über den Stellenwert dieser Organisationen zu Recht: „Die Geschichte der Ursprünge der Sozialistischen Partei muß von diesen Assoziationen ausgehen, die in dem Moment, in dem sie entstehen, weder auf den Kampf um wirtschaftliche Forderungen ausgerichtet sind noch auf den politischen Kampf, die aber trotzdem das organisatorische Feld darstellen, auf dem sich die eine oder andere Form des Klassenkampfes entwickeln wird".[1]

Bei dieser Organisationsform sind zwei Hauptströmungen zu unterscheiden[2]: die gemäßigt-liberale und die radikal-demokratische, die sich an Giuseppe Mazzini orientierte. Diese Vereine fanden zunächst im Königreich Sardinien[3] Verbreitung, wo nach der Revolution von 1848/49 die größte politische Freiheit bestand; in der industriell stärker entwickelten Lombardei fehlten sie dagegen.

Unter dem savoyischen Königshaus (Carlo Alberto) war Piemont-Sardinien der einzige italienische Staat, in dem Verfassung und Parlament nach der gescheiterten Revolution erhalten blieben. Mit dem 1847 verkündeten „statuto albertino" hatte das Königreich Sardinien eine Verfassung, welche die Entwicklung vom konstitutionellen zum parlamentarischen Regierungssystem ermöglichte.[4] Der König war Staatsoberhaupt und Regierungschef, und laut Verfassung nicht an die Entscheidungen des Parlaments gebunden. Faktisch aber akzeptierte Vittorio Emanuele II.,

---

1 „La storia delle origini del Partito socialista deve prendere le mosse da queste associazioni, le quali nel momemto che nascono non sono destinate né alla lotta per le rivendicazioni economiche, né alla lotta politica, ma costistuiscono tuttavia il campo organizzato sul quale si svilupperà l'una e l'altra forma di lotta di classe." Manacorda: Il socialismo nella storia, vol.I, S. 68.

2 In den die allgemeine politische Geschichte Italiens betreffenden Abschnitten stütze ich mich im folgenden auf die Darstellungen von Mack Smith: Storia d'Italia, vol.I; Seton-Watson: L'Italia, vol.I; Candeloro: Storia dell'Italia moderna, vol.V; Lill: Geschichte Italiens; Pescosolido: Stato e società. Zur Geschichte des Sozialismus und der Arbeiterbewegung siehe außerdem Manacorda: Il socialismo nella storia; ders.: Il movimento operaio italiano attraverso; Michels: Sozialismus in Italien; ders.: Historische-kritische Einführung.

3 Das Königreich Sardinien umfaßte Piemont, Ligurien und die Insel Sardinien.

4 Siehe auch Bortone: Le strutture. Vgl. Kap. II.

der Nachfolger Carlo Albertos und spätere König von Italien, das parlamentarische System, als 1852 Cavour[5] mit Hilfe der Mehrheit des Abgeordnetenhauses Ministerpräsident wurde.

Die von Arbeitern und Handwerkern getragenen „società di mutuo soccorso", die sich in Piemont-Sardinien in dem relativ liberalen politischen Klima seit 1849 entwickelten, hatten in erster Linie Unterstützungs- und Vorsorgeaufgaben; die radikal-demokratischen, mazzinianischen Assoziationen verstanden sich jedoch bereits auch als politische, vom bürgerlichen Lager unabhängige Organisationen. Die Bestrebungen Mazzinis gingen dahin, die Kräfte der Arbeiter für die nationale, italienische Revolution zu gewinnen. Die soziale Frage war demnach unauflöslich mit der nationalen Frage verbunden. Mazzini forderte die Konstituierung einer unitarisch-demokratischen Republik, die durch Einbeziehung der Massen ohne Hilfe von außen geschaffen werden sollte (L'Italia farà da se). In einem italienischen Nationalstaat, so glaubte er, ließen sich die sozialen Probleme durch die Entwicklung des Kooperationswesens mit staatlicher Unterstützung lösen. Der Privatbesitz sollte nicht aufgehoben, sondern nur anders verteilt werden. Bereits in seinen frühen Schriften zeigte Mazzini sich als vehementer Gegner kommunistisch-sozialistischen Ideengutes – in späteren Jahren brachte ihn seine ablehnende Haltung gegenüber Kollektivismus, Materialismus und Klassenkampf in heftigen Gegensatz zu Karl Marx.

Im Exil in England lernte Mazzini zwischen 1836 und 1848 die Lage der Arbeiter in einem wirtschaftlich fortgeschrittenen, industrialisierten Land kennen. Diese Erfahrungen bildeten die Basis für seine Aktivitäten nach seiner Rückkehr nach Italien, wo seine Initiativen nun auf die Organisierung der Arbeiterschaft abzielten. Fanden bereits seit 1853 regelmäßig Kongresse der assoziierten Arbeitervereine statt, so stellte jedoch erst die Einigung des Staates 1859/60 die notwendige Voraussetzung für die Ausbreitung der Organisationen in ganz Italien dar. Die organisatorischen Anfänge der italienischen Arbeiterbewegung fallen also in die Zeit des „Risorgimento", der italienischen Nationalstaatsbildung.

Nach dem Krieg Piemonts gegen Österreich und der darauffolgenden Eroberung des Südens, die durch Garibaldis „Zug der Tausend" eingeleitet worden war, trat 1861 in Turin das erste italienische Parlament zusammen, in dem Abgeordnete aus nahezu allen Teilen des Landes[6] vertreten waren. Der neue Staat wurde durch die Übernahme des Albertinischen Statutes zu einer parlamentarischen Monarchie. Das auf dem Zensussystem basierende Wahlrecht war jedoch extrem restriktiv: Bei der ersten Parlamentswahl 1861 waren kaum zwei Prozent der italienischen Bevölkerung stimmberechtigt. Die Konstituierung des Königreiches Italien stellte einen Sieg der gemäßigt-liberalen über die demokratisch-republikanischen Kräfte dar.

---

5 Cavour erreichte als Ministerpräsident des Königreiches Sardinien 1859/60 die Einigung Italiens.
6 Venetien wurde erst 1866 in Folge des preußisch-österreichischen Krieges in den italienischen Nationalstaat integriert. Rom konnte erst 1870 („Breccia di Porta Pia") durch die italienischen „bersaglieri" eingenommen werden. Die Regierung wählte daraufhin ihren Sitz in der ehemals päpstlichen Residenz auf dem Quirinal in Rom.

Ein einheitlicher italienischer Volksstaat, wie er Mazzini vorgeschwebt hatte, war durch die Schaffung der staatlichen Einheit nicht entstanden. Die schmale, liberale Führungsschicht stand, ganz im Gegenteil, vor einer Vielfalt von Konflikten und Gegensätzen, welche die Integration des politisch, wirtschaftlich und kulturell fragmentierten Landes in hohem Maße erschwerten.[7]

Das Verhalten der Politiker aus dem ökonomisch führenden Norden wurde im Süden als Fremdherrschaft empfunden, gegen die sich Briganten-Banden[8] formierten; durch die Versuche der Regierung, den Widerstand mit Gewalt zu brechen, weiteten sich die Aufstandsversuche zu einem jahrelangen Partisanenkrieg aus. Die piemontesische Führungsschicht kooperierte ausschließlich mit den Großgrundbesitzern und Großpächtern der herrschenden agrarischen Schicht Süditaliens und trug dadurch zur Stabilisierung der gesellschaftlichen Verhältnisse im „Mezzogiorno"[9] bei. Mit dem Anschluß des ehemaligen „Königreiches beider Sizilien" an Piemont wurde die staatliche Bürokratie ausgeweitet und von dem im Süden weit verbreiteten Klientelwesen[10] überlagert. Dies beeinträchtigte einerseits die Funktionsfähigkeit des Staates und führte andererseits zur Festigung des traditionellen, klientelistischen Systems.

Der Gegensatz zwischen Norden und Süden verschärfte sich darüber hinaus durch die Einführung des Freihandels[11], dem die wenigen Industrien des Südens nicht gewachsen waren und durch die drückenden Steuerlasten, die auf die Landarbeiter und Kleinbauern abgewälzt wurden. Das „Südproblem", das bis heute auf Italien lastet, wirkte sich später auch auf die sozialistische Bewegung aus.

Auch in Nord- und Mittelitalien führte die Kluft zwischen „paese legale" und „paese reale", zwischen der Führungsschicht und der Masse der Bevölkerung häufig zu Tumulten und Protestaktionen. Die Lage der städtischen und ländlichen Arbeiter war durch extrem niedrigen Lebensstandard, Analphabetismus, völlige Schutzlo-

---

7 Siehe auch Nolte: Grundprobleme der italienischen Einigung.

8 Der Brigantismus rekrutierte sich meist aus dem Bauernstand und entwickelte sich bereits im 18. Jahrhundert als Reaktion auf die Ausbeutung der Bauern durch den bourbonischen Adel.

9 Auch das Erstarken der Mafia (1865 zum ersten Mal amtlich genannt) ist in diesen historischen Kontext einzuordnen. Die mafiosen „Karrieren" waren zum einen durch die soziale Ordnung bedingt, in der sozialer Aufstieg auf legalem Weg praktisch ausgeschlossen war, zum anderen durch das Machtvakuum, das durch den Zerfall der feudalen Herrschaftsordnung und die mangelnde Konsolidierung des bürokratischen Staates entstanden war. Siehe dazu Raith: Die ehrenwerte Firma, S. 47-83.

10 Der Politologe Peter Fritsche definiert Klientelismus als „Verhältnis zweier Personen, die ungleiche Macht haben und die auf der Basis des gegenseitigen Interesses und der wechselseitigen Hilfe eine Tauschbeziehung eingehen." Als Beispiel nennt er den Parteifunktionär, der öffentliche Institutionen und Ressourcen benutzt, um im Tausch von Gefälligkeiten Wahlstimmen zu erhalten. Fritsche: Die politische Kultur Italiens, S. 36.

11 Über die Auswirkungen der Freihandelspolitik auf die Industrialisierung und damit auf die Entwicklung eines Fabrikproletariats gehen die Meinungen in der Historiographie weit auseinander. So vertreten Alexander Gerschenkron und Volker Hunecke die Auffassung, diese Wirtschaftspolitik (bis 1878) habe die Industrialisierung Italiens eher gebremst. Rosario Romeo dagegen ist der Meinung, daß die Freihandelspolitik die Bedingung für die Ausfuhrsteigerung gewesen sei, und diese wiederum erst die Kapitalakkumulation für die Schaffung der Infrastruktur ermöglichte. Siehe Hunecke: Die neuere Literatur, S. 545. Siehe auch Valiani: Questioni, S. 317. Vgl. Kap. II,1.

sigkeit gegenüber der Willkür der Arbeitgeber[12] und fehlende Absicherung bei Arbeitsunfähigkeit, Krankheit und Alter geprägt. Die Einführung der den Brotpreis erhöhenden Mahlsteuer 1868 schürte noch zusätzlich den Haß gegen den liberalen Staat, der sich in erster Linie als Steuereintreiber präsentierte.[13]

Die wirtschaftliche Entwicklung Italiens war zum Zeitpunkt der Nationalstaatsbildung im europäischen Vergleich sehr zurückgeblieben.[14] Die Apennin-Halbinsel war überwiegend agrarisch geprägt, etwa 70% der Bevölkerung waren in der Landwirtschaft tätig. In der Industrie herrschten vormoderne Produktionsformen mit veralteten Techniken vor. Erste Ansätze eines strukturellen Wandels waren in der Baumwollindustrie zu verzeichnen, seit circa 1860 setzte die Entwicklung in der Leinenindustrie ein. Aufgrund der nur bescheidenen Kohleressourcen stellte die Energiegewinnung ein großes Problem dar, das sich retardierend auf den technischen Fortschritt auswirkte. Die Maschinenindustrie steckte im Vergleich zu der Entwicklung in England, Frankreich, Belgien und Preußen noch sehr in den Anfängen, erfuhr aber durch den forcierten Eisenbahnbau nach der Einigung starken Auftrieb. Sehr viel massiver wirkte sich der Mangel an Rohstoffen auf die Entwicklung der Stahlindustrie aus.

Eine wesentliche Voraussetzung für die wirtschaftliche Entwicklung Italiens stellte die Bildung eines einheitlichen, nationalen Marktes dar, die jedoch in erster Linie eine Steigerung der landwirtschaftlichen Produktion bewirkte. Im Bereich der bereits kapitalistischen Agrarproduktion der lombardischen und piemontesischen Tiefebene und der ebenfalls in der voralpinen Hügelregion angesiedelten landwirtschaftlich-industriellen Seidenindustrie fanden mit der Kapitalakkumulation und der Herausbildung eines modernen Proletariats die entscheidenden Entwicklungen statt, die den Weg zur industriellen Revolution ebneten.

Auch die Entwicklung der Arbeiterbewegung erlebte nach der Einigung einen starken Schub. Es setzte eine intensive organisatorische Tätigkeit ein, die innerhalb von zehn Jahren zu einem Anstieg von circa 445 Arbeiterhilfsvereinen (1862) auf über 1.000 (1870) und schließlich sogar auf über 2.000 (1878) führte. Gleichzeitig änderte sich auch der ursprünglich rein genossenschaftliche Charakter des von städtischen Arbeitern[15] getragenen Assoziationswesens. Seit 1861 orientierten sich die Vereine in ihrer Mehrheit an Mazzini. Mit der Forderung nach allgemeinem gleichen Wahlrecht, laizistischem Pflichtschulunterricht und Zusammenschluß aller Arbeitervereine nahmen die Assoziationen politischen Charakter an. Über diese

---

12 Es gab weder Sozialgesetze noch Schiedsgerichte; Streik war verboten. Vgl. Sellin: Die Anfänge, S. 11.

13 Im Januar 1869 kam es in der Lombardei, in Venetien, Piemont und in der Emilia zu Revolten. Nach der Schilderung Pietro Nennis wurden über 250 Tote gezählt und circa 3.800 Personen verhaftet. Nenni: Lotta di classe, S. 67.

14 Zu den Gründen für die wirtschaftliche Rückständigkeit siehe beispielsweise Candeloro: Storia dell'Italia moderna, vol.V, S. 22ff.

15 Ein modernes Industrieproletariat entwickelte sich in Italien erst sehr viel später. Zur kapitalistischen Umstrukturierung einiger Sektoren in den 1880er Jahren siehe Hunecke: Arbeiterschaft. Der Beginn der „take-off"-Phase wird in der Forschung allgemein auf das Jahr 1896 datiert. Siehe auch Hunecke: Rezension Merli.

Frage kam es 1863 zur definitiven Spaltung zwischen mazzinianischen und liberalen Vereinen. Das 1864 in Neapel verabschiedete Statut, der „Atto di fratellanza delle società operaie italiane", wurde nur von den 57 mazzinianisch-demokratisch orientierten Vereinen unterzeichnet. Dieser Flügel der Bewegung akzeptierte in zunehmendem Maße auch den Streik als Waffe im Arbeitskampf.[16]

Die Mazzinianer gehörten zunächst auch dem italienischen Zweig der 1864 in London gegründeten Internationalen Arbeiterassoziation (IAA) an. Da sie der IAA jedoch ein ähnliches Statut wie der „Fratellanza" geben wollten, kam es zu Differenzen mit Karl Marx, und die italienischen Vereine zogen sich von der Londoner Organisation zurück. Nach der Ausbreitung der „società di mutuo soccorso" in den 1860er und 1870er Jahren wurde die Organisationsform in den 1880er Jahren durch die Herausbildung von Widerstandsligen immer mehr in den Hintergrund gedrängt. Zum Zeitpunkt ihrer juristischen Anerkennung im Jahre 1886 gehörten sie im Grunde bereits der Vergangenheit an.

Mit der Verbreitung des Marxismus in Italien war seit 1864 der russische Revolutionär Michail Bakunin beauftragt. Er knüpfte sowohl zu Revolutionären (unter anderem zu Andrea Costa[17]) als auch zu Demokraten Beziehungen, orientierte sich jedoch von Anfang an nicht an den Direktiven der Londoner IAA-Zentrale. 1868 gründete Bakunin die „Alleanza internazionale della democrazia socialista", deren Sektionen zum Teil in die Internationale aufgenommen wurden. Im Gegensatz zu den Marxisten lehnte Bakunin den Staat jedoch nicht nur in der damaligen Form, sondern generell ab. Die revolutionären Kräfte sah der russische Anarchist nicht in der organisierten Arbeiterschaft, sondern in den durch Hunger und Armut zur Rebellion getriebenen, untersten sozialen Schichten der Arbeiter und Bauern. Rußland und Italien schienen ihm daher einen weitaus geeigneteren Boden für die Revolution zu bieten als etwa Deutschland. Der Konflikt zwischen Marx und Bakunin endete 1872 mit dem Ausschluß der Bakunisten aus der IAA.

Zehn Jahre nach der Einigung erwuchs dem italienischen Nationalstaat eine weitere Hypothek aus der Eroberung des päpstlichen Territoriums durch die italienischen „bersaglieri". Am 20. September 1870 durchbrachen sie bei der Porta Pia die römische Stadtmauer und drangen in Rom ein: Die tausendjährige weltliche Herrschaft der Päpste war gebrochen. Rom wurde nach einigem Zögern zur Hauptstadt des Königreichs, und die Regierung zog in die ehemalige päpstliche Sommerresidenz auf dem Quirinal ein. Papst Pius IX. bezeichnete sich als „Gefangener im Vatikan" und verbot 1874 allen Katholiken die Teilnahme am politischen Leben des italienischen Staates („Non expedit"). Erst durch das Erstarken der sozialistischen Bewegung und die Bemühungen der Liberalen, die Katholiken durch Wahlabspra-

---

16 Größere Ausstände wurden 1863/64 in der Provinz Biella, 1868 in Bologna organisiert.
17 Siehe auch Kap. I,2.

chen an den Staat zu binden[18], kam es nach der Jahrhundertwende zu einer Annäherung zwischen Staat und Kirche.[19]

Die ungelösten Probleme des „risorgimento" waren das Erbe des liberalen Staates, das die entstehende sozialistische Bewegung in den folgenden Jahren zu verwalten hatte. Noch 1900 schrieb die „Critica Sociale" anläßlich des Kongresses der italienischen Sozialistischen Partei (PSI) in Rom: „Die italienische Sozialistische Partei hat Italien nicht selbst gemacht, sondern sie hat es so vorgefunden, wie es aus den Revolutionen von 1848 und 1860 hervorgegangen ist: so heterogen in der Entwicklung, daß in einer einzigen Nation verschiedene Nationen zusammenleben, und in einem einzigen Moment sich verschiedene historische Epochen überkreuzen und aneinander stoßen. Der sozialistische Gedanke ist ein organisches Ganzes, der die homogene Situation der fortgeschrittenen kapitalistischen Entwicklung und die Philosophie des bereits herausgebildeten Proletariats reflektiert: aber die sozialistische Aktion kann von den Bedingungen der Umwelt nicht absehen, und wo zwischen Gedanke und Wirklichkeit eine Kluft besteht, muß sie geschlossen werden."[20]

---

18 1913 wurde eine Wahlabsprache, der sogenannte „Patto Gentiloni" getroffen, aufgrund dessen über 200 liberale Abgeordnete mit Unterstützung der Katholiken gewählt wurden.

19 Zur „Versöhnung" (conciliazione) kam es erst durch die Lateranverträge von 1929.

20 „Il partito socialista italiano non ha fatto, esso, l'Italia. Esso l'ha trovata quale uscì dalle rivoluzioni del 1848 e del 1860, diversa così di sviluppo, che in una stessa nazione coesistono varie nazioni, e in un medesimo istante varie epoche storiche si intersecano e si danno di gomito. Il pensiero socialista è un tutto organico, riflette una situazione omogenea di progredito sviluppo capitalistico, è la filosofia del proletariato già fatto: ma l'azione socialista non può prescindere dalle condizioni di ambiente e, dove un hiatus esiste tra il pensiero e le cose, deve in qualche modo colmarlo." t-k: La sintesi del congresso di Roma. In: CS, 1.10.1900.

2. Der italienische Zweig der IAA und der Einfluß der deutschen Sozialdemokratie

Mit der Pariser Kommune und deren Auswirkungen begann in Italien eine neue Phase in der Entwicklung der revolutionären Bewegung. Erst infolge der Ereignisse in Frankreich kam es zur stärkeren Verbreitung des Internationalismus.[1] Die marxistisch orientierte Internationale Arbeiterassoziation verlor ihren Einfluß jedoch sehr schnell zugunsten der Anarchisten.

Zehn Jahre nach der Einigung Italiens war das Vertrauen in die Vorstellungen des 1872 verstorbenen Mazzini, der sich die Lösung der sozialen Frage durch den Nationalstaat versprochen hatte, geschwunden. Aber auch die aus Deutschland bzw. aus London kommenden Ideen fanden wenig Anklang. Der Distanzierung der italienischen Sozialisten vom Marxismus lag eine tiefe, in der Enttäuschung über den Nationalstaat wurzelnde Ablehnung jeglicher staatlichen Autorität zugrunde.[2] Bei der Konferenz der italienischen Sektion der Internationale 1872 konnte sich daher die anarchistische Fraktion durchsetzen.

Nach Einschätzung des Philosophen Antonio Labriola[3] sahen die aus den Unabhängigkeitskriegen des Risorgimento hervorgegangenen Revolutionäre in der direkten Aktion viel eher die Fortsetzung ihres Kampfes als in dem marxistisch inspirierten, zunächst auf Organisation und Propaganda abzielenden Klassenkampf. Die „Diktatur des Proletariats" wurde als „preußisch-autoritär" verworfen.[4]

Die Panik, die nach den Ereignissen in Paris auch in Italien ausbrach, führte 1873 zur Auflösung aller Sektionen der Internationale. Dennoch nahm die Agitation wegen der wirtschaftlichen Krise im Jahr darauf wieder zu. Der nach der Einigung einsetzende, langsame wirtschaftliche Aufwärtstrend wurde 1873 durch die Auswirkungen der Weltwirtschaftskrise unterbrochen. Streiks und Revolten, die sich zum großen Teil gegen die Verteuerung der Grundnahrungsmittel richteten, waren an der Tagesordnung. In diesem Klima wuchs der Einfluß der anarchistisch-revolutionären Agitatoren in der Arbeiterbewegung beträchtlich an. Die Zahl der Mitglieder der Internationale zu diesem Zeitpunkt wird auf etwa 25.000 geschätzt;[5] besonders stark war der Anarchismus im „roten Gürtel", in der Emilia-Romagna,

---

1 Nach Polizeiberichten gab es 1872 in Italien 155 Sektionen mit insgesamt 32.450 Mitgliedern. Diese Zahlen nannte Ragionieri: Engels und die italienische Arbeiterbewegung. In: Friedrich Engels. 1820-1970, S. 189-200.

2 Fritsche spricht von „historisch geronnener Staatsskepsis", die durch die jahrhundertelange Erfahrung kirchlicher Herrschaft und politischer Fremdherrschaft bedingt sei. Fritsche: Die politische Kultur Italiens, S. 46.

3 Labriola: Scritti politici, a cura di Valentino Gerratana, Bari 1970, S. 243. Zit.n. Ragionieri: Engels und die italienische Arbeiterbewegung. In: Friedrich Engels. 1820-1870, S. 194.

4 Siehe dazu beispielsweise: Marx an Friedrich Bolte, 23.11.1871. In: MEW, 33, S. 327-333 und Marx an Cesar de Paepe in: Ebd., S. 338-339. Vgl. auch: Valiani: Dalla Prima alla Seconda Internazionale und ders.: L'Italia dal 1876 al 1915.

5 Franco della Peruta: La consistenza numerica dell'Internazionale in Italia nel 1874. In: Mov.O., 1949/50, S. 104-106. Zit.n. Hunecke: Die neuere Literatur, S. 561.

der Toskana, den Marken und in Umbrien verbreitet. Die Bewegung wurde von einer zahlenmäßig relativ kleinen Gruppe von Intellektuellen sowie kleinbürgerlichen und subproletarischen Kräften getragen. Eine homogene soziale Basis fehlte. Das Fabrikproletariat rekrutierte sich zu diesem Zeitpunkt aus einigen wenigen Betrieben in der Textil- und Maschinenindustrie, während der größte Teil der Arbeiter in kleineren und mittleren Manufakturen handwerklichen Typs beschäftigt war. Typisch war die Figur des „operaio-contadino", des Arbeiters, der zeitweise auch in der Landwirtschaft tätig war.

Die gärende Unruhe kulminierte 1874 schließlich in einer revolutionären Bewegung, deren Zentrum in Bologna lag. Der Versuch eines bewaffneten Aufstandes schlug jedoch fehl. Eine Einigung mit den Republikanern, zu denen die Internationalisten Kontakt aufgenommen hatten, kam nicht zustande. Zudem hatte die Regierung Kenntnis von den Plänen bekommen, und Andrea Costa, der führende Kopf der Revolutionäre in der Romagna, wurde bereits vor der für den 7./8. August geplanten Revolte festgenommen. Bakunin gelang die Flucht. Ansätze von Revolten, die sich in Bologna, Florenz und Capua zeigten, wurden sofort unterdrückt. Am 9. August beschloß die Regierung erneut die Auflösung aller Sektionen der Internationale sowie die Verhaftung der führenden Revolutionäre. Die Anarchisten waren jedoch auch nach dem Scheitern dieser Aktion noch tonangebend. Nach 1876 konnte sich die Bewegung in einem relativ entspannten innenpolitischen Klima[6] schnell von der nach dem Aufstandsversuch erfolgten Verhaftungswelle erholen. Im Jahre 1877 wurde erneut – dieses Mal im süditalienischen Benevento – ein Aufstand vorbereitet, der ebenso wie die Erhebung in Bologna scheiterte.

Friedrich Engels, der Generalsekretär der Internationale für Italien, der in der Auseinandersetzung mit Bakunin der Unterlegene geblieben war, äußerte sich mehrfach sehr mißmutig über die Situation in Italien: „Diese verdammten Italiener machen mir mehr Arbeit als die ganze übrige Internationale zusammen dem Generalrat macht, um so ärgerlicher, als voraussichtlich sehr wenig dabei herauskommt, solange die italienischen Arbeiter sich gefallen lassen, daß ein paar doktrinäre Zeitungsschreiber und Advokaten in ihrem Namen das große Wort führen."[7]

Carlo Cafiero, nach Bakunin mit dem Wiederaufbau der italienischen Sektionen der Internationale beauftragt[8], war bereits kurz nach seiner Ankunft in Italien (1871) erklärter Bakunin-Anhänger geworden. Engels fand schließlich in Theodor Cuno einen Ansprechpartner, einem deutschen Sozialdemokraten, der seit 1871 in Mailand lebte. Auf der Suche nach einer Möglichkeit zur Mitarbeit an der IAA hatte Cuno sich an Engels gewandt.[9] Da die Internationale zu diesem Zeitpunkt über keinen Stützpunkt in der lombardischen Hauptstadt verfügte, wurde der deut-

---

6 1876 wurde die letzte Regierung der „Historischen Rechte" (Storica Destra) durch das Kabinett Depretis (Storica Sinistra) abgelöst. Zur Reformtätigkeit der „Storica Sinistra" siehe Kap. I,3.
7 Engels an J.Ph.Becker, 16.2.1872. In: MEW, 33, S. 404.
8 Siehe dazu die Briefe Engels an Cafiero aus dem Jahr 1871. In: MEW, 33, Anhang.
9 Der erste Brief stammte vom 13.11.1871. MEW, 33, S. 319.

sche Sozialdemokrat zum Gründer der Mailänder Sektion. Im gleichen Jahr, in dem der Kontakt zu Cuno anstand[10], knüpfte Engels auch Beziehungen zu Enrico Bignami[11], für dessen Zeitung „La Plebe"[12] er zahlreiche Beiträge verfaßte. Die Redaktion in Lodi (Lombardei) wurde auch finanziell unterstützt.

Die seit 1868 erscheinende „Plebe", an der seit 1874 auch der Franzose Benoît Malon[13] mitarbeitete, vertrat einen evolutionären „Sozialismus"[14] und lehnte den Aufstand ab. Orientierungspunkte lieferten der belgische und der deutsche Sozialismus. Besonders ausgeprägt war das Interesse an den deutschen Sozialdemokraten, die sich 1875 einigten und drei Jahre später durch das Sozialistengesetz in die Illegalität gezwungen wurden. Der Wahlsieg der SPD 1877 war in der Mailänder Zeitung ein erstrangiges Thema, und nach dem Erlaß des Sozialistengesetzes 1878 war die Situation in Deutschland fast täglich Gegenstand des Interesses.[15]

Dieses Interesse ist auch vor dem Hintergrund des deutschen Einflusses in Italien auf politischer und kultureller Ebene zu sehen.[16] Der junge Nationalstaat nördlich der Alpen, der wie Italien gerade erst seine Einigung vollzogen hatte, wurde nach 1870 zunehmend als möglicher Orientierungspunkt für die Lösung der drängenden Integrationsprobleme angesehen.[17] Insbesondere die Politiker der „Historischen Linken"[18] beurteilten die Entwicklung Deutschlands unter Bismarck positiv. Preußen galt ihnen als Verkörperung der Modernität und des technischen Fortschrittes.[19] Obwohl diese Sympathien eher bei der führenden Schicht[20] vorhanden waren, und die radikaldemokratisch-republikanischen Kreise sich an Frankreich orientierten[21], bestand doch insgesamt eine relativ starke Bereitschaft, sich von der Entwicklung in Deutschland beeinflussen zu lassen. Der politisch-kulturelle Einfluß Deutschlands wirkte sich daher in Italien stärker aus als in jedem anderen Land.

---

10 Vgl. auch die Briefe von Engels an Cuno vom 13.11.1871, 24.1.1872, 10.6.1872ff. In: MEW, 33, S. 319, 387, 484.

11 Bignami schloß sich in der Polemik zwischen Anarchisten und Marxisten letzteren an, ohne jedoch selbst über klare ideologische Vorstellungen zu verfügen. Er gründete in Lodi (Lombardei) eine Sektion der Internationale. Il movimento operaio italiano. Dizionario biografico, vol.I, S. 300-307.

12 Die „Plebe" erschien zunächst in Lodi (südöstlich von Mailand), dann in Mailand selbst.

13 Benoît Malon vertrat einen „integralen Sozialismus", der sich in einigen Punkten, insbesondere hinsichtlich der Mehrwerttheorie, vom Marxismus unterschied. In Frankreich gehörte Malon zu den Possibilisten.

14 Obwohl Bignami sich als Sozialist bezeichnete, ging er doch lange Zeit nicht über radikaldemokratische Positionen hinaus. Durch die Mitarbeit Osnaldo Gnocchi-Vianis ab 1874 nahm die „Plebe" stärker klassenkämpferische Positionen an. Siehe auch Kap. VI,1.

15 Ragionieri: Socialdemocrazia tedesca e socialisti italiani, S. 66.

16 Siehe dazu Romeo: Deutschland und das geistige Leben.

17 So war zum Beispiel der Volkswirt und Staatsmann Luigi Luzzatti ein Anhänger der Bismarckschen Sozialpolitik.

18 Zur sozialen Basis und politischen Ausrichtung der „Historischen Linken" siehe Kap. I,3.

19 Siehe dazu Weiss: La „scienza tedesca" e l'Italia und ders.: Das italienische Deutschlandbild.

20 1889 wurde in Turin sogar eine Zeitschrift in deutscher Sprache herausgegeben, mit dem Ziel, den Italienern die Sprache des Bündnispartners nahezubringen. AAPA, Italien 74, Bd.3.

21 Das entscheidende Zeichen für diese Sympathien ging von Garibaldi aus, der 1871 mit einem Freiwilligenkorps in Frankreich zugunsten der Republik intervenierte. Durch den 1882 abgeschlossenen Dreibund verstärkte sich die Abneigung der Linksparteien gegen Deutschland.

Häufig wurden deutsche Professoren nach Italien berufen, „wissenschaftliche Methode" galt als Synonym für „deutsche Methode".[22] Im Rückblick schrieb Benedetto Croce: „Für lange Zeit haben die deutsche Wissenschaft, der deutsche Ernst, die deutsche Methode und genaue Information den italienischen Gelehrten zugleich als Banner und als Waffe gedient, womit sie sich kampfeslustig gegenseitig in die Enge trieben, während sie aus ihrem Kreis die Dilettanten, die Faulen, die Improvisatoren und die Pfuscher ausstießen: Deutsch zu kennen und dank der Literatur und des Beispiels deutscher Bücher sich auf dem neuesten Stand der Wissenschaft zu halten, ist das Mittel gewesen, die italienische Wissenschaft aus dem Provinzialismus herauszuführen und zu europäischer Zusammenarbeit zu bringen."[23]

Der Einfluß Deutschlands in den Wissenschaften leistete der Deutschlandfreundlichkeit der italienischen Intellektuellen deutlich Vorschub.[24] Dadurch verstärkte sich auch das Interesse an der deutschen Sozialdemokratie. Die Gleichsetzung von „wissenschaftlichem Sozialismus" und deutscher Sozialdemokratie ist zum Teil als Auswirkung des internationalen Rufes der deutschen Wissenschaften anzusehen.[25] Das Ansehen, das der neugegründete Bismarck-Staat in Italien genoß, färbte somit auch auf die Partei ab, die ihn am radikalsten ablehnte. Das Bild, das die italienischen Sozialisten von ihrer Schwesterpartei jenseits der Alpen hatten, weist auffallend viele Parallelen zu dem in Italien verbreiteten Deutschlandbild der Bismarckzeit auf: Disziplin, Organisation, Gründlichkeit und Effizienz galten als hervorstechendste Merkmale.[26]

Nach 1878 wurde die Schweiz, das Zentrum des deutschen sozialdemokratischen Exils, zum Vermittlungsort zwischen deutschen und italienischen Sozialisten.[27] Seit 1879[28] wurde in Zürich der „Sozialdemokrat" herausgegeben, für den aus Italien Andrea Costa, Emil Kerbs[29] und Osnaldo Gnocchi-Viani[30] berichteten. Mit der Leitung der Redaktion war zunächst der bayerische Sozialdemokrat Georg von Vollmar beauftragt, seit 1881 war Wilhelm Liebknecht leitender Redakteur. De facto oblag die Leitung jedoch Eduard Bernstein, da Liebknecht sich größtenteils in Deutschland aufhielt. Engels war seit 1881 Ratgeber, dann, ebenso wie Marx, auch

---

22 Auch auf institutioneller Ebene war das deutsche Beispiel einflußreich. Zur Gründung italienischer Banken nach deutschem Vorbild siehe Hertner: Banken und Kapitalbildung.
23 Croce: Pagine sulla guerra. 2. Aufl. Bari 1928, S. 87. Zit.n. Romeo: Deutschland und das geistige Leben, S. 356.
24 Vgl. Michels: Die deutsche Sozialdemokratie im internationalen Verbund und Ragionieri: Socialdemocrazia tedesca e socialisti italiani, S. 13-41.
25 Entscheidend war jedoch die Verbreitung des Marxismus, des „wissenschaftlichen Sozialismus", in der Sozialdemokratie Deutschlands in den 1880er Jahren. Siehe dazu unter anderem Andreucci: Engels e l'affermazione.
26 Vgl. auch Kap. II.
27 Grundlegend dazu: Ragionieri: Socialdemocrazia tedesca e socialisti italiani, cap.II: La mediazione svizzera. Vollmar, Kerbs e Costa fra operaismo e socialismo, S. 81-156.
28 Siehe dazu: Bartel: Die historische Rolle.
29 Der gebürtige Stettiner lebte seit 1879 in Italien und war von 1880 bis 1885 Korrespondent des „Sozialdemokrat".
30 Gnocchi-Viani war einer der führenden Köpfe der Gruppe um „La Plebe".

Mitarbeiter. Für den Vertrieb nach Deutschland war die „rote Feldpost" unter Julius Motteler verantwortlich.

Der „Sozialdemokrat" spielte – insbesondere durch die direkte Mitarbeit von Marx und Engels – eine wichtige Rolle für die Durchsetzung des Marxismus in der deutschen Sozialdemokratie. Noch im Parteiprogramm von Gotha 1875 waren die lassalleanischen Elemente sehr ausgeprägt und erst durch Engels' Schrift gegen den Berliner Privatdozenten Dühring „Herrn Eugen Dührings Umwälzung der Wissenschaft" (1878) wurde die Grundlage für die Durchsetzung des Marxismus als einzige, offizielle Doktrin der deutschen Sozialdemokratie geschaffen.[31] Die Redaktion des „Sozialdemokrat" stand, besonders unter der Leitung Vollmars, dem radikalen Flügel der Partei nahe, der dezidiert antimonarchistisch, antikirchlich und bismarckfeindlich, nicht aber eindeutig marxistisch ausgerichtet war.

Die Annäherung Andrea Costas an den deutschen Sozialismus, die als eine der Ursachen für seine politische „Wende" anzusehen ist, muß demnach als Ausdruck der Sympathie für den radikalen Flügel einer illegal agierenden Partei gesehen werden – und nicht als Orientierung am Marxismus. Mit einem offenen Brief an die „Plebe" gab der italienische Revolutionär 1879 seinen Antiparlamentarismus auf. In einem an Vollmar adressierten Brief beschrieb er das Verhältnis zwischen deutschem und italienischem Sozialismus mit folgenden Worten: „Die italienischen Anarchisten und die deutschen Sozialdemokraten, die von entgegengesetzten Punkten ausgegangen sind, stehen nun auf dem gleichen Boden und sind mehr oder weniger einer Meinung. Die Ausnahmegesetze, die wir schon lange voraussahen, haben euch dazu gebracht, eure ausschließlich legale Methode (absolutisme légale) aufzugeben, der geringe Erfolg, den wir mit unseren Aufstandsversuchen hatten, hat uns veranlaßt, den ausschließlich revolutionären Weg (absolutisme révolutionnaire) zu verlassen. [. . .] Ohne irgendeinen Punkt unseres Programms aufzugeben, reichen wir uns die Hand."[32]

Dennoch bestanden gravierende Unterschiede zwischen dem Sozialismus Andrea Costas und dem der deutschen Sozialdemokraten. Wurden auf dem ersten illegalen Kongreß der Sozialdemokratie 1880 auf Schloß Wyden in der Schweiz die Anarchisten aus der Partei ausgeschlossen, so steuerte Costa noch bis in die 1890er Jahre auf eine alle Richtungen umfassende Partei hin. In der Folge distanzierte er sich auch wieder von der deutschen Partei und stellte seine Mitarbeit beim „Sozialdemokrat" ganz ein. In seiner eigenen, seit 1881 erscheinenden Zeitung, dem „Avanti!", widmete er Deutschland im Vergleich zu Rußland oder Frankreich wenig

---

31 Zur Durchsetzung des Marxismus in der deutschen Sozialdemokratie siehe Steinberg: Sozialismus, insbesondere Kap.II: Die „Rezeption des Marxismus" in der deutschen Sozialdemokratie während der Zeit des Sozialistengesetzes, S. 27-42.

32 „Après être parti d'un point de vue opposé les „anarchistes" italiens et les „Sozialdemokrates" allemands se rencontrent sur le même terrain et se trouvent à peu près d'accord. Les lois exceptionnelles, que nous avons prévues, il y a longtemps, vous ont fait quitter vôtre absolutisme légale; le peu de succès, que nous avons obtenu par nos tentations d'insurrection, nous fait quitter nôtre absolutisme révolutionnaire. [. . .] Vous et nous, sans nier aucun point de nôtre programme, nous nous donnons la main." Costa an Vollmar, 12.4.1880, Nachlaß Motteler B III, 415.

Aufmerksamkeit. Nach Costa wurden Emil Kerbs und Osvaldo Gnocci-Viani Korrespondenten des „Sozialdemokrat". Dadurch entstand eine direkte Verbindung zwischen dem 1881 gegründeten „Partito Operaio Italiano" (POI) und der deutschen Sozialdemokratie. Für Kerbs, einen gebürtigen Stettiner, wurde der Kampf der Sozialdemokraten gegen die Sozialpolitik Bismarcks zum Modell für die Auseinandersetzung des POI mit den der deutschen Gesetzgebung nachempfundenen „leggi Berti".[33]

Weitere Kontaktmöglichkeiten bestanden durch die Reisen deutscher Sozialdemokraten nach Oberitalien – so unternahmen Kautsky im Frühjahr 1882 und Vollmar im November des gleichen Jahres Reisen nach Italien. In erster Linie dienten diese Aufenthalte jedoch der Erholung, wenn auch Vollmar in Mailand zwei Konferenzen abhielt.[34]

Durch den zweiten Kongreß der evolutionistisch orientierten, oberitalienischen Sektion der Internationale, der 1876 gegründeten und von Engels unterstützten „Federazione Alta Italia dell'Internazionale", kam es 1877 zu einem entscheidenden Bruch zwischen Anarchisten und Sozialisten. Obwohl organisatorisch keine Trennung erfolgte und in der Folge erneut Versuche der Wiederannäherung unternommen wurden[35], war die Kluft zwischen den beiden Fraktionen nun unüberbrückbar geworden. Die Ende der 1870er Jahre einsetzende Krise der anarchistischen Bewegung war jedoch nicht nur ein italienisches Phänomen. Im Jahre 1877 fand in Verviers (Belgien) der letzte Kongreß der anarchistischen Internationale statt.

Der Anarchismus stellte indes auch ein Vehikel für die Verbreitung des Marxismus in Italien dar. Bakuninismus und Marxismus wurden nicht als sich ausschließende Gegensätze, sondern vielmehr als zwei unterschiedliche Methoden betrachtet. Der Soziologe und Kenner des italienischen Sozialismus Robert Michels ging soweit, den Unterschied als „Kompetenzfrage kleinlichster Art" zu bezeichnen.[36] Die ersten Kenntnisse über das „Kapital" sind in Italien jedenfalls einem Anarchisten zu verdanken: Carlo Cafiero publizierte 1879 ein „compendio", eine erste italienische Zusammenfassung dieses Werkes.[37]

Die überwiegend anarchistische Orientierung der internationalistischen, revolutionären Bewegung im Italien der 1870er Jahre ist auf wirtschaftliche und politische Ursachen zurückzuführen. Zum einen fehlten die wirtschaftlichen Strukturen für die Herausbildung einer Arbeiterpartei mit einer homogenen sozialen Basis. Dar-

---

33 Vgl. Kap. I,3.
34 Ragionieris Annahme, Kautsky habe möglicherweise direkten Kontakt zu Leonida Bissolati, dem Übersetzer seines Buches über Sozialismus und Malthusianismus, aufgenommen, ist sicherlich nicht richtig. Kautsky schrieb in seinen Erinnerungen, er habe den Übersetzer seiner Arbeiten lange Zeit für eine Frau gehalten und Bissolati daher brieflich mit „Liebes Fräulein Leonida" angeredet. Kautsky: Erinnerungen und Erörterungen, S. 392.
35 Tendenzen dieser Art wurden u.a. auf dem Kongreß 1880 in Chiasso deutlich.
36 Die These, daß der Anarchismus auch Wegbereiter des Marxismus war, wird auch von Bravo vertreten. Marxismo e anarchismo. Introduzione.
37 Carlo Cafiero: Il capitale, compendio del „Capitale" di Carlo Marx. Milano 1879. Zit.n. Michels: Historisch-kritische Einführung, S. 210.

über hinaus knüpfte der Anarchismus unmittelbar an die Erfahrungen der Unabhängigkeitskriege von 1848, 1859 und 1866 an. Auf der anderen Seite bewirkten jedoch die umwälzenden Entwicklungen in Deutschland – die nationale Einigung, der dadurch ausgelöste wirtschaftliche Boom und die Gründung einer einheitlichen, nationalen sozialdemokratischen Partei –, daß die deutsche Sozialdemokratie in zunehmendem Maße auch südlich der Alpen Bewunderer fand. Das Scheitern verschiedener Aufstandsversuche löste bei den italienischen Sozialisten schließlich einen Umdenkungsprozeß aus, der zur Anerkennung der von der deutschen Sozialdemokratie verfolgten parlamentarischen Methode führte. War damit der Weg für eine Annäherung zwischen den Sozialisten der beiden Nationen geebnet, so verstärkte sich das Solidaritätsgefühl durch den Erlaß des Sozialistengesetzes, der die deutschen Sozialdemokraten in die Illegalität zwang.

Zu stärkeren Verbreitung des Marxismus, als dessen politische Verkörperung die SPD galt, kam es jedoch erst im Zuge der beginnenden kapitalistischen Umstrukturierung der Wirtschaft in Norditalien und der Entstehung einer Arbeiterpartei in den 1880er Jahren.

3. Die Entwicklung einer autonomen Arbeiterbewegung und die Verbreitung des Marxismus in den 1880er Jahren

Die politische „Wende" Andrea Costas ist zum einen vor dem Hintergrund des Einflusses der deutschen Sozialdemokratie und ihrer vorwiegend parlamentarischen Taktik zu sehen. Zum anderen wirkte sich die Aussicht auf eine Wahlrechtsänderung in Italien auf seine Entscheidung aus.

Mit dem Kabinett Agostino Depretis' kam 1876 die „Historische Linke" an die Macht[1], die im Wahlkampf unter anderem mit dem Versprechen auf Erweiterung des restriktiven Stimmrechts angetreten war. Die Linke, deren Führer aus dem demokratischen, garibaldinischen oder mazzinianischen Lager kamen, bildete ebensowenig wie die Rechte eine in sich geschlossene Partei. Aufgrund der sozialen Basis läßt sich keine klare Trennungslinie zwischen beiden politischen Gruppierungen ziehen. Beide gehörten dem bürgerlichen Lager an. Die „Sinistra Storica" vertrat überwiegend das Kleinbürgertum Nord- und Mittelitaliens und die Agrarbourgeoisie des Südens. In ihrer Politik konkurrierte daher ständig eine fortschrittliche Tendenz, die auf Demokratisierung und Reformen abzielte, und eine konservative Richtung, die die soziale Basis der Rechten zu absorbieren suchte. Trotz innerer Spannungen führte die „Historische Linke" einige weitreichende Reformen, wie die Erweiterung des Wahlrechts, die Einführung der Volksschulpflicht und die Aufhebung der Mahlsteuer durch. An Zensus und Bildung als Voraussetzungen für die Zulassung zur Wahl wurde festgehalten. Durch die Halbierung der aufzubringenden Summe und die Anerkennung eines zweijährigen Schulbesuches als ausreichende Bildungsgrundlage stieg die Zahl der Wahlberechtigten jedoch von 2,2% der Bevölkerung auf knapp 7%; das bedeutete einen Anstieg von 600.000 auf fast drei Millionen Stimmberechtigte.[2]

Diese Reform führte innerhalb der sozialistischen Bewegung zu einer Neubewertung des Parlamentarismus. Bei dem geheimen Kongreß der romagnolischen und markischen Sozialisten, der 1881 auf Initiative Costas in Rimini tagte, stand die Frage der Wahlbeteiligung im Vordergrund.[3] Die Entscheidung zur Teilnahme an politischen und kommunalen Wahlen wurde im darauffolgenden Jahr, im Februar 1882, gefaßt, nachdem sich die in Rimini versammelten Lokalsektionen 1881 zum „Partito Socialista Rivoluzionario di Romagna" (PSRR) zusammengeschlossen hatten.

Durch diesen Beschluß stellte sich erstmals die Frage nach der Haltung gegenüber den „nahestehenden" Parteien (partiti affini), den Republikanern und den

---

1 Der in der Literatur häufig verwandte Ausdruck „parlamentarische Revolution" ist wohl zu stark. Obwohl nach 1876 sowohl personell als auch programmatisch ein Richtungswechsel festzustellen ist, war der Wandel doch nicht so tiefgreifend, daß der Ausdruck „Revolution" gerechtfertigt wäre. Zudem verschob sich das Gewicht durch die transformistische Politik der Regierung Depretis, besonders seit 1882, wieder deutlich nach rechts.

2 Lill: Geschichte Italiens, S. 210. Vgl. auch Michels: Proletariat und Bourgeoisie, Teil III, S. 84.

3 Vgl. Ragionieri: Il movimento socialista in Italia, S. 92.

Radikalen. Die Meinungen waren geteilt. In einzelnen Orten, wie zum Beispiel in Imola (Emilia-Romagna), wurde bereits im August 1882 von Republikanern und Sozialisten eine „Unione Elettorale Democratica Romagnola" gegründet.[4] Bei den Wahlen im November 1882, den ersten nach der Wahlrechtsreform, stellten die Sozialisten in 30 von 115 Wahlkreisen eigene Kandidaten auf. In den übrigen Gebieten unterstützten sie die Vertreter der Republikaner oder der Radikalen. Insgesamt erhielten die sozialistischen Kandidaten 50.000 Stimmen. Mit Andrea Costa gelang es zum ersten Mal, einen Sozialisten ins Parlament zu entsenden. Die Anarchisten beteiligten sich nicht an der Wahl.

Die Bedeutung des PSRR bestand darin, daß die Partei die Tragweite der Agrarkrise erkannte und die Verwurzelung sozialistischer Ideale bei den ländlichen Massen vorantrieb.[5] Seit etwa 1881 machte sich in Italien die durch den Import billigen amerikanischen Getreides ausgelöste Agrarkrise bemerkbar. In den Jahren 1883/84 verschlimmerte sich die Lage in der Landwirtschaft durch Überschwemmungen, was zur Radikalisierung der Arbeiter-Hilfsvereine führte.[6] Die Agitationen begannen 1882 in Cremona, Mantua und Parma und gipfelten 1884/1885[7] in der Bewegung „La Boje"[8], die ihren Kern in der Provinz Mantua hatte. In der Provinz Rovigo wurde 1884 ein Generalstreik mit dem Ziel der Erhöhung des Landarbeiteranteils an der Ernte von 10-15% auf 30% durchgeführt. Die Regierung unterstützte die Grundbesitzer durch die Entsendung von Truppen. Es kam zu Massenverhaftungen, in der Sache jedoch konnten die Streikenden zumindest einen Teilsieg erzielen: Die Arbeitgeber mußten eine Erhöhung der Entlohnung auf 20-22% der Ernte zugestehen. In Mantua wuchsen nun ebenfalls die Hoffnungen auf Verbesserung der Lage. Im März 1885 wurde ein geplanter Generalstreik allerdings unterdrückt, etwa 200 Personen wurden bereits vorher verhaftet. Gegen 22 der Inhaftierten wurde Anklage wegen Verletzung der öffentlichen Sicherheit erhoben. Der Prozeß, der 1886 in Venedig stattfand, endete jedoch mit einem Freispruch. Diese Entscheidung fand überall ein großes Echo, da sie de facto die Anerkennung der Koalitionsfreiheit und der Streikfreiheit im Kampf um höhere Löhne bedeutete.[9]

Die Bauernbewegung wurde zum Kristallisationspunkt für die Politik des PSRR; jedoch auch der POI solidarisierte sich mit den Streikenden in der lombardischen Provinz.

Der POI war 1882 aus einem Wahlverein des Mailänder Arbeiterbundes (circolo

---

4 Pellicone: Andrea Costa, S. 32.
5 Die treibende Kraft der sozialistischen Propaganda in Predappio (Provinz Forli) war Alessandro Mussolini, der Vater des „duce".
6 Valiani: L'Italia dal 1876 al 1915, S. 520-527.
7 Ragionieri: Il movimento socialista, S. 95f.
8 Der Ausdruck geht auf den dialektalischen Ruf „La boje, la boje, e de boto la va de fora" zurück, auf italienisch: „Bolle e di colpo trabocca" (dt.: Es kocht und mit einem Mal kommt das Faß zum Überlaufen). Candeloro: Storia d'Italia moderna, vol.VI, S. 295.
9 Vgl. Candeloro: Storia dell'Italia moderna, vol.VI, S. 295. Einer der Verteidiger war Enrico Ferri, der damals noch nicht sozialistisch war.

operaio) hervorgegangen.[10] Die „Operaisten" verstanden sich als autonome Partei der Arbeiterschaft und sahen ihre Funktion ausschließlich in der Auseinandersetzung zwischen Kapital und Arbeit. Bürgerliche Intellektuelle waren von der Mitarbeit ausgeschlossen. Dem politischen Kampf wurde nur geringe Bedeutung beigemessen, die Beteiligung an den Wahlen stand den einzelnen Sektionen frei. Nach dem Wahlkampf im Herbst 1882 stellte die Partei zunächst einmal alle Aktivitäten ein; der aktive Kern der Partei organisierte sich in Mailand in der „Lega di Figli del Lavoro". In den Jahren 1883/84 standen die sozialpolitischen Gesetzentwürfe des Ministers für Landwirtschaft, Industrie und Handel, Domenico Berti, im Mittelpunkt des Interesses. Der Entwurf des Ministers zielte auf systematische Sozialpolitik nach deutschem Vorbild ab, die der sozialistischen Propaganda den Boden entziehen sollte. Neben der Einschränkung von Frauen- und Kinderarbeit, der Einführung einer Renten- und Unfallpflichtversicherung und der Schaffung von Schiedsgerichten strebte Berti auch emanzipatorische Maßnahmen an: Die Arbeiterhilfsvereine (società di mutuo soccorso) sollten rechtlich anerkannt, Streik- und Koalitionsverbot aufgehoben werden. Die Initiativen blieben allerdings in den Ansätzen stecken. Nach dem Rücktritt Bertis wurde lediglich ein Gesetz zur Begrenzung der Kinderarbeit und zur Anerkennung der „società di mutuo soccorso" verabschiedet. Die Vorlage zur Einschränkung der Frauenarbeit wurde erst 1896, die Unfallpflichtversicherung 1898 gesetzlich verankert. Der „Fascio Operaio", zunächst Sprachrohr der „Lega di Figli del Lavoro", dann der wiederbegründeten Arbeiterpartei, stand den gesamten Initiativen der Regierung kritisch gegenüber.[11] Jede Einmischung der Regierung in die Arbeiterfrage wurde bereits Mitte der 1880er Jahre grundsätzlich abgelehnt, sozialpolitische Reformen als reine Symptombehandlung verworfen. Die Operaisten forderten stattdessen das Stimmrecht für Arbeiter und strebten die Verbesserung der Verhältnisse durch Bildung von kämpferischen Fachvereinen an.[12]

In der ersten Hälfte der 1880er Jahre erwies sich der romagnolische Sozialismus dem Mailänder als überlegen. Die Bestrebungen, beide Parteien zu vereinigen, die hauptsächlich vom PSRR vorangetrieben wurden, scheiterten jedoch. Auf die Versuche, für die im Mai 1886 anstehenden Wahlen eine gemeinsame Plattform zu erarbeiten, reagierten die Mailänder ablehnend. Der POI, der in der Frage der Wahlbeteiligung weiterhin gespalten war und ein gemeinsames Vorgehen mit den Parteien der bürgerlichen Linken ablehnte, konnte auch nach den Wahlen 1886 keinen Vertreter ins Parlament entsenden. Der PSRR dagegen war in der neuen Kammer mit zwei Abgeordneten, Andrea Costa und Luigi Musini (Emilia), vertreten.

---

10 Siehe dazu Michels: Die Exklusive Arbeiterpartei in Norditalien. In: Ders.: Sozialismus in Italien, S. 107-151.
11 Vgl. Kap. I,2.
12 Vgl. auch die Übersicht der Berliner politischen Polizei über die allgemeine Lage der sozialdemokratischen und anarchistischen Bewegung vom 1.11.1884 und vom 24.11.1886. In: Dokumente Berliner Polizei, I, S. 260f und 312.

In Mailand war der Wahlkampf von scharfen Polemiken zwischen Operaisten (POI) und Radikalen begleitet. Letztere beschuldigten die Arbeiterpartei, im Solde der Regierung zu stehen. Dieser Gegensatz hatte zur Folge, daß eine ganze Reihe junger Intellektueller, darunter der spätere Sozialistenführer Filippo Turati[13], sich von den linksbürgerlichen Demokraten distanzierten und der Arbeiterbewegung annäherten.[14] Die Regierung, für die der eigentliche Gegner bei den Wahlen die Radikalen waren, nutzte diesen Gegensatz aus und wartete mit der geplanten Auflösung des POI bis nach den Wahlen.

Der POI erholte sich jedoch schnell von der Schließung sämtlicher Sektionen und dem zeitweiligen Verbot seines Presseorgans. Bereits im Oktober 1886 erschien der „Fascio operaio" wieder, im September 1887 wurde die Partei in Pavia reorganisiert. Die absolute Notwendigkeit der Trennung von allen Parteien wurde wiederum betont; erstmals waren jedoch auf einem Kongreß auch bürgerliche Vertreter zugegen. Damit wurde eine Entwicklung eingeleitet, die einige Jahre später in die Gründung der sozialistischen Arbeiterpartei mündete. Der lombardische Sozialismus wurde nun, Ende der 1880er Jahre, entscheidend und zukunftsweisend, während das Konzept Andrea Costas, das auf eine alle Richtungen integrierende Partei abzielte, sich auf Dauer als nicht tragfähig erwies. Darüber hinaus stagnierte seit 1886 die organisatorische Entwicklung der Partei. Eine Vorreiterrolle spielte der PSRR jedoch auf der Ebene der Kommunalpolitik. Nach der Reform des Kommunal- und Provinzialwahlrechtes 1889 wurde Andrea Costa in Imola (Emilia-Romagna) der erste sozialistische Bürgermeister Italiens.[15]

Die Sozialistische Arbeiterpartei, der „Partito dei Lavoratori Italiani", entwickelte sich aus dem POI, der Ausdruck einer neuen sozialen Realität war, die sich im Zuge der beginnenden Industrialisierung in Norditalien herausbildete. An die Stelle vager sozialistischer Aspirationen trat die Idee des Klassenkampfes, die als Grundlage des „modernen" Sozialismus angesehen wurde.

Das Jahrzehnt zwischen 1880 und 1890 kennzeichnete in den wirtschaftlich am weitesten entwickelten Teilen des Landes den Prozeß der Emanzipation der Arbeiterbewegung von den bürgerlichen Demokraten, die in der Anfangszeit die Rolle der Promotoren von Arbeiterhilfsorganisationen gespielt hatten. Zu Beginn der 1890er Jahre waren es dann jedoch junge, bürgerlichen Familien entstammende Intellektuelle, die sich der autonom organisierten Arbeiterbewegung anschlossen.[16] Bei den ökonomischen Organisationen herrschte zunehmend der Typus der Widerstandsliga (lega di resistenza) gegenüber den rein defensiven Arbeiterhilfsvereinen

---

13 Zu Turati siehe Livorsi: Turati; Monteleone: Turati; Turati e il socialismo europeo; Dizionario biografico, vol.V, S. 131-144.
14 Siehe dazu Turati an Felice Cavalotti: La polemica con la democrazia milanese. 1886. In: Turati: Scritti politici, S. 20.
15 Costa blieb bis 1893 im Amt. Siehe dazu Pellicone: Andrea Costa, S. 64-75 und Ragionieri: La formazione del programma amministrativo socialista. In: Ders.: Politica e amministrazione, S. 199-265.
16 Siehe dazu Manacorda: Il movimento operaio italiano attraverso, S. 48-51.

vor.[17] Im Unterschied zu allen anderen westeuropäischen Ländern, entstand eine moderne, schlagkräftige Organisation zunächst innerhalb der Landarbeiterschaft.[18] Die Herausbildung eines Industrieproletariats begann sich, aufgrund der wirtschaftlichen Entwicklung in Norditalien, gerade erst abzuzeichnen.

Parallel zu der ökonomischen Entwicklung ist in den 1880er Jahren ein wachsendes Interesse am Marxismus zu beobachten.[19] Das „außergewöhnlich große Interesse für den Sozialismus marxistischer Prägung"[20] ist zum einen auf die wirtschaftliche Entwicklung, die Anfänge modern-kapitalistischer Produktionsformen, zurückzuführen. Zum anderen war der Boden der Marxismusrezeption in Italien durch die sozialistischen Theorien des „Risorgimento"[21] und die Rezeption des deutschen „Kathedersozialismus" vorbereitet.

Das Vordringen der Lehren von Marx und Engels wurde darüber hinaus seit Ende der 1870er Jahre durch die Beziehungen zwischen der in die Schweiz exilierten SPD und dem POI gefördert.[22] In der zweiten Hälfte der 1880er Jahre intensivierten sich – trotz ideologischer Unterschiede – die Kontakte zwischen POI und SPD. Der „Fascio Operaio", das Organ des POI, entwickelte sich zu einem der wichtigsten Medien für die Verbreitung der Schriften von Marx und Engels. Eine besondere Rolle dabei spielte Pasquale Martignetti, ein Angestellter des Notariatsarchivs in Benevento.[23] Er war seit 1877 Mitarbeiter der „Plebe", wo er auf die französische Übersetzung des ersten Bandes des „Kapitals" von Marx gestoßen war. 1883 wagte er als erster in Italien eine Übersetzung von Engels' Schrift „Die Entwicklung des Sozialismus von der Utopie zur Wissenschaft".[24] Martignetti bekam dadurch direkte Verbindung zu Engels[25] und trat in den folgenden Jahren als wichtigster Vermittler der Marx/Engels-Werke in Italien in Erscheinung.

Weitere Wege zur Verbreitung von Schriften der Begründer des „wissenschaftlichen Sozialismus" waren die von den lombardischen Sozialisten (Filippo Turati, Osvaldo Gnocchi-Viani, Leonida Bissolati) unterstützte „Rivista italiana del socialismo", Camillo Prampolinis[26] „Giustizia", seit 1889 der Cremoner „Eco del

17 Die „Kathedersozialisten" versuchten, der Zuspitzung der Klassengegensätze und der Neigung der Arbeiter zu sozialistischen Ideen durch staatliche Fürsorge-Maßnahmen entgegenzuwirken. Siehe dazu Virgili: Die soziale Gesetzgebung in Italien. In: AfSS, 11, 1897, S. 726-749 und Sellin: Kapitalismus und Organisation. In: Winkler: Organisierter Kapitalismus, S. 84-99.
18 Vgl. Kap. V,1.
19 Eine Bibliographie zu dem Thema wurde 1907 von Michels zusammengestellt. Michels: Die italienische Literatur über den Marxismus.
20 Hobsbawm: The fortune of Marx's and Engels' writings, S. 331.
21 Dazu sind vor allem Carlo Pisacane und Giuseppe Ferrari zu zählen.
22 Vgl. Kap. I,2.
23 Siehe Ragionieri: Socialdemocrazia tedesca e socialisti italiani, cap.III, S. 159-280; ders.: Der Einfluß der deutschen Sozialdemokratie.
24 Engels: Socialismo utopistico.
25 Die Briefe Martignettis an Engels, die im Institut für Marxismus-Leninismus beim ZK der KPdSU in Moskau liegen, sind von Ragionieri eingesehen und in den zitierten Darstellungen ausgewertet worden.
26 Zu Prampolini siehe: Il movimento operaio italiano. Dizionario biografico, vol.IV, S. 216-229.

popolo", den Leonida Bissolati[27] redigierte, und die Kulturzeitschrift „Cuore e critica"[28], an der auch Filippo Turati mitarbeitete.[29]

In diesem Kontext kommt der Russin Anna Kuliscioff[30] eine besondere Rolle zu. Sie trat selbst publizistisch kaum in Erscheinung, war jedoch, dank ihrer Erfahrungen als Exilantin und ihrer Sprachkenntnisse, mit dem Sozialismus in Frankreich und Deutschland vertraut und gab der ideologischen Debatte in Italien durch ihre Begegnung mit Filippo Turati neue Impulse.[31] Bereits 1885 gab sie die „deutsche Schule des Sozialismus" als ihren maßgeblichen Orientierungspunkt an.[32] Anna Kuliscioff griff zunächst nur wenig in die politisch-ideologische Debatte ein. Ihr Einfluß war jedoch ohne Zweifel prägend für die Entwicklung Turatis, der wenig später zu einem der Gründungsväter der Sozialistischen Partei werden sollte.

Die Bedingungen für die Herausbildung einer auf nationaler Ebene organisierten sozialistischen Arbeiterpartei mit einer homogenen sozialen Basis hatten sich in den 1880er Jahren deutlich verbessert. In Norditalien setzte sich sowohl in der Landwirtschaft als auch in der Industrie immer stärker die kapitalistische Produktionsweise durch, die die Formierung einer sozial einheitlichen Arbeitnehmerschicht bewirkte. Diese Entwicklung führte zunächst zur Entstehung einer rein gewerkschaftlich orientierten, apolitischen Arbeiterpartei, die in ihrer ablehnenden Haltung gegenüber den bürgerlichen Intellektuellen deutlich an die lassalleanische Arbeiterpartei erinnerte. Andererseits näherte sich jedoch auch eine große Zahl bürgerlicher Intellektueller dem Sozialismus an. Die Generation Filippo Turatis, zu der die Mehrzahl der sozialistischen Führer in den folgenden zwei Jahrzehnten zählte, sah ihre Hoffnungen, die sie in die demokratisch-republikanische Bewegung gesetzt hatte, durch die Frontstellung der „radikalen" Partei (partito radicale) gegen die aufstrebende Arbeiterklasse enttäuscht. Die Diffamierung des POI durch die Radikalen während des Wahlkampfes von 1886 zog eine Radikalisierung linksliberaler Studentenkreise nach sich. Diese beiden Entwicklungen – die zunehmende Organisierung der an Selbstbewußtsein gewinnenden Arbeiterklasse einerseits, die Annäherung einer großen Zahl bürgerlicher Intellektueller an die Ideale des Sozialismus andererseits, bildeten die Voraussetzung für die Entstehung der Arbeiter-

---

27 Zu Bissolati siehe: Colapietra: Bissolati.
28 Cuore e Critica, a cura di Arcangelo Ghisleri, Bergamo. Die Zeitschrift erschien seit 1887.
29 Bosio: La diffusione degli scritti di Marx e Engels, S. 213ff.
30 Zu Anna Kuliscioff siehe: Casalini: La signora del socialismo; Pala: Anna Kuliscioff; Pillitteri: Anna Kuliscioff; Epifani: Gli studi.
31 Die Tragweite ihres Einflusses ist in der Historiographie sehr umstritten. Zeitgenössische Beobachter neigten wahrscheinlich zur Überschätzung, aber auch die Biographin Casalini und Historiker wie Cortesi und Valiani halten ihre Rolle bei der Entwicklung Turatis Ende der 1880er Jahre und allgemein bei der Einführung des Marxismus in Italien für zentral. Cortesi: La giovinezza, S. 30; Valiani: Intervento. In: Anna Kuliscioff e l'età del riformismo, S. 77. In jüngster Zeit wurde diese Ansicht von Monteleone zurückgewiesen. Monteleone: Turati, S. 90f. Siehe dazu auch Kap. II,1.
32 „[. . .] forse sono troppo sotto l'influenza della scuola socialista tedesca che considera il processo storico-economico come legge superiore del socialismo moderno." Kuliscioff an Colajanni, Napoli, 25.4.1885. Zit.n. Anna Kuliscioff. Immagini, S. 64.

partei im Jahr 1892. Die Entwicklung des Sozialismus auf internationaler Ebene, insbesondere in Deutschland, sollte sich auf diesen Prozeß zugleich stimulierend und richtungsweisend auswirken.

II. Die Rolle der SPD in der Gründungsphase des PdLI

1. Die Aufhebung des Sozialistengesetzes in Deutschland und die Wirkung in Italien

„Hand in Hand, und nachweisbar in demselben Verhältnis des Wachstums, stieg mit der allmählichen Erlangung der Vorherrschaft in der internationalen Arbeiterbewegung seitens des Marxismus auch das internationale Prestige der deutschen Sozialdemokratie".[1] Der Soziologe Robert Michels, der 1907 von syndikalistischem Standpunkt aus die Vorherrschaft der SPD in der Zweiten Internationale mit kritischer Distanz betrachtete, sah im Sieg des Marxismus über die übrigen sozialistischen Theorien einen der Hauptgründe für die dominierende Stellung der SPD in der II. Internationale.[2] Die SPD galt als Verkörperung des Marxismus, ihre praktische Politik wurde unkritisch als Umsetzung der Prinzipien des „wissenschaftlichen Sozialismus" begriffen. Als Charakteristika für marxistisch inspirierte Politik galten die „parlamentarische Taktik" (im Gegensatz zur „direkten Aktion" der Anarchisten), die klare Trennung der Arbeiterpartei von der bürgerlichen Linken und, damit verbunden, die strikte Ablehnung von Wahlbündnissen sowie die absolute Oppositionshaltung im Parlament. Für die „Gegenwartsarbeit" wurden Propaganda und Organisation als zentrale Punkte angesehen. Die SPD, die mit dieser Politik erfolgreich die Zeit der Sozialistengesetze überstanden hatte, wurde in steigendem Maße zum „Modell" für die anderen sozialistischen Parteien in Europa.

Ein weiteres Moment für die Eroberung der hegemonialen Stellung durch die SPD und gleichzeitig ein Impuls für die sozialistisch-internationalistischen Bewegungen stellte der 1889 in Paris tagende Kongreß dar, mit dem die Sozialistische Internationale wiederbegründet wurde.[3]

Der erste Anstoß zur Erneuerung der Sozialistischen Internationale, die seit dem Umzug des IAA-Büros von London nach New York 1872 praktisch nicht mehr existiert hatte, ging vom dritten illegalen Parteitag der deutschen Sozialdemokratie 1887 in Sankt Gallen aus. Parallel dazu, aber unabhängig davon, ergriffen die englischen Trade-Unions, deren Hauptansprechpartner die französischen Possibilisten waren, eine entsprechende Initiative. Die Bestrebungen, Marxisten und Possi-

---

1 Michels: Die deutsche Sozialdemokratie im internationalen Verbande, S. 157.
2 Siehe dazu Procacci: Studi sulla IIª Internazionale und Cole: Storia del pensiero socialista, S. 490-512.
3 Siehe dazu Joll: The Second International; Internationale Stellung; Protokoll des Internationalen Arbeiterkongresses zu Paris. Abgehalten vom 14.bis 20.Juli 1889. Nürnberg 1890. In: Histoire de la IIe Internationale, tome 6, S. 43-181.

bilisten zu vereinen, hatten jedoch keinen Erfolg. Im Juli 1889 fanden in Paris schließlich – anläßlich der 100-Jahr-Feier der Französischen Revolution – zwei getrennte Kongresse statt: Die Versammlung der Marxisten unter Vorsitz von Edouard Vaillant und Wilhelm Liebknecht kennzeichnet den Beginn der II. Sozialistischen Internationale. Die wichtigsten Beschlüsse waren die Forderung nach dem Acht-Stunden-Arbeitstag, die Resolution über die Abschaffung der stehenden Heere und die allgemeine Volksbewaffnung, die Forderung nach allgemeinem, gleichem Wahlrecht und der Beschluß, den 1. Mai als Tag der Arbeit feierlich zu begehen.

Aus Italien nahmen Andrea Costa, Amilcare Cipriani und Errico Malatesta an dem Kongreß teil. Bei der Frage der Haltung der sozialistischen Parteien zum Krieg stimmten die Italiener – auf Antrag Ciprianis wurde nach Nationen abgestimmt – für die Minderheitsresolution des holländischen Anarchisten Domela Nieuwenhuis, der für den Generalstreik optierte[4] – und somit gegen die deutsche Resolution, die von Liebknecht vorgelegt wurde.

Der italienische Sozialismus war also 1889 in Paris noch durch Vertreter der anarchistischen Richtung repräsentiert. Gleichzeitig zeigte der Einfluß der SPD nun konkrete Wirkung. Im Oktober 1889 wurde in Mailand unter der Führung Filippo Turatis und Anna Kuliscioffs die „Lega socialista milanese" gegründet, die sich im darauffolgenden Jahr unter der gemeinsamen Federführung Turatis, Giuseppe Croces und Costantino Lazzaris ein Programm gab, das sich stark am „deutschen Modell" orientierte. Der Kollektivismus wurde als Endziel proklamiert und die Organisation der Arbeiterklasse als Partei als wichtigste Voraussetzung für die Eroberung der politischen Macht bezeichnet. Die Revolution wurde als Ergebnis eines langsamen, graduellen Prozesses begriffen – eine Definition, in der „in nuce" bereits der Grundgedanke des Reformismus vorweggenommen wurde.[5]

Den Höhepunkt der Bewunderung und der internationalen Solidarität erreichte die SPD schließlich in Folge der Reichstagswahl im Februar 1890, der im März die Entlassung Bismarcks folgte.

Bereits am 25. Januar war eine Verlängerung des Sozialistengesetzes im Reichstag abgelehnt worden. Die Wahlen im Februar brachten dann die endgültige Niederlage Bismarcks: Sozialdemokraten und Freisinnige konnten die Zahl ihrer Sitze verdoppeln, die Kartellparteien verloren mehr als ein Drittel. Mit 1,5 Millionen Stimmen und 35 Sitzen im Parlament (nach der Wahl von 1887 waren es nur 11) wurde die SPD zur stärksten Wählerpartei.[6] Der Reichskanzler, für den die „sozialdemokratische Gefahr" eine Machtfrage war, die nur mit Repression und Härte zu lösen war, mußte am 18. März 1890 zurücktreten.[7] Das Sozialistengesetz verlor am 30. März seine Gültigkeit.

---

4 Vgl. auch: Evénément, 18.7.1889 und Berliner Volksblatt, 23.7.1889. In: AAPA, Eur.Gen. 82, 17, Bd. 1.
5 Monteleone: Turati, S. 253.
6 Vgl. Ritter: Die Arbeiterbewegung, S. 67.
7 Der Grund für die Entlassung Bismarcks lag in dem Gegensatz zwischen dem alten Reichskanzler und dem jungen, nach einem „persönlichen Regiment" strebenden Kaiser Wilhelm II. Politische Differenzen, wie zum Beispiel die Haltung gegenüber der sozialdemokratischen Partei, waren sekundär.

Der Wahlerfolg der deutschen Sozialdemokratie nach zwölf Jahren Sozialistengesetz und die Entlassung des „Blut und Eisen"-Kanzlers trugen wesentlich dazu bei, daß die SPD zur führenden Partei der II. Internationale wurde. Die sozialistischen Parteien, die in den frühen 1890er Jahren gegründet wurden, unter anderem in Galizien, Italien, Rumänien und Polen, orientierten sich alle in Theorie und Taktik an der SPD.[8] Nach Meinung Ernesto Ragionieris waren die Rückwirkungen jedoch in keinem Land so stark wie in Italien.[9] Publizistische Beispiele dafür bieten die „Cuore e critica" und die „Giustizia"[10]: „Die Tatsachen beweisen also, daß die Methode der Propaganda, die die deutschen Sozialisten befolgen und die von uns ebenfalls bevorzugt wird, die ernsthafteste, wirkungsvollste und wissenschaftlichste von allen ist. [. . .] Wir wünschen uns daher, daß das Beispiel der deutschen Sozialdemokraten zahlreiche Nachahmer in allen Nationen finden wird."[11]

Entscheidend für die Gründung der italienischen Arbeiterpartei nach deutschem Vorbild war die Zusammenarbeit zwischen Filippo Turati und dem Neapolitaner Philosophieprofessor Antonio Labriola. Bei allen Unterschieden der intellektuellen Bildung und politischen Verwurzelung waren beide der Überzeugung, daß der Sozialismus auch in Italien in die Arbeiterbewegung hineingetragen werden müsse.[12] Sowohl der korporative Charakter des POI als auch der eklektizistische des PSRR mußten also überwunden werden.

Labriola schrieb der deutschen Sozialdemokratie, zu der er, anders als die Mehrheit der italienischen Sozialisten[13], durch das Studium des Marxismus Zugang gefunden hatte, die Funktion der „Erzieherin der neuen Geschichte" zu.[14] Schon 1888, als der „Sozialdemokrat" in der Schweiz verboten wurde, beabsichtigte er, eine Solidaritätskundgebung für die deutsche Sozialdemokratie zu veranstalten.[15] Dieser Plan wurde realisiert, als die deutsche Sozialdemokratie 1890 in Halle ihren Parteitag abhielt – den ersten, der nach 13 Jahren wieder auf deutschem Boden

---

8 Zur Rolle der SPD als Vorbild für die sozialdemokratischen Parteien in Südosteuropa siehe Haupt: Der Einfluß der deutschen Sozialdemokratie.

9 Ragionieri: Socialdemocrazia tedesca e socialisti italiani, S. 17. Auch Hobsbawm kommt zu dem Ergebnis, daß Italien das einzige Land im Mittelmeerraum war, wo sich eine marxistische Massenbewegung entwickelte. Hobsbawm: La diffusione del marxismo, S. 256.

10 Zur Bedeutung dieser Zeitungen vgl. Kap. IV,1.

11 „I fatti provano dunque che il metodo di propaganda seguito dai socialisti tedeschi, e da noi pure preferito, è il più serio, il più scientifico e il più efficace fra tutti. [. . .] Noi ci auguriamo che l'esempio dei socialisti tedeschi trovi imitatori numerosi in tutte le nazioni." Il cronista: Un trionfo. Perché in Germania il socialismo è tanto potente. In: Giustizia, 2.2.1890. In „Cuore e critica" forderte Martignetti zu Geldspenden auf. Martignetti: Per la democrazia sociale in Germania. In: Cuore e critica, 18.2.1890 und M.C.: Pei socialisti in Germania. In: Cuore e critica, 28.2.1890. Labriola schickte einen Sammelbetrag von 50 Lire an den „Sozialdemokrat". Außerdem spendete die „Lega socialista milanese" 20 Lire, Martignetti selbst 2 Lire, ebenso E. Negri. Siehe: Giustizia, 16.3.1890.

12 1890 schrieb Labriola dazu an Turati: „E mi pare siamo d'accordo su due cose: che la base deve essere il partito operaio, e che noi socialisti teorici non dobbiamo essere né padroni, né duci, né imprenditori, ma soltanto i dotti della compagnia." Turati attraverso le lettere, S. 64f.

13 Vgl. Kap. VI,1.

14 Vgl. den offenen Brief Labriolas an die „Giustizia" vom 20.4.1890 und die Grußadresse an den Parteitag in Halle. Ragionieri: Socialdemocrazia tedesca e socialisti italiani, S. 241-242

15 Vgl. Ragionieri: Der Einfluß der deutschen Sozialdemokratie, S. 87.

stattfand. Labriola verfaßte im Namen der „Lega socialista milanese" und des POI eine Grußadresse, die von zahlreichen italienischen Arbeiterorganisationen und den wichtigsten Sozialisten unterzeichnet wurde. Ragionieri bezeichnete diese Kundgebung als „Grundstein für die Bildung der Sozialistischen Partei Italiens" und als „erstes echt marxistisches Dokument der italienischen Arbeiterbewegung".[16] Der deutschen Sozialdemokratie wurde darin richtungsweisende Funktion zugesprochen: „Eure Genossen jenseits der Alpen, eng mit Euch verbunden durch das Wissen um die künftigen Kämpfe, verlangen von Euch keine materielle Hilfe oder Entschließungen, wie es bei den politischen Cliquen oder in den Geheimgesellschaften üblich ist, sondern sie erwarten von Euch die kraftvollste der Unterstützungen und den besten der Ratschläge: die erzieherische Kraft und die Majestät des Beispiels".[17]

Labriola war der Auffassung, daß die Gründung der II. Internationale und der Wahlsieg der SPD eine entscheidende Zäsur bedeuteten, durch die gewissermaßen ein neues Zeitalter eingeläutet wurde. Die Motivation seines politischen Engagements in diesen Jahren war die Sorge, Italien könne den Anschluß an diese Entwicklung verpassen. Die Beziehungen zwischen deutscher Sozialdemokratie und italienischen Sozialisten sollten jedoch nicht dem Verhältnis zwischen Vorbild und Imitation entsprechen; Labriola ordnete die Rolle der SPD vielmehr in einen gesamteuropäischen, historischen Entwicklungsprozeß ein.

Die Sammlung der Unterschriften für die Grußadresse an den Parteitag in Halle war die Aufgabe Turatis, wie überhaupt der in Mailand agierende Sozialist die Hauptrolle bei den organisatorischen Vorbereitungen der Parteigründung spielte. Die wichtigsten Initiativen 1891 waren die Gründung einer sozialistischen Zeitschrift, der „Critica sociale", durch Turati und Anna Kuliscioff[18] und der Beschluß zur Gründung einer sozialistischen italienischen Arbeiterpartei, der auf einem vom POI und der „Lega socialista milanese" einberufenen Kongreß im August 1891 gefaßt wurde.

Die Aktionen, die zur Gründung der italienischen Arbeiterpartei führten, und das spezifische Konzept Filippo Turatis dürfen jedoch nicht nur als Reflex der Entwicklung des Sozialismus in Europa und speziell in Deutschland gedeutet werden, sondern müssen vor dem Hintergrund der wirtschaftlich-sozialen Lage Italiens Ende der 1880er und Anfang der 1890er Jahre und des Stellenwertes, den die soziale Frage in diesen Jahren in Italien einnahm, gesehen werden.

Die Jahre zwischen 1887 und 1894 werden als die „schwarzen Jahre der italienischen Wirtschaft"[19] bezeichnet. Allein in der Industrie fanden 1890 136 Ausstände statt, an denen insgesamt 40.000 Arbeiter beteiligt waren. Bis 1882 waren es nie

---

16 Ebd., S. 91.
17 Die Passage ist auch in dem ins Deutsche übersetzten Aufsatz von Ragionieri zitiert. Vgl. Anm.15 und 16, S. 90.
18 Die „Critica sociale" war in gewisser Weise eine Fortführung der „Cuore e critica"; zur Entstehungsgeschichte siehe Masini: Le origini. Vgl. auch Kap. IV,1.
19 Gino Luzzatto: Gli anni piú critici dell'economia italiana (1888-1893). In: L'economia italiana dal 1861 al 1961. Milano 1961, S. 420-452. Zit.n. Manacorda: Formazione e primo sviluppo, S. 159

mehr als 10.000 pro Jahr gewesen.[20] Die Ursachen für die Verschärfung der Arbeitskämpfe und die Zunahme der Streikbewegungen sind in erster Linie in der Agrarkrise und der Arbeitslosigkeit in den Städten gegen Ende der 1880er Jahre zu sehen.[21] Die Agrarkrise wurde durch den Import billigen amerikanischen Getreides ausgelöst. Die technisch rückständige, extensive Landwirtschaft des ganzen Südens und großer Teile Venetiens und Liguriens war dieser Konkurrenz nicht gewachsen. Im Süden führte der Zusammenbruch der extensiven Getreidewirtschaft in steigendem Maße zur Emigration, im Norden vermehrten die verarmten Kleinbesitzer und Halbpächter das Heer der Tagelöhner. Dadurch bildete sich ein relativ homogenes, kämpferisches Agrarproletariat heraus, das ständig am Rande des Existenzminimums lebte.[22] Neue proletarische Schichten entstanden darüber hinaus durch den forcierten Eisenbahnbau, öffentliche Bauarbeiten und die Schaffung einer Schwerindustrie. Die in diesen Bereichen beschäftigten Arbeiter bildeten den am stärksten klassenbewußten Teil der industriellen Arbeiterschaft. Die Krise in der Bauindustrie manifestierte sich am deutlichsten in Rom, wo es in den Jahren 1888/89 zu Streiks und Unruhen größeren Ausmaßes kam. Millionen von Arbeitern, die während des Baubooms nach 1870 in der Hauptstadt Arbeit gefunden hatten, wurden in ihre Heimatdörfer zurückgeschickt. Die Massenarbeitslosigkeit führte zum Schulterschluß der verschiedenen Arbeitervereine und zur Radikalisierung der Standpunkte. Die gesamte Wirtschaft geriet zudem durch die protektionistische Wirtschaftspolitik und den dadurch bedingten Rückzug französischen Kapitals aus Italien in eine Krise, die den Anstieg der Arbeitslosenziffer sowie eine weitere Staatsverschuldung nach sich zog.

Vor diesem Hintergrund gewann die „soziale Frage" eine neue Dimension. Das Wort „Sozialismus" war in aller Munde und hatte eine schillernde Bedeutung. Man sprach vom „Sozialismus des Kaisers", womit die deutschen Sozialgesetze gemeint waren, und vom „Sozialismus des Papstes", worunter die neue, katholische Soziallehre verstanden wurde, die sich unter anderem in der 1891 verkündeten Enzyklika „Rerum Novarum" manifestierte.[23] Mit der von Francesco Saverio Nitti[24] herausgegebenen Zeitschrift „Riforma sociale", die seit 1893 erschien, wurde die Arbeiterbewegung auch Gegenstand der Forschung.[25] Von katholischer Seite wurde 1889 die „Unione cattolica per gli studi sociali" gegründet, die fünf Jahre

---

20 Die Zahlen gehen aus einer Statistik hervor, die dem Bericht des deutschen Konsuls in Mailand zufolge von G. Bodio in den „Annali del credito e della previdenza" veröffentlicht worden waren. In: AAPA, Eur.Gen. 82, 7, Bd.3.
21 Im folgenden stütze ich mich auf die Ausführungen Lills: Geschichte Italiens, Manacordas: Formazione e primo sviluppo und Hertners: Italien von 1850-1914.
22 Vgl. dazu Kap. III,1 und V,1.
23 Manacorda: Formazione e primo sviluppo, S. 163.
24 Nitti war seit 1904 Abgeordneter und wurde in den Regierungen Orlando (1918) und Giolitti (1919) Mitglied des Kabinetts und 1920 Ministerpräsident. Als Wirtschaftswissenschaftler beschäftigte er sich hauptsächlich mit der „Südfrage".
25 Manacorda: Formazione e primo sviluppo, S. 162.

später eine programmatische Streitschrift gegen den Sozialismus formulierte.[26] Die Bestrebungen der Katholiken gingen dahin, unter Zurückdrängung der sozialistischen Bewegung die sozialen Probleme durch die Erweiterung des Verantwortungsbereiches der Kirche zu lösen. Die deutsche Sozialdemokratie und der Protestantismus dienten dabei als Feindbild: „Der protestantische Glaube war die erste Ursache des Sozialismus; kaum war die Reformation entstanden, schon zeigten sich die gewalttätigsten sozialistischen Elemente im Wirken Nicola Storcks und Thomas Müntzers, und heutzutage weiß jedes Kind, daß der moderne Sozialismus ein Kind des Rationalismus ist, und dieser wiederum vom Protestantismus hervorgebracht wurde."[27]

Im gleichen Jahr, in dem der Papst die Enzyklika „Rerum Novarum" verkündete, die den Sozialismus aus katholischer Sicht verurteilte, wurde in Mailand auf einem gemeinsamen Kongreß des POI und der „Lega socialista milanese" der Beschluß zur Gründung der italienischen Arbeiterpartei gefaßt. Eine von dem Kongreß autorisierte Kommission wurde mit der Ausarbeitung eines Programms und der Statuten beauftragt. Insgesamt vertraten 250 Abgeordnete 450 Vereine und Zirkel, die den verschiedensten Richtungen angehörten, aber alle norditalienischer Provenienz waren. Der regionale Charakter der italienischen Arbeiterbewegung war zu diesem Zeitpunkt also noch nicht überwunden. Dem Kongreß wohnten außerdem auch Vertreter der deutschen Sozialdemokratie bei: Der Berliner Verein „Vorwärts" sowie ein sozialdemokratischer Verein aus München waren in Mailand vertreten.[28]

Turati und den Mailänder Sozialisten gelang es, sich gegenüber Anarchisten und Operaisten durchzusetzen: 90 von 106 Delegierten stimmten für die Annahme einer Resolution, in der die Forderung nach Sozialgesetzen verankert wurde. Turati und der Operaist Giuseppe Croce wurden als Vertreter der italienischen Arbeiter für den Kongreß der Sozialistischen Internationale nominiert, der ebenfalls noch im August in Brüssel stattfand.[29]

Das wichtigste Ereignis dieses Kongresses, der in der Frage der Sozialgesetzgebung und des Militarismus auf die Beschlüsse von Paris (1889) rekurrierte, war der Ausschluß der Anarchisten. Auch für die italienischen Sozialisten wurde diese Haltung nun richtungsweisend – im Jahr darauf sollte sich der Bruch auf dem

26 1894 wurde das „Programma dei cattolici di fronte al socialismo" entworfen. Siehe dazu Toniolo: Programm dei cattolici di fronte al socialismo. In: Manacorda: Il socialismo nella storia, vol.I, S.206.
27 „La religione protestante fu la causa prima del socialismo; appena sorta la Riforma, tosto si manifestarono i violentissimi sintomi socialisti per opera di Nicola Storck e Tomm. Muncer ed, oggidì, sanno pure i bimbi che il moderno socialismo è figlio del razionalismo, generato, a sua volta, dal protestantesimo." Il Socialismo e la Quaresima ossia Pericoli – Illusioni – Rimedi. Siena 1890. AAPA, Eur.Gen. 82, 7. Bd.2.
28 Siehe den Brief des Generalkonsuls in Mailand an Reichskanzler Caprivi vom 6.8.1891. AAPA, Eur.Gen. 82, 7, Bd. 3.
29 Darüber hinaus waren Anna Kulicioff, die die „Lega socialista milanese" vertrat, und der Anarchist Saverio Merlino in die belgische Hauptstadt gereist. Verhandlungen und Beschlüsse des internationalen Arbeiterkongresses zu Brüssel (16.-22.8.1891). Berlin 1893. In: Histoire de la IIe Internationale. Bd. 8, S. 283-317. Siehe auch Haupt: La Deuxième Internationale, S. 115ff.

Gründungskongreß des PdLI in Genua wiederholen, obwohl Turati 1889 die Art und Weise, mit der die Anarchisten in Brüssel abgelehnt worden waren, als zu schroff und rigoros bewertete.[30]

Die Phase zwischen dem Mailänder Kongreß im August 1891 und der Gründung der italienischen Arbeiterpartei ein Jahr später war durch zum Teil scharfe Polemiken um die politisch-ideologische Richtung gekennzeichnet. Diese Auseinandersetzungen fanden vor dem Hintergrund zunehmender wirtschaftlich-sozialer und politischer Spannungen statt. Im Februar 1892 stürzte Ministerpräsident Francesco Crispi. Jedoch auch seinem Nachfolger, Marquis Antonio Starraba di Rudini[31] gelang es nicht, die wirtschaftliche Krise effektiv zu bekämpfen. Die Arbeitslosigkeit stieg überall an, insbesondere in der lombardischen Metropole wuchsen die sozialen Konflikte. Auf Entlassungen, unter anderem bei der Firma Pirelli, reagierten die Arbeiter mit Streik, der jedoch ohne Erfolg blieb.

Diese Erfahrungen bestärkten Turati in der Überzeugung, daß die wichtigste Aufgabe der Sozialisten in der Organisation der Arbeiterklasse sowohl auf politischer als auch auf gewerkschaftlicher Ebene bestehe.[32]

Labriola[33], der Turati noch 1890 für die einzige Persönlichkeit gehalten hatte, die in der Lage sei, die Gründung einer sozialistischen Partei herbeizuführen, wurde in zunehmenden Maße kritisch gegenüber dessen Initiativen. Die Polemik gegen Turati verschärfte sich, als im März 1892 der Programmentwurf des provisorischen Komitees veröffentlicht wurde.[34] Labriola fürchtete, daß die Partei sich ideologisch nicht festlegen würde, sondern – wie die romagnolische Vorgängerin PSRR – alle Richtungen umfassen sollte. Auch Turatis „Werbung" um die bürgerlichen Intellektuellen kritisierte er.[35]

Der Neapolitaner ging schließlich soweit, den italienischen Sozialismus als „deutlichen Beweis der politischen und intellektuellen Korruption" zu bezeichnen und Turati zu empfehlen, ins Ausland zu gehen, um den Eklektizismus der „Critica Sociale" zu überwinden.[36] Bei der Gründung der Partei in Genua war er nicht anwesend; über das Ergebnis äußerte er sich dann jedoch gar nicht ablehnend. Seiner Meinung nach war die im Vergleich zu dem Programmentwurf des provisorischen Komitees ideologisch klarere Resolution von Genua jedoch sein persönliches Verdienst.[37]

---

30 CS: Il congresso di Bruxelles. In: CS, 10.9.1891.
31 Zu Rudini vgl. Kap. VI,2.
32 Monteleone: Turati, S. 262.
33 Siehe auch Cafagna: Labriola.
34 Diese Phase ist in der Historiographie sehr gut aufgearbeitet. Siehe beispielsweise Manacorda: Formazione e primo sviluppo, S. 171f, Cortesi: La costituzione, S. 66ff und Ragionieri: Socialdemocrazia tedesca e socialisti italiani, S. 34ff.
35 „Voi volete fare la propaganda fra i borghesi, voi volete rendere simpatico il socialismo. [...] In quanto a me i borghesi li credo buoni soltanto a farsi impiccare." Labriola an Turati, 18.1.1891. Turati attraverso le lettere, S. 79.
36 Labriola an Turati, Januar und August 1891. Ebd., S. 83ff.
37 „Mi rallegro tutto il più con me stesso." Labriola an Turati, 22.8.1892. Ebd., S. 94.

Die Kritik Labriolas war tatsächlich in den endgültigen Entwurf eingeflossen.[38] Durch die Änderung der Aufnahmebedingungen wurde das korporative Parteimodell der Operaisten, das bis kurz vor dem Kongreß vorherrschend war, überwunden. Waren im POI nur lohnabhängige Arbeiter zugelassen, so sollte das entscheidende Kriterium für die Mitgliedschaft im PdLI die Anerkennung der Grundsätze der Partei sein. Der PdLI erhielt dadurch einen stärker politischen Charakter. Aus pragmatischen Gründen war Turati jedoch auch zu Konzessionen gegenüber den Operaisten (insbesondere Lazzari und Croce) bereit. Das wird besonders an der Namensgebung der Partei deutlich, in der das Wort „sozialistisch" zunächst überhaupt nicht auftauchte.

Bereits zu diesem Zeitpunkt enthielten die Vorstellungen Turatis Elemente, die direkt auf das Sozialismuskonzept der Reformisten hinweisen. Kontinuität bestand besonders in der Auffassung, daß der Weg zum Sozialismus ein gradualistisch-evolutionistischer Prozeß sei. So schrieb er bereits 1891: „Es ist vor allen Dingen notwendig, daß sie [die Arbeiterklasse, die Verf.] kämpft, [. . .], denn schließlich wird der Klassenkampf Schritt für Schritt (poco a poco) organisiert und wird für das Proletariat durch eine lange Reihe von Ereignissen, von Niederlagen und von Experimenten siegreich."[39]

Die deutsche Sozialdemokratie wurde in erster Linie als vorbildhaft im Hinblick auf ihre Strategie betrachtet. In diesem Sinne bezeichnete Turati sich schon 1890 als Anhänger der „Methode" der SPD.[40] In seinen Beiträgen in der „Critica sociale" wird deutlich, daß damit die Rezeption eines positivistisch interpretierten Marxismus verbunden war.[41] Historischer Materialismus, Klassenkampf, Sozialisierung der Produktionsmittel und – eingeschränkt – die Mehrwerttheorie[42] stellten nach Auffassung Turatis die Grundsäulen des Marxismus dar. Die deutsche Sozialdemokratie stellte einen wichtigen Bezugspunkt dar, insofern sie sich in der Organisation, der Propaganda und dem parlamentarischen Kampf von den Anarchisten unterschied. Dennoch hegte Turati Zweifel an der Anwendbarkeit dieses „Modells" auf Italien: „Wir lieben und bewundern die deutsche sozialistische Partei eben gerade wegen dieser ihrer wunderbaren angelsächsischen Disziplin, die ein wenig rigid

---

38 Turati wandte sich Anfang August in der LdC sowohl gegen den Programmentwurf, der ihm zu vage erschien, als auch gegen das Statut, das seiner Meinung nach zu sehr unter operaistischem Einfluß stand. LdC, 6.,7.8. und 13.,14.8.1892.

39 „E necessario, sopratutto, che egli lotti, [. . .] perché infine la lotta di classe si organizza a poco a poco e diventerà vittoriosa pel proletariato attraverso una lunga serie di episodi, di sconfitte e di esperimenti." CS: I deliberati del Congresso di Bruxelles. In: CS, 30.9.1891.

40 Turati an Costa, 30.9.1890. Zit.n. Livorsi: Turati, S. 55.

41 Zum Marxismusverständnis Turatis und der Reformisten siehe auch Kap. VI,1.

42 Die Mehrwerttheorie wurde anfangs noch zu den wesentlichen Bestandteilen des Marxismus gezählt. Turati stand jedoch dem Volkswirt Achille Loria sehr nahe, der zwar Sozialist war, die Kerngedanken des Marxismus jedoch ablehnte. In späteren Äußerungen (seit etwa 1898) führte er die Mehrwerttheorie nicht mehr als wesentliches Element des Marxismus auf. Vgl. Turati/Sorel: La crisi del socialismo. CS, 1.5.1898.

und, wenn man so will, ein wenig militaristisch ist, und vielleicht für ein romanisches Land überhaupt nicht nachahmbar."[43]

Die Gründung der Partei, die sich am 15. August 1892 in Genua Programm und Statut gab, war das Resultat langer Bemühungen verschiedener sozialistischer Gruppen, unter denen letztlich die Mailänder Sozialisten federführend wurden. Die Überwindung des regionalen Charakters, der noch dem Mailänder Kongreß von 1891 angehaftet hatte, wurde durch die Übereinstimmung zwischen den Sozialisten in Mailand, Reggio Emilia und Palermo, die die drei wichtigsten Säulen der neugegründeten Partei bildeten, erreicht. Der „Partito dei Lavoratori Italiani" (PdLI) näherte sich in seinem Programm dem Marxismus an und verstand sich als politische Vertretung des Proletariats. Damit ist der PdLI in die Reihe der sozialistischen Parteien einzuordnen, die nach dem Vorbild der deutschen Sozialdemokratie zu Beginn der 1890er Jahre entstanden. Es sollte jedoch noch ein Jahr dauern, bis die Partei sich explizit als sozialistisch bezeichnete.

In den Presseorganen der deutschen Sozialdemokratie wurde die Gründung des PdLI überwiegend positiv bewertet.[44] Auch die „Neue Zeit" hielt kritische Stimmen zurück. Ein negativer Kommentar Antonio Labriolas, den er an Engels schickte und der für Kautskys Zeitschrift konzipiert war, wurde nicht veröffentlicht.[45]

Die sozialistische Arbeiterpartei war in Italien die erste politische Organisation, die den Charakter einer modernen Massenpartei hatte. Sie verfügte über ein einheitliches Programm, ein Organisationsstatut, veranstaltete regelmäßig Kongresse und Vorstandswahlen und gab ein offizielles Parteiorgan heraus.[46] Zunächst hatte die Partei organisatorisch die Form eines Assoziationsverbandes: Etwa 200 Gruppen, Vereine und Ligen wurden Mitglieder des PdLI. Die Gruppierungen verpflichteten sich durch ihren Beitritt dem Parteiprogramm, behielten aber in wichtigen Fragen, wie bei der Entscheidung zur Beteiligung an den Wahlen, Entscheidungsbefugnis. Oberste Instanz war der Kongreß, der auf Initiative des Zentralkomitees oder der Regionalkongresse zusammentrat und sich aus den Vertretern aller Sektionen zusammensetzte. Das Zentralkomitee bestand aus sieben Mitgliedern und wurde durch den Kongreß autorisiert. Zum Chefredakteur des Parteiorgans, der

---

43 „Noi amiamo ed ammiriamo il partito socialista tedesco, appunto per cotesta sua meravigliosa disciplina anglo-sassone, un po' rigida, un po' militaresca se vuolsi, e non del tutto, forse, imitabile in un paese latino – sebbene l'ordinamento del partito sia in Germania radicalmente democratico – ma alla quale attribuimo i miracoli di proselitismo, di sacrificio, di rapido progresso onde quel partito ci dà esempio." CS: Sul nuovo programma tedesco. In: CS, 31.7.1891. Fast identisch war die Beurteilung der deutschen Partei durch den französischen Sozialisten Lucien Herr, der zur Gruppe um Jean Jaurès und Léon Blum gehörte: „Das disziplinierte Zusammenhalten macht die Stärke der Deutschen aus, das mag schon sein. Aber wir können und wollen es uns nicht zu eigen machen. Wir wollen es nicht, weil wir anders gemacht sind als sie, weil bei gleicher Politik der Militarismus uns widerstrebt." Zit.n. Droz: Der Einfluß, S. 10.

44 Vorwärts, 6.8.1891, 13.11.1891, 20.8.92. Die Entwicklung der sozialistischen Bewegung Italiens fand seit Beginn der 1890er Jahre in Deutschland relativ großes Interesse. Siehe unter anderem die Aufsätze Sombarts im „Socialpolitischen Centralblatt".

45 Siehe Engels Briefwechsel mit Karl Kautsky, S. 328. Siehe dazu auch Stein: Deutsche Sozialdemokratie, S. 35.

46 Nachdruck von Programm und Statuten bei Cortesi: La costituzione, S. 260-265.

„Lotta di classe", dessen erste Ausgabe am 30./31. Juli 1892 erschien, wurde Camillo Prampolini ernannt.

Die Diskussion über das Parteiprogramm führte zur Spaltung zwischen Sozialisten und Anarchisten, die die Verabschiedung des Programms hinauszögern wollten und sich somit dem Vorwurf der Obstruktion aussetzten. Hier wiederholte sich also die 1891 auf internationaler Ebene vollzogene Trennung zwischen „legalitären" und anarchistischen Sozialisten. Bei der Einberufung einer weiteren Versammlung waren diejenigen ausgeschlossen, die die „Eroberung der politischen Macht als Mittel der Emanzipation der Arbeit und den Wahlkampf als Mittel der Eroberung der politischen Macht"[47] nicht akzeptierten.

Das am 15. August 1892 verabschiedete Programm bestand nur aus einem allgemeinen, theoretischen Teil; bis zur Annahme eines „Minimalprogramms" mit konkreten Forderungen sollten noch weitere acht Jahre vergehen. Die wichtigsten Punkte des theoretischen Teils des Erfurter Programms – die Verelendungstheorie, die Forderung nach Vergesellschaftung der Produktionsmittel und nach Eroberung der politischen Macht – wurden in das Programm der italienischen Sozialisten übernommen.

Turati hatte das Erfurter Programm bereits im Juli 1891 in der „Critica Sociale" kommentiert. Er vertrat darin die Auffassung, daß das Programm von 1891 dem von 1875 überlegen sei, kritisierte jedoch die Vernachlässigung der Agrarfrage. Bei der Formulierung des Programms von Genua zog er daraus allerdings keine Konsequenzen.[48]

Der Stellenwert des Marxismus im Denken Turatis und der Einfluß der SPD ist in der Historiographie sehr umstritten. Vielfach wurde die „intransigente Phase" Turatis in den Jahren zwischen 1891 und 1894 als eine Art „intermezzo" (parentesi) überbewertet. Dagegen vertritt die marxistisch-leninistische Geschichtsschreibung – besonders deutlich formulierte Renato Monteleone diese These[49] – die Auffassung, daß die positivistische Prägung und das gradualistische Geschichtsverständnis bei Turati immer vorherrschend waren.[50] Demnach wäre es also verfehlt, von einer Annäherung an die sozialdemokratische Orthodoxie deutscher Prägung in der zweiten Hälfte der 1880er Jahre zu sprechen.[51] Monteleone beurteilte die intransigente Haltung gegenüber den bürgerlichen Parteien als „Zugeständnis an die Operaisten" und sah im Parteiprogramm von Genua eine Art Pflichtübung in einem Moment, in dem es in erster Linie um die Abgrenzung von den Anarchisten

---

47 Vgl. Cortesi: La costituzione, S. 137.
48 Ebd.
49 Monteleone: Turati. Vgl. auch ders.: Filippo Turati, ein deutscher Marxist. In: Kuck: Die Entwicklung des Marxismus, S. 61-71.
50 Monteleones Thesen basieren unter anderem auf einer Analyse der turatianischen Bibliothek und der verschiedenen Korrespondenzen des sozialistischen Führers. Der Autor versuchte auf diesem Weg, Turati unter Einbeziehung individualpsychologischer Erklärungsansätze zu beurteilen. Monteleone: Turati, S. 116-211.
51 Ebensowenig ist nach Meinung Monteleones ein entscheidender Einfluß Anna Kuliscioffs nachweisbar. Ebd., S. 90f.

ging.[52] Auch der sozialdemokratische Historiker Gaetano Arfé, der aus seinen Sympathien für den Führer des italienischen Reformismus kein Hehl macht, vertritt die Meinung, daß das Ziel des turatianischen Sozialismus nicht die Diktatur des Proletariats, sondern eine an humanistischen Idealen orientierte freiheitliche und gerechte Gesellschaftsordnung war.[53]

Wenn auch Turati Ende der 1880er Jahre begann, sich der marxistischen Theorie anzunähern, und diese Prinzipien schließlich auch zur Grundlage des Parteiprogramms wurden, so überwogen insgesamt doch die Elemente der Kontinuität in der intellektuellen und politischen Entwicklung des Sozialisten.[54] Die „intransigente Politik", d.h. die entschieden ablehnende Haltung gegenüber den „bürgerlichen" Parteien, ist nicht etwa als fundierte Rezeption des Marxismus zu interpretieren, vielmehr blieb das turatianische Verständnis der Marxschen Theorie sehr stark durch die positivistische Kultur geprägt. Die Gründe für diese Haltung gegenüber den bürgerlichen Parteien sind vielmehr im politischen Klima der lombardischen Metropole in den frühen 1890er Jahren[55] sowie in taktischen, parteiinternen Überlegungen zu suchen. Die Übernahme des marxistisch inspirierten „Maximalprogramms" der deutschen Sozialdemokratie und die als marxistisch verstandene Isolationspolitik[56] gegenüber der republikanischen und der „radikalen" Partei waren jedoch von grundlegender Bedeutung für das Selbstverständnis der jungen Partei. Die auf bestimmte „Glaubenssätze" reduzierte Theorie förderte in hohem Maße die Integrationsfähigkeit der sozialistischen Partei. Darüber hinaus fand die italienische Arbeiterbewegung damit Anschluß an den europäischen Prozeß der so-

---

52 Die starke Kritik an der Biographie Monteleones richtete sich nicht gegen die Interpretation dieser frühen Phase. Vielmehr kamen in den zahlreichen Rezensionen die Vorbehalte gegenüber dem harten, fast vernichtenden Urteil über den Reformismus zum Ausdruck. Zu einseitig, so beispielsweise Paolo Spriano, sei die Bewertung an Turatis ideologischen Beiträgen gemessen, zu wenig seine politischen Verdienste gewürdigt. Paolo Spriano: Povero „Filippot" scarso in marxismo. In: Corriere della sera, 17.12.87. Auch Massimo L. Salvadori hält die negative Beurteilung Turatis für weit überzogen. Massimo L. Salvadori: Un Turati con troppi difetti. In: La Stampa, 27.2.1988. Weniger kritisch gegenüber dem umfangreichen Werk äußerte sich Nicola Tranfaglia: Quel ragazzo è neurastenico. In: Repubblica, 2.3.1988. Tranfaglia hob insbesondere den historiographischen Ansatz und die Seriosität in der Methode positiv hervor.

53 Arfé: Turati. In: Turati e il socialismo europeo, S. 23-38, hier S. 30 und ders.: Giudizi e pregiudizi, S. 100.

54 Vgl. auch Livorsi: Turati und Cortesi: A proposito, S. 250. Auch Manacorda ist der Auffassung, daß der Reformismus im Kern bereits bei der Gründung der Partei vorhanden war. Manacorda: Formazione e primo sviluppo. Von Cortesi wird auch auf die Veränderung der wirtschaftlichen Verhältnisse als Erklärungsansatz für das erwachende Interesse Turatis am Marxismus hingewiesen. Siehe auch die Studien über die spezifische Marxismusrezeption in Italien, u.a. Andreucci: Il marxismo collettivo und Viroli: Il marxismo e l'ideologia.

55 Die sozialen Spannungen nahmen zu diesem Zeitpunkt stark zu. In den Arbeitskämpfen dieser Jahre legten die Arbeitgeber ein ausgesprochen unnachgiebiges Verhalten an den Tag.

56 Diese Interpretation war durch die Haltung der deutschen Sozialdemokratie geprägt; Marx und Engels standen Bündnissen mit Teilen des Bürgertums jedoch keineswegs ablehnend gegenüber. Diese Bündnisse wurden jedoch im Hinblick auf die Revolution gesehen, und nicht, wie später bei den Reformisten, als schrittweise Annäherung an den bürgerlichen Staat. Vgl. Kap. II,2.

zialistischen Parteibildung. Die italienischen Sozialisten konnten sich somit als Teil einer internationalen, aufstrebenden Bewegung verstehen. Die Wahl- und Streikerfolge in anderen europäischen Ländern stellten somit indirekt auch einen Sieg der italienischen Partei dar.

2. Die SPD als Führungspartei des internationalen Sozialismus im Bild der italienischen sozialistischen Presse

1894 erschien in Turin eine Broschüre über den deutschen Sozialismus, die von einem italienischen Studenten an der Friedrich-Wilhelms-Universität in Berlin, Silvio Novara, verfaßt worden war. An der im Vorwort erklärten Intention des Autors wird deutlich, daß die führende Rolle der SPD im internationalen Sozialismus im Zusammenhang mit der Bedeutung der deutschen Kultur gesehen wurde. „Der moderne Sozialismus ist von seinem Wesen her international, aber Deutschland, das, wie es scheint, allgemein in der Kultur eine führende Rolle spielt, steht auch auf dem Gebiet des Sozialismus als Herold der wirklichen Kultur der Zukunft in vorderster Reihe vor den anderen Nationen."[1]

In dieser Phase unmittelbar nach der Konstituierung des PdLI wurden in Italien die Erfolge der SPD mit Enthusiasmus gefeiert. Als die SPD bei den Reichstagswahlen 1893 über 1,7 Millionen der Stimmen erhielt und damit die Zahl ihrer Abgeordneten von 35 auf 44[2] erhöhen konnte, fand in Mailand eine sozialdemokratische Demonstration statt, die mit einer Kundgebung vor dem deutschen Konsulat endete.[3] Mit Rufen wie „Viva il socialismo", „Viva la Germania, fuori la bandiera" trugen die 200-300 Teilnehmer ihren Wunsch vor, daß die deutsche Flagge gehißt würde.[4] Das Zentralkomitee hatte dem SPD-Vorstand im Vorfeld einen Solidaritätsgruß übermittelt sowie einen Unterstützungsbeitrag von 100 Mark überwiesen.[5] Paul Singer, der im März 1893 in Mailand zu Besuch war, hatte ebenfalls dazu beigetragen, das Interesse der Italiener an den Vorgängen in Deutschland zu verstärken.[6] In der sozialistischen Presse wurden der Wahlkampf und der Gang zu den Urnen mit Aufmerksamkeit beobachtet; die internationale Bedeutung wurde besonders hervorgehoben. So schrieb die „Critica sociale" unter der Überschrift „Rivoluzione internazionale", daß das „kluge und starke Deutschland" der wichtigste Träger der „revolutionären Welle" sei, die in diesem Moment Europa überflute.[7] Das Parteiblatt „Lotta di classe" äußerte sich angesichts des Stimmenzuwachses der deutschen Partei ausgesprochen selbstkritisch. Voraussetzungen für den Erfolg einer Partei seien Zielstrebigkeit und Unbestechlichkeit – Attribute, die

---

1 „Il socialismo moderno è essenzialmente internazionale, ma la Germania, come in generale nella cultura par raggiungere ormai il predominio, cosi anche nel socialismo, che è l'araldo della vera cultura a venire, sta alla testa delle altre nazioni". Novara: Il partito socialista, S. 1.
2 Die Zahlenangaben nach Miller: Kleine Geschichte der SPD, S. 287.
3 In Deutschland dagegen waren die Erwartungen enttäuscht. Engels hatte mit etwa 2,25 Millionen Stimmen gerechnet. Die Gründe für den „geringen Erfolg" wurden in der schlechten Agitation auf dem Land gesehen. Vgl. Kap. V,2.
4 Vgl. den Bericht des Konsuls in Mailand an Kanzler Caprivi vom 19.6.1893. In: AAPA, Eur.Gen. 82, 7, Bd. 4.
5 La Germania socialista si prepara. In: LdC, 27.,28.5.1893.
6 Siehe auch Malagodi: Il proletariato agricolo e il socialismo nelle campagne. In: Antologia, vol.II, S. 29. Siehe auch Stein: Deutsche Sozialdemokratie, S. 61.
7 t-k: Rivoluzione internazionale. In: CS, 1.7.1893.

den italienischen Sozialisten weitgehend fehlten.[8] Den Grund für die Stärke der Partei sah man in erster Linie in der strikten Ablehnung jeglicher Bündnisse mit bürgerlichen Parteien.[9] Der „Eco del popolo" verfügte zu dieser Zeit über einen Korrespondenten in Berlin, den jungen Sozialisten Romeo Soldi[10] aus Cremona, und publizierte ebenfalls ausführliche Berichte über den Wahlkampf in Deutschland und den Stimmenzuwachs der Sozialisten am 15. Juni. Aber auch Zeitungen wie der „Lavoratore comasco"[11], die „Giustizia" in Reggio Emilia[12], der Turiner „Grido del popolo"[13] und der „Risveglio" in Forli[14] hielten den Ausgang der deutschen Reichstagswahlen für ein Thema, das die sozialistischen Leser in Italien interessierte.

Eine ähnlich breite Resonanz fand im folgenden Jahr der sogenannte „Bierboykott", der in Berlin aus Protest gegen Entlassungen nach der 1. Mai-Feier[15] durchgeführt wurde und der im Dezember 1894 mit einem Kompromiß endete. Bei einer ähnlichen Aktion in Dresden konnte mit der Wiedereinstellung der betroffenen Arbeiter ein Erfolg erzielt werden.[16] Der „Grido del popolo" sprach von „Wundern der Arbeiterorganisation" (miracoli dell'organizzazione operaia).[17] Diese Aktion diente den Sozialisten in Italien unter anderem dazu, zu zeigen, daß der „deutsche Sozialismus" keineswegs immer nur legalitär und parlamentarisch sei, wie es die italienischen Anarchisten unterstellten. Auf der anderen Seite bewies gerade ein solcher Boykott, daß mit einer disziplinierten Protestaktion ein starker Druck ausgeübt werden konnte, und daß die Stärke der Position gegenüber den Arbeitgebern wesentlich vom Grad der Organisation der Arbeiter abhing. Die deutschen Sozialdemokraten hatten mit ihrem „Bierboykott" ein Musterbeispiel für ihre

---

8 „A Berlino non si combatte come da noi per dare dei diplomi di benemerenza a certi uomini che hanno dei meriti speciali. [. . .] Essi lottano per un programma e hanno fretta per realizzarlo." La fine di un equivoco. In: LdC, 24.,25.6.1893. Unter dem Pseudonym „Old Nick" wurde die Auffassung vertreten, daß die Aufgabe der deutschen Sozialdemokraten, die voraussichtlich als erste die politische Macht erobern würden, darin bestünde, die anderen sozialistischen Bewegungen durch einen „stato fortemente organizzato" zu unterstützen. Der Beitrag der Italiener könne dagegen eher auf dem Gebiet des Munizipalsozialismus liegen. Old Nick: Socialismo communale. In: LdC 17.,18.6.1893.

9 In 386 von 397 Wahlkreisen stellte die SPD eigene Kandidaten auf.

10 ACS, CPC, ad nomen. Dizionario biografico, vol.V, S. 664-669. Vgl. Kap. III,2.

11 La vittoria delle nostre idee in Germania. In: Il lavoratore comasco, 17.10.1893.

12 Le elezioni in Germania. In: La Giustizia, 4.6.1893 und Viva il socialismo. Ebd., 18.6.1893.

13 Il trionfo del socialismo in Germania. In: Grido del popolo, 24.6.1893.

14 Risveglio, 25.6.1893.

15 Der Anstoß für den am 3.5.1894 erklärten sogenannten Bierboykott war die Aussperrung von circa 300 Böttchern der Rixdorfer Vereinsbrauerei wegen Teilnahme an der 1.Mai-Feier. Die Arbeiter forderten unter anderm die Anerkennung der 1. Mai als Feiertag, Verkürzung der Arbeitszeit auf neun Stunden, die Anerkennung der bestehenden Brauerei-Arbeiterorganisationen, Lohnentschädigung für ausgesperrte Arbeiter usw. Die Brauereibesitzer antworteten mit Massenentlassungen. Der „Bierboykott" nahm schließlich größere Ausmaße an, so daß die Unternehmer im September gezwungen waren, auf Verhandlungen einzugehen. Im wesentlichen wurden die Forderungen angenommen. Vgl.: Vom Bierkriege. In: NZ, 12,2, 1893/94, S. 481-484 und Mehring: Das Ende des Bierkrieges. In: NZ, 13,1, 1894/95, S. 449.

16 In der LdC war am 23.,24.6, am 28.,29.7. und am 4.,5.8.1894 von der Aktion zu lesen, der „Eco del popolo" berichtete erst am 29.,30.12.1894.

17 Metodi e metodi. Ai rivoluzionari di professione. In: Grido del popolo, 7.7.1894.

von den Italienern so bewunderte Fähigkeit zu Ordnung, Disziplin und Organisation gegeben. Dennoch waren größere Streiks und aufsehenerregende Protestaktionen in Deutschland nicht gerade häufig; die italienischen Zeitungen richteten ihren Blick viel eher nach Belgien oder Frankreich. Der belgische Generalstreik zur Erlangung des allgemeinen Wahlrechts[18] oder der Streik der französischen Glashüttenarbeiter in Carmaux[19] zog die Aufmerksamkeit des sozialistischen Auslandes sehr stark auf sich. Hier deutete sich bereits an, daß die SPD für den „Sozialismus in Aktion" kein Leitbild darstellen konnte.

Der Kongreß der Internationale 1893 in Zürich[20] bestätigte, daß die Italiener dem internationalen Charakter der Bewegung große Bedeutung beimaßen: Der PdLI war in der Schweiz mit einer 23köpfigen Delegation vertreten und nahm insbesondere in den Arbeitskreisen lebhaften Anteil an den Diskussionen.[21] In den zentralen Punkten stellte der Kongreß eine Bestätigung der in Paris und Brüssel gefaßten Beschlüsse dar. Durch eine Resolution Bebels, mit der die Mitglieder sich zur parlamentarischen Aktion verpflichteten, wurde die Trennung von den Anarchisten bekräftigt. Über die Stellung der Sozialisten zum Krieg entzündete sich eine lebhafte Debatte. Der Vorschlag, jede Kriegserklärung mit einem allgemeinen Streik zu beantworten, wurde abgelehnt. Turati stimmte der Mehrheitsresolution zu.[22]

Am engagiertesten zeigten sich die Italiener resp. die Delegierte Anna Kulisciof in der Frage des Schutzes der Arbeiterinnen. Auf ihre Anregung hin wurden die Landarbeiterinnen in die Forderung nach besonderem Schutz für die Arbeiterinnen miteinbezogen. Sie unterstützte auch eine weitere, ebenfalls angenommene Ergänzung, die besagte, daß der Schutz für die arbeitende Frau untrennbar mit dem Prinzip „Gleicher Lohn für gleiche Arbeit" gekoppelt sein müsse.[23] Die Haltung der Exilrussin in der Frauenfrage war stark durch Bebels Werk „Die Frau und der Sozialismus" sowie die Schrift von Engels „Der Ursprung der Familie, des Privateigentums und des Staates" geprägt.[24] Die italienische Delegation traf außerdem mit den Vertretern der anderen Agrarländer – unter anderem Rumänien und Bulgarien – zusammen. Auf Initiative der Delegierten aus diesen Ländern wurde die Agrarfrage auf die Tagesordnung des nächsten Kongresses an erste Stelle gesetzt.

---

18 Vom 11. bis zum 18. April 1893 führten 250.000 belgische Arbeiter einen politischen Massenstreik zur Erlangung des allgemeinen Wahlrechts durch. Siehe Turati: Socialismo straniero e socialismo italiano. In: CS, 16.4.1893. Evviva il Belgio operaio. In: LdC, 22.,23.4.1893.
19 Am 16.8.1892 traten die Glashüttenarbeiter im französischen Carmaux in einen zehnwöchigen Ausstand. Carmaux wurde in der Folge hauptsächlich durch die Entstehung einer ersten Produktivgenossenschaften bekannt. Vgl. Goldberg, S. 97-115 und 139-148. Die Italiener unterstützten den Streik auch materiell. LdC, 19.,20.11.1892.
20 Die CS berichtete am 1.8., 16.8., 1.9., 1.10.1893 über den Züricher Kongreß, die LdC am 12.,13.8., 19.,20.8. und am 2.,3.9.1893.
21 Besonderes Interesse galt der Agrarkommission, in der die Italiener durch Romeo Soldi vertreten waren. Vgl. Kap. III,2 und V,2.
22 Vgl. Turati: Il congresso di Zurigo. Le prime giornate. In: LdC, 12.,13.8.1893.
23 Von Klara Zetkin und Louise Kautsky wurde dieser Zusatz abgelehnt. Histoire de la IIe Internationale, tome 9, S. 251.
24 Vgl. Anna Kulisciof: Il monopolio dell'uomo.

In der Frage der Haltung gegenüber Radikalen und Republikanern setzte sich die auch von Turati befürwortete „absolute Intransigenz" durch. In Italien fand dieser Beschluß seine Entsprechung auf dem Parteitag im September des gleichen Jahres.

Nach nur einem Jahr konnte in Reggio Emilia ein ansehnliches Wachstum der Partei verzeichnet werden.[25] Nahezu der gesamte spätere Führungsstab gehörte bereits der Partei an, insgesamt waren 262 Zirkel und Vereine vertreten. Dieser starke Mitgliederanstieg brachte jedoch auch eine Reihe von Streitpunkten und Meinungsverschiedenheiten mit sich – insbesondere in der Frage der Haltung gegenüber den bürgerlichen Parteien und der Stellung der Fraktion. Die Partei hielt jedoch an ihrem ursprünglichen Konzept der Autonomie gegenüber allen anderen Parteien fest.

Auf diesem Kongreß wurde auch die Bezeichnung „sozialistisch" in den Namen der Partei aufgenommen, die sich fortan „Partito Socialista dei Lavoratori Italiani" (PSI) nannte.

Mit der Rückkehr Francesco Crispis[26] als Regierungschef im Dezember 1893 begannen für den PSI schwere Zeiten. Die Gründung der Partei war in die Zeit des ersten Kabinetts Giovanni Giolittis gefallen, der bereits zu diesem Zeitpunkt[27] der wachsenden Bedeutung der „sozialen Frage" und der Gründung der Arbeiterpartei Rechnung trug. Er verfügte jedoch nur über eine sehr schwache Mehrheit und löste die Kammer frühzeitig auf. Bei den Wahlen im November 1892 stellte die Arbeiterpartei in 25 Wahlkreisen Kandidaten auf, im neuen Parlament saßen fünf sozialistische Abgeordnete.[28] Giolitti wurde wiederum zum Regierungschef ernannt, mußte jedoch bereits nach knapp einem Jahr in Folge des „Banca-Romana"-Skandals[29] zurücktreten. Crispi, der aus dem demokratischen, mazzinianischen Lager des Risorgimento kam, vertrat einen dynamischen Nationalismus und leitete eine auf das Mittelmeer ausgerichtete expansive Politik ein, die für die italienische

---

25 1893 konnte die Partei bereits circa 100.000 Mitglieder verzeichnen. Monteleone: Turati, S. 272.

26 Crispi war im Dezember 1887 nach dem plötzlichen Tod von Agostino Depretis erneut an die Spitze der italienischen Regierung getreten.

27 Der piemontesische Staatsmann leitete um 1901 – zunächst ale Innenminister unter Zanardelli – die liberale Wende in der italienischen Politik ein und prägte die Geschichte Italiens bis zum Ausbruch des Weltkrieges. Vgl. Kap. VI,2.

28 Vgl. Attivita parlamentare, vol.I, 1882-1900, S. 137-248.

29 Giolitti erweiterte nach den Wahlen 1892 den Senat um 80 neue Mitglieder, darunter den Direktor der „Banca Romana" Tanlongo, der Giolitti im Wahlkampf unterstützt hatte. Als der Regierungschef einen Antrag auf Verlängerung des Emissionsrechtes der Banken stellte, verlangte der Abgeordnete Colajanni die Verlesung der bisher geheimgehaltenen „Enquête Avisi" über den Zustand der „Banca Romana". Aus diesem Bericht, der Giolitti bekannt war, ging hervor, daß die Bank sich unter anderm der Fälschung von Banknoten, der Immobilisierung von Kapital und der Überschreitung des Maximums der Emission schuldig gemacht hatte. Daraufhin wurde eine Regierungskommission eingesetzt, die die italienischen Geldinstitute untersuchen sollte. Tanlongo wurde verhaftet. Die Gegner Giolittis, die für ein härteres Durchgreifen in Sizilien plädierten, nahmen die Affäre zum Anlaß, ihn zum Rücktritt zu zwingen. Siehe dazu: Adam Maurizio: Der italienische Bank-Skandal. In: NZ, 11,2. 1892/93, S. 150ff. Zu dem Schweizer Adam Maurizio siehe Stein: Die deutsche Sozialdemokratie. S. 43. In der „Leipziger Volkszeitung" berichtete Antonio Labriola am 22.10.1894 über den Vorfall. Zit.n.: Ragionieri: Socialdemocrazia tedesca e socialisti italiani, S. 405.

Außenpolitik noch bis in den Faschismus hinein richtungsweisend sein sollte.[30] Innenpolitisch führte er einen autoritären Stil ein, stärkte die Exekutive und ging schonungslos gegen Sozialisten, Arbeitervereine und Streikende vor.

Die Repressionspolitik Crispis hatte weitreichende Folgen für die Organisation und die Strategie der sozialistischen Partei. Das Vorbild der deutschen Sozialdemokratie gewann in dieser Phase an Bedeutung, und umgekehrt weckten die Ereignisse in Italien das Interesse der deutschen Sozialdemokraten.

Am 4. Januar 1984[31] ließ der italienische Regierungschef auf Sizilien, wo die sozialen Unruhen seit 1892 ständig zunahmen, den Belagerungszustand ausrufen. Die „fasci" (Arbeiterbünde) wurden aufgelöst; in keiner Zeitung konnte mehr frei diskutiert werden. Am 5. Januar wurde der führende sizilianische Sozialist, der Abgeordnete Giuseppe de Felice Giuffrida, trotz seiner parlamentarischen Immunität verhaftet, wenig später, am 7. Mai, auch die „fasci"-Anführer Garibaldi Bosco, Nicola Barbato und Bernardino Verro. Die Verschärfung der Unruhen auf Sizilien einerseits, die gesteigerte Anarchistenfurcht nach der Ermordung des französischen Staatspräsidenten[32] und ein versuchtes Attentat auf Crispi andererseits führten im Oktober schließlich zur Auflösung der sozialistischen Partei.

Die Masse der in den „fasci"[33] organisierten Arbeiter waren lohnabhängige Landarbeiter und Arbeiter der Schwefelgruben (unter anderem in Girgenti) und der Weinindustrie. Aber auch Pächter und Kleinbauern waren in der Bewegung vertreten, ebenso existierten Handwerker- und Studentenbünde. Auf Sizilien wurden die Auswirkungen der Wirtschaftskrise seit Ende der 1880er Jahre durch wachsende Absatzprobleme für landwirtschaftliche Produkte spürbar. Die Situation der schon durch erpresserische Pachtverträge und Wucherherrschaft bis ans Existenzminimum getriebenen lohnabhängigen Landbevölkerung wurde immer erdrückender.[34] Starke Unruhen gab es auch unter den verhältnismäßig besser gestellten Halbpächtern der Küstenregionen, die von der Agrarkrise besonders getroffen waren.[35]

---

30 Die Niederlage der Italiener 1896 bei Adua beendete das Ostafrika-Unternehmen und zog den Sturz Crispis nach sich. Der gescheiterte Expansionsversuch wurde zum Symbol für Unterlegenheit und Zweitrangigkeit; in nationalistisch-imperialistischen Kreisen wurde der Ruf nach Revanche immer lauter. Der weite Konsens bei weiteren Vorstößen im Mittelmeerraum 1911 (Libyen) und 1935 (Abessinien) ist in diesem Kontext zu sehen.

31 Kurz vor Weihnachten 1893 hatten staatliche Ordnungskräfte in eine Gruppe von Bauern geschossen, die von der Bestellung brachliegender Allmende nach Hause zurückkehrte. Damit war das Signal zum Aufstand der „fasci" gegeben: Gemeindehäuser wurden gestürmt, Steuerregister verbrannt, schließlich wurden brachliegende Latifundien besetzt und verteilt. Siehe Hammer: Probleme der sizilianischen Agrarstruktur, S. 56.

32 Sadi Carnot wurde am 24. Juni 1984 von einem italienischen Anarchisten ermordet. Auch in Deutschland flammte aufgrund dieses Attentates erneut die Diskussion über gesetzgeberische Maßnahmen gegen die Sozialisten auf.

33 Zur Bewegung der „fasci" siehe insbesondere Renda: I fasci siciliani.

34 Am elendsten war die Situation der ländlichen Landarbeiter, die Colajanni als die „wahren Parias" der Insel bezeichnete. Ihr Lohn betrug zwischen 40 Centesimi und 1 Lire und lag damit noch unter dem Niveau der Schwefelgruben-Arbeiter. Hugo: Die sizilischen Ereignisse von 1893. In: NZ, 13,1, 1894/95, S. 722ff. Hugo gibt in dem Artikel eine Zusammenfassung von Colajannis Gli avvenimenti in Sicilia. Palermo 1894.

35 Ebd., S. 724.

Durch die Propaganda der Sozialisten entwickelte sich unter den Bauern ein neues Bewußtsein. Damit war die Voraussetzung dafür geschaffen, daß die Empörung nicht nur in vereinzelte Gewaltaktionen umschlug, sondern daß Bauern und Landarbeiter sich organisierten. Nach dem Arbeiterkongreß 1892 in Palermo, dem Zentrum der Bewegung, breitete sich über die ganze Insel ein Netz von „fasci" aus, die teils gewerkschaftlich-kämpferische, teils rein genossenschaftliche Zielsetzungen hatten. Nach den Forschungen Francesco Rendas gab es Ende 1893 etwa 175 „fasci".[36]

Die Haltung der Sozialisten gegenüber den Unruhen in Sizilien war teilweise gespalten. Die „fasci" artikulierten mit ihren Aufständen die Auflehnung der sizilianischen Bauern gegen ein ausbeuterisches, aber vorkapitalistisches System. Ihre Forderungen betrafen in erster Linie das Pachtsystem.[37] Die Forderung nach Sozialisation des Bodens wurde in der Propaganda bewußt ausgespart, da sie die landhungrigen sizilianischen Bauern von der Bewegung entfremdet hätte. Ein sozialistisches Bewußtsein war bei der Masse der Mitglieder nicht vorhanden; Marx wurde neben der Mutter Gottes, Mazzini, Garibaldi und dem König in die Reihe der volksfreundlichen „Wohltäter" eingeordnet.[38] In vielen der Versammlungsräume der „fasci" hing das Kruzifix, davor brannte eine Kerze.[39] Der Operaist Lazzari hielt daher eine Unterstützungskampagne zugunsten der sizilianischen „fasci"-Bewegung von vornherein für eine „verlorene Schlacht für den italienischen Sozialismus". Die sozialistische Fraktion verfaßte einen Appell, in dem sie eine „umfassende soziale Erneuerung" (completa rigenerazione sociale) forderte, sich aber gleichzeitig deutlich von der sizilianischen Bewegung distanzierte.[40] Prampolini ließ zudem keine Gelegenheit aus, die „friedlichen Absichten der Sozialisten" zu unterstreichen, obwohl ihm, als er zusammen mit dem Abgeordneten Gregorio Agnini nach Palermo unterwegs war, von den Ordnungskräften untersagt wurde, an Land zu gehen. Turati beurteilte die Haltung der Fraktion jedoch als zu vorsichtig und zu negativ, obwohl auch er Bedenken bezüglich des Einflusses der Anarchisten hegte.[41] Die Solidarisierung der – überwiegend norditalienischen – sozialistischen Partei mit den rebellierenden Bauern Siziliens wurde schließlich durch die Intervention Engels entschieden, der auf Anfrage Anna Kuliscioffs einen offenen Brief an die „Critica sociale" sandte[42], in dem er die norditalienischen Sozialisten zur Unterstützung der Unruhen auf Sizilien aufrief.

---

36 Renda: I fasci siciliani, S. 336-343.
37 Vgl. dazu Kap. V,2.
38 „Ci pareva cosi strano che il popolo insorgesse senza il nome di Marx sulle labbra, e portasse invece in giro i ritratti dei Sovrani e l'effige della Madonna. Quanti errori in questo nostro giudizio!" Zit.n. Cortesi: Il partito socialista e il movimento dei fasci, S. 1109.
39 Rossi: Die Bewegung in Sizilien, S. 5
40 „I moti dolorosi di Sicilia non sono fenomeni coscienti della nostra propaganda; non sono manifestazioni ed applicazioni del nostro partito [. . .]." In: LdC, 13.,14.6.1894
41 Die Entwicklung Turatis in dieser Frage im einzelnen bei Cortesi: Il partito socialista e il movimento dei fasci.
42 Engels: La futura rivoluzione italiana e il partito italiano. In: CS, 1.2.1894. Auch in: Corrispondenza Engels-Turati, S. 251-256.

Antonio Labriola hatte zu Beginn der Unruhen die „fasci" als „Witz" (burlette) abgetan. In einem Brief an Engels vom 1. Juli 1893 hatte er noch geschrieben, daß außer einigen Diebstählen, Verwüstungen und der Ermordung des einen oder anderen Polizisten in Sizilien nichts geschehen werde.[43] Vier Monate später bezeichnete er die Bewegung der „fasci" als „zweite große Massenbewegung nach den Ereignissen von Rom 1889-1891".[44] In der Folge nahm er zu führenden Sozialisten Kontakt auf und gebärdete sich als „Advokat" der sizilianischen Arbeiter gegenüber den Vertretern des internationalen Sozialismus. Zunächst wandte er sich an Richard Fischer, den Schriftführer der SPD, und bat ihn um „moralische und materielle Unterstützung". Die Bewegung in Sizilien stelle die „erste That des Sozialismus in Italien"[45] dar, die SPD könne also durch ihre Unterstützung nichts falsch machen.[46] Labriola empörte sich nun über die „Lotta di classe", die den Sizilianer de Felice drei Monate lang nur beleidigt und die sizilianischen Sozialisten als unfähig bezeichnet habe.[47] Fischer beantragte zusammen mit Bebel 1.000 Franken zur Unterstützung der Sizilianer, die Partei bewilligte schließlich 500.[48] Der „Vorwärts" veröffentlichte unter dem Titel „Die Zustände in Sizilien" drei Teile der Broschüre von Garibaldi Bosco „I Fasci dei Lavoratori".[49] Die Beziehungen Labriolas zu dem Parteiblatt der SPD verschlechterten sich allerdings stark; daraufhin wandte Liebknecht sich an Enrico Ferri mit der Bitte um Mitarbeit.

Nach Meinung von Friedrich Engels war es in Sizilien, wo die Aufhebung der feudalistischen Privilegien kaum etwas an den gesellschaftlichen Machtverhältnissen geändert hatte, Aufgabe der sozialistischen Partei, die Vollendung der bürgerlichen Revolution mitzutragen. Mit dieser Anschauung sanktionierte er gewissermaßen einen Wandel in der Taktik der Sozialisten. Die Partei hatte sich bei ihrer

43 „Secondo me non accadrà nulla salvo qualque furto, campestre, e qualque uccisione di carabinieri." In: Lettere a Engels, S. 107f.
44 Labriola bezog sich auf die Krise in der Bauwirtschaft und die dadurch ausgelöste Streikbewegung. Ebd., S. 128. Vgl auch Labriola an Ellenbogen, 11.9.1894. Kleine Korrespondenz F.
45 Labriola an Fischer, 12.11.1893. Lettere di AL, S. 318. Vgl. auch Labriola an Ellenbogen, 22.11.1893. Kleine Korrespondenz F.
46 Cortesi: Il partito socialista e il movimento dei fasci, S. 1093ff.
47 Labriola an Ellenbogen, 11.9.1893. Kleine Korrespondenz F.
48 Bebel an Engels, 13.11.1893. In: Bebel. Briefwechsel mit Friedrich Engels, S. 731. Auf dem Parteitag 1894 wurde eine Resolution zur Unterstützung der Italiener gefaßt. Dokumente, Bd. III, S. 422. Dem Reichskanzleramt in Deutschland wurde durch einen Bericht in der neapolitanischen Zeitschrift „Roma" bekannt, daß die deutschen Sozialisten für die Sizilianer Geld gesammelt hätten. Die daraufhin angestellten Nachforschungen des Berliner Polizeipräsidenten blieben allerdings erfolglos: man nahm in der deutschen Hauptstadt schließlich an, daß die Italiener die „solidarische Anteilnahme", die die SPD im „Vorwärts" zugesichert hatte, irrtümlicherweise mit finanzieller Unterstützung gleichgesetzt hatte. Rekowski, Konsul in Neapel an Caprivi, 7.12.1893 und Polizeipräsident an Innenminister Graf zu Eulenburg, 28.12.1983. AAPA, Eur.Gen.82, 7, Bd.4. Aus einem Brief Labriolas an Ellenbogen vom 22.11.1894 geht hervor, daß die Zuwendung tatsächlich in Sizilien angekommen ist. Vgl. Kleine Korrespondenz F. Aus den verschiedenen Provinzen Italiens erhielt der „fascio" in Palermo nach Angaben Labriolas 3.000 Franken. Vorwärts, 15.11.1893. Der damalige deutsche Botschafter Bernhard von Bülow nahm außerdem an, daß die Unruhen von französischer Seite her gefördert worden seien. AAPA, Italien 68, Bd.29.
49 Vorwärts, 31.10., 15.11. und 21.11.1893. Über die „fasci"-Bewegung erschien in deutscher Sprache 1894 die Schrift von Rossi: Die Bewegung in Sizilien.

Gründung dem Grundsatz der „Intransigenz" gegenüber allen anderen Parteien verschrieben. In dem Moment jedoch, wo elementare bürgerliche Freiheiten beschnitten wurden, entstand ein Interessenskonsens mit der bürgerlichen Linken. Nachdem im September der nach Imola einberufene Parteitag verboten worden war, und Crispi am 22. Oktober die Auflösung der Sozialistischen Partei und aller sozialistischen Organisationen angeordnet hatte,[50] konstituierte sich in Mailand die von Sozialisten, Radikalen und Republikanern getragene „Lega nazionale per la difesa della liberta", deren Ziel der Kampf um die in der Verfassung garantierten Freiheiten war. Engels hatte in seinem Beitrag für die „Critica sociale" geschrieben, daß eine vorübergehende Zusammenarbeit mit Kräften der bürgerlichen Linken notwendig sei.[51]

Mit der Gründung der „Lega della liberta" wandte Turati sich von seiner bisherigen Haltung gegenüber Radikalen und Republikanern ab; nach einem weiteren Briefwechsel mit Engels glaubte er sich in Übereinstimmung mit dem Mitbegründer des Marxismus.[52] Turati zielte jedoch auf eine breite demokratische Volkspartei ab und hoffte, die bürgerlichen Intellektuellen auf die Seite der Sozialisten ziehen zu können, während es Engels um eine vorübergehende Unterstützung der bürgerlichen Kräfte ging, durch die die Entwicklung zum Sozialismus beschleunigt werden sollte.[53] Bei der Frage, ob man die progressiven bürgerlichen Kräfte unterstützen und welchen Charakter dieses Bündnis haben sollte, ging es also um das zentrale Problem des Verhältnisses zwischen Sozialismus und Demokratie.

Auf dem geheimen Parteitag der Sozialisten im Januar 1895 in Parma stand Turati im Gegensatz zur Mehrheit des Kongresses, welche die bisherige Praxis der Partei, die strikte Ablehnung von Bündnissen und Wahlabsprachen, bestätigte. Lediglich bei den Stichwahlen waren die einzelnen Sektionen autorisiert, einen Kandidaten aus dem bürgerlichen Lager zu unterstützen.[54] Turati war in dieser Frage jedoch nur vorübergehend unterlegen: Mit dem Kongreß von Rom 1900 wurde die Bündnispolitik mehrheitsfähig.[55]

Die wichtigste Resolution des Parteitages und gleichzeitig die entschiedenste Reaktion auf die Repressionspolitik Crispis betraf die Organisation der Partei. Da

---

50 Ragionieri: Il movimento socialista, S. 103.
51 „La république bourgeoise, a dit Marx, est la forme politique dans laquelle seule la lutte entre prolétariat et bourgeoisie peut se décider. [. . .] Nous commettrions donc la plus grande des fautes, si nous voulions nous abstenir." Corrispondenza Engels-Turati, S. 255.
52 Engels an Turati, 27.10.1894. In: Ebd., S. 271. Der Brief wurde in der CS am 1.11.1894 veröffentlicht. Die Berufung auf Engels wurde von Strik Lievers als „dreister Gebrauch, der an Verfälschung grenzt" bezeichnet. Strik Lievers: Turati, la politica delle alleanze, S. 154.
53 Engels berücksichtigte jedoch in seinen Ausführungen nicht, daß die bürgerlich-demokratischen Kräfte in Italien äußerst schwach waren, und daß die Frage Anna Kuliscioffs dahin ging, ob die Sozialisten angesichts dieser Situation ihre Aufgaben übernehmen sollten – auch auf die Gefahr hin, ihr eigentliches Anliegen dadurch aus den Augen zu verlieren.
54 „L' o.d.g. [. . .] limitò la eventualità di un appoggio dei socialisti a candidati che dessero „serio affidamento di intendimenti di libertà" unicamente in sede di ballottaggio." Cortesi: Il socialismo, S. 45.
55 Vgl. Kap. VI,4.

der PSI als Assoziationsverband organisiert war, fielen Gewerkschaften und Arbeiterhilfsvereine ebenfalls unter das Auflösungsdekret. Um sie vor solchen Maßnahmen zu schützen, wurden nun politische und wirtschaftliche Organisationen voneinander getrennt, die Mitgliedschaft der Vereinigungen wurde durch individuelle Parteizugehörigkeit ersetzt.[56] Die Regionalkongresse sollten einen Nationalrat (Consiglio nazionale), der Nationalkongreß das Zentralkomitee (Ufficio esecutivo centrale) wählen.[57] Damit wurde der entscheidende Bruch mit den operaistischen Traditionen des POI vollzogen.

Ein Jahr nach Inkrafttreten der „italienischen Sozialistengesetze" (provvedimenti di pubblica sicurezza) konnte der PSI bei den Wahlen im Mai/Juni 1895 die Zahl seiner Abgeordneten von sieben auf dreizehn erhöhen. Die Parallele zu den deutschen Sozialdemokraten, die unter Bismarck ebenfalls die Stärke ihrer parlamentarischen Fraktion erheblich erhöhen konnten, lag auf der Hand. Engels selbst machte auf die Vergleichbarkeit in seinem Brief an Turati aufmerksam, den er mit den Worten schloß: „Deutschland hat Bismarck besiegt, das sozialistische Italien wird sich gegenüber Crispi behaupten."[58]

Diese Worte, mit denen die Absicht verbunden war, die Widerstandskraft der von Verfolgung, Verhaftung und Auflösung getroffenen Partei zu stärken, kursierten in ganz Italien.[59] Auch der österreiche Parteiführer Viktor Adler[60] sowie eine große Anzahl deutscher Sozialdemokraten[61] solidarisierten sich mit den italienischen „Genossen" und erinnerten – fast mahnend – an den Kampf der deutschen Sozialdemokraten gegen Bismarck. Die Redaktion der „Lotta di classe" hatte schließlich den Eindruck, daß sich „beinahe ein Vorwurf" gegen die gesamte italienische Partei richtet. „Tut etwas und handelt, scheint man uns von allen Seiten her zuzurufen."[62]

Wenn der deutschen Sozialdemokratie ein „Modellcharakter" bei der Entwicklung des italienischen Sozialismus zugeschrieben wird, so gilt das in besonderem Maße für diese Phase. Das leitende Interesse der Italiener war in diesem Moment jedoch weder ideologischer noch praktisch-organisatorischer Art. Nach der Auflösung der Partei durch Ministerpräsident Crispi handelte es sich schlichtweg um die Entwicklung einer Überlebensstrategie. Die „Critica sociale" spielte dabei die Vorreiterrolle: Neben den Briefen von Engels publizierte die Zeitschrift einen histori-

---

56 Siehe auch Vorwärts, 29.1.1895.
57 Der genaue Text in Cortesi: Il socialismo, S. 50.
58 „La Germania ha vinto Bismarck, l'Italia socialista avrà ragione di Crispi". Engels an Turati, 27.10.1894. In: Corrispondenza Engels-Turati, S. 271. Die CS publizierte den Brief am 1.11.1894.
59 Vgl. „Proletari, socialisti, l'avvenire è nostro. I Crispi, I Morra – questi rozzi e volgari arnesi della reazione – sono ciottoli minuscoli che non arrestano la umanità nel suo cammino ascendente." Verona del popolo: 1./2.9. 1894. Siehe außerdem Grido del popolo, 25.8.1894 und Risveglio, 4.11.1894.
60 LdC, 2.,3.12.1893.
61 LdC, 20.,21.1.1894.
62 „Agitatevi ed agitate, pare ancora si gridi a noi da ogni parte". In: LdC, 3.,4.3.1894.

schen Abriß der Entwicklung des Sozialismus in Deutschland[63], der dem Vorwort Engels' zur Neuauflage von Marx' „Die Klassenkämpfe in Frankreich" entnommen war. In diesem Artikel untersuchte der Verfasser die strategischen Möglichkeiten einer verbotenen Partei und kam zu dem Ergebnis, daß „revolutionäre, subversive Kräfte mit legalen Mitteln sehr viel besser gedeihen als mit illegalen und mit Aufständen."[64] Diese Passage sollte zu einem der wichtigsten und am häufigsten zitierten Bezugspunkte der Reformisten werden.[65]

Mit großem Interesse wurden auch die Reaktionen der SPD auf erneute Versuche der deutschen Reichsregierung, mit repressiven Mitteln gegen den Sozialismus vorzugehen, rezipiert. Am 6.12.1894 wurde im Reichstag der „Entwurf eines Gesetzes über die Änderung und Ergänzung des Strafgesetzbuches, des Militärstrafgesetzbuches und des Gesetzes über die Presse" – die sogenannte „Umsturzvorlage" eingebracht. Mit einer Verschärfung des Vereins- und Versammlungsrechtes sowie des Presserechtes sollte die Betätigung der bereits bestehenden Berufsvereine der Arbeiter eingeschränkt werden. Nach dem Entwurf hätten bereits „Umsturzbestrebungen" ohne Tatbestände mit Zuchthaus bestraft werden können. Die Einleitung eines „Kampfes für Religion, Sitte und Ordnung gegen die Parteien des Umsturzes" scheiterte schließlich daran, daß die Zentrumspartei die Vorlage in einen Gesetzesentwurf zum Schutz von Religion und Sittlichkeit umzuwandeln suchte, die Liberalen jedoch befürchteten, daß mit einem solchen Gesetz eine Zensurmöglichkeit in Wissenschaft, Literatur und Kunst geschaffen werden könnte. Am 11. Mai 1895 lehnte der Reichstag die „Umsturzvorlage" mit den Stimmen der Sozialdemokraten, der Volkspartei und der beiden freisinnigen Parteien ab. Nach einem Bericht des Parteivorstandes waren jedoch auch ohne Verschärfung der Gesetze in drei Jahren – zwischen 1890 und 1893 – 293 Jahre und 5 Tage Freiheitsstrafen von deutschen Gerichten wegen solcher „Vergehen und Verbrechen" ausgesprochen worden, die in engstem Zusammenhang mit der politischen und gewerkschaftlichen Arbeiterbewegung standen.[66] In Italien zog man daraus einen gewissen Trost: „Wie man am Beispiel Deutschlands sehen kann, kann und muß

63 Engels: L'evoluzione della rivoluzione. In: CS, 1.5.1895. Der Auszug wurde auch als Broschüre publiziert. Engels: L'evoluzione. Im darauffolgenden Jahr wurde das Vorwort vollständig herausgegeben. Marx: Le lotte di classe in Francia dal 1848 al 1850.

64 „Noi, i „rivoluzionari", i „sovversivi" prosperiamo assai meglio coi mezzi legali che coi mezzi illegali e colla insurezzione." Ebd.

65 Siehe beispielsweise Giustizia, 9.2.1896. Auch Bernstein berief sich auf diese Passage. Siehe beispielsweise Dokumente, Bd. IV, S. 21. Zur Interpretation der Arbeit von Engels durch die Revisionisten siehe auch Steinberg: Die deutsche Sozialdemokratie nach dem Fall des Sozialistengesetzes. Ideologie und Taktik der sozialistischen Massenpartei im Wilhelminischen Reich. In: Mommsen: Sozialdemokratie, S. 55.

66 Die „Lotta di classe" schrieb dazu: „[. . .] proibire ai tedeschi di organizzarsi in associazioni, in federazioni, in comitati centrali è come dire ai tedeschi di rinunciare alla loro nazionalità." Ciò che insegna la storia riguardo agli scioglimenti. In: LdC, 14./15.12.1895. Außerdem: Le nostre statistiche. In: LdC, 12./13.10.1895; Movimento socialista estero. Germania. In: LdC, 21./22.12.1895. Siehe außerdem Turati: I sovvertitori. In: CS, 16.1.1895.

unsere Partei in ganz normalen Zeiten viel härtere Verfolgungen überstehen als wir sie bisher zu ertragen hatten."[67]

Die Repressionspolitik in beiden Ländern wurde als „letzter Versuch der Bourgeoisie", das kapitalistische System zu erhalten, angesehen.[68] Diese Sichtweise war ohne Zweifel ein Reflex auf die letzten Äußerungen von Friedrich Engels, der in den 1890er Jahren glaubte, der Zusammenbruch des Kapitalismus stünde kurz bevor. In einem Interview, das Engels dem Londoner „Daily Chronicle" gab, äußerte er die Hoffnung, daß die SPD in einem Zeitraum von etwa zehn Jahren die parlamentarische Mehrheit erringen und dann die Regierung stellen könne.[69]

Wenn der „späte Engels" zum wichtigsten Bezugspunkt der Reformisten, insbesondere in der Auseinandersetzung mit dem radikalen Parteiflügel nach 1900 wurde, so lag das in erster Linie an seinen „Prophezeiungen" und dem Stellenwert, den Engels nach der Aufhebung der Sozialistengesetze dem Parlament als Bühne des Klassenkampfes beimaß. In den 1890er Jahren hielt Engels es in Deutschland für opportun, daß die Partei sich der legalen Mittel in der Auseinandersetzung mit Staat und Bourgeoisie bediente. Damit lieferte er den Reformisten die Argumente für die Theorie des „Hineinwachsens in den Sozialismus".[70]

Engels, der den italienischen Sozialisten stets kritisch gegenüber gestanden hatte[71], hatte die Gründung der italienischen Arbeiterpartei mit Wohlwollen betrachtet. Seine Einschätzung wurde spürbar pessimistischer, als die italienischen Sozialisten bei der parlamentarischen Sitzung, die den Banca-Romana-Skandal behandelte, nicht einmal anwesend waren.[72] Nach seiner Meinung war der Grund für die Abwesenheit der beiden romagnolischen Abgeordneten die staatliche Unterstützung für „sogenannte Kooperativen", die von ihnen geleitet wurden.[73] Insgesamt hielt er die italienische Sozialistische Partei für „noch sehr schwach, und recht konfus, obwohl auch recht tüchtige Marxisten darunter sind".[74] Ablehnend

---

67 „Come si vede dall'esempio di Germania, ben più aspre persecuzioni di quelle che sin qui noi abbiamo sofferto, può o deve superare, e nei tempi più normali, il nostro partito." Le nostre statistiche. In: LdC, 12./13.10.1895.

68 L'ora precipita. In Italia e in Germania. In: LdC, 7.,8.12.1895.

69 Der Artikel wurde auch in Italien sehr stark rezipiert, beispielsweise in der CS am 16.7.1893. Vgl. auch den Kommentar Kautskys zu Engels' Artikel in der CS: „Ich habe dem Brief resp. Artikel nicht gelesen, da ich nicht italienisch kann, aber nach dem, was mir General darüber erzählte, scheint mir, als hätte er seiner revolutionären Phantasie und seinem Drang, den Kladderadatsch zu prophezeien, zu sehr die Zügel schießen lassen." Kautsky an Adler, 9.6.1894. In: Adler. Briefwechsel, S. 157.

70 Auf dem Parteitag 1904 in Bologna antwortete Turati beispielsweise auf die Marx-Zitate der Syndikalisten mit dem Hinweis auf die zitierte Passage aus dem Vorwort von Engels zu den „Klassenkämpfen in Frankreich". Cortesi, Il socialismo, S. 202; Vgl. auch Kap. VI,6.

71 Vgl. Kap. I,2

72 Vgl. Anm. 29. An Turati schrieb Engels am 1.2.1893 voller Empörung: „Mais où diable sont été les députés socialistes pendant ces journées décisives? Aux nôtres en Allemagne on ne pardonnerait jamais de s'être absentés de la séance Colajanni – ça leur eut coûté leurs mandats!" Engels an Turati, 1.2.1893. Corrispondenza Engels-Turati, S. 238. Vgl. auch Engels an Paul und L.Lafargue, 12.2.1893. Ebd., S. 240.

73 Ebd., S. 238.

74 Engels an Sorge, 23.2.1894. In: MEW, 39, S. 212-213.

stand er insbesondere Enrico Ferri[75] gegenüber. Die in seinen Augen wenig klaren ideologischen Vorstellungen der Sozialisten führte er nicht zuletzt auf den Einfluß Achille Lorias und Cesare Lombrosos zurück, die er publizistisch heftig bekämpfte.[76] Trotz dieser Kritik solidarisierte er sich in der Auseinandersetzung mit Crispi bedingungslos mit den italienischen Sozialisten.[77] Darüber hinaus äußerte er auch Verständnis für Turati, der auf eine Publikation der Polemik zwischen Engels und Loria über die Interpretation des dritten Bandes des „Kapital" verzichtete.[78] Wie schon bei der Gründung der Partei schloß Engels sich in der Einschätzung des italienischen Sozialismus nicht dem vernichtenden Urteil Labriolas an.

Der Tod Engels' am 5. August 1895 bedeutete eine Zäsur im Verhältnis des PSI zum internationalen Sozialismus. Auch wenn für die Entwicklung des italienischen Sozialismus und die Entfremdung des PSI von der SPD ohne Zweifel andere Gründe eine gewichtigere Rolle gespielt haben, so hatte der ehemalige Sekretär der IAA für Italien doch ein wichtiges Bindeglied zwischen dem Sozialismus nördlich und südlich der Alpen dargestellt.

Die starke Orientierung der italienischen Sozialisten an der SPD muß im Zusammenhang mit der Rolle der deutschen Partei innerhalb der Internationale gesehen werden. Von den kleineren Parteien Ost- und Südosteuropas wurde die deutsche Sozialdemokratie als „Führungspartei" anerkannt, und ihre Bewunderung für die gut organisierte, parlamentarisch stark vertretene SPD war nahezu grenzenlos.[79] Was für die Parteien Rumäniens, Bulgariens und Serbiens bis zum Ersten Weltkrieg galt, traf auf die sozialistische Partei Italiens für die ersten Jahre nach ihrer Konstituierung zu. Gerade die begeisterte Reaktion auf die Reichstagswahl von 1893, deren Ausgang die Sozialdemokraten in Deutschland enttäuschte, zeigt, wie idealisiert das Bild von der SPD war. Auch in strittigen Fragen, wie der insbesondere von Victor Adler kritisierten Haltung der SPD zur Arbeitsniederlegung am 1. Mai, unterstützten die Italiener die SPD bedingungslos.[80] Während der Repressionspolitik Francescos Crispis schließlich wurde das Vorbild der SPD zum Rettungsanker der Partei. Die Erinnerung an den Überlebenskampf der deutschen Sozialdemokraten während der Zeit des Sozialistengesetzes stärkte und ermutigte die italienischen Parteigenossen. Durch die bis in die 1870er Jahre zurückreichenden Beziehungen Friedrich Engels zur italienischen Arbeiterbewegung wurde die führende Stellung der SPD auf ideologischer Ebene noch bestärkt. Dennoch läßt sich

---

75 Ausgesprochen abfällig äußerte er sich zu Ferris Buch „Marx-Darwin-Spencer", das auch ins Deutsche übersetzt wurde. Ferri: Socialismus und moderne Wissenschaft. In einem Brief an Kautsky schrieb er, es sei „entsetzlich konfus flacher Kohl". Engels an Kautsky, 23.9.1894. In: Engels Briefwechsel mit Kautsky, S. 411.

76 Siehe dazu Stein: Die deutsche Sozialdemokratie, S. 44-51.

77 Engels an Turati, 27.10.1894. In: Corrispondenza Engels-Turati, S. 270f.

78 Turati veröffentlichte den diesbezüglichen Brief von Engels in der CS. Darin hieß es: „Io comprendo benissimo che la Critica in questo momento stimi giusta tattica evitare attacchi cosi violenti come i miei." Noi: Un fatto personale che involge una questione generale. In: CS, 16.5.1895.

79 Vgl. dazu auch Haupt: Der Einfluß der deutschen Sozialdemokratie.

80 CS, 1.5.1895.

die Bedeutung der SPD für die Entstehung und die ersten Gehversuche des PSI nicht mit dem Begriff „Modell" fassen. Die organisatorische Struktur der italienischen Partei unterschied sich erheblich von der der SPD. In diesem Bereich wurde das Vorbild der SPD von vornherein abgelehnt. Nach der ersten Konsolidierungsphase zielte die Strategie der PSI-Führer darüber hinaus immer stärker ab auf die Einbettung der Partei in die spezifische politische Landschaft Italiens. Die Partei gewann dadurch an Selbstbewußtsein und entwickelte in verstärktem Maße ihre eigenen charakteristischen Merkmale.

III. SPD und PSI im Vergleich

1. Die soziale Basis

Trotz des starken Einflusses der SPD bei der Formulierung des Programms unterschied sich die sozialistische Partei in Italien in wesentlichen Grundzügen von ihrer deutschen Schwesterpartei. Im folgenden sollen die Charakteristika der italienischen Arbeiterpartei aufgezeigt werden. Zunächst soll die soziale Basis der Partei, daran anschließend das Verhältnis zur bürgerlichen Demokratie und zum Staat untersucht werden. Ein weiterer wesentlicher Unterschied zwischen deutscher und italienischer Sozialdemokratie wird anhand eines Vergleiches der beiden Parteiorganisationen herausgearbeitet.

In der Übersicht der Berliner politischen Polizei über die allgemeine Lage der sozialdemokratischen und anarchistischen Bewegungen wurde die italienische Arbeiterbewegung im Dezember 1885 folgendermaßen charakterisiert: „Abweichend von anderen Ländern liefert in Italien gerade die ländliche Bevölkerung das stärkste Kontingent für die Umsturzpartei, was allerdings seine Erklärung darin findet, daß die wirtschaftliche Lage derselben außerordentlich trübe und in jeder Beziehung dringend besserungsbedürftig ist, ungeachtet der fast sprichwörtlichen Genügsamkeit dieser Bevölkerungsklasse."[1]

Mit dieser Beschreibung wurde eines der wesentlichsten Merkmale der italienischen Arbeiterbewegung erfaßt: die auffallend starke Beteiligung der Landarbeiter und Bauern.[2] Die von der deutschen politischen Polizei gelieferte Analyse, welche die wirtschaftliche Misere als Ursache für die Verbreitung des Sozialismus auf dem Lande ansah, griff jedoch zu kurz. Denn die sozialistischen Organisationen entstanden nicht etwa in den ärmsten Regionen, sondern in den – im Vergleich zum Süden – prosperierenden Zonen der Poebene. Die Gründe für die Entstehung der sozialistischen Ligen seit den 1880er Jahren und verstärkt nach der Jahrhundertwende müssen vielmehr in der dort vorherrschenden Agrarverfassung sowie in ideologiegeschichtlichen Entwicklungen gesehen werden. Bei der Analyse der sozialen Kräfte, die die 1892 entstehende Sozialistische Partei trugen, stellt sich zudem die Frage nach dem Stand der Industrialisierung. Eine Untersuchung der sozialen Basis der sozialistischen Partei muß also die Grundprobleme der Entwicklung des landwirtschaftlichen und industriellen Sektors berücksichtigen.

Die industrielle Revolution Italiens wird auf den Zeitraum zwischen 1896 und 1908 datiert, die Phase, in der sich auch eine starke Gewerkschaftsbewegung ent-

---

1 Dokumente Berliner Polizei, I, Übersicht vom 6.12.1885, S. 313.
2 Vgl. auch Manacorda: Formazione e primo sviluppo, S. 155.

wickelte. Bereits vor diesem Zeitpunkt existierte jedoch eine auf politischer Ebene organisierte Arbeiterbewegung. Die im Vergleich zur ökonomischen Entwicklung frühe Entstehung der Arbeiterbewegung wurde vielfach als Reflex auf die Entwicklung in wirtschaftlich fortgeschritteneren Ländern gesehen. Im Urteil Gastone Manacordas kommt diese These am deutlichsten zum Ausdruck: „Die Ideen zirkulierten, kurz gesagt, schneller und wurden tatsächlich eher importiert als die Maschinen und das Kapital."[3]

Die organisatorischen und ideologischen Bedingungen für die Entstehung der Sozialistischen Arbeiterpartei sind also in hohem Maße als „Früchte" der sozialistischen Propaganda anzusehen. Andererseits weist die Verlagerung des Zentrums der sozialistischen Bewegung von der Romagna nach Mailand deutlich auf den beginnenden Wandel im Produktionsbereich und auf die Entstehung neuer sozialer Kräfte hin. Mailand galt als das „grande laboratorio" der proletarischen Erfahrungen. Hier manifestierte sich bereits in den 1880er Jahre ein neues proletarisches Klassenbewußtsein. Im gleichen Jahr, in dem der vorbereitende Kongreß der sozialistischen Arbeiterpartei stattfand (1891), bewies das Mailänder Proletariat mit verschiedenen Streiks seinen bereits fortgeschrittenen Grad an Reife und Geschlossenheit. In diesem Jahr wurde auch die Mailänder „Camera del lavoro"[4] gegründet. Die Triebkraft und die Koordination gingen bei der Gründung des PdLI nicht zufällig von der lombardischen Metropole aus. Die neugegründete Partei antizipierte auf dem Boden der ersten Keime der industriellen Gesellschaft eine Realität, von der der überwiegende Teil des Landes noch unberührt war. Erst gegen Ende des Jahrhunderts beschleunigte sich der Industrialisierungsprozeß, 1906 wurde die Dachorganisation der Industriegewerkschaften gegründet (CGL). Im Agrarbereich dagegen kam es schneller zu einer dauerhaften Organisierung und Politisierung. Die „Federterra", der Zusammenschluß der Landarbeiterorganisationen, entstand bereits 1901.

Italien wies am Ende des Jahrhunderts eine Vielzahl von Agrarstrukturen auf[5], die sich in drei Hauptformen untergliedern lassen: der in der Lombardei und Piemont vorherrschende kapitalistische Betrieb, das ältere, hauptsächlich in Mittelitalien fortbestehende Halbpachtsystem (mezzadria) und die Latifundienwirtschaft in Süditalien. In den Bergregionen außerhalb der Poebene war die Landwirtschaft jedoch auch in der Lombardei und in Piemont rückständig. Die Entstehung der Bauernbewegung ist in engem Zusammenhang mit dem ökonomischen Transformationsprozeß zu sehen, der in Norditalien zur Kapitalisierung der landwirtschaftlichen Betriebe führte. Die klassische Figur des gewerkschaftlich organisierten, klassenbewußten Landarbeiters war der Tagelöhner, der „bracciante"; das Zentrum der Organisation lag in der unteren Poebene (bassa padana). Der Typus des land-

---

3 „Le idee, insomma, circolarono più rapidamente e vennero in effetti importate prima delle macchine e dei capitali." Manacorda: Formazione e primo sviluppo, S. 148f.

4 Die italienischen Arbeitskammern waren den französischen „Bourses du travail" nachgebildet.

5 Auf die unterschiedlichen Agrarformen und die Transformationsprozesse im Agrarbereich wird in Kap. V,1 näher eingegangen.

losen, entwurzelten Tagelöhners trat zum erstenmal bei der Urbarmachung verschiedener Zonen der Poebene in den 1870er Jahren auf.[6] Vor dem Hintergrund dieser Agrarordnung entwickelte sich in der Lombardei eine klassenbewußt-intransigente und aggressive Bewegung. In den Gebieten, in denen „braccianti", Pächter, Halbpächter und Kleinbesitzer zahlenmäßig etwa gleich stark vertreten waren, herrschten dagegen Organisationen vor, die nicht rein „proletarisch" waren. Insbesondere in der Provinz Reggio Emilia und in der Romagna entstand ein dichtes Netz von Kooperativen, von denen Landarbeiter und Kleinbauern gleichermaßen profitierten. Nach den Unruhen in der Provinz Mantua in den 1880er Jahren verlagerte sich der Schwerpunkt der Agrarbewegung in die Emilia. 1893 bezeichnete die „Lotta di classe" die Emilia als „das Herz des italienischen Sozialismus";[7] bei den Wahlen von 1897 wurden sechs der dreizehn sozialistischen Abgeordneten in der Emilia gewählt.[8] Nach der Jahrhundertwende erfuhr die organisatorische Entwicklung sowohl im Agrarbereich als auch in der Industrie einen sprunghaften Anstieg. Die „rote Emilia", in der die sozial heterogenen, landwirtschaftlichen Organisationen vorherrschten, blieb – neben den entstehenden sozialistischen Hochburgen in den lombardischen und piemontesischen Industriezentren – einer der wichtigsten Stützpunkte des PSI.[9]

Die Entwicklung der Sozialistischen Partei war eng mit der Agrarbewegung verbunden; die Agrarorganisationen gingen zu einem großen Teil auf die Initiative von Sozialisten zurück, und umgekehrt nahm die sozialistische Partei ihren Ausgangspunkt in den Zentren der Agrarbewegung. Dennoch setzte sich bei der Parteigründung die Orientierung am „deutschen Modell" durch, einem Konzept, in dem die Agrarfrage eine untergeordnete Rolle spielte. Es gelang 1892 in Genua nicht, den Bezug zwischen Theorie und Praxis, zwischen Marxismus und der wirtschaftlich-sozialen und politischen Realität Italiens herzustellen.

In Deutschland hatte die industrielle Revolution wesentlich früher eingesetzt;[10] bereits in der Phase zwischen 1850 und 1870 war ein modernes Industrieproletariat entstanden. Die beiden vor der Reichseinigung gegründeten sozialistischen Parteien, der Allgemeine Deutsche Arbeiterverein (ADAV) und die Sozialdemokratische Arbeiterpartei (SDAP), rekrutierten sich hauptsächlich aus Arbeitern und Handwerkern;[11] die Bemühungen um bäuerliche Wähler blieben weitgehend erfolg-

---

6 Die ersten „lavori di bonifica" wurden im Gebiet um Ferrara unternommen (seit 1872). Zur Herausbildung der „bracciante" vor diesem Hintergrund siehe Roveri: Dal sindacalismo rivoluzionario.

7 LdC, 29.,30.8.1893.

8 1892 kamen drei von sieben Abgeordneten aus der Emilia, und noch 1913 15 von 52. Siehe Valiani: Movimento operaio socialista, S. 18.

9 Vgl. auch die Übersicht der Berliner Polizei. Dokumente Berliner Polizei, II, S. 101.

10 Im folgenden beziehe ich mich auf die Darstellungen von Grebing: Geschichte der deutschen Arbeiterbewegung; dies.: Arbeiterbewegung; Mommsen: Sozialdemokratie; Ritter: Arbeiterbewegung und Henning: Die Industrialisierung. Vgl. jetzt ausführlich: Jürgen Kocka: Arbeitsverhältnisse und Arbeiterexistenzen. Grundlagen der Klassenbildung im 19. Jahrhundert, Bonn 1990; Gerhard A. Ritter u. Klaus Tenfelde: Arbeiter im Deutschen Kaiserreich 1871 bis 1914, Bonn 1992.

11 Siehe dazu Eckert: Die Konsolidierung der sozialdemokratischen Arbeiterbewegung zwischen Reichsgründung und Sozialistengesetz. In: Mommsen: Sozialdemokratie, S. 35-50.

los. Im lassalleanischen ADAV war das Interesse der Funktionäre an der Gewinnung dieser Schichten gering; der SDAP, die sich stärker um Klein- und Mittelbauern bemühte, blieb der Erfolg versagt.[12]

Nach der Einigung des Deutschen Reiches, auf die der sogenannte „Boom der Gründerjahre" in der industriellen Entwicklung folgte, identifizierte sich die Sozialdemokratie immer stärker mit der zahlenmäßig rasch anwachsenden Fabrikarbeiterschaft. Die 1875 aus dem Zusammenschluß von Lassalleanern und Eisenachern entstandene Sozialistische Arbeiterpartei (SAP) faßte im Gegensatz zu ihren Vorgängerorganisationen in den meisten Großstädten Fuß. Ende der 1870er Jahre gewannen die Belegschaften der Großbetriebe immer mehr Gewicht. Im industriell fortgeschrittenen Sachsen konnte die SAP bei den Wahlen 1877 38% der Stimmen erhalten.

In den 1880er Jahren setzte in der Sozialdemokratie eine Diskussion um die Erweiterung der sozialen Basis und der Erfassung sowohl der Landarbeiter als auch der Klein- und Mittelbauern ein. Dieses Ziel, das nach der Aufhebung des Sozialistengesetzes zentrale Bedeutung gewann, wurde in erster Linie unter dem Aspekt des Stimmengewinns bei den Wahlen gesehen. Die Bemühungen der SPD erwiesen sich jedoch weitgehend als erfolglos.[13] Nach den Verlusten bei den Reichtagswahlen 1898 in Süddeutschland, wo der bäuerliche Mittel- und Kleinbesitz stark vertreten war, forderte der Parteivorstand, die Bemühungen um den agrarischen Mittelstand aufzugeben und die Agitation fortan auf die proletarischen Landarbeiter zu beschränken.[14] Aber auch in den Regionen, in denen – wie beispielsweise östlich der Elbe – das lohnabhängige Agrarproletariat überwog, konnte die Partei keine dauerhaften Erfolge erzielen. Die Stimmengewinne in verschiedenen, überwiegend ländlichen Regionen bei den Wahlen von 1903[15] erwiesen sich als vorübergehend und konnten 1907 und 1912 nicht gehalten werden.

Neben den Stimmen der Bauern und Landarbeiter fehlten der SPD außerdem die der katholischen Arbeiterschaft. Der starke Widerstand des Katholizismus gegen die sozialdemokratische Bewegung wurde bereits in einer Wahlanalyse von 1905 als größte Hürde bei der Erfassung der gesamten Arbeiterschaft angesehen.[16] Es muß also davon ausgegangen werden, daß ein großer Teil der katholischen Arbeiterschaft dem Zentrum seine Stimme gab. Auch dürfte ein Teil der Arbeiterwahlstimmen an die Liberalen verloren gegangen sein. Eine Analyse der Wahlergebnisse von 1903 zeigt, daß die über drei Millionen SPD-Stimmen die Zahl der Arbeiterwahl-

---

12 Ebd., S. 41.

13 Mit der Ablehnung des Agrarprogramms auf dem Parteitag in Breslau brach auch die Diskussion darüber ab. Siehe dazu Kap. V,4.

14 Pt. 1898, S. 26f.

15 So konnte die Partei in Württemberg drei Wahlkreise mit überwiegend ländlichen Gemeinden gewinnen, in Mecklenburg stieg der Stimmenanteil auf 34,1%, und auch in Ostpreußen errang die Sozialdemokratie eine starke Position. Ritter: Die Arbeiterbewegung, S. 72f.

16 Blank: Die soziale Zusammensetzung, S. 512. Von der neueren Forschung wird diese Meinung bestätigt. Siehe Ritter: Die Arbeiterbewegung, S. 69 und Preuss: Von der Arbeiterpartei zur Volkspartei.

stimmen, mit denen die Sozialdemokratie rechnen konnte, weit überstieg. Ein Teil der Stimmen muß also aus dem bürgerlichen Lager gekommen sein. Wie groß dieser Anteil tatsächlich war, läßt sich mit Exaktheit nicht bestimmen. Es kann jedoch als sicher gelten, daß die Wählerschaft nicht rein proletarisch war, sondern daß gerade in den Städten, den sozialdemokratischen Hochburgen, auch kleinbürgerliche Gruppen ihre Stimme der SPD gaben. In der Folge zeigte sich jedoch, daß die Erfolge der Sozialdemokratie beim Bürgertum nicht sehr stabil waren.[17] 1912 gewann die SPD, so Ritter, 96% ihrer Mandate in Wahlkreisen, in denen über 50% der Bevölkerung in Industrie, Handel und Verkehr beschäftigt waren. In den restlichen 202 (von 397) Wahlkreisen seien lediglich vier Sozialdemokraten gewählt worden.[18] „Die SPD war [. . .] die Partei der gewerblichen Arbeiter, sie war zudem eindeutig eine vor allem städtische und protestantische Partei."[19]

Deutlicher noch als an der Wählerschaft zeigte sich das an der sozialen Zusammensetzung der Mitgliederzahlen des „Parteivolks", die jedoch aufgrund der lückenhaften Statistiken nur in Annäherungswerten zu ermitteln ist. 1906 hatte die SPD rund 380.000 Mitglieder[20], also etwa ein Zehntel der sozialdemokratischen Wählerschaft.[21] Robert Michels analysierte die soziale Zusammensetzung anhand von sechs Städten: Leipzig, Frankfurt, Nürnberg, München, Marburg a.d. Lahn und Offenbach.[22] Bei vier von sechs Städten errechnete er einen Anteil der Lohnarbeiterschaft von über 90%, in Nürnberg lag er knapp darunter (87%), und selbst in dem „kleinbürgerlichen" München waren immerhin 77% des gesamten Wahlvereins der Lohnarbeiterschaft zuzurechnen. Die Mitglieder der SPD stellten demnach in noch höherem Maße als ihre Wähler eine sozial homogene Gruppe dar. Bürgerliche und kleinbürgerliche Mitglieder spielten nur eine untergeordnete Rolle, die Bauernschaft und die Landarbeiter entzogen sich weitgehend dem sozialdemokratischen Einfluß. Darüber hinaus fehlten die unteren Chargen des städtischen und staatlichen Beamtentums sowie das sogenannte „Lumpenproletariat" in den Reihen der Sozialdemokratie. Die SPD rekrutierte sich also in erster Linie aus der industriellen Arbeiterschaft.[23]

Im Vergleich zur SPD trug die italienische Arbeiterpartei eher die Züge einer

---

17 Ritter: Die Arbeiterbewegung, S. 77.
18 Ritter: Die Arbeiterbewegung, S. 74.
19 Ritter: Die deutschen Parteien, S. 61.
20 Grebing: Arbeiterbewegung, S. 100.
21 Michels ging von circa 300.000 bis 400.000 Mitgliedern aus, da zu diesem Zeitpunkt noch keine Zählung vorlag. Michels: Die deutsche Sozialdemokratie. I. Parteimitgliedschaft, S. 478.
22 Leipzig wurde als „Typ einer mitteldeutschen Großstadt mit stark kommerziellem sowohl wie industriellem Charakter" gewählt, Frankfurt a.M. als „Typ einer Großstadt mit weniger scharf ausgeprägtem großindustriellem Charakter", Nürnberg als „Typ einer süddeutschen Großstadt mit starker Industriebevölkerung, München als süddeutsche Großstadt mit kleinbürgerlichem Charakter, Marburg a.d.Lahn als „Universitätsstadt und wirtschaftlich toter Punkt" und Offenbach als süddeutsche Fabrikstadt. Ebd., S. 502-509.
23 Der Mißerfolg bei der Belegschaft einiger Großbetriebe (z.B. Krupp) ist auf den Druck der Arbeitgeber zurückzuführen. Den in den Staatsfabriken organisierten Arbeitern war es verboten, sich in der SPD zu organisieren. Ebd., S. 511-514. Vgl. auch Nipperdey: Organisation, S. 321.

„Volkspartei" als die einer „Klassenpartei".[24] An der Gründung des PdLI 1892 waren sowohl Arbeiter und Landarbeiter als auch Bauern, Handwerker, Händler, Angestellte, Ärzte, Anwälte, Lehrer und Studenten beteiligt. Der „Volkspartei"-Charakter ist in erster Linie als Folge der spät einsetzenden industriellen Entwicklung anzusehen.

Eine Untersuchung der sozialen Basis in den folgenden Jahren muß – wie bei der SPD – zwischen Parteimitgliedern und Wählern unterscheiden. In Italien stellen sich jedoch einer soziologischen Untersuchung der sozialistischen Wählerschaft, die schon für Deutschland eine Rechnung mit vielen Unbekannten ist[25], einige Schwierigkeiten entgegen. Das Wahlrecht war an Zensus und einen bestimmten Grad an Bildung gebunden, der Analphabeten von vornherein ausschloß.[26] Eine Analyse wird zudem durch die ausgesprochen undifferenzierten Berufs- und Gewerbezählungen erschwert.[27] Nach den Forschungen Procaccis wurde beispielsweise in der Statistik der Volkszählung (statistica censimento) für das Jahr 1901 die Zahl von vier Millionen Industriearbeitern angegeben. Da jedoch unter „Industrie" jede Art von Produktion verstanden wurde, waren in dieser Kategorie auch alle Handwerker aufgeführt. Procacci errechnete durch die Auswertung der Industriestatistik eine Zahl von 1,4 Millionen Arbeitern in Betrieben mit mindestens elf Arbeitern.[28] Etwa 40% dieser Arbeiter waren Frauen, Kinder und Jugendliche, die vom Wahlrecht ausgeschlossen waren. Darüber hinaus stellte die Sozialistische Partei nie in allen Wahlkreisen Kandidaten auf, so daß die Zahl der sozialistischen Anhänger in diesen Gebieten gar nicht erfaßt werden kann.

In vielen Regionen bestand daher ein großer Unterschied zwischen der Stärke der sozialistischen Wählerschaft und der Größe der politischen Organisation.[29] Nach

---

24 Vgl. Valiani: Il movimento operaio socialista, S. 11.

25 Ein Ansatz wie der Blanks kann lediglich zu Annäherungswerten führen. Blank setzte das Wahlergebnis unter Berücksichtigung verschiedener Faktoren, wie Wahlenthaltung und Konfessionszugehörigkeit, in Bezug zu der Berufsstatistik. Diese hinkte jedoch der Wahlanalyse um acht Jahre hinterher, was in einer Phase, in der der sekundäre Sektor (Bergbau, Industrie und Handwerk) erheblich anwuchs und die Zahl der Arbeiter und Angestellten in Großbetrieben im Verhältnis zu der Zahl der Beschäftigten in Kleinbetrieben ebenfalls stieg, sicherlich zu einer Verschiebung des Ergebnisses führte. Außerdem blieben Faktoren wie der Druck der Unternehmer in den schwerindustriellen Gebieten, insbesondere im Ruhrgebiet und im Saargebiet, unberücksichtigt. Blank: Die soziale Zusammensetzung. Siehe auch Ritter: Arbeiterbewegung, S. 77 und Grebing: Arbeiterbewegung, S. 101.

26 Etwa vier Millionen Proletarier und zwei Fünftel der gesamten volljährigen, männlichen Bevölkerung waren nach den Angaben von Michels durch die Ausschließung der Analphabeten nicht wahlberechtigt. Michels: Proletariat und Bourgeoisie. Teil II, S. 88-93.

27 Beispielsweise wurden Kleinstbesitzer mit circa zwei ha Land, die ihre spärlichen Einkünfte als Tagelöhner verdienten, als „Eigentümer" (proprietari) in der gleichen Kategorie aufgeführt wie Mittel- und Großgrundbesitzer. Ebd., S. 113-117.

28 Dazu müßten allerdings die Arbeiter, die nicht im Produktionsbereich, sondern im öffentlichen Dienst eingesetzt waren, vor allem Bau- und Bahnarbeiter, hinzugerechnet werden. Das Bild der Arbeiterklasse aufgrund der Statistiken muß daher als äußerst unpräzise gelten. Siehe dazu Procacci: La lotta di classe, S. 3-16.

29 Insgesamt war dieser Unterschied sehr viel größer als in Deutschland. Nach den Untersuchungen Valianis gab es 1913 in Italien 20 mal mehr sozialistische Wähler als Parteimitglieder. Im gleichen Jahr waren es in Deutschland nur 4,5 mal soviel. Valiani: Il movimento operaio socialista, S. 22.

den Untersuchungen von Michels entsprachen sich die Zahlen ungefähr in Piemont, der Emilia und der Romagna, während die Zahl der Wähler in der Toskana und Ligurien, der Lombardei und Venetien hinter der der politisch Organisierten zurückblieb. In Süditalien war der Grad der dauerhaften Organisierung sehr niedrig, sporadisch hatten jedoch sozialistische Kandidaten gute Chancen, gewählt zu werden – allerdings von nicht-proletarischen Schichten. Insgesamt war die Zahl der Wähler, die dem Proletariat zugerechnet werden konnten, geringer als die Zahl der sozialistischen Wähler insgesamt.[30] Zudem können auch in Italien nicht alle für die Sozialistische Partei abgegebenen Stimmen dem Proletariat zugerechnet werden; Anarchisten und Mazzininianer, deren Anhang zum Teil ebenfalls aus der Arbeiterschaft kam, enthielten sich der Wahl. Die Haltung des Papstes, der den Katholiken die Teilnahme am politischen Leben des Nationalstaates untersagt hatte[31], wirkte sich in Nord- und Süditalien sehr unterschiedlich aus. Während sich in Norditalien die Menschen in stark religiös geprägten Regionen der Wahl enthielten, wählte der Süden konservativ-klerikal.[32]

Auch in Italien gewann die Sozialistische Partei also mehr Stimmen, als die Arbeiterschaft aufbringen konnte.[33] Während sich jedoch in Deutschland diese nicht-proletarischen Wähler offenbar zu einem großem Teil aus kleinbürgerlichen, städtischen Schichten rekrutierten[34], wählte in Italien auch ein Teil der Intelligenz (Professoren, Studenten, Gymnasiallehrer etc.) sowie ein Teil des Industriebürgertums sozialistisch.[35] Enrico Ferri stellte im Wahljahr 1895 fest, daß die „Bourgeoisie, [. . .] dem Sozialismus [in Italien, die Verf.] fortwährend ein Kontingent zuführt, auf das in Deutschland oder Frankreich nicht einmal der größte Träumer rechnen dürfte."[36]

Dieses scheinbare Paradoxon wird verständlich, wenn man berücksichtigt, daß die Entwicklung des industriellen Kapitalismus von den italienischen Sozialisten jeder Richtung als ein wesentliches Kennzeichen der Modernisierung und des Fortschritts angesehen wurde.[37] Die volle Entfaltung des Kapitalismus galt als notwen-

---

30 Michels errechnete für die Wahlen von 1904 eine Zahl von 256.874 proletarischen Wählern im Vergleich zu 326.016 für die sozialistische Partei abgegebenen Stimmen. Die Hochburgen der sozialistischen Partei lagen in Piemont (69.109 Stimmen, dagegen nur 27.063 proletarische Wähler), der Lombardei (65.897 Stimmen, aber 94.298 proletarische Wähler) und der Emilia-Romagna mit 48.917 Stimmen, aber ohne proletarische Wählerschaft). Michels: Proletariat und Bourgeoisie. Teil II, S. 124-125.
31 Vgl. Kap. I,1.
32 Michels: Proletariat und Bourgeoisie. Teil III, S. 431.
33 Die absolute Zahl der sozialistischen Stimmen betrug allerdings nur circa ein Zehntel des sozialistischen Wähleranteils in Deutschland: 326.016 Stimmen bei der Wahl 1904 in Italien, im Vergleich zu 3.010.771 Stimmen bei den Reichtagswahlen 1903.
34 Vgl. Preuss: Von der Arbeiterpartei zur Volkspartei, S. 372.
35 Michels: Proletariat und Bourgeosie, Teil III, S. 466.
36 Ferri: Die soziale Lage in Italien. In: Vorwärts, 20.2.1895. Siehe auch Turati: Contro Crispi. I fondamenti dello Stato borghese e l'abolizione del diritto di voto. CS, 16.4.1894. Auch in Turati: Scritti politici, S. 49.
37 Siehe beispielsweise Schiavi: Gli scioperi e la produzione. Gravità del problema. In: CS, 16.3.1902.

dige Voraussetzung für die Verwirklichung des Sozialismus.[38] Insbesondere in den südlichen Regionen, in denen die Arbeiterschaft nicht sehr stark organisiert war, wurde die Stimmabgabe für einen Sozialisten nicht unbedingt als Widerspruch zu unternehmerischen Interessen empfunden. Im Norden dagegen wurden seit der Jahrhundertwende die wachsenden industriellen Zentren zu „roten Hochburgen": 1904 erlangte der PSI etwa 42% der Stimmen (125.000 von ungefähr 300.000) in Piemont und der Lombardei.[39]

Die italienische Wählerschaft der Sozialistischen Partei umfaßte also in höherem Maß als die deutsche neben proletarischen auch bürgerliche und kleinbürgerliche Wähler. Anhand einer Analyse der sozialen Zusammensetzung der Parteimitglieder tritt der „Volkspartei-Charakter" des PSI noch deutlicher hervor.

Die vorhandenen Zahlen können auch in diesem Bereich nur als Annäherungswerte verstanden werden, da die Parteistatistik große Lücken aufweist.[40] Die Zahlen sind nach Auffassung von Michels eher als zu niedrig zu betrachten, da viele Parteisektionen die Zahl ihrer Mitglieder beim Parteivorstand niedriger angab als sie tatsächlich war. Auf diese Art wurde der von der Basis an die Parteileitung zu entrichtende Beitrag gedrückt. Michels errechnete auf der Basis der Zusammenstellungen des Parteisekretariats, parteioffizieller Berichte und Pressematerial eine Mitgliederzahl von 42.451 für das Jahr 1903.[41] Die berufliche Aufschlüsselung war ihm aufgrund einer vom Parteisekretariat durchgeführten Enquête in Annäherungswerten möglich. Nach dieser Statistik betrug der Anteil der „proletarischen Existenzen" in Stadt und Land 72%, im Vergleich zu 14% „kleinbürgerlichen" und „studierten" Mitgliedern.[42]

Die Parteimitglieder stellten also auch in Italien eine homogenere Gruppe dar als die Wähler; der Prozentsatz der nicht-proletarischen Mitglieder lag jedoch wesentlich höher als in Deutschland. Im Gegensatz zur deutschen Sozialdemokratie waren die Landarbeiter weitgehend in die sozialistische Bewegung integriert, allerdings waren sie häufig nicht Parteimitglieder. Sie organisierten sich in den nach 1901 entstehenden Ligen, die dezidiert sozialistischen Charakter hatten. Auf dem Land stellten die Ligen das zentrale Element der sozialistischen Bewegung dar. An der Gründung der „Federterra" 1901 waren 818 Ligen mit insgesamt rund 150.000

---

38 Vgl. dazu auch die wirtschaftspolitischen Vorstellungen der Reformisten und der Revolutionäre. In: Are: Economia e politica. Zur Haltung der Neapolitaner „Propaganda" siehe: Gianinazzi: L'itinerario, S. 21.

39 1890 brachte die Emilia den größten Stimmenanteil auf, in der Folge verlagerte sich der Schwerpunkt in die Lombardei und schließlich nach Piemont. Vgl. Michels: Tabelle II. Die sozialistische Wählerschaft in den Provinzen. In: Michels: Proletariat und Bourgeoisie. Teil II, S. 99.

40 Diese Lücken wurden durch wiederholte Plünderungen der Parteiarchive (unter anderem zwischen 1898 und 1900) noch vergrößert.

41 Danach hat sich die Zahl der Parteimitglieder seit der Gründung 1892 mehr als verdreifacht. Michels: Tabelle II. Die Mitgliederzahl der sozialistischen Parteien in Italien. In: Michels: Proletariat und Bourgeoisie. Teil I, S. 405. 1913 war die Zahl auf 48.000 gestiegen. In Frankreich waren zu dem Zeitpunkt 93.000 Sozialisten in der Partei organisiert, während die SPD 1914 mehr als eine Million Mitglieder hatte. Grebing: Arbeiterbewegung, S. 100.

42 Michels: Proletariat und Bourgeoisie. Teil I, S. 407.

Mitgliedern beteiligt[43] – die Zahl der in der Partei organisierten Sozialisten betrug hingegen auch 12 Jahre später erst ungefähr 45.000. In einigen Fällen absorbierte die Gewerkschaftsorganisation die Parteiorganisation fast vollständig. In Mantua waren beispielsweise bei dem Parteikongreß 1902 die zahlenmäßig weit überlegenen Mitglieder der Ligen zugelassen, so daß die Parteiorganisation zu einem wenig bedeutsamen Anhängsel der Liga degradiert wurde.[44] An diesem Verhältnis wird deutlich, daß eine vergleichende Untersuchung der sozialen Basis, die auf dem Parteiverständnis der deutschen Sozialdemokratie beruht, nur einen begrenzten Aussagewert haben kann. Insbesondere das von Michels präsentierte Zahlenmaterial erfaßt die italienische Sozialdemokratie aufgrund der unterschiedlichen Parteistrukturen nur teilweise; die darauf beruhenden Ergebnisse können somit nur als Hinweise auf Tendenzen verstanden werden.

Es kann jedoch festgehalten werden, daß die deutsche Sozialdemokratie sich zunehmend zu einer Partei der Städte entwickelte, während die PSI weitgehend eine Partei Norditaliens blieb. Im Deutschen Reich war der typische Sozialdemokrat ein protestantischer, städtischer Arbeiter, in Italien war es der Arbeiter im Industrie-Dreieck Mailand-Turin-Genua sowie der Landarbeiter der Poebene.

Sowohl bei der soziologischen Untersuchung der Mitglieder als auch bei der der Wähler läßt sich in Italien ein höherer Prozentsatz aus bürgerlichen Schichten feststellen; in beiden Ländern hatte die organisierte Parteibasis, die nur einen Bruchteil der sozialistischen Wählerschaft darstellte, einen eindeutigeren proletarischen Charakter als die Gesamtheit der Anhänger, die der Partei ihre Stimme gaben.

Der italienische Sozialismus hatte im Unterschied zum deutschen eine starke agrarische Komponente sowie ausgeprägte akademische Züge.[45] Während sich der „agrarische Charakter" auf die soziale Trägerschicht, also auf die Basis bezog, zeigte sich der „akademische Charakter" weniger bei der Gesamtheit der Parteimitglieder als bei der Parteispitze.

Im Vergleich zu Deutschland stieß der Sozialismus bei den Intellektuellen in Italien auf relativ große Sympathie; in der seit 1896 erscheinenden Zeitschrift „Der sozialistische Akademiker" rief dieses Phänomen großes Interesse hervor.[46] Die bürgerlichen Intellektuellen übten insbesondere im Parteivorstand und in der parlamentarischen Fraktion einen entscheidenden Einfluß aus. Zwar war der Anteil der aus bürgerlichen Familien stammenden Akademiker auch bei der SPD in der Fraktion höher als in der Gesamtpartei[47], beim PSI jedoch bestand die Parlamentsfrak-

---

43 Ragionieri: Il movimento socialista, S. 109. Die genaue Aufschlüsselung nach Regionen bei Zangheri: Lotte agrarie, S. 6.
44 Siehe dazu Procacci: Geografia e struttura, hier insbesondere S. 61.
45 Michels: Proletariat und Bourgeoisie. Teil IV, S. 668.
46 Siehe Paolo Monti: Die sozialistischen Akademiker in Italien. In: Der sozialistische Akademiker, II, 1896, S. 167-169 und Cabrini: Gelehrte, Schriftsteller und Künstler unter den italienischen Sozialisten. In: Ebd., S. 339-342.
47 Siehe dazu Auernheimer: „Genosse Herr Doktor", S. 48-54. Vgl. auch: Die Reichtagsfraktion, S. LIff. Wilhelm Heinz Schröder wies allerdings darauf hin, daß der zahlenmäßige Anteil nur wenig über den Einfluß der Gruppe aussagte. Herkunft und Mandat, S. 83.

tion in den 1890er Jahren ausnahmslos aus Abkömmlingen bürgerlicher Familien; 1892 hatten alle Abgeordnete der Arbeiterpartei ein Universitätsstudium aufzuweisen.[48] Erst nach den Wahlen von 1900 waren mit Rinaldo Rigola und Pietro Chiesa auch Repräsentanten der Arbeiterklasse in der sozialistischen Fraktion vertreten. Die „wirklichen" Arbeiter (operai autentici) blieben jedoch weiterhin in der Minderheit: 1903 waren 29 von 33 Abgeordneten Bürgerliche. Insgesamt wurde der Anteil der bürgerlichen Intellektuellen an der Führerschaft des PSI auf 87,8% geschätzt, während er in Deutschland nur bei 16% lag.[49] Nahezu alle führenden Parteistellen, insbesondere die Abgeordnetensitze und die leitenden Positionen in der Presse waren mit Akademikern besetzt. Der Zugang zu der Kammer war den Arbeitern dadurch erschwert, daß weder der Staat noch die Partei, wie in Deutschland, den Abgeordneten Diäten zahlte. Aus diesem Grund wurden nur Kandidaten aufgestellt, die den Aufenthalt in Rom selbst finanzieren konnten. Auch bei den Parteikongressen war der Anteil der Arbeiter gering. Aus Michels Untersuchung der drei Parteitage zwischen 1902 und 1906 geht hervor, daß lediglich ein Drittel der Anwesenden dem Proletariat zuzurechnen waren.[50]

Der hohe Anteil von Bürgerlichen in den Führungsgremien der sozialistischen Partei sorgte seit der Gründung der I. Internationale für Polemiken.[51] Auch in der Auseinandersetzung zwischen den verschiedenen Parteiflügeln (correnti) nach der Jahrhundertwende spielte der Vorwurf der „Verbürgerlichung" eine große Rolle. Alle drei „correnti" wurden jedoch von bürgerlichen Intellektuellen angeführt: Sowohl der Reformist Filippo Turati als auch der Integralist Enrico Ferri und der Syndikalist Arturo Labriola waren Juristen.

Zusammenfassend ist festzustellen, daß die SPD eine im Vergleich zum italienischen PSI sozial homogenere Partei darstellte. Das kommt sowohl in der Wählerschaft als auch bei den Mitgliedern, in besonders hohem Maße jedoch in der Zusammensetzung der Führerschaft zum Ausdruck. In Italien war die Grenze zwischen proletarischer und bürgerlicher Demokratie sehr viel durchlässiger als in Deutschland. Die Partei der „vaterlandslosen Gesellen" war für das deutsche Bürgertum nicht wählbar und konnte diesem noch weniger eine politische Heimat bieten. In Italien dagegen war der Sozialismus im Bürgertum weit weniger tabuisiert. Die soziale Einheitlichkeit und die starke Isolation der deutschen Arbeiter-

---

48 Besonders hoch war die Zahl der Juristen, unter anderen Ferri, Prampolini, Berenini.
49 Hesse: Il gruppo parlamentare, S. 213.
50 Michels: Proletariato e borghesia nel movimento socialista italiano, Torino 1908, S. 448,449. Zit.n. Riosa: Il movimento operaio tra società e stato, S. 32.
51 Marx nannte die bürgerlichen „Überläufer" einen „Haufen von Deklassierten, der Abhub der Bourgeoisie", Engels sprach abschätzig von der „jebildeten Bourgeoisjugend" und Werner Sombart behauptete, es handle sich bei ihnen größtenteils um gescheiterte Existenzen. Vgl. Michels: Sozialismus in Italien, S. 59; Engels Briefwechsel mit Kautsky, S. 411 und Michels: Soziologie, S. 480. Gegen dieses negative Urteil wandte sich Michels. Das Problem der „Verbürgerlichung" stellte sich seiner Ansicht nach nicht durch die bürgerlichen, meist zu großen Opfern bereiten Idealisten, sondern durch den Organisationsapparat der Partei und die dadurch geschaffenen „Aufstiegsmöglichkeiten". Michels: Soziologie, insbesondere S. 260-268.

partei im Vergleich zu Italien werfen die Frage nach der Stellung der Sozialdemokratie im und zum bürgerlichen Staat und nach dem Verhältnis zu den bürgerlichen Parteien auf.

2. Das Verhältnis zu Staat und bürgerlichen Parteien

Sowohl in Deutschland als auch in Italien spielte das Bürgertum in der Anfangsphase der Arbeiterbewegung eine aktive Rolle. In Italien standen die „società di mutuo soccorso" unter dem Einfluß des liberalen Bürgertums[1], in Deutschland entstanden insbesondere in der Zeit der „Neuen Ära" (1858-62) liberale Arbeiterbildungsvereine. Während sich in Italien jedoch erst in den 1880er Jahren eine autonome Arbeiterpartei gründete, die ihre Unabhängigkeit von allen anderen Parteien forderte, löste sich in Deutschland bereits 1863 eine Minderheit der Arbeiterbewegung vom Liberalismus. Mit dem in Leipzig gegründeten ADAV wurde eine unabhängige Organisation des „Arbeiterstandes" geschaffen, die ihre Agitation in erster Linie gegen das liberale Bürgertum richtete. Die von Bebel und Liebknecht 1869 gegründete „Sozialdemokratische Arbeiterpartei" hielt dagegen prinzipiell an der Kooperation mit Bürgerlichen fest. Der wesentliche Unterschied zwischen „Lassalleanern" und „Eisenachern" bestand jedoch nicht in ihrem Verhältnis zum liberalen Bürgertum, sondern in ihrer Haltung zum Staat im allgemeinen, zum kleindeutsch-preußischen Obrigkeitsstaat im besonderen.[2] Zwischen 1860 und 1870 vollzog sich also der Bruch zwischen bürgerlicher und proletarischer Demokratie, der sich in Deutschland als irreversibel erwies und sich in der Folge noch vertiefte. Nach der Reichsgründung näherte sich das Bürgertum, das, geblendet durch den industriellen Aufschwung, seine Freiheitsideale mehr und mehr aufgab, dem Bismarckschen Obrigkeitsstaat an. Diese Entwicklung und das Verbot des ADAV führten die beiden Arbeiterparteien zusammen. 1875 gingen sie in der in Gotha gegründeten Sozialistischen Arbeiterpartei auf. Die SAP fand rasch Verbreitung und erhielt bereits bei den Reichstagswahlen von 1877 über eine halbe Million Stimmen und dreizehn Mandate.[3] Im Jahr darauf wurden mit dem „Gesetz gegen die gemeingefährlichen Bestrebungen der Sozialdemokratie", das im Reichstag mit den Stimmen der Konservativen und der Nationalliberalen gegen die des Zentrums und der linksliberalen Gruppierungen angenommen wurde, die Organisationen der Partei aufgelöst. Die sozialdemokratische Presse wurde zum großen Teil verboten und zahlreiche Parteimitglieder wegen „Majestätsbeleidigung" und „Aufreizung des Volkes" verurteilt. Bismarck erklärte die Sozialdemokraten zu Staatsfeinden und prägte damit das Verhältnis der SPD zum Staat bis 1914.

In Italien entstand 1882 mit der Gründung des Mailänder „Partito operaio italiano" (POI) erstmals eine reine Arbeiterpartei. Der zehn Jahre später auf nationaler Ebene gegründete „Partito dei Lavoratori Italiani" trug noch deutlich die Merkmale der Vorgängerpartei. Der Parteitag 1893 in Reggio Emilia bestätigte die

---

1 Vgl. Kap. I.1
2 Baptist von Schweitzer, der Nachfolger Lassalles im ADAV, stimmte im Norddeutschen Bund 1870 den Kriegskrediten zu, während Bebel und Liebknecht sich der Stimme enthielten. Die Weiterführung des Krieges nach dem Sturz Napoleons brachte die Lassalleaner schließlich doch an die Seite der Eisenacher. Vgl. Grebing: Arbeiterbewegung, S. 64.
3 Grebing: Arbeiterbewegung, S. 70.

ablehnende Haltung der Partei gegenüber einer Zusammenarbeit mit den bürgerlichen Parteien mit großer Mehrheit. Die von dem Operaisten Costantino Lazzari vorgeschlagene Resolution, für die auch Filippo Turati stimmte, enthielt die Forderung, bei allen Wahlen (auch bei Kommunalwahlen) nur die eigenen Kandidaten zu unterstützen. Als Bedingung für die Aufstellung wurde die Parteizugehörigkeit und die bedingungslose Zustimmung zum Parteiprogramm vorgeschrieben.[4] Zu der Minderheit, die eine absolute Intransigenz ablehnte, gehörte unter anderen Enrico Ferri, der wenige Jahre später auf dem Kongreß der Internationale selbst Kautsky noch an Rigidität in der Frage der Wahlbündnisse übertreffen sollte. Unter dem Druck der Repressionspolitik Crispis und verstärkt durch die „Krise der Jahrhundertwende" kam es jedoch zur Annäherung des PSI an die „partiti affini" („nahestehende" Parteien), die Republikaner und die Radikalen. Die ursprünglich ablehnende Haltung der Arbeiterpartei gegenüber dem bürgerlichen Radikalismus wurde ab 1894 mit der Gründung der „Lega per la libertà" schrittweise überwunden; seit 1896 waren die Sozialisten auch auf parlamentarischer Ebene in ein Bündnis mit den Parteien der „Estrema Sinistra" (der äußersten Linken) eingebunden. In der Partei selbst war diese Politik jedoch bis 1900 nicht mehrheitsfähig. Auf dem Parteitag 1895[5] in Parma unterlag Turati, der entschieden für eine Bündnispolitik eintrat, ebenso wie ein Jahr später in Florenz.[6] Auch in Bologna (1897) wiederholte sich diese Situation. Das Abstimmungsergebnis fiel jedoch im Vergleich zum Vorjahr schon erheblich knapper aus.[7] Darüber hinaus wurde ein Zusatzantrag Romeo Soldis angenommen, der auf kommunaler Ebene „Ausnahmefälle" zuließ und damit den Übergang zu einer „tattica alleanistica" (Bündnispolitik) einleitete. Auf dem Parteitag 1900 wurde die Bündnispolitik schließlich offizielle Parteistrategie. Die Trennung zwischen bürgerlichem Radikalismus und Sozialismus war also im Gegensatz zu Deutschland nur vorübergehend gewesen.

Die Trennung der Arbeiterbewegung von der demokratisch-bürgerlichen Bewegung war in Deutschland durch politische Faktoren bedingt, in erster Linie durch die Schwäche des bürgerlichen Radikalismus, die verspätete Nationalstaatsbildung und die Verfassung, die es dem Liberalismus erschwerte, sich ähnlich integrationsfähig zu erweisen wie in Großbritannien.[8] Das Spezifische an der deutschen Geschichte im europäischen Vergleich war, wie Dieter Langewiesche formulierte, die „Mischung aus blockierter Parlamentarisierung und gesellschaftlicher Fundamen-

---

4 Siehe Cortesi: Il socialismo, S. 38. Vgl. auch Turati: La politica delle alleanze. Il nodo della questione: ancora a Leonida Bissolati. CS, 16.3.1895. In: Turati: Scritti politici, S. 52.

5 Mit 34 gegen 20 wurde ein Beschluß verabschiedet, der die Unterstützung von Kandidaten, die „glaubwürdig für die Freiheit einträten" (serio affidamento di intendimenti di libertà) durch die Sozialisten auf die Stichwahlen beschränkte. Cortesi: Il socialismo, S. 52.

6 Die Resolution Ferris, die eine Bestätigung des Beschlusses von Parma bedeutete, wurde mit 147 gegen 71 Stimmen, bei einer Enthaltung angenommen. Ebd., S. 57.

7 96 Delegierte stimmten für die „intransigente" Resolution Ferris, 90 für die „transigente", die Turati vorgelegt hatte. Ebd., S. 83.

8 Kocka: Die europäische Arbeiterbewegung, S. 17ff.

talpolitisierung".[9] Eine Untersuchung der politischen Entwicklungen muß folglich zuerst nach dem verfassungsrechtlichen Hintergrund fragen. Diese Frage ist auch für das Verhältnis der Sozialdemokratie zu den linksliberalen Parteien und vor allem für die Stellung der SPD zum Staat von grundlegender Bedeutung. Die Art der Nationalstaatsbildung und die Verfassung des Reichs erwiesen sich hier als determinierend. Das Fehlen eines parlamentarischen Regierungssystems stand einer schrittweise Annäherung der Sozialdemokratie an den bürgerlichen Staat entgegen. Die Isolation der SPD im Kaiserreich war nicht zuletzt die Folge der Kompetenzlosigkeit des Reichstages. Mit der Frage, ob und auf welche Weise die Sozialisten in einem bürgerlichen Staat politische Verantwortung übernehmen durften, waren die Sozialdemokraten in Deutschland gar nicht konfrontiert, die Entwicklung zu einer staatstragenden Reformpartei war im Kaiserreich nicht möglich. Da aber auch die Bedingungen für die Entwicklung einer revolutionären Strategie fehlten, glich die Politik der deutschen Sozialdemokraten einem rein verbalen Radikalismus, hinter dem sich eine immobile, abwartende Haltung verbarg. Die staatspolitische Tätigkeit der SPD beschränkte sich auf die Sozialpolitik und die Wahlen.[10]

Diese Situation wurde bereits zur Zeit der Zweiten Internationale mit großer Klarheit gesehen. Am deutlichsten äußerte sich der Franzose Jean Jaurès, der die Machtlosigkeit der SPD für die größte Gefahr für den Frieden in Europa hielt und den deutschen Sozialisten auf dem Kongreß der Internationale 1904 in Amsterdam aus diesem Grunde die Kompetenz als Führungspartei schlichtweg absprach.[11] Diese Auffassung sollte in den Jahren nach 1904 auch in der sozialistischen Bewegung Italiens große Verbreitung finden.

In bezug auf die parlamentarischen Möglichkeiten waren die Sozialisten in Deutschland in einer Situation, die sich grundlegend von der in allen anderen westeuropäischen Ländern unterschied. Neben Kaiser, Bundesrat und Reichskanzler spielte der Reichstag als Machtfaktor eine untergeordnete Rolle. Mit den allgemeinen, direkten und geheimen Wahlen, aus denen der Reichstag hervorging, wurde in das Verfassungswerk zwar ein demokratisches Element eingefügt; auf der anderen Seite war die Kompetenz der „Volksvertretung" auf die Legislative beschränkt. Der Reichstag war an der Gesetzgebung beteiligt (Art. 5,23), bewilligte den Haushalt (Art. 69) und ratifizierte internationale Verträge.[12] Auf die Regierungspolitik hatte das Parlament kaum Einfluß. Den Parteien blieb folglich nur die Wahl zwischen

---

9 Langewiesche: Liberalismus, S. 15. Die Frage, ob die Entwicklung Deutschlands im 19. Jahrhundert im europäischen Vergleich einen Sonderweg darstellte, ist in der Forschung sehr umfassend und kontrovers diskutiert worden. Siehe dazu auch: Blackbourn: Mythen deutscher Geschichtsschreibung; Grebing: Der „deutsche Sonderweg" in Europa; Wehler: Kaiserreich.

10 Vgl. auch Grebing: Arbeiterbewegung, S. 117ff.

11 „En ce moment, ce qui pèse sur l'Europe et sur le monde, sur la garantie de la paix, sur la garantie des libertés publiques, sur le progrès du socialisme et du prolétariat, ce qui pèse sur tout le progrès politique et social de l'Europe et du monde, ce ne sont pas les compromissions prétendues, ce ne sont pas les expériences aventureuses des socialistes français unis à la démocratie pour sauver la liberté, le progrès, la paix du monde, ce qui pèse sur tous, c'est l'impuissance politique de la démocratie socialiste allemande." Sixième Congrès Socialiste. Compterendu 1904, S. 77.

12 Vgl. auch Gozzi: Modelli politici, S. 132.

einer regierungstreuen Rolle oder der Opposition. Diese Konstellation wirkte sich wiederum negativ auf eine mögliche Bündnispolitik zwischen Liberalen und Sozialdemokraten aus. Gerade das Beispiel Italiens zeigt, daß sich ein partiell staatstragender Reformsozialismus dann durchsetzt, wenn die Unterstützung des Linksliberalismus zum Sturz der konservativen Regierung führen kann.

Revisionisten und Reformisten forderten diese Strategie auch für Deutschland.[13] Die Sozialdemokraten sollten versuchen, mit der linksstehenden, bürgerlichen Opposition eine Mehrheit im Parlament zu bilden. Als vorrangige „Nahziele" sollten das allgemeine, gleiche Wahlrecht in Preußen und die parlamentarische Demokratie angestrebt werden. Der Parlamentarismus, der in Italien die Basis für die Kooperation von Sozialisten und Demokraten bildete, hätte in Deutschland jedoch erst geschaffen werden müssen. Im bürgerlichen Lager herrschte aber die Einschätzung der Sozialdemokraten als „vaterlandslose Gesellen" vor, Politiker wie der Historiker Theodor Mommsen, der für eine Zusammenarbeit mit den Sozialdemokraten eintrat, waren die Ausnahme. Die Versuche einer Neuauflage der Unterdrückungsstrategie in den Jahren zwischen 1894 und 1898 waren zum Scheitern verurteilt; dennoch wurden etliche Vorkehrungen gegen die „rote Gefahr" getroffen. So wurde Sozialdemokraten und Gewerkschaftern beispielsweise die Beamtenlaufbahn verwehrt; 1904 wurde der „Reichsverband gegen die Sozialdemokratie" gegründet.[14]

Die SPD hielt ihrerseits, zumindest auf nationaler Ebene, an einer reinen Oppositionshaltung fest. Die Unterstützung von Bürgerlichen bei den Wahlen war laut Parteitagsbeschluß nur bei den Stichwahlen zulässig; Bündnisse entstanden nur auf Landesebene.[15] Lediglich in Süddeutschland arbeitete die sozialdemokratische Partei bei der Budgetbewilligung mit. In Einzelfällen kam es im Reichstag zu einem einheitlichen Votum: so bei der Ablehung der Umsturzvorlage am 11.5.1895 und bei der Ablehung der Zuchthausvorlage am 20.11.1899. Die Demokratisierung des Staates wurde jedoch nicht durchgesetzt, auch nicht, als nach der Daily-Telegraph-Affäre 1908 ein günstiger Zeitpunkt gegeben schien.

In dem italienischen politischen System war die Verantwortlichkeit der Regierung gegenüber dem Parlament in der Verfassung ebenfalls nicht festgeschrieben. Allein der König ernannte und entließ die Minister. In der Praxis war der Ministerpräsident jedoch seit der Ernennung Cavours zum Regierungschef 1852 dem Parlament gegenüber verantwortlich. Das italienische Parlament verfügte außerdem über eine Waffe, mit der die Regierung de facto lahmgelegt werden konnte: die geheime Abstimmung (voto segreto). In Artikel 63 des Albertinischen Statutes war festgelegt, daß die Endabstimmung über einen Gesetzesentwurf immer geheim zu erfolgen habe. Im Schutz des Abstimmungsgeheimnisses konnten Gesetze blockiert und damit Regierungen gestürzt werden. So stürzte Marco Minghetti, der letzte Regierungschef der „Destra Storica", über die Ablehnung der Verstaatlichung der

---

13 Vgl. Gay: Dilemma, S. 275 und Heimann: Bernstein, S. 61 und 84.
14 Osterroth: Chronik, S. 113.
15 In Baden gingen die Sozialdemokraten beispielsweise ein Bündnis mit den Nationalliberalen ein.

Eisenbahnen.[16] Fünfzehn Jahre später wurde der Rücktritt di Rudinìs auf die gleiche Weise herbeigeführt. Ein Gesetzesentwurf[17] der Regierung wurde vom Parlament in der offenen Abstimmung angenommen; in der endgültigen geheimen Abstimmung fand er jedoch keine Mehrheit mehr. Der durch die Niederlage provozierte Vorstoß zur Aufhebung des „voto segreto" schlug fehl; erst Mussolini entzog dem Parlament dieses Recht (1938).[18]

Auch die letzte Phase vor der „liberalen Wende", dem Beginn der „Giolitti-Ära", war begleitet von Versuchen, die mittlerweile fest verankerte Praxis der Ministerverantwortlichkeit gegenüber dem Parlament wieder abzuschaffen.[19] Letztendlich scheiterten jedoch alle Versuche, ohne das Parlament bzw. gegen seinen Willen zu regieren. Pelloux drängte durch seinen Versuch, die geplante Einschränkung der Presse-, Vereins- und Versammlungsfreiheit unter Ausschaltung des Parlaments zu erzwingen[20], einen Teil der Liberalen in ein Bündnis mit der „Estrema Sinistra" (Sozialisten, Republikaner und Radikale). Die Liberalen beteiligten sich nicht an der Verzögerungstaktik (ostruzionismo)[21] der „Estrema Sinistra" bei der Abstimmung der berüchtigten Gesetzesvorlage. Dennoch vertiefte sich der Bruch zwischen Linksliberalen (Sinistra Storica) und dem Kabinett Pelloux, als von Regierungsseite her versucht wurde, die Parlamentsordnung zu modifizieren, um den „Obstruktionismus" künftig von vornherein zu verhindern (21.3.1900).[22] Die Parteien der „Estrema Sinistra" und ein Teil der Linksliberalen verließen in der darauffolgenden Sitzung (3.4.1900) aus Protest gemeinsam den Saal und erreichten schließlich die Auflösung der Kammer und vorgezogene Wahlen.[23]

In der Krise des „fine secolo" zeigte sich also mit aller Deutlichkeit die Macht des Parlaments. Die versuchte Einschränkung der Befugnisse des Parlaments stieß nicht nur auf den Widerstand der „Äußersten Linken", sondern scheiterte letztlich daran, daß auch die Linksliberalen (Sinistra Storica) der Regierung ihre Unterstützung entzogen. Von den Sozialisten, besonders von der Gruppe um die „Critica sociale", wurde diese Entwicklung begrüßt und gefördert. Nach dem Rücktritt von Pelloux

---

16 Das Kabinett mußte daraufhin zurücktreten und der König beauftragte Agostino Depretis, den führenden Vertreter der oppositionellen „Historischen Linken", mit der Regierungsbildung.

17 Es handelte sich dabei um ein städtebauliches Projekt für die Hauptstadt.

18 Nach 1945 wurde die Praxis der geheimen Abstimmung wieder eingeführt. Der leitende Gedanke dabei war, die Rechte des einzelnen Abgeordneten vor dem ohnehin übermächtigen Einfluß der Parteivorsitzenden zu schützen. Auf der anderen Seite wurde damit den „Heckenschützen" – häufig Abgeordnete aus einer der Koalitionsparteien – die Möglichkeit gegeben, persönliche Rechnungen durch die Torpedierung von Regierungsentscheidungen zu begleichen. In dieser Praxis lag eine der Hauptursachen der italienischen „Dauerkrise". Das „voto segreto" wurde unter der Regierung de Mita im November 1988 abgeschafft.

19 Das kommt insbesondere in einem von Sydney Sonnino in der „Nuova Antologia" am 1.1.1897 publizierten Artikel zum Ausdruck, der unter dem Titel „Torniamo allo statuto" erschien.

20 Er wandelte die Gesetzesvorlage in ein königliches Dekret um.

21 In der deutschen Historiographie hat sich der eingedeutschte Ausdruck „Obstruktionismus" eingebürgert, der in der Folge zur Kennzeichnung der parlamentarischen Verzögerungstaktik der italienischen Sozialisten im Jahr 1899 verwendet werden soll. Vgl. auch Kap. VI,2.

22 Vgl. Ullrich: Der italienische Liberalismus. In: Langewiesche, S. 400.

23 Vgl. Kap. VI,2.

befanden sich die Sozialisten jedoch in einer völlig neuen Position gegenüber dem Staat.

In der Krisensituation 1898/99 ordnete der PSI seine spezifischen Klasseninteressen der Erhaltung der bürgerlichen Freiheiten unter, er glich seine Positionen weitgehend den demokratischen an. Am weitesten ging dabei Ivanoe Bonomi: „Das italienische Proletariat [. . .] spürt, daß in dieser Phase unseres politischen Lebens das kollektivistische Ideal zu einem Fernziel, einer Orientierungshilfe wird, [. . .] das italienische Proletariat und die sozialistische Partei empfinden das Bedürfnis, sich für die Schaffung der Voraussetzungen für die sozialistische Gesellschaft einzusetzen, d.h. für die Schaffung eines neuen, im bürgerlichen Sinne modernen Italiens."[24]

Mit dieser Haltung wurde die Reformpolitik, die der PSI unter Giolitti betrieb, gewissermaßen antizipiert. Eine liberale Regierung, die der Arbeiterbewegung Koalitions- und Streikrecht zusagte und die staatsbürgerlichen Freiheiten garantierte, erschien den gemäßigten Sozialisten als unabdingbare Voraussetzung für die Entfaltung des Sozialismus. Die sozialistische Fraktion gab der Regierung Zanardelli-Giolitti daher ihre parlamentarische Unterstützung. Diese Politik wurde unter anderem mit der drohenden Gefahr der Rückkehr der Reaktion begründet und brachte den Reformisten den Vorwurf der „Ministerialität" ein. Die Zustimmung des „Gruppo Parlamentare Socialista" (GPS) zur Regierungspolitik war jedoch keineswegs bedingungslos; das Verhältnis gestaltete sich im Gegenteil oft sehr spannungsreich. Eine Schlüsselrolle kam dabei dem piemontesischen Staatsmann Giovanni Giolitti zu, den Claudio Treves als „einen Mann, der uns verstanden hat" bezeichnete.[25]

Im Gegensatz zu seinen Vorgängern erkannte Giolitti, daß die soziale Frage nicht mit Gewalt zu lösen war. Überzeugt von dem epocheprägenden Charakter des Aufstiegs des vierten Standes, hielt er es für die Aufgabe der Liberalen, den „vernünftigen" Teil des sozialistischen Programms zu übernehmen und so den gemäßigten Teil der sozialistischen Bewegung an den bürgerlichen Staat zu binden.[26] Die Annahme, die Sozialisten hätten „Marx in die Abstellkammer"[27] gestellt, erleichterte diese Öffnung der Liberalen wesentlich. Die Konzessionen in Lohn- und Arbeitszeitfragen waren allerdings mit einer rigiden Haltung in der Frage der Militärausgaben verknüpft. Da dieser Komplex ein Tabu in den Verhandlungen mit der Regierung blieb, mußte das reformsozialistische „Experiment" nach zwei Jah-

---

24 „Il proletariato italiano [. . .] sente che in questo periodo della nostra vita politica l'idealità collettivista diventa solo un intento lontano, uno strumento di orientazione, [. . .] il proletariato italiano, e per esso il partito socialista, sente di dover collaborare alla preparazione del terreno su cui la società socialista dovrà trovar le sue basi: alla formazione, cioè, della nuova Italia, borghesemente moderna." In: Avanti!, 27.9.1898.

25 „C'è dall'altra riva un uomo che ci ha capito." In: CS, 1.9.1899.

26 „Il governo, cessando di essere il rappresentante dei soli privilegiati, ha preso in mano la causa delle classi popolari e ha adottato tutte quelle parti del programma socialista, che erano praticamente accettabili." Giolitti, 9.3.1912. Zit.n. Santarelli: Socialismo rivoluzionario e „mussolinismo", S. 535.

27 „Carlo Marx è stato mandato in soffitto". Giolitti, 8.4.1911. Zit.n. Favilli: Filippo Turati, ein marxistischer Reformist. In: Kuck: Die Entwicklung des Marxismus, S. 86.

ren als zumindest teilweise gescheitert betrachtet werden. 1903 beschloß der GPS daher den Rückzug in die Opposition; in der Folge kehrte er jedoch wiederholt zur Politik der Regierungsunterstützung zurück. Turatis Verhältnis zu Giolitti gab den parteiinternen Gegnern der Reformisten Anlaß zu zahlreichen Polemiken. Das Angebot Giolittis, in die Regierung einzutreten, lehnte er jedoch mehrfach ab, da ihm der Konsens der sozialistischen Basis zu fehlen schien.

Die Stellung der Sozialisten zum Staat wurde ein gutes Jahrzehnt durch die Integrationspolitik Giolittis geprägt. Turati war sich über diesen grundlegenden Unterschied zur Position der deutschen Sozialdemokraten durchaus bewußt: „Wir sind in Italien keine negativen Kräfte gegenüber der Regierung, wie unsere Genossen in Österreich und Deutschland. [. . .] Wir können wirklich Einfluß nehmen, [. . .] wir sind auf indirekte Weise Teil der Regierung, und unsere Verantwortung ist daher enorm."[28]

Diese Zusammenarbeit wurde durch den Libyenfeldzug 1911 empfindlich gestört. Der Ausbruch des Krieges in Afrika kennzeichnete das Ende der im wesentlichen auf einem gegenseitigen Entgegenkommen zwischen Turati und Giolitti basierenden Integrationspolitik. Die lange Zeit erfolgreiche „trasformismo"-Taktik der Liberalen schlug also gegenüber dem Sozialismus fehl. Damit war auch die Strategie Turatis, der in der Folge mit wenigen Anhängern immer stärker in die Isolation geriet, gescheitert.

Turatis Konzept war in der Partei keineswegs unumstritten; bis 1914 erlebte der italienische Reformismus Abspaltungen sowohl nach rechts als auch nach links.[29] Auf dem linken Flügel formierte sich einerseits der durch Gaetano Salvemini geprägte „demokratische Meridionalismus"[30], andererseits der revolutionäre Syndikalismus, der 1903/04 auf der parteipolitischen Bühne erschien[31] und in den Jahren zwischen 1906 und 1908 den Höhepunkt seines Einflusses erreichte. Salvemini lancierte auf dem Parteitag von 1908 erstmals einen scharfen Angriff gegen die Politik der Reformisten; die Unterstützung der Regierung Luzzatti durch die sozialistische Fraktion 1910 lieferte zwei Jahre später neuen Zündstoff für die Auseinandersetzung. Salvemini forderte den Kampf für die „großen Reformen"[32] und den Verzicht auf kleine Zugeständnisse, die mit der Unterstützung der Regierung „erkauft" würden.

Auch auf dem rechten Flügel der Partei löste sich ein Teil der Reformisten von der

---

28 „Noi non siamo, in Italia, forze negative di fronte all'azione del governo, comi i nostri compagni di Austria e di Germania [. . .] noi [. . .] possiamo influire effettivamente [. . .] noi [. . .] siamo parte indiretta del governo, e la nostra responsabilità è quindi enorme." Turati an Anna Kuliscioff, 20.5.1908. Zit.n. Vigezzi: Intervento. In: Anna Kuliscioff e l'età del riformismo, S. 197.
29 Über die Entwicklungen des PSI in der Vorkriegszeit liegt auch eine Studie in deutscher Sprache vor. Siehe Wörsdörfer: Die sozialistische Partei.
30 Siehe Arfè: Storia del socialismo, S. 129-135.
31 Vgl. Kap. VI,6.
32 Darunter verstand er in erster Linie die Forderung nach allgemeinem, gleichem Wahlrecht, kommunaler Autonomie und einer tiefgreifenden Zoll- und Steuerpolitik.

turatianischen Linie und suchte in Anlehnung an die englische Labour Party[33] nach neuen Wegen.[34] Seit 1906 forderte Ivanoe Bonomi die systematische Unterstützung der Regierung und übte scharfe Kritik am proletarischen „Dogmatismus" und am Internationalismus. Der Forderung nach Loslösung von den traditionellen Wegen des Sozialismus und nach Aufgabe der Idee des Klassenkampfes lag die Auffassung zugrunde, daß die Arbeiterklasse mit ihren Organisationen bereits weitgehend in den bürgerlichen Staat integriert sei. Schritt für Schritt begann Bonomi auch, die wachsenden Militärausgaben gutzuheißen. Mit der 1907 erschienenen Schrift „Le vie nuove del socialismo"[35] (Die neuen Wege des Sozialismus) lieferte er eine theoretische Grundlage seiner Politik. Bernsteins Ideen fanden somit in einer zweiten Phase Eingang in den italienischen Sozialismus; sehr stark machten sich jedoch auch die Einflüße des englischen Tradeunionismus bemerkbar. Eine wirkliche Alternative konnte Bonomis „Partito del Lavoro" (Partei der Arbeit) jedoch nicht bieten; die „neuen Wege" entpuppten sich als die „alten Wege der Demokratie".[36] Auch Leonida Bissolati wandte sich tradeunionistischen Positionen zu. Auf dem Parteitag 1910 in Mailand prägte er die bekannte Definition der Partei als „ramo secco" (vertrockneter Ast).[37] Der Rechtsreformist brüskierte die Partei 1910 darüber hinaus mit seinem Besuch beim König, mit dem er ein deutliches Zeichen für seine gewandelte Haltung zum Staat setzte.

Für die Entwicklung des gewerkschaftlich orientierten Reformsozialismus Bissolatis und Bonomis brachte der Libyenkrieg ebenfalls eine entscheidende Wende. Während Turati, Treves und Anna Kuliscioff entschiedene Gegner des imperialistischen Unternehmens waren, solidarisierte sich der rechte Flügel mit der italienischen Kolonialpolitik. Der Parteitag 1912 in Reggio Emilia beschloß daraufhin auf Antrag des Delegierten Benito Mussolini[38] den Ausschluß Bissolatis, Bonomis und ihrer Anhänger. Der daraufhin gegründeten reformsozialistischen Partei gelang es allerdings nicht, einen Beitrag zur Integration der Arbeiterklasse zu leisten.[39] Die Partei blieb im Gegenteil unbedeutend, trug jedoch zur weiteren Zersplitterung der sozialistischen Bewegung bei. Die Reformisten im PSI verloren auf dem gleichen Kongreß die Parteiführung an den revolutionär-intransigenten Flügel unter der Führung von Mussolini.

In den letzten, krisengeschüttelten Vorkriegsjahren gelang es der Sozialistischen Partei aufgrund ihrer inneren Zerrissenheit nicht, lenkend in die Politik einzugreifen.

---

33 Im Februar 1900 von den Gewerkschaften der „Independent Labour Party" (1893), der „Social Democratic Federation" und der „Fabian Society" das „Labour Representation Committee" gegründet. Nach den Wahlen von 1906 wurde der Name in „Labour Party" geändert.
34 Siehe Arfè: Storia del socialismo, S. 123-129 und Cozzetto: Il revisionismo riformista.
35 Bonomi: Le vie nuove.
36 Cortesi: Bonomi, S. 45.
37 Arfè: Storia del socialismo, S. 139.
38 Der gleiche Kongreß wählte den führenden Kopf der mitgliederstarken Sektion Forlì (Provinzhauptstadt südöstlich von Bologna) in den Parteivorstand und ernannte ihn zum Chefredakteur des Parteiorgans „Avanti!".
39 Arfè: Storia del socialismo, S. 149ff.

In Deutschland war die Annäherung der Arbeiterbewegung an den bürgerlichen Staat auf politisch-parlamentarischer Ebene – wie in Italien – aufgrund der spezifischen Strukturen des Regierungssystem nicht möglich. Das Verhältnis der Arbeiterbewegung zum Wilhelminischen Kaiserreich wird in der Literatur vielfach mit dem Begriff „negative" oder „sekundäre" Integration beschrieben.[40] Als wichtigstes Element dieses Prozesses gilt die Herausbildung einer sozialdemokratischen Subkultur. Sozialdemokrat zu sein, bedeutete in Deutschland nicht nur, der Partei anzugehören, sondern auch, bestimmte Lokale zu frequentieren, die von „Genossen" geführt wurden, und die sozialdemokratische Lokalpresse zu verfolgen. Die deutsche Sozialdemokratie stellte eine Art Gegenstaat dar, der aufgrund der Isolation der Partei durch ein starkes Gruppenbewußtsein geprägt war. Der innere Zusammenhalt wurde durch die straffe, zentralistische Organisation noch erhöht.

Das Verhältnis zum Staat war auch noch nach 1890 stark von den Erfahrungen unter dem Sozialistengesetz geprägt.[41] Die Partei verstand sich als Klassenpartei, als Organisation des Proletariats, die den anderen Klassen und dem Staat unversöhnlich gegenüberstand. Sehr deutlich wird die Erinnerung an die Jahre der Unterdrückung in einer Äußerung Bebels auf dem Parteitag 1903 in Dresden: „Ich will der Todfeind dieser bürgerlichen Gesellschaft und dieser Staatsordnung bleiben, um sie in ihren Existenzbedingungen zu untergraben und sie, wenn ich kann, zu beseitigen."[42]

Erst 1913, also kurz vor seinem Tod, so berichtete Bebel, habe ein Mitglied der Regierung zum erstenmal außerhalb einer Sitzung das Wort an ihn gerichtet.[43] Demgegenüber waren die italienischen Sozialisten, insbesondere die Parlamentarier, in hohem Maße in die liberale Führungsschicht (classe politica) integriert. Hier sei nur an die Episode im Jahre 1902 erinnert, als der Kammerpräsident sich mit Tränen in den Augen an den sozialistischen Abgeordneten Camillo Prampolini wandte und sagte: „Fahren Sie fort, Apostel des Friedens, mit diesen edlen Ideen, die Sie selbst, die Versammlung und das ganze Land ehren."[44] In Deutschland wäre dies undenkbar gewesen.

Dennoch bildeten sich Formen der Integration heraus, die den Prozeß der Eingliederung der Sozialdemokratie in die bürgerliche Gesellschaft vorantrieben. Bis auf die Ebene der Landtage entwickelten sich Ansätze einer pragmatischen Zusammenarbeit zwischen bürgerlichen Gruppierungen und Sozialdemokraten. Die Vertretung der Sozialdemokratie in Landesparlamenten und Kommunalverwaltungen sowie die Tätigkeit der reformistisch orientierten Gewerkschaften wirkte sich auf den Gegensatz zwischen Staat und Sozialdemokratie ausgleichend aus. Auch gab es

---

40 Vgl. Groh: Negative Integration; vgl. auch die Rezension von Ritter: Sozialdemokratie und Sozialgeschichte.
41 Vgl. Lösche: Arbeiterbewegung.
42 Pt. 1903, S. 313.
43 Wehler: Kaiserreich, S. 90. Siehe auch Mittmann: Fraktion und Partei, S. 293.
44 „Continui, [. . .], apostolo di pace, in questi nobili concetti che onorano lei, l'assemblea e il Paese." So der Parlamentspräsident Biancheri am 13.3.1902 nach Prampolinis Rede gegen Sonnino. Zibordi: Saggio, S. 66. Siehe auch Hesse: Il gruppo parlamentare, S. 188.

zwischen Arbeiterkultur und bürgerlicher Kultur in Form und Inhalt Berührungspunkte, die als Ansätze einer positiven Integration zu werten sind.

Die Stellung der SPD im Kaiserreich ist also einerseits durch Ausgrenzung, andererseits durch Annäherung gekennzeichnet. Beide Tendenzen blieben auch während des Krieges und in der Weimarer Zeit charakteristisch für das Verhältnis der SPD zum Staat.[45]

In Italien kam es unter dem Druck der Repressionspolitik bereits wenige Jahre nach der Gründung der Arbeiterpartei zum Schulterschluß zwischen der Sozialistischen Partei und bürgerlichen Gruppierungen. Die Annäherung an den bürgerlichen Staat wurde durch die „liberale Wende" von 1900 und die Politik Giolittis möglich. Die Kooperation blieb jedoch auf die Ebene des Parlaments beschränkt und war somit sehr eng mit der Entwicklung des liberalen Staates verbunden. Giolitti begegnete der sozialistischen Bewegung mit dem Versuch, sie in das traditionelle, auf klientelistischen Beziehungen basierende System des „trasformismo" einzubinden. Die partielle Eingliederung in das parlamentarische Regierungssystem, die von den Reformisten betrieben wurde, fand die Unterstützung der zum großen Teil nach 1901 gegründeten gemäßigten Gewerkschaften Norditaliens. Die große Masse der unorganisierten Arbeiter im Süden blieb jedoch von den Erfolgen dieser Politik ausgeschlossen.

Der Reformismus erwies sich somit zum einen als parlamentarisches, zum anderen als norditalienisches Phänomen. Während die reformistisch orientierte Arbeiterschaft Norditaliens integrativer Bestandteil des giolittianischen Systems wurde, stützte sich Giolitti im Süden ausschließlich auf die herrschenden Schichten. Um die süditalienischen Abgeordneten an sich zu binden, ließ er die alten Strukturen und Privilegien unangetastet. Die Masse der Bauern konnte weder lesen noch schreiben und war somit vom Wahlrecht ausgeschlossen.

Wenn die Reformisten auch die Kehrseite des „Giolittismus" nicht klar erkannten, so ist die reformistische Presse doch ein Beleg dafür, daß die Probleme des Südens durchaus beachtet wurden. Die Sozialistische Partei war jedoch davon überzeugt, in einem wirtschaftlich und sozial rückständigen Land wie Italien den bürgerlich-kapitalistischen Entwicklungsprozeß fördern zu müssen. Trotz der Versäumnisse Giolittis in Süditalien verhielten sich die Reformisten daher dem Staat gegenüber kooperativ. Der entscheidende Gegensatz bestand nach Auffassung Turatis nicht zwischen Kapital und Arbeit, sondern zwischen dem „alten", halbfeudalen Italien und dem modernen, fortschrittlichen, industriellen Italien. Der Unterschied zwischen italienischen Sozialisten und deutschen Sozialdemokraten im Verhältnis zum bürgerlichen Staat ist also auch vor dem Hintergrund des jeweiligen Standes der wirtschaftlichen Entwicklung zu sehen.

Eine gewisse Parallele zur „Südfrage" ist in dem Problem des ostelbischen Junkertums zu sehen.[46] Hier war die Sozialdemokratie mit dem Fortbestand halbfeu-

---

45 Vgl. dazu Ritter: Sozialdemokratie und Sozialgeschichte, S. 461.
46 Siehe dazu Valiani: Il movimento operaio socialista, S. 13ff.

daler Strukturen konfrontiert. Für die SPD, die ihre Hochburgen in den industriellen Zentren hatte, war das Problem jedoch von geringerer Bedeutung als für die Sozialisten in Italien, wo diese Strukturen die wirtschaftlich-soziale Lage etwa der Hälfte der Landes charakterisierten.

Während also in Italien der Versuch Giolittis scheiterte, die durch die wirtschaftliche Entwicklung und Modernisierung Norditaliens entstandenen, politisch-sozialen Kräfte in das traditionelle, transformistische System einzugliedern, verfestigte sich in Deutschland der durch das Sozialistengesetz entstandene Gegensatz zwischen der sozialdemokratischen Arbeiterschaft und dem Staat. Auf der anderen Seite setzte ein, wie die Entwicklung in der Folge zeigte, sehr tiefgreifender Integrationsprozeß ein. Der unterschiedliche wirtschaftlich-soziale und politische Hintergrund, auf dem die sozialdemokratischen Parteien in Deutschland und Italien agierten, prägte die Taktik und Strategie der jeweiligen Partei in entscheidender Weise. Dennoch bestanden zwischen italienischem Reformismus und deutscher sozialdemokratischer Orthodoxie auch weitreichende Gemeinsamkeiten. Kautsky und Bebel waren von der Notwendigkeit von Reformen nicht weniger überzeugt als Turati und Bissolati. Auch das Verhältnis zur Revolution weist große Übereinstimmung auf. Zwischen Kautskys Definition der SPD als einer „revolutionären, aber nicht Revolutionen machenden"[47] Partei und dem deterministischen, evolutionistischen Sozialismusverständnis Turatis lassen sich durchaus Ähnlichkeiten feststellen. Von der Heftigkeit, mit der Kautsky 1903 den „ministeriellen" Sozialismus bekämpfte[48], war in den letzten Jahren vor dem Krieg schließlich auch nichts mehr zu spüren.

Gebärdete sich die deutsche, orthodoxe Sozialdemokratie in der Phase der Revisionismusdebatte als dem italienischen Reformsozialismus diametral entgegengesetzt, so zeigten sich seit etwa 1909 die grundlegenden Gemeinsamkeiten zwischen den politischen Führern dieser beiden Richtungen. Der wirkliche Unterschied zwischen der marxistisch-orthodoxen SPD und dem reformistischen PSI bestand nicht so sehr in politischen Divergenzen, als vielmehr in dem gänzlich unterschiedlichen Aktionsfeld, das durch das jeweilige politische System in Deutschland und Italien entstand.

---

47 Kautsky: Ein sozialdemokratischer Katechismus. In: NZ, 12,1, 1893/1894, S. 301-369, hier S. 368. Vgl. auch Marek Waldenberg: La strategia politica della socialdemocrazia tedesca. In: Storia del marxismo, vol.II, S. 203-233, insbesondere S. 206.
48 Siehe dazu auch Meyer, Thomas: Karl Kautsky im Revisionismusstreit und sein Verhältnis zu Eduard Bernstein. In: Rojahn: Marxismus und Demokratie, S. 57-74.

3. Die Parteiorganisation

Sowohl der Stand der wirtschaftlichen Entwicklung als auch die politischen Rahmenbedingungen wirkten sich auf die Organisation der sozialistischen Parteien in Deutschland und Italien aus. In diesem Zusammenhang muß vor allen Dingen das Wahl- und Koalitionsrecht berücksichtigt werden.

In Deutschland bildete die Einteilung des Reiches in Wahlkreise die Grundlage der sozialdemokratischen Parteiorganisation. Pro Wahlkreis, der mehrere Orte umfaßte, wurde ein sozialdemokratischer Wahlverein gebildet, dem wiederum verschiedene Ortsvereine untergeordnet sein konnten. Die Organisation der Parteibasis war also eng an das allgemeine Wahlrecht gekoppelt.

In Italien setzte sich bei der Gründung des PdLI 1892 der Assoziationsverband als Organisationsmodell durch.[1] In dieser Entscheidung kommt zum einen das Fortwirken operaistischer Traditionen zum Ausdruck, zum anderen wirkten sich hier die Folgen des restriktiven Wahlrechts aus. Aufgrund des hohen Anteils von nicht-stimmberechtigten Analphabeten schien ein Organisationsmodell, das auf der Wahlkreiseinteilung beruht, in Italien wenig sinnvoll. Der PdLI griff bei seiner Gründung statt dessen auf bereits bestehende Vereine und Zirkel zurück. Bereits im darauffolgenden Jahr wurde an diesem Modell Kritik geübt. In der „Critica sociale" sprach sich Ettore Ciccotti für eine Neuorganisierung und eine stärkere Zentralisierung der Partei aus.[2] Die tatsächliche Abänderung des Parteistatutes war schließlich eine Folge der Auflösung aller sozialistischen Organisationen nach den Unruhen 1894 in Sizilien. Der Zusammenschluß von Vereinen unterschiedlichen Charakters wurde durch die individuelle Mitgliedschaft ersetzt.[3] Dadurch sollte verhindert werden, daß auch die Arbeiterbewegung von Maßnahmen gegen die Sozialistische Partei getroffen wurde. Auf diese Weise wurde eine klare organisatorische Trennung zwischen ökonomischer und politischer Bewegung vorgenommen.

Die Diskussion über die Frage, ob die Basis der Partei von politischen Organisationen, also von Wahlzirkeln, oder von ökonomischen Organisationen gebildet werden sollte, wurde auf dem Parteikongreß 1896 in Florenz wieder aufgegriffen. Die beiden zur Abstimmung gestellten Resolutionsentwürfe Lazzaris und Bissolatis stimmten darin überein, daß der Lokalverein politischen Charakter haben müsse. Enrico Ferri setzte sich dagegen für ein gemischtes Modell ein: Der Wahlzirkel war nach seiner Ansicht als Basis nur in den Städten möglich. Auf dem Land dagegen müßten gewerkschaftliche Vereinigungen bzw. Intellektuellenzirkel die Grundlage der Parteiorganisation bilden. Die Mehrheit der Delegierten entschied sich für die

---

1 Vgl. Kap. II,1.
2 Ciccotti: Organizzazione socialista in Italia. In: Antologia, vol.I, S. 50.
3 Der entsprechende Beschluß lautete: „I socialisti italiani raccolti in Partito socialista italiano, per lo svolgimento del proprio programma, deliberano di esplicare la propria azione politica mediante gruppi socialisti locali, a base di adesione personale, col pagamento minimo di L. 1, 20 annue." Cortesi: Il socialismo, S. 50.

Resolution Lazzaris, in der der Charakter des Wahlvereins am stärksten zum Ausdruck kam. Bissolati zielte dagegen auf eine allgemeinere Definition des Aufgabenfeldes von Lokalsektionen ab.[4] Der Kongreß von Florenz zeigte, daß trotz der Trennung zwischen ökonomischer und politischer Bewegung großer Wert auf die Koordinierung der Aktionen in beiden Bereichen gelegt wurde. Aufgrund des geringen Grades der gewerkschaftlichen Organisation kam der politischen Bewegung zunächst eine größere Bedeutung bei der Verbreitung des Sozialismus und der Verankerung eines Klassenbewußtseins zu.

Neben dem Problem der Basisstruktur stellte sich die Frage der Beziehungen zwischen Lokalorganisationen und Parteizentrale. In Deutschland waren die Lokalvereine aufgrund des restriktiven Versammlungsgesetzes bis 1899 durch ein System von Vertrauensleuten mit der Parteizentrale verbunden. Dieses Modell wurde in Italien diskutiert, konnte sich aber nicht durchsetzen. Auf dem Parteitag 1895 in Parma gewannen die Anhänger einer zentralistischen Organisation über die Föderalisten die Oberhand.[5] Jedoch auch die von der Mehrheit des Kongresses angenommene Struktur enthielt ein föderalistisches Element: den Nationalkongreß, die Vertretung der Regionen. Er setzte sich aus den Vertretern der verschiedenen Regionalkongresse zusammen, die wiederum in den Wahlkreisen der einzelnen Regionen gewählt wurden. Dem Nationalkongreß war das Exekutivkomitee zur Seite gestellt, das von diesem gewählt wurde. Der Nationalkongreß bestand aus Vertretern aller Regionen und trat in der Regel alle zwei Jahre zusammen.

Im Sommer 1897 publizierte das Parteiblatt „Lotta di classe" eine mehrteilige Serie zum Problem der Neuorganisation der Partei. Der von Romeo Soldi befürworteten Tendenz zur stärkeren Zentralisierung[6] stand der Vorschlag der Reduzierung des Zentralkomitees auf rein verwaltungstechnische Aufgaben entgegen. Die Parteizentrale sollte insbesondere nicht über Personalfragen entscheiden; darüber hinaus sollte die Parlamentsfraktion, die seit dem Parteitag von Reggio Emilia an Parteitagsbeschlüsse gebunden war, größere Unabhängigkeit bekommen.[7] „In nuce" wurde hier das dezentralistische Parteiverständnis der Reformisten vorweggenommen. Soldi sah sich dem Vorwurf der blinden Nachahmung der deutschen und österreichischen Parteistrukturen ausgesetzt.[8]

Das System der Vertrauensleute wurde auf dem sechsten Nationalkongreß 1900 in Rom erneut diskutiert. Der Vorschlag wurde von Ettore Ciccotti im Zusammen-

---

4 Die angenommene Resolution Lazzaris lautete folgendermaßen: „Il congresso fa voti ché i socialisti italiani si dedichino ad organizzare, dovunque essi hanno residenza, le nostre forze elettorali e politiche coscienti, per educarle alla vita di solidarietà del partito e per sviluppare nella massa dei lavoratori, mediante un intenso lavoro di propaganda, la coscienza del diritto elettorale come arma per la loro emancipazione." Il Domani, Firenze, 13.7.1896.

5 Gegen eine föderalistische Struktur waren insbesondere die neapolitanischen und die römischen Sozialisten. Cortesi: Il socialismo, S. 49.

6 Soldi: Per una nuova organizzazione del partito. In: LdC, 10.,11.7.1897 und 31.7.,1.8.1897.

7 c.d.: Per una nuova organizzazione del partito. In: LdC, 5.,6.6.1897, 26.,27.6.1897, 14.,15.8.1897.

8 LdC, 14.,15.8.1897.

hang mit einer umfassenden Debatte über eine mögliche Reorganisation der Parteileitung eingebracht.[9] In dem bis 1900 bestehenden Aufbau hatte sich die Parteiführung als uneffektiv erwiesen. Insbesondere der Nationalrat, in dem die verschiedenen Regionen repräsentiert waren, schien ein zu schwerfälliges Instrument zu sein.[10] Aufgrund der geographischen Entfernungen erwies sich die Einberufung dieses Rates als außerordentlich problematisch. Die Regionen hatten daher kaum politisches Gewicht, die Parteiführung lag zum überwiegenden Teil bei der Parlamentsfraktion.

Die Reformisten, die in Rom in der Mehrheit waren, lehnten den Vorschlag einer Straffung der Organisation ab und plädierten für eine weitgehende Autonomie der Lokalsektionen. Turati forderte sogar die vollständige Auflösung des Parteivorstandes (direzione).[11] Im Rahmen dieses Konzeptes stellte das System der Vertrauensleute ein zu hierarchisches Element dar, während es in Deutschland nach Aufhebung des Verbindungsverbotes für politische Vereine (1899)[12] durch ein sehr viel strafferes Organisationsprinzip abgelöst wurde.

Wenn auch Turati mit dem Vorschlag zur Auflösung des Parteivorstandes nicht durchdrang, so erreichten die Reformisten mit der Resolution Ferri doch eine wesentliche Vereinfachung der Parteiführung: Der Nationalkongreß wurde aufgehoben, die Parteiführung wurde auf fünf Vertreter der Parlamentsfraktion, fünf Vertreter des Nationalkongresses und den Direktor des Parteiorgans reduziert.[13] Kompetenzen und Aufgaben wurden auf drei verschiedene Ressorts verteilt: Je drei Mitglieder waren für die politische und die ökonomische Bewegung zuständig, die restlichen vier bildeten das ausführende Organ (ufficio esecutivo).[14] Die Parteiführung wurde mit der Disziplinargewalt ausgestattet und behielt sich ein Kontrollrecht gegenüber der Presse vor.[15] Bei wichtigen Fragen sollte die Parteileitung mit Hilfe eines Referendums die Partei befragen.

Der Vorschlag, den Parteivorstand aufzulösen, wurde auf dem folgenden Kongreß (Imola, 1902) erneut zur Sprache gebracht. Turati sprach sich wiederum sowohl für die Abschaffung dieser Institution als auch gegen das System der Vertrauensleute aus. Dieser erneute Vorstoß wurde insbesondere vom linken Parteiflügel, vertreten durch Ernesto Cesare Langobardi und Giovanni Lerda, aber auch vom Vertreter der Parteimitte, Enrico Ferri, kritisiert. Sie befürchteten ein Übergewicht der reformistisch orientierten Parlamentsfraktion, die de facto an die Stelle der aufgelösten Parteiführung getreten wäre. Lerda, der Berichterstatter zu diesem Thema, lehnte sich in seinen Vorstellungen deutlich an die deutsche Sozialdemo-

---

9 Rct. 1900, S. 89.
10 Vgl. auch Olberg: Der Parteitag der italienischen Sozialisten. In: NZ, 19,1, 1900/1901, S. 48-54,
11 Rct. 1900, S. 91.
12 Vgl. Ritter: Die Arbeiterbewegung, S. 48.
13 Rct. 1900, S. 92. Von der Fraktion wurden gewählt: Andrea Costa, Enrico Ferri, Filippo Turati, Alfredo Bertesi und Rinaldo Rigola, vom Parteitag: Nicola Barbato, Cesare Alessandri, Giovanni Lerda, Romeo Soldi, Arnoldo Lucci. Chefredakteur des „Avanti!" war Leonida Bissolati.
14 Rct. 1900, S. 92.
15 Siehe die Resolution Ciccotti. In: Rct. 1900, S. 100.

kratie an. Die Stärke der SPD resultierte seiner Ansicht nach aus ihrer Disziplin, die in Italien nur durch eine strengere Kontrolle über die Neuzugänge, eine straffere Organisation und verstärkte Bemühungen um die Durchsetzung sozialistischer Ideale in der Partei selbst zu erreichen sei.[16] Das System der „Vertrauensleute" schien ihm dafür eine geeignete Einrichtung zu sein, die Erhaltung des Parteivorstands unerläßlich.[17] Bei der Abstimmung stimmte die eine Hälfte der Delegierten (226) für die Auflösung des Vorstands, die andere Hälfte dagegen. In einem zweiten Durchgang wurde beschlossen, an der Institution des Parteivorstandes mit politischen, administrativen und wirtschaftspolitischen Kompetenzen festzuhalten. Die Ausarbeitung aller Einzelheiten wurde einer Kommission übertragen. Die Reformisten mußten in diesem Punkt also nachgeben.

In dem Versuch, die Entscheidungsprozesse in der Partei zu dezentralisieren und den Parteivorstand völlig aufzulösen, manifestierte sich das spezifisch reformistische Parteiverständnis. Die Partei wurde mehr als eine „Art, Politik zu betreiben"[18], und weniger als eine organisatorische Kraft mit einer ganz bestimmten Struktur angesehen. Sie sollte flexibel auf wirtschaftliche und politische Entwicklungen reagieren. Aufgrund der starken regionalen Unterschiede in einem Land, das, so Turati, noch halb Mittelalter und zugleich schon halbmoderne Industriegesellschaft war[19], sei „die größte Bewegungsfreiheit, eine föderalistische Organisation und die größtmögliche Vereinfachung des Koordinationszentrums" notwendig.[20] „Sozialismus" konnte daher nicht „nur" Partei bedeuten: „Er [der Sozialismus, die Verf.] manifestiert sich in vielen Formen, in den gewerkschaftlichen Organisationen, in der Zirkulation der Ideen und der Entwicklung der Interessen, in den Anschauungen, die sich in der Masse und der Wählerschaft herausbilden. Es kommt vor, daß sich diese aufgrund ihres sicheren sozialistischen Instinktes gegen die politischen Vereine wenden. Der Sozialismus wächst den Parteiorganisationen (um einen deutschen Ausdruck zu verwenden) über den Kopf."[21]

Dieses Parteiverständnis, das sich stark von dem der deutschen Sozialdemokratie unterschied, implizierte auch ein anderes Verhältnis zwischen Partei und Gewerkschaft. Während die SPD ängstlich auf ihre Führungsrolle gegenüber den Gewerkschaften bedacht war, betrachteten die italienischen Reformisten den zunehmenden Konzentrationsprozeß der Gewerkschaften und ihre starke Autonomie mit Wohlwollen. Das Konzept enthielt also gerade im Vergleich zu der hierarchisch struk-

---

16 Siehe dazu Lerda: Sull'organizzazione politica. Bedauerlicherweise fehlen in dieser gesondert publizierten Parteitagsrede die Seiten 15 und 16, in denen die Punkte 1-10 des Reformentwurfs aufgelistet sind.

17 Das geht aus der Gegenresolution Turatis hervor. Rct. 1902, S. 80.

18 Vigezzi: Il PSI, le riforme e la rivoluzione, S. 193.

19 t-k: Dichiarazioni necessarie. In: CS, 1.1.1900.

20 t-k: La sintesi del congresso di Roma. In: CS, 16.1.1900.

21 „Questo, [. . .], si esplica in molte forme e modi, nelle organizzazioni di lavoro, nel modo generale degli interessi e delle idee, nell'opinione, che si va educando, delle masse e dei corpi elettorali – ai quali avvenne qualche volta di combattere, contro i Circoli, per il buon senso socialista – e cresce al di sopra della testa (per dirla alla tedesca) delle organizzazioni chiuse del partito". In: CS: Per il Congresso. In: CS, 16.8.1902.

tierten SPD ein demokratisches Moment. Turatis Vorstellungen waren nicht zuletzt durch die ersten Erfahrungen nach der liberalen Wende um 1900 geprägt. Während die Partei auf parlamentarischer Ebene für Reformen kämpfte, entwickelte sich – gefördert durch die Entwicklung auf politischer Ebene – eine selbstbewußte, autonome Gewerkschaftsbewegung. Die Stützen der reformistischen Partei stellten daher die Parlamentsfraktion auf der einen Seite und die reformistisch orientierten Gewerkschaftsorganisationen auf der anderen Seite dar. Die Reformisten konnten daher, obwohl der rechte Flügel sich im Laufe der „Giolitti-Ära" in der Partei oftmals in der Minderheit befand, ihren Einfluß doch weitgehend bewahren.

Die Parlamentsfraktion wurde bei ihrer Konstituierung 1893 formell der Partei unterstellt.[22] In der Folge gelang es den Abgeordneten jedoch, ihre Autonomie und Unabhängigkeit von der Partei zu bewahren. Ihre Macht basierte hauptsächlich auf der Schwäche der Parteiführung und -disziplin. Dem „Gruppo Parlamentare Socialista" konnten sogar Abgeordneten angehören, die nicht Mitglied der Partei waren – wie beispielsweise Turati nach 1901.

Ähnlich wie in Deutschland in der Zeit des Sozialistengesetzes ging auch in Italien unter der Repressionspolitik Crispis und in der Krise 1898/1899 die Führung der Partei auf die Fraktion über. Die Partei reduzierte sich, wie Antonio Labriola meinte, auf die Parlamentsfraktion und den „Avanti!".[23] Nach 1900 fanden wieder in regelmäßigen Abständen Kongresse und Vorstandswahlen statt. Die Kompetenzen des Parteivorstandes beschränkten sich de facto jedoch auf den Parteitag selbst und die Ernennung des Chefredakteurs des „Avanti!".[24] Die Parteiführung verfügte über keinerlei Mittel, die Parteitagsbeschlüsse an der Basis durchzusetzen;[25] sie war im Gegenteil bei der Finanzierung der Propagandamittel von den vermögenderen Sektionen abhängig. Um die Finanzierung des „Avanti!" sicherzustellen, war daher auch die revolutionäre Parteiführung (1904-1906 und ab 1912) zu Konzessionen an die reformistisch orientierten Sektionen gezwungen.

Die dezentrale Parteiorganisation war sowohl den politischen Bedingungen als auch den starken wirtschaftlichen Unterschieden zwischen den Regionen angemessen. In einem zentralisierten Staat wie Italien wäre eine ebenso strukturierte Partei sehr viel leichter zu treffen gewesen als in einem föderalistischen Staat wie dem Deutschen Reich. Darüber hinaus erlaubte die relativ weitreichende Autonomie der Lokalsektionen die Anpassung an die jeweilige Situation. Andererseits barg das

---

22 „I deputati politici del partito sono i delegati del Partito [. . .]" (1), [. . .] „Della condotta dei deputati sono giudici i Congressi regionali e generali" (5). Pedone: Il Partito Socialista Italiano nei suoi congressi, S. 36.

23 „Qui partito vuol dire il gruppo parlamentare e l'Avanti!, non c'è altro." Antonio Labriola an Louise Kautsky, 1.10.1899. Labriola e la revisione, S. 333.

24 Vgl. Hesse: Il gruppo parlamentare, S. 209.

25 Selbst in zentralen Fragen der Taktik oder der Agrarpropaganda wurden die Parteitagsbeschlüsse nicht von allen Sektionen respektiert. So schlossen die Cremoner Sozialisten bereits 1897 ein Wahlbündnis mit der bürgerlichen Linken, obwohl der Parteitag 1896 in Florenz intransigentes Verhalten vorgeschrieben hatte. Auch die Resolution zur Agrarpolitik von Bologna 1897, die die besondere Berücksichtigung kleinbürgerlicher Interessen untersagte, wurde beispielsweise in der Romagna nicht beachtet.

reformistische Sozialismusverständnis jedoch die Gefahr, daß die Partei als Institution ihre Funktion verlor. Die Pflicht der Parteimitglieder, sich in der örtlichen Liga einzuschreiben, entzog der Partei selbst wichtige Energien; sie wurde so zum schwächsten Glied in dem Geflecht sozialistischer Organisationen.[26] Diese Schwäche hatte wiederum zur Folge, daß die Aktion der sozialistischen Fraktion sich von der Parteibasis loslöste und sich im innerparlamentarischen Kräftespiel verlor. Damit entstand eine Kluft zwischen Führern und Basis sowie eine allgemeine Fragmentierung der Bewegung. In dieser Situation, die zwischen 1903 und 1905 zudem noch von einer Radikalisierung der Arbeitskämpfe begleitet wurde, fand die Auffassung Verbreitung, daß die Partei sich in einer ausweglosen Krise befände. Als die eigentlichen Träger des Sozialismus wurden nunmehr von vielen Parteimitgliedern die Gewerkschaften angesehen. Der Syndikalismus sowohl reformistischer als auch revolutionärer Couleur entwickelte sich aus der Überzeugung, daß die Partei, nachdem sie ihre Funktion als Initiatorin der Arbeiterbewegung erfüllt hatte, anachronistisch geworden war.[27] Auf beiden Seiten kam es jedoch im Laufe der Jahre zu einer positiven Neubewertung der Rolle der Partei.[28] Die 1912 an die Parteispitze gelangte revolutionär-intransigente Fraktion zielte dagegen auf die Stärkung der Partei und die Überwindung der Fragmentierung ab. Ziel dieser Politik war in erster Linie die Eindämmung des Einflusses der reformistisch orientierten Parlamentsfraktion.

Während die Mehrheit der italienischen Sozialisten das System der Vertrauensleute als zu straff ablehnten, wurde es in Deutschland, sobald die vereinsgesetzlichen Bestimmungen es erlaubten, durch eine zentralistischere Organisation ersetzt.[29] Die wichtigsten Stützen dieser Struktur wurden 1904 mit der Ernennung regionaler und lokaler Parteisekretäre durch den Parteivorstand sowie 1905 durch die Regelung der Abgaben der Lokalorganisationen an die Parteizentrale[30] und die Definition der lokalen Einheit als sozialdemokratischem Verein geschaffen.[31] Der gleiche Parteitag verabschiedete auch eine Regelung der Kompetenzen der Länderorganisationen, d.h. er verankerte ein föderalistisches Element im Organisationsstatut.[32]

Die Vertrauenspersonen hatten die Aufgabe, die Parteileitung über den Stand der Bewegung in ihrem Kreis zu unterrichten, Direktiven vom Vorstand entgegenzunehmen und entsprechend die Agitation zu organisieren.[33] Außerdem mußten sie dafür sorgen, daß ein Teil der in den Kreisen gesammelten Gelder der Parteileitung

---

26 Vgl. auch Riosa: Il movimento operaio tra società e stato, S. 55.
27 Vgl. Bonomi: Le vie nuove, S. 196.
28 Bei Labriola ist diese Wende etwa um 1906/07 festzustellen. Riosa: Il movimento operaio tra società e stato, S. 46f. Auch für Bonomis „Partito del Lavoro" blieb die Partei als Organisationsform der Bezugspunkt.
29 Siehe dazu Bronder: Organisation und Führung.
30 In der Regel mußte jeder Wahlverein 25% der Einnahmen an die Parteileitung abführen. Pt. 1905, S. 100.
31 Ebd., S. 101. Das Statut von 1890 enthielt keine Bestimmungen über die örtlichen Organisationen. Nipperdey: Organisation, S. 315.
32 Ebd., S. 100. Vgl. auch das Referat Vollmars, S. 161-163.
33 Vgl. dazu Pt. 1891, S. 38.

zuging. Sie wurden in öffentlichen Versammlungen gewählt. Diese Struktur bestand auch nach Aufhebung des Verbindungsverbotes für politische Vereine 1899 in Preußen zum Teil noch weiter, da die Ersetzung des formal unpolitischen, nur durch die Vertrauensperson an die Parteispitze gebundenen Vereins durch den festen sozialdemokratischen Ortsverein in vielen Ländern Frauen aus der SPD ausgeschlossen hätte. Frauen war die Zugehörigkeit zu politischen Vereinen unter anderem in Preußen und Bayern untersagt.[34] Erst seit 1905 setzte sich der sozialdemokratische Ortsverein als die übliche Form der Lokalorganisation durch. Durch die Lockerung der Vereinsgesetzgebung wurde auch die Voraussetzung für die Schaffung von Landesorganisationen geschaffen, die sich jedoch erst allmählich verbreiteten und von Land zu Land über unterschiedliche Kompetenzen verfügten. Stellte die SPD in Württemberg beispielsweise schon bald nach 1900 sogar einen fest besoldeten Landessekretär an, so erhielt Preußen erst 1906 eine Landesorganisation.[35]

Die oberste zentrale Institution war der jährlich einberufene Parteitag, zu dem jeder Wahlkreis einen oder mehrere Delegierte entsenden konnte.[36] Der Kongreß galt als „Parlament" der Partei; Beschlüsse und Entscheidungen über Meinungsverschiedenheiten hatten verbindlichen Charakter. Der Parteivorstand[37] wurde jährlich gewählt, die „Wahl" erfolgte jedoch mit Hilfe eines Vordruckes und kam fast immer einer Bestätigung gleich. Zusammen mit der Kontrollkommission[38], die nach 1900 formal vom Vorstand getrennt wurde, bildete er die Parteileitung. Der Vorstand verwaltete die von den Lokalsektionen überwiesenen Gelder und konnte auf die Vereine, die er finanziell unterstützte, erheblichen Einfluß ausüben.

Der Parteitag von 1905 markierte in vielerlei Hinsicht den Übergang von der lockeren Organisationsform der 1890er Jahre zu einem strafferen Zentralismus.

Die Parlamentsfraktion der SPD war laut Parteistatut von 1890 gegenüber dem Parteitag weisungsgebunden.[39] 1895 wurde der Parteivorstand vom preußischen Innenministerium wegen Verstoßes gegen das Verbindungsgesetz aufgelöst. Die Fraktion übernahm daraufhin wieder, wie zur Zeit des Sozialistengesetzes, die Leitung der Partei; im Oktober 1897 wurde die beiden Institutionen wieder getrennt. Die Abgeordneten galten als „Beamte" der Partei, 1894 wurde sogar beschlossen,

---

34 Vgl. dazu den Bericht Auers von 1900. In: Pt. 1900, S. 131-152.
35 Vgl. Ritter: Die Arbeiterbewegung, S. 56f.
36 Bis 1905 gab es keine feste statuarische Begrenzung, in der Regel war jedoch kein Wahlkreis durch mehr als drei Delegierte vertreten. Da die Mittel für die Reise von den Lokalorganisationen selbst aufgebracht werden mußten, waren im Durchschnitt nur circa 204 Delegierte versammelt, obwohl bei 397 Wahlkreisen theoretisch 1191 Abgeordnete möglich gewesen wären. Ritter: Arbeiterbewegung, S. 51. Siehe dazu auch Nipperdey: Organisation, S. 351.
37 Ab 1900 bestand der Vorstand aus sieben Personen: zwei Vorsitzende, zwei Schriftführer, ein Kassierer und zwei Beisitzer. Vorsitzende, Schriftführer und der Kassierer wurden durch den Parteitag gewählt, die beiden Beisitzer durch die Kontrollkommission. Pt. 1901, S. 7. 1905 kam noch ein weiterer Schriftführer hinzu. Pt. 1905, S. 102. Siehe auch Nipperdey: Organisation, S. 367ff.
38 Die Kontrollkommission bestand aus neun Mitgliedern und wurde ebenfalls vom Parteitag gewählt. Neben der Kontrolle des Parteivorstands fungierte sie als Berufungsinstanz für Beschwerden gegen den Parteivorstand. Pt. 1901, S. 8.
39 Siehe auch Mittmann: Fraktion und Partei, S. 68.

daß sie nur noch auf Einladung, nicht aber als Delegierte am Parteitag teilnehmen dürften.[40] Dennoch konstatierte Robert Michels in seinen vergleichenden soziologischen Untersuchungen zur Sozialdemokratie, daß die Parlamentsfraktion in keinem Land soviel Macht besessen habe, wie in Deutschland.[41] Die Abgeordneten waren auf den Parteitagen als Vertreter der Fraktion zugelassen, sie benötigten also kein Mandat ihrer Parteisektion. In Italien dagegen hatte nur Stimmrecht, wer im Besitz eines Mandates war, Mitglieder des Parteivorstandes oder der Fraktion waren nur zum Wort zugelassen, wenn sie von der Parteileitung mit einem Referat beauftragt waren.[42] In Deutschland war die Macht der Fraktion außerdem durch die engen personellen Verflechtungen zwischen Partei- und Fraktionsvorstand und die Kontinuität bei der Besetzung dieser Stellen gesichert. So fungierten Bebel und Singer beide von 1892 bis zu ihrem Tod (1913 resp. 1911) als Partei- und Fraktionsvorsitzende.[43] Ihre Wiederwahl bei den jährlichen Parteitagen glich einer Akklamation.

In Deutschland resultierte die zentrale Stellung der Parteiführung nicht zuletzt aus ihrer finanziellen Macht. Die Zentrale finanzierte das offizielle Parteiorgan und unterstützte einen Teil der regionalen Presse. Außerdem erhielten die Abgeordneten und eine wachsende Zahl von Parteifunktionären Gehälter. In Italien dagegen fehlten die finanziellen Mittel zum Aufbau eines bürokratischen Apparates und zur Besoldung von Parteibeamten. Aus diesem Grund trug die Parteileitung häufig lokalen Charakter; 1904 wurde das Exekutivkomitee der Parteileitung beispielsweise aus den in Rom ansässigen Mitgliedern gebildet.[44]

Durch die organisatorischen Entwicklungen in Deutschland und Italien nach 1900 vertieften sich die Unterschiede zwischen den beiden sozialistischen Parteien diesseits und jenseits der Alpen beträchtlich. Wurde das deutsche Organisationsmodell von den italienischen Sozialisten von Anfang an nicht angenommen, so standen sich nach der Jahrhundertwende der in zunehmendem Maße zentralistische Charakter der SPD und die elastische, dezentrale Organisationsform des PSI gegenüber. Auch in den Phasen, in denen der revolutionäre Parteiflügel des PSI die Parteileitung beherrschte, blieb die reformistische Parteistruktur erhalten. Vorstöße gegen diese lockere Organisationsform kamen daher in erster Linie vom linken Parteiflügel. Die Vorschläge zur strafferen Zentralisierung lehnten sich häufig an das Organisationsmodell der deutschen Sozialdemokratie an.[45]

Während die Sozialdemokratie in Deutschland eine zentral geleitete, stark ausdifferenzierte, bis in den Freizeitbereich hineinreichende Organisation darstellte,

---

40 Dieser Beschluß wurde allerdings schon 1895 widerrufen. Pt. 1895, S. 191.
41 Michels: Soziologie, S. 135. Siehe dazu auch Nowka: Das Machtverhältnis, S. 18ff.
42 Vgl. Michels: Soziologie, S. 138. Die Maßnahmen zur Einschränkung der Befugnisse der Fraktion erwiesen sich jedoch insofern als uneffektiv, als die Fraktion sich nicht an die Parteitagsbeschlüsse hielt.
43 Es gab jedoch auch führende Persönlichkeiten, die nie ein parlamentarisches Amt bekleideten, beispielsweise Karl Kautsky oder Rosa Luxemburg.
44 Vgl. Michels: Soziologie, S. 108.
45 Vgl. die Reformvorschläge Ciccottis. Rct. 1900, S. 88ff.

war der „Partito Socialista Italiano" als Gesamtheit der Lokalsektionen und einer autonomen Parlamentsfraktion anzusehen. Um jedoch ein umfassendes Bild von der sozialistischen Bewegung zu erhalten, muß das Netz von dezidiert sozialistischen Ligen, Arbeitskammern (camere del lavoro) und Kooperativen berücksichigt werden. Die SPD glich einem „Staat im Staate", einer „abgesonderten Gesellschaft neben der Gesamtgesellschaft".[46] Der PSI hingegen zeichnete sich durch die Schwäche der Parteizentrale, die weitgehende Autonomie der Lokalsektionen und den Mangel an Einheitlichkeit aus. In dieser spezifischen Struktur ist auch die Ursache für den Weg einer „Provinzgröße" wie Benito Mussolini zur Parteispitze zu sehen.[47]

Im Vergleich zu der straff organisierten, hierarchischen Parteistruktur der SPD enthielt die Organisation des Sozialismus in Italien in sehr viel höherem Maße demokratische Elemente. In beiden Ländern ist jedoch eine ausgesprochen große Kontinuität in der Führung zu beobachten, die sich kaum allein mit Hilfe der organisatorischen Strukturen erklären läßt. Die Ursachen dafür müssen vielmehr im Bereich der Psychologie gesucht werden. Gerade in Italien erwarteten die sozialistischen Massen von ihren „Führern" souveränes Auftreten, Eloquenz und Charisma.[48] In wesentlich höherem Maße als in Deutschland war die Ausbreitung der Sozialistischen Partei in Italien von der Persönlichkeit der lokalen „Führer" abhängig. Wurde der Aufstieg Mussolinis innerhalb der sozialistischen Partei durch die relativ große Autonomie der Lokalsektionen und die Schwäche der Parteileitung erleichtert, so verdankte er seine „Karriere" doch zu einem großen Teil seinem Charisma, das ihn zum unbestrittenen Führer seiner Heimatprovinz werden ließ.

---

46 Ritter: Sozialdemokratie und Sozialgeschichte, S. 460.
47 Auf dem Parteitag 1912 in Reggio Emilia erzwang Mussolini den Ausschluß der Reformisten Bonomi, Bissolati und Cabrini aus der Partei durch die Drohung, mit 50 Sektionen der Provinz Forli auszutreten. Bozzetti: Mussolini, S. 28.
48 Vgl. Michels: Soziologie, S. 67ff.

IV. Die sozialistische Presse Italiens

1. Zeitungen und Zeitschriften

Trotz der starken programmatischen Orientierungan der SPD unterschied sich der PSI, wie im vorangehenden Kapitel gezeigt wurde, doch stark von der sozialistischen Organisation nördlich der Alpen. Die Beziehungen zwischen den beiden Parteien in den folgenden Jahren werden anhand der Rezeption der beiden großen Parteistrategiediskussionen der 1890er Jahren – der Agrardebatte und der Revisionismusdebatte – untersucht werden. Aus diesem Grund sollen zunächst die wichtigsten sozialistischen Zeitungen und Zeitschriften vorgestellt werden.

Die Theorie-Zeitschrift: „Critica sociale"

Die „Critica sociale" wurde 1891 von Filippo Turati in Mailand gegründet und verstand sich als Nachfolgerin der „Cuore e critica".[1] Die drei wichtigsten Problemkomplexe, mit denen die Mailänder Zeitschrift sich in den 1890er Jahren beschäftigte, waren das Verhältnis zwischen sozialistischer Partei und Landbevölkerung, die Frage der Bündnisse mit linksbürgerlichen Parteien und die Gültigkeit der marxistischen Theorie.[2] Die Zeitschrift trug zunächst den Untertitel „Rivista di studi sociali, politici e letterari"[3]; das Wort „sozialistisch" wurde vermieden. In dieser Wortwahl kommen Turatis Bemühungen um die Mitarbeit und das Interesse bürgerlicher Intellektueller deutlich zum Ausdruck. Die Hoffnungen auf Unterstützung aus dem radikaldemokratischen Lager traten seit 1893 etwas in den Hintergrund. Die Zeitschrift nahm nun den Untertitel „Rivista quindicinale del socialismo scientifico"[4] an. Breiten Raum nahmen zu diesem Zeitpunkt die Diskussionen um das Minimalprogramm und die Agrarfrage, insbesondere das Agrarprogramm der französischen Partei, ein. In den folgenden Jahren richtete sich das Interesse in

---

1 Seit Dezember 1888 war Turati verantwortlicher Redakteur des Mailänder Teils der „Cuore e critica", seit dem 16.5.1890 unterstand ihm der gesamte politische Teil und am 15. Oktober wurde er Chefredakteur. Turati strebte jedoch die Publikation einer dezidiert sozialistischen Zeitschrift an. Im Dezember 1890 erschien daher die letzte Nummer der von Arcangelo Ghisleri gegründeten „Cuore e critica", und im Sommer 1891 wurde das Magazin als „Critica sociale" neubegründet. Siehe dazu Masini: Le origini.
2 Vgl. dazu: I periodici di Milano, S. 135-151.
3 Zeitschrift für soziale, politische und literarische Studien.
4 Halbmonatszeitschrift des wissenschaftlichen Sozialismus.

dieser Frage verstärkt auf Deutschland; 1896 erreichte die Debatte mit dem Parteikongreß von Florenz ihren Höhepunkt.[5]

Die Revisionismusdebatte begann in Italien, klammert man die frühe Marxkritik Lorias aus[6], im Jahr 1895, als Reaktion auf den 1894 in italienischer Sprache erschienenen dritten Band des „Kapital". Im Zentrum der Diskussion, zu der sich neben Arturo Labriola[7], Ernesto C. Langobardi und Antonio Graziadei auch Wissenschaftler aus dem bürgerlichen Lager, wie Werner Sombart[8] und Benedetto Croce, zu Wort meldeten, stand die Mehrwerttheorie. Die Kritik am Marxismus gedieh in Italien vorwiegend auf wirtschaftswissenschaftlichem Gebiet und erhielt ihre Impulse von den Theorien Vilfredo Paretos und Maffeo Pantaleones. Die Wirkung dieser wirtschaftlich-soziologischen Ansätze ist sehr viel höher zu veranschlagen als der Einfluß Bernsteins, und sie führten in erster Linie zu einer linksrevisionistischen Marxkritik.[9] Der Herausgeber selbst hielt sich zunächst von der Diskussion fern und bezog erst 1898 gegen den französischen Syndikalisten Georges Sorel Stellung.[10]

In der Zeit von Mai 1898 bis Juli 1899 mußte die „Critica sociale" ihr Erscheinen einstellen, da Turati infolge der repressiven Maßnahmen nach den Maiunruhen von 1898 inhaftiert war.[11] Seit ihrem Wiedererscheinen im Juli 1899 nannte die Zeitschrift sich „Rivista quindicinale del socialismo".[12] Auf die Definition „wissenschaftlich" wurde nun verzichtet. Nach der Jahrhundertwende entwickelte sich das Magazin zu einem Organ des reformistischen Flügels.[13] Die Rezeption der deutschen Revisionismusdebatte war zunächst stark von dem Bemühen geprägt, die eigene Strategie als authentische Interpretation des „deutschen, wissenschaftlichen Sozialismus" darzustellen. Erst durch die Intervention Kautskys zugunsten der revolutionären Fraktion entwickelte sich der Gegensatz zwischen dem italienischen Reformismus und der sozialdemokratischen Orthodoxie.

Nachdem das Interesse an der SPD in den ersten Jahren des 20.Jahrhunderts stark gesunken war, belebte sich die Diskussion über die Entwicklung des Sozialismus in Deutschland seit etwa 1908 wieder. Von 1909 an publizierte die Mailänder Zeitschrift eine Rubrik mit dem Titel „Movimento socialista internazionale", die von Giovanni Merloni redigiert wurde. Dank seiner Kenntnisse der deutschen Sprache spielte er eine wichtige Rolle als Vermittler zwischen deutschem und italienischem Sozialismus. Merloni stand der SPD aufgrund ihres politischen Immo-

---

5 Zur Agrarfrage in der CS siehe auch Caracciolo: La questione agraria e il movimento socialista nelle campagne. In: Antologia, II, S. LXXXI-CI.
6 Vgl. die Engels-Loria-Polemik, die in der CS jedoch nicht vollständig abgedruckt wurde. Siehe CS, 20.2.1891.
7 Labriola: Pro e contra il socialismo. In: CS, 1897, S. 213-214.
8 Sombart: La teoria marxista del movimento sociale. In: CS, 1897, S. 4-6.
9 Vgl. dazu Are: Economia e politica, S. 43-62.
10 Turati/Sorel: La crisi del socialismo scientifico. In: CS, 1.5.1898. Vgl. auch Kap. VI,2.
11 Vgl. Kap. VI,2.
12 Halbmonatszeitschrift des Sozialismus.
13 Die wichtigsten Mitarbeiter waren Ivanoe Bonomi, Claudio Treves, Alessandro Schiavi und Luigi Einaudi.

bilismus sehr kritisch gegenüber.[14] Ein weiterer wichtiger Vermittler in den letzten Jahren vor Ausbruch des Ersten Weltkrieges war Fausto Pagliari, ein erklärter Anhänger Bernsteins. Pagliari rezensierte für die „Critica sociale" verschiedene Schriften deutscher Sozialdemokraten, darunter Arbeiten von Kautsky[15], Bernstein[16] und Bebel[17]. Als Korrespondent der „Sozialistischen Monatshefte" trug er auch zur Vertiefung der Kenntnisse über den italienischen Sozialismus in Deutschland bei.[18]

Die Berichterstattung über die SPD in Turatis Zeitschrift gab ein getreues Spiegelbild der Beziehungen zwischen den italienischen Reformisten und der deutschen „Führungspartei" wieder. Wurde der SPD in den 1890er Jahren zunächst sehr große Aufmerksamkeit gewidmet, ließ das Interesse am Ende des Jahrhunderts rapide nach und entwickelte sich erst wieder seit 1908. Diese Entwicklung war für die gesamte reformsozialistische Presse typisch.

Das offizielle Parteiorgan: Die „Lotta di classe"

Die „Lotta di classe" wurde 1892 im Vorfeld der Konstituierung des PdLI als parteioffizielles Organ gegründet. Die Wahl des Chefredakteurs fiel auf Camillo Prampolini, der diese Aufgabe jedoch nie übernahm. Diese Entscheidung lag in erster Linie in dem Widerstand der Reggianer[19] Sozialisten begründet, die eine „Abwanderung" Prampolinis von Reggio Emilia nach Mailand befürchteten.[20] Die „Lotta di classe" blieb ein Instrument in der Hand der Mailänder Sozialisten.

Die Zeitung erschien vom 30. Juli 1892 bis zum 1. Mai 1898. Seit der Gründung des „Avanti!" geriet sie in Schwierigkeiten und wurde daher 1897 mit der Mailänder „Battaglia" zusammengelegt. Seit Dezember 1897 fungierte das Blatt nur noch als Organ der Mailänder Sektion.[21] Die „Lotta di classe" leistete neben der Veröffentlichung der zentralen Parteidokumente, wie des Programms und der Statuten[22], der Kongreßberichte und zahlreicher Parlamentsreden, einen wichtigen Beitrag zur Verbreitung der Schriften von Marx, Engels und der deutschen Sozialdemokraten.[23]

---

14 „In un regime feudale e militaresco la battaglia politica si impone. Guai al partito che non l'intende, e che gira la pregiudiziale illudendosi di averla superata." Merloni: I socialisti tedeschi e i loro apoliticismo. In: CS, 16.9.1914.
15 f.p.: Catastrofismo e riformismo. Kautsky e le organizzazioni operaie. In: CS, 16.6., 1.7.1910.
16 f.p.: Il revisionismo socialista. In: CS, 1.7.1909.
17 CS, 16.11.,1.12.1911.
18 Siehe beispielsweise Pagliari: Die wirtschaftlichen Klassenorganisationen des italienischen Proletariats. In: SM, 1907, 1, S. 471ff; ders.: Die Bedeutung des Gewerkschaftskongresses in Modena. In: SM, 1908, 3, S. 1319ff.
19 Prampolini war der führende Sozialist in Reggio Emilia und leitete dort das Wochenblatt „La Giustizia".
20 Manzotti: Il giornalismo socialista, S. 40.
21 I periodici di Milano, vol.I, S. 166-167.
22 LdC, 20.,21.8.1892.
23 Marx ed Engels: Manifesto del Partito Comunista. In: LdC, 17.9.1892; Engels: Marx. In: LdC, 11. und 18.3.1893; Marx: Capitale e salario. In: LdC, 1.4.1893; Liebknecht: La Germania socialista. In:

In den Jahren 1893/94 wurde den Ereignissen in Sizilien breiter Raum gewidmet, seit 1894 verfolgte die Redaktion mit großer Aufmerksamkeit die Agrardebatte in Deutschland. Die Berichte erschienen teilweise ohne Namen; verschiedene Artikel waren jedoch mit dem Kürzel „p" gekennzeichnet.[24] Dabei könnte es sich um „Parvus"[25] gehandelt haben; der Exilrusse Alexander Helphand fungierte in späteren Jahren auch als Korrespondent für den „Avanti!", seine Artikel waren auch hier zum Teil nur mit „p" gekennzeichnet.[26] Die Zeitung scheint 1895 auch über Beziehungen zu einem Berichterstatter in Bayern verfügt zu haben; ein Name tritt jedoch nicht in Erscheinung.[27] Die Beiträge in der Rubrik „Movimento socialista estero" sind wahrscheinlich dem „Vorwärts" entnommen. Zum Teil wurden Artikel auch der „Neuen Zeit" nachgedruckt.[28] Auch in der „Lotta di classe" nahm das Interesse an den Debatten in der SPD nach 1896 rapide ab.

Einen thematischen Schwerpunkt stellte in den Jahren 1895/96 die Kampagne gegen den Kolonialkrieg in Afrika dar. Darüber hinaus wurde ausführlich über die Wahlkampagnen 1892, 1895 und 1897 berichtet. Die „Lotta di classe" erreichte eine Auflagenhöhe bis zu 15.000 und stellte somit mit Abstand das größte sozialistische Wochenblatt dar. Die Informationen über die SPD nahmen insbesondere in der Phase der Agrardiskussion ausgesprochen breiten Raum ein. Verschiedene Ausgaben des in der Regel nur vierseitigen Blattes waren zu über 50% den Ereignissen in der SPD gewidmet. Die „Lotta di classe" stellte somit einen anschaulichen Beleg des starken Einflusses der SPD gerade auf ideologischer Ebene dar.

Die erste sozialistische Tageszeitung: Der „Avanti!"

Zu Weihnachten 1896 erschien die erste Nummer des „Avanti!"[29] in einer Auflagenhöhe von 20.000. Leonida Bissolati, der außerdem den „Eco del popolo" in Cremona leitete, zeichnete verantwortlich. Der „Avanti!"[30] war die erste sozialistische Tageszeitung[31], deren Bedeutung für das Zusammenwachsen der Partei wegen der Schwäche und der nur schwammig definierten Kompetenzen der Parteileitung besonders groß war. Das täglich erscheinende Parteiorgan war in dieser Situation das einzige Instrument, das ein überregionales Aktionszentrum darstellen konnte.

LdC, 9. und 16.3.1895; Kautsky: Le cooperative di consumo e il movimento operaio. In: LdC, 24.7.1897ff.
24 (p): Il primo maggio a Berlino. In: LdC, 6.,7.5.1893; (p): La prossima vittoria della Germania socialista. In: LdC, 3.,4.6.1893. Am 1.,2.7.1893 wurde der Verfasser der Artikel als „nostra corrispondenza particolare" bezeichnet.
25 Pseudonym von Alexander Helphand.
26 Vgl.: (P): La commemorazione della rivoluzione del 1848. Incidenti violentissimi al Reichstag germanico. Liebknecht in libertà; Parvus: Le prossime elezioni in Germania. In: Avanti!, 10.4.1898.
27 Siehe beispielsweise: Fuchsmühl o il Caltavuturo della Baviera. In: LdC, 12.,13.10.1895.
28 Siehe Kautsky: Liebknecht su Marx. In: LdC, 1.,2.1.1897.
29 Zur Geschichte des „Avanti!" siehe Arfè: Storia dell'Avanti!.
30 In der Namensgebung zeigte sich deutlich die Anlehnung an die deutsche Sozialdemokratie.
31 Siehe dazu auch Arfè: Storia del socialismo, S. 35-46.

Die Redaktion hatte ihren Sitz in Rom. Diese Ortswahl erleichterte die Beziehungen zu Süditalien und trug dazu bei, daß die Partei ihre Mailänder Prägung etwas verlor.

Im ersten Erscheinungsjahr (1897) setzte die Redaktion den Schwerpunkt auf die Agitation gegen den Militarismus und die Auseinandersetzung mit dem Aufstand in Griechenland. Am 13.Mai 1898 übernahm Enrico Ferri vorübergehend (bis zum Herbst 1898) die Leitung des Blattes, da Bissolati inhaftiert wurde.[32] Nach Inkrafttreten der Ausnahmegesetze im Juli 1898 wurde der „Avanti!" zum Kristallisationskern der Partei. Im Mittelpunkt des Interesses stand die Kampagne gegen die Verteuerung der Lebenshaltungskosten und die Rüstungsausgaben. Der „Avanti!" setzte sich insbesondere für die Abschaffung der Getreidezölle ein. In der Phase der parlamentarischen Obstruktion der Sozialisten im Jahr 1899[33] spielte das Blatt eine zentrale Rolle. Aufgrund permanenter Sammlungen war der „Avanti!" finanziell gesichert.[34] Ab 1898 konnte die Zeitung sechsseitig statt – wie bis zu diesem Zeitpunkt – vierseitig erscheinen.

Nach der „liberalen" Wende 1900 trat der „Avanti!" für eine Bündnispolitik mit den linksbürgerlichen Parteien ein, identifizierte sich also unter der Leitung Bissolatis mit dem reformistischen Kurs der Partei. In dieser Phase äußerte die Redaktion ein sehr großes Interesse an Frankreich und am französischen Sozialismus. Insbesondere über die Dreyfus-Affäre wurde ausgesprochen breit und ausführlich berichtet.[35]

Nach 1901 geriet die Redaktionsleitung durch die Herausbildung oppositioneller Strömungen gegen die Politik der Reformisten immer stärker ins Kreuzfeuer der Kritik. Bissolati trat schließlich am 1. April 1903 als Chefredakteur zurück und überließ seinen Platz Enrico Ferri.[36] Von der SPD, die den Redakteurswechsel als einen Erfolg im Kampf gegen den Revisionismus einstufte, erhielt der „Avanti!" eine Soforthilfe von 1.000 Mark.[37] Unter dem neuen Direktor nahm das Blatt einen beachtlichen Aufschwung: Die Auflagenhöhe stieg auf 50.000, die Zahl der Abonnenten betrug ungefähr 3.000.[38]

Die Liste der Korrespondenten aus Deutschland ist relativ lang, die Dauer der jeweiligen Berichterstattung jedoch kurz. Während 1897 etliche Berichte unter dem Namen „Klein"[39] erschienen, informierte Alexander Helphand 1898 über die Wahlen im Deutschen Reich.[40] In der Folge fungierte Vittorio Piva bis zu seiner

---

32 Vgl. Kap. VI,2.
33 Vgl. dazu Kap. III,2 und VI,2.
34 Dokumente Berliner Polizei, II, S. 102.
35 Die Artikel aus Frankreich waren mit dem Pseudonym „Hardi" gezeichnet.
36 Ferri leitete den „Avanti!" bis zum Juni 1908, danach wurde zunächst O. Morgari, dann Treves Chefredakteur. 1912 übernahm Mussolini die Leitung des Parteiorgans.
37 Avanti!, 1.6.1903.
38 Bibliografia del socialismo. Vol.I: I Periodici, S. 73-76, hier S. 73.
39 Die Identifizierung des Korrespondenten war nicht möglich.
40 Siehe beispielsweise Parvus: Le prossime elezioni in Germania. In: Avanti!, 10.4., 13.4.1898.

Ausweisung im April 1899 als Korrespondent aus Berlin.[41] Über gewerkschaftliche Fragen, nicht nur in Deutschland, sondern auch in Österreich, Frankreich und Schweden berichtete häufig Angiolo Cabrini.[42] Auch Robert Michels und Oda Olberg-Lerda belieferten verschiedentlich den „Avanti!". Darüber hinaus tauchen sporadisch immer wieder Artikel auf, die mit „fremd" oder „Fremdling" gekennzeichnet sind, deren Zuordnung heute nicht mehr möglich ist.

Die starke Fixierung auf die SPD, die bei dem Parteiblatt „Lotta di classe" auffällt, wich bei seinem Nachfolger zunächst einer starken Betonung der Ereignisse in Frankreich. Während der „Giolitti-Ära" war die Berichterstattung über das Ausland dann ausgewogen. In Relation zu dem zur Verfügung stehenden Platz und zu dem Teil, der Italien und die parteiinternen Neuigkeiten betraf, informierte der „Avanti!" insgesamt sehr ausführlich über die sozialistischen Schwesterparteien.

Die größeren Lokalzeitungen:
„Grido del popolo", „Giustizia" und „Eco del popolo"

Neben der „Critica sociale", der „Lotta di classe" und zahlreichen, wenig dauerhaften Kleinstpublikationen[43] standen der sozialistischen Partei bei ihrer Gründung der Turiner „Grido del popolo" mit einer Auflagenhöhe von 7.000 (1892-1946), die in Reggio Emilia erscheinende „Giustizia" (1886-1950) mit 3.000[44] und der Cremoner „Eco del popolo" (1889-1903) mit 1.000 Exemplaren zur Verfügung.[45] 1894 erschien außerdem in Genua die „Era nuova" in einer Auflagenhöhe von 2.000 Stück[46] und in Mailand die „Battaglia" mit wöchentlich 4.500 Exemplaren.

Der „Grido del popolo" ging auf eine Initiative einiger arbeitsloser Turiner Drucker zurück.[47] Ab dem 4.9.1892 wurde das Blatt als „Parteizeitung" aufgeführt[48], als solche druckte es Programm und Statut des PdLI ab. In den ersten Jahren ihres Bestehens widmete die Zeitung der internationalen Arbeiterbewegung und den sozialistischen Parteien anderer Länder großes Interesse. Über die Arbeitskämpfe in England und Frankreich, vor allem über die Streikbewegung in Carmaux, wurde ausführlich berichtet, die Informationen über Deutschland hingegen betrafen

---

41 Vgl. auch Kap. IV,2.
42 Z.B. Cabrini: Dopo il congresso dei sindacati. In: Avanti!, 24.6.1902. Vgl. auch Kap. IV,2.
43 Vgl.: Bibliografia del socialismo. Vol.I: I periodici, S. 1000-1043.
44 Nach eigenen Angaben betrug die Auflage bei der Gründung nur 90. Ende 1896 erreichte sie eine Höhe von 4.200, sank jedoch in der Folge wieder. Giustizia, 10.1.1897.
45 Manzotti: Il giornalismo socialista, S. 42.
46 Die Zeitung wurde 1966 bei der Arnoüberschwemmung in der Nationalbibliothek von Florenz zerstört.
47 Vittorio Chenal, Silvio Pampione u.a. zeichneten verantwortlich. Vgl. Bibliografia del socialismo. vol.I: I periodici, S. 390.
48 Bibliografia del socialismo. Vol.I: I periodici, S. 391.

hauptsächlich die SPD-Parteikongresse[49] sowie die Wahlen.[50] Ab dem 4.2.1893 berichtete ein italienischer Arbeiter in Berlin über den Stand der Entwicklung des Sozialismus in Deutschland.[51] Außerdem belieferte auch Romeo Soldi den „Grido del popolo" mit Informationen;[52] die detaillierten, nicht-gezeichneten Berichte über den Berliner Bierboykott[53] stammen wahrscheinlich aus seiner Feder. Mit großer Aufmerksamkeit wurde auch die Agrardebatte 1894/95 verfolgt, in der die Redaktion sich – trotz deutlicher Sympathie für den belgischen „Kooperativsozialismus" – der Meinung der Kongreßmehrheit von Breslau anschloß.[54] In den folgenden Jahren flaute das Interesse am deutschen Sozialismus jedoch merklich ab. Zwar wurde am 27. Juni 1896 angekündigt, daß die Redaktion nun in Verbindung mit einem Korrespondenten in Berlin stünde und daß von diesem Zeitpunkt an regelmäßige Berichte zu erwarten seien, aber das wachsende Interesse am Munizipalsozialismus und am Kooperativwesen lenkte die Aufmerksamkeit der Turiner Sozialisten verstärkt nach Frankreich (Roubaix), England (Glasgow) und Belgien. Der Kongreß der SPD 1896 war der letzte, über den die piemontesischen Sozialisten berichteten. In der Phase der Ausnahmegesetze am Ende des Jahrhunderts spielte das Beispiel der SPD vorübergehend wieder eine größere Rolle – dieses Interesse bezog sich jedoch auf die Strategie der deutschen Sozialdemokraten in der Zeit des Sozialistengesetzes. Die „Nachahmung" des deutschen Modells wurde allerdings deutlich abgelehnt.[55] Die Haltung des „Grido del popolo" gegenüber der reformistischen Politik Turatis schwankte zunächst[56] und entwickelte sich seit 1903 zu einer dezidiert oppositionellen Linie.[57]

Die bemerkenswerteste publizistische Erscheinung auf lokaler Ebene stellte die von Camillo Prampolini in Reggio Emilia herausgegebene „Giustizia"[58] dar. Prampolini bemühte sich, seinen Lesern – zum großen Teil Bauern, die den Analphabetismus gerade erst überwunden hatten – die Ideen des Sozialismus in einer sehr einfachen und klaren Sprache verständlich zu machen. Typische Formen der Propaganda, deren sich auch die Herausgeber von sozialistischen Broschüren bedien-

---

49 Am 26.,27.10.1892 nahm der Bericht über den sozialistischen Kongreß in Berlin die ganze erste Seite ein.
50 Vgl.: Il trionfo del socialismo in Germania. In: Grido del popolo, 24.6.1892. Vgl. auch Kap. II,2.
51 Die Artikel sind mit dem Kürzel „Prev." gezeichnet. Siehe beispielsweise: Grido del popolo, 1.7.1893, 5.8.1893.
52 Siehe beispielsweise: Grido del popolo, 8.4.1893, 24.4.1894.
53 Vgl. Kap. III,2.
54 Vgl. Kap. V,4.
55 Vgl. Antonio Labriola: L'imitazione dei tedeschi. In: Grido del popolo, 25.12.1897.
56 Am 8.9.1899 erschien ein Beitrag, in dem sogar der Regierungseintritt Millerands gutgeheißen wurde: Giovanni Pastorello: Un episodio biblico. Dedicato ai socialisti francesi in occasione dell'entrata di Millerand in un ministero borghese. Nach den Vorfällen in Berra (Ferrara) 1901 kritisierte die Redaktion die Politik Turatis und forderte den Rückzug des GPS in die Opposition. 1902 wiederum erklärte sie sich mit den Ergebnissen des Parteitages von Imola im großen und ganzen einverstanden.
57 Vgl. Diogene: Il giudizio di Amsterdam. In: Grido del popolo, 27.8.1904.
58 Die Zeitung nannte sich im Untertitel bis zum 8.12.1895 „Difesa degli sfruttati", bis zum 22.5.1898 „Organo dei socialisti emiliani", bis zum 18.12.1903 „Organo settimanale dei socialisti emiliani" und danach „Organo dei socialisti di Reggio Emilia".

ten, waren der Dialog und eine Art sozialistischer Katechismus. Allgemein bemühte Prampolini sich um eine Argumentation und eine Sprache, die dem geringen Bildungsgrad und der religiösen Prägung der Bevölkerung in der Provinz Reggio Emilia angepaßt waren. Der Sozialismus erschien so als eine Art neues Christentum, das im Gegensatz zur verweltlichten und korrupten Kirche christliche Werte, Gerechtigkeit und Brüderlichkeit verkörperte: „Die wahren Fortsetzer der Predigt Christi [. . .] sind heute die Sozialisten [. . .] Wenn Christus wieder zur Welt käme, würden Pfarrer und Bürger ihn verurteilen, wie sie es mit den Sozialisten machen."[59] Die Propaganda zielte darauf ab, den Bauern den Zusammenhang zwischen ihrem Elend und dem kapitalistischen System klarzumachen und sie zur Solidarität mit den städtischen Arbeitern zu erziehen. Diese Intention sowie der religiös gefärbte, predigtartige Stil kommen besonders gut in der „Predica di Natale" (Weihnachtspredigt) von 1897 zum Ausdruck.[60]

In den ersten Jahren ihres Erscheinens konnte die „Giustizia" dank der Mitarbeit Martignettis, der für die Reggianer Zeitung Artikel aus der „Neuen Zeit" und dem „Sozialdemokrat" ins Italienische übersetzte[61], relativ ausführlich über den Stand der sozialistischen Bewegung in Deutschland berichten. Zum Teil wurde auch auf Übersetzungen französischer und italienischer Zeitungen zurückgegriffen.[62] Im Jahre 1895 veröffentlichte die „Giustizia" einen Bericht über die politische Situation in Deutschland, der von einem italienischen Studenten in Berlin verfaßt worden war. Dieser Artikel verriet deutlich germanophile Tendenzen, die auf die Handschrift Gustavo Sacerdotes hinweisen.[63]

In der Agrarfrage vertrat Prampolini, wie auch aus seiner 1896 erschienenen Broschüre „Come avverrà il socialismo" hervorgeht, eine Meinung, die dem in Breslau gefaßten Beschluß diametral entgegenstand. Der Kleinbesitz, so der Reggianer Sozialist, könne im Sozialismus durchaus weiter bestehen, solange diese Betriebsform nicht von der allgemeinen Entwicklung der Landwirtschaft überholt sei.[64] Ähnlich hatte sich Prampolini bereits zehn Jahre vorher in der „Giustizia" geäußert[65], und auf dieser Linie lagen auch die Beiträge anderer Autoren zu diesem

---

59 „[. . .] i vari continuatori della predicazione di Cristo [. . .] sono oggi i socialisti. [. . .] Se Cristo rinascesse preti e borghesi lo condannerebbero come fanno coi socialisti". In: Giustizia, 19.12.1886.
60 „Se i lavoratori dei campi e delle città si daranno la mano, se [. . .] invece di vivere isolati e di farsi la concorrenza metteranno in pratica il precetto di Cristo „Amatevi gli uni con gli altri sì come fratelli" e fermeranno ovunque le loro organizzazioni, allora davanti alla loro crescente e sempre più capace organizzazione, le ingiustizie sociali scompariranno come si dileguano le tenebre davanti al sole che nasce." In: Giustizia, 24., 25. 1897. Auch in Prampolini: La predica di Natale, S. 11.
61 Siehe beispielsweise die Ausgaben vom 13.4.1890, 4.5.1890. 25.5.1890, 15.6.1890, 5.10.1890.
62 Über die Wahl in Sachsen und Baden erschien am 25.10.1891 ein Artikel, den die Redaktion der republikanischen Tageszeitung „Italia del popolo" entnommen hatte. Diese wiederum hatte einen entsprechenden Bericht des „Figaro" übersetzt.
63 Trotz des Kaisers und „scheinbar mittelalterlicher" Zustände herrsche in Deutschland, so der Korrespondent, mehr Freiheit als in Italien. Die Zuweisung des Artikels ist jedoch nicht eindeutig.
64 „Questi – finché lo vorranno e finché non sarà possibile una agricoltura più progredita – rimarranno allora usufruttuari del loro piccolo podere". Prampolini: Come avverrà il socialismo, S. 17.
65 Vgl. Giustizia, 24.11.1896.

Thema.[66] Den Parteitag der SPD in Breslau erwähnte Prampolini mit keinem Wort. Der sehr rigiden Resolution des PSI-Parteitags in Bologna stand er eindeutig ablehnend gegenüber.[67] Dieser Standpunkt entsprach der in Reggio Emilia betriebenen Politik der Koordination zwischen den verschiedenen Schichten der Agrarbevölkerung.[68] Auf der anderen Seite hielt Prampolini jedoch an der These fest, daß „die Kleinbesitzer in Landwirtschaft, Industrie und Handel zum Niedergang durch den Kapitalismus verurteilt seien" und die Sozialisten lediglich für die Erleichterung ihrer Situation eintreten könnten.[69] Das Nebeneinander von Bruchstücken der orthodoxen Theorie und einer den lokalen Bedingungen[70] angepaßten, pragmatischen Politik führte zu gewissen Widersprüchen in der Haltung Prampolinis.

Die Entwicklung der Zeitung seit 1898 entsprach der reformistischen Grundhaltung ihres Chefredakteurs: Die Dreyfus-Affäre und die Haltung der französischen Sozialisten in dieser Angelegenheit wurden mit großem Interesse verfolgt. Darüber hinaus fanden die munizipalsozialistischen Experimente in Frankreich und England ein breites Echo. Aus Deutschland berichtete 1898 der italienische Sozialist Dino Rondani, der nach den Mai-Unruhen nach Hamburg geflüchtet war.[71] Den theoretischen Diskussionen, die zu dieser Zeit in Deutschland geführt wurden, maß man wenig politische Bedeutung bei. Die Redaktion beurteilte sie als Zeitverschwendung und unnötiges „Geschwätz" (chiacchiere).[72] Dagegen glaubte die Redaktion, in zunehmendem Maß reformistische Praktiken in der SPD beobachten zu können.[73] Rezipiert wurden auch die Vorstöße des Althistorikers Theodor Mommsen, der für ein Zusammengehen der Liberalen mit der Sozialdemokratie eintrat.[74] Die Sichtweise Prampolinis war zum Teil deutlich durch die eigenen politischen Vorstellungen geprägt und zeugte auch von einem großen Urteilsvermögen.

In besonderem Maß interessierten sich die Sozialisten der Emilia-Romagna für die Haltung des internationalen Sozialismus zum Kooperativwesen, das in dieser Region beachtliche Fortschritte gemacht hatte. Zu diesem Problem kamen sowohl

---

66 Vgl. E. Mattia: Cosa vuole il socialismo. In: Giustizia, 11.8.1894. Der Artikel ist ein Auszug aus der Broschüre „Il socialismo calunniato".

67 Vgl. Il congresso di Bologna. In: Giustizia, 26.9.1897.

68 Vgl. Kap. V,1.

69 „I piccoli proprietari agricoli, industriali, commercianti, sono destinati ad essere eliminati dal capitalismo mentre il socialismo li aiuterà sollevandoli dai pesi dei loro debiti e concedendogli il credito". In: Giustizia, 24.11.1886. Auch 1896, auf dem Parteitag des PSI in Florenz, unterstützte er die Resolution Bissolatis, der eine erfolgreiche sozialistische Propaganda gegenüber den Kleinbesitzern im Rahmen der „allgemeinen Prinzipien" des Sozialismus für legitim hielt. Das bedeutete, daß der Kleinbesitz, der nach der Verelendungstheorie zugrunde gehen müßte, nicht künstlich am Leben erhalten werden dürfte.

70 Vgl. auch V,1.

71 Rondani war zunächst in der Schweiz. Vgl. AAPA, Eur.Gen. 82, 7, Bd.4. Er adressierte seine Berichte an die „Lotta", die „Giustizia" übernahm die Korrespondenzen.

72 „Pare anche a noi che [. . .] sia ormai tempo che il nostro partito lasci le chiacchiere e le disquisizioni teoriche e venga ai fatti." In: Giustizia, 24.9.1902. Siehe auch den Kommentar zum SPD-Parteitag in Dresden. Giustizia, 27.9.1903.

73 Vgl. die Einleitung zu Milhaud: Il partito socialista tedesco e le cooperative. In: Giustizia, 6.9.1903.

74 Mommsen e i socialisti. In: Giustizia, 21.12.1902.

der Franzose Edgar Milhaud mit einem in zahlreichen Fortsetzungen publizierten Essay, als auch Bernstein, Kautsky und Adolf von Elm[75] zu Wort.[76] Außerdem wurde ausführlich über die entsprechenden Entwicklungen in England[77] und Belgien[78] berichtet.

Trotz der reformistischen Tendenz des Blattes tauchte 1902 der Name eines Mitarbeiters auf, der eigentlich für seine radikale Feder und seine Sympathien für die Syndikalisten bekannt ist: Benito Mussolini. Ein im Vorfeld des Parteitags von Imola verfaßter Artikel blieb allerdings ohne Fortsetzung.[79]

Finanziell gesehen befand sich die „Giustizia" viele Jahre in einer schwierigen Situation. 1896 drohte die Lage prekär zu werden, da Prampolini seine Stelle bei der Handelskammer verlor, die ihm bis zu diesem Zeitpunkt seinen Lebensunterhalt gesichert hatte. Daraufhin fand sich eine Gruppe Intellektueller, darunter Guglielmo Ferrero, Cesare Lombroso und Edmondo de Amicis zusammen, die zur Unterstützung der „Giustizia" eine Aktiengesellschaft gründeten. Prampolini erhielt nun als Chefredakteur ein festes Gehalt.[80]

Unter den bedeutenderen Lokalblättern ist auch der „Eco del popolo" (Cremona) zu nennen, der zwar keine allzu hohe Auflage erreichte (1.000), aber von einem der führenden Sozialisten geleitet wurde: Leonida Bissolati. Unter seiner Führung erreichte die Zeitung ein im Vergleich zu ähnlichen Organen beachtlich hohes Niveau. Entsprechend Bissolatis persönlichen Überzeugungen und Interessen wurde die deutsche Sozialdemokratie Anfang der 1890er Jahre als „Führungspartei" und Vorbild betrachtet, ihre Entwicklung daher mit großer Aufmerksamkeit bedacht. Am 6. August 1892 wurde Romeo Soldi als Korrespondent aus der deutschen Hauptstadt angegeben. Die Berichte unter der Rubrik „Da Berlino" waren daher von der Haltung des jungen italienischen Studenten geprägt.[81] Bereits Ende 1894 wurde diese Spalte jedoch wieder gestrichen; im Jahre 1895 erhielten die Cremoner Sozialisten bis zum Parteitag von Breslau kaum Informationen aus Berlin. Seit 1896 traten die Berichte über den internationalen Sozialismus völlig in den Hintergrund. Diese zunehmende Verengung des Blickwinkels hing offensichtlich mit der Übertragung der Leitung des „Avanti!" auf Bissolati zusammen, der sich von diesem Zeitpunkt an auf seine neue Aufgabe in Rom konzentrierte. Auch über die Ereignisse in Frankreich 1898/99, die im „Avanti!" sehr detailliert kommentiert wurden, berichtete das Cremoner Blatt nur sehr sporadisch.

---

75 Adolf von Elm war Mitgründer des Zentralverbandes deutscher Konsumvereine.
76 Milhaud: Il partito socialista tedesco e le cooperative. In: Giustizia, Appendice, ab 6.9.1903. Kautsky: Società di consumo e movimento operaio, 1897. In: Giustizia, 6.12.1903. Zu Bernsteins Meinung siehe: Giustizia, 13.12.1903. Über die Haltung Elms in den SM siehe: Giustizia, 5.6.1904.
77 Le cooperative in Inghilterra. In: Giustizia, 29.5.1904.
78 Siehe beispielsweise: I miracoli delle cooperative nel Belgio. In: Giustizia, 22.5.1904. Dieser Artikel wurde der „Battaglia" entnommen.
79 Benito Mussolini: La virtu dell'attesa. In: Giustizia, 24.8.1902. Auch in Opera Omnia I. Firenze 1951, S. 12.
80 Zibordi: Saggio, S. 34.
81 Vgl. Kap. IV,2.

Die Anfänge der reformistischen Politik nach 1900 beobachtete die Redaktion zunächst nicht ohne Sympathie[82], ab 1902 schwenkte sie jedoch auf die oppositionelle Linie Ferris ein. Die gelegentliche Berufung auf die SPD ist in diesem Zusammenhang zu sehen – in der Regel tauchten diese Bezüge in Artikeln Enrico Ferris auf, die aus dem „Avanti!" übernommen wurden.[83] Der hohe Stimmengewinn der SPD bei den Wahlen von 1903 und der Parteitag des gleichen Jahres blieben jedoch unerwähnt.

In den meisten kleineren Zeitungen[84] tauchten die Informationen aus Deutschland, wie auch die aus anderen Ländern, relativ verstreut und willkürlich auf. Zum Teil ist der noch vorhandene Zeitungsbestand[85] auch zu unvollständig, um ein klares Bild davon geben zu können, wie die Entwicklung in der SPD beurteilt wurde. Trotz der zum Teil beträchtlichen Lücken bestätigt die Durchsicht des Materials jedoch die aufgrund der Analyse des „Grido del popolo" getroffene Feststellung, daß das zu Beginn der 1890er Jahre ziemlich lebhafte Interesse an der SPD nach 1895/96 rapide nachließ.

Eine Ausnahme stellt die seit 1898 in Palermo von Alessandro Tasca di Cutò redigierte „Battaglia" dar. Zur Abgrenzung von dem „deutschen" marxistischen Sozialismusverständnis der Mailänder Sozialisten wurden hier der belgische Kooperativsozialismus[86], der französische Reformsozialismus[87] wie auch die gegen die marxistische Orthodoxie gerichteten revisionistischen Bestrebungen in Deutschland rezipiert.[88]

Insgesamt war sowohl der Umfang als auch die Art und Weise der Berichterstattung über die deutsche Sozialdemokratie in den Lokalblättern höchst unterschiedlich und sehr stark von Zufällen bzw. von Beziehungen zu in Berlin lebenden Arbeitern und Studenten abhängig. Das rapide sinkende Interesse seit circa 1896 war jedoch typisch für alle Publikationen. Aus diesem Grund ist die Analyse der Lokalpresse bei der Untersuchung der Rezeption des deutschen Revisionismus wenig ertragreich, während sie für die Behandlung der Agrarfrage sehr interessante Aspekte eröffnet.

---

82 Siehe beispielsweise: Il compito dei socialisti. In: Eco del popolo, 10.,11.2.1900.
83 Siehe z.B. die Artikel vom 30.,31.8.1902 und vom 4.,5.7.1903.
84 Folgende Publikationen wurden herangezogen: Verona del popolo, Verona; Il lavoratore comasco, Como; La nuova idea, Venezia; Risveglio, Forlì; La Difesa, Firenze; La rassegna popolare del socialismo, Firenze; Avanti della Domenica, Firenze, Roma; La Vigilia, Napoli; Il socialista, Palermo; L'Isola, Palermo. Bei der Auswahl wurde versucht, alle Regionen Italiens abzudecken, dennoch lag das Schwergewicht eindeutig im Norden, wo das sozialistische Pressewesen sehr viel stärker entwickelt und beständiger war. Sizilien stellte hier, insbesondere durch die verschiedenen Initiativen Colajannis (der jedoch schon 1893 aus der sozialistischen Partei austrat und sich später in der republikanischen Partei organisierte), einen Sonderfall dar.
85 Bei der Arnoüberschwemmung 1966 wurden die Archivbestände der Nationalbibliothek in Florenz, die die größte Sammlung sozialistischer Regionalzeitungen aus dieser Zeit besitzt, stark beschädigt.
86 Tristano: Le elezioni nel Belgio. In: La Battaglia, 29.5.1898.
87 Siehe beispielsweise Tasca: L'amnistia in Italia e la revisione in Francia. In: Battaglia, 22.1.1899.
88 Siehe Tascas Kommentar zum Kongreß der SPD in Hannover. In: Battaglia, 15.10.1899.

Der Reichtum und die Vielfalt des sozialistischen Pressewesens in Italien wurden durch die Herausbildung verschiedener „correnti" als Reaktion auf die reformistische Politik Turatis sehr gefördert. Die antituratianische Opposition fand ihr wichtigstes Sprachrohr zunächst in der in Neapel erscheinenden „Propaganda"[89], deren wichtigste Mitarbeiter Arturo Labriola und Enrico Leone waren. Diese Publikation stand ganz im Zeichen der Kampagne gegen den Reformismus und vernachlässigte die Behandlung anderer Länder fast vollständig. Die im gleichen Jahr von Merlino gegründete „Rivista critica del socialismo" widmete dem Ausland dagegen relativ großes Interesse. Insbesondere die revisionistischen Tendenzen in Deutschland und Frankreich wurden den italienischen Lesern vertraut gemacht. Der Publikation war allerdings nur eine kurze Existenz beschieden; nach bereits zehn Monaten mußte sie ihr Erscheinen wieder einstellen.[90]

Zwei weitere oppositionelle Blätter wurden 1902 und 1903 gegründet. Enrico Ferri rief in Rom den „Socialismo" ins Leben, Arturo Labriola in Mailand die „Avanguardia socialista", die bis 1906 erschien und als das wichtigste publizistische Produkt des italienischen revolutionären Syndikalismus anzusehen ist. Den Herausgebern der beiden Publikationen war die Ablehnung des Reformismus, die Einschätzung der Politik Turatis als Abweichung vom „wahren" Sozialismus und das Streben nach Rückkehr zu dem „revolutionären Prinzip" gemeinsam. In diesem Zusammenhang wurde der deutschen Sozialdemokratie, die als Verkörperung des Marxismus angesehen wurde, die Funktion einer legitimierenden Autorität zugeschrieben. Für Ferri war die SPD ein Musterbeispiel der intransigenten Haltung gegenüber den bürgerlichen Parteien[91], Labriola berief sich im Rahmen seiner antimonarchistischen Kampagne und zur Bekräftigung wirtschaftspolitischer Forderungen auf sie.[92] Darüber hinaus publizierte die „Avanguardia socialista" in Fortsetzung Kautskys „Die soziale Revolution".[93]

Als der „Avanti!" mit dem Führungswechsel in der Redaktion 1903 auf die Linie der Gruppe um Ferri einschwenkte, bauten die Reformisten, die damit ein wichtiges Sprachrohr verloren hatten, die 1899 gegründete Zeitung „Tempo" zu ihrem wichtigsten Presseorgan aus. Der „Tempo" ging auf eine Initiative der Mailänder Demokraten zurück, die damit auf die Verhaftung des „Secolo"-Direktors Carlo Romussi[94] reagierten. Im Zeichen der gemeinsamen Front gegen die Politik der reaktionären Regierung[95] arbeiteten von vornherein auch Sozialisten an der Zei-

---

89 Die „Propaganda" wurde 1899 gegründet und erschien bis 1949.
90 Zu den Hintergründen siehe Kap. VI,3.
91 Siehe dazu Kap. VI,5.
92 Siehe dazu Kap. VI,6.
93 Siehe Kautsky: „Riformismo e rivoluzione sociale". In: Av.soc., 11.1.1902ff und ders.: „All'indomani della rivoluzione sociale". In: Av.soc., 6.5.1903ff. Siehe dazu auch Kap. VI,6.
94 Der „Secolo" war die Tageszeitung der Mailänder „Radikalen" und wurde seit 1896 von Carlo Romussi geleitet.
95 Vgl. Kap. VI,2.

tung mit. Der „Tempo" trat unter seinem ersten Direktor Raffaele Gianderini[96] ohne Vorbehalte für ein Bündnis der Volksparteien (partiti popolari) ein, die im Dezember 1899 in Mailand die Konservativen im Palazzo Marino[97] ablösten. Der Reformsozialist Claudio Treves, Chefredakteur seit 1902, gehörte von Anfang an zu den ständigen Mitarbeitern. Die Übernahme der Zeitung durch die reformistischen Sozialisten erfolgte schrittweise. Der „Tempo" ging im August 1901 in den Besitz einer republikanisch-sozialistischen Gruppe über, ein Jahr später übernahmen die Sozialisten ihn vollständig. Zu diesem Zeitpunkt stellte er das einzige sozialistische Presseorgan in Mailand dar und spielte eine zentrale Rolle bei den wechselvollen Ereignissen um die Kandidatur Turatis in seinem traditionellen Mailänder Wahlkreis.[98] Der „Tempo" war ein Instrument in den Händen der Reformisten, seit Treves die Chefredaktion übernommen hatte. Doch erst als Ferri 1903 an die Spitze der „Avanti!" berufen worden war, entwickelte sich das Blatt zu einem Sprachrohr der reformistischen „corrente" auf nationaler Ebene. In diesem Jahr startete Arturo Labriola mit der „Avanguardia socialista" einen massiven Angriff auf die Position der Reformisten in Mailand. Darüber hinaus eroberten die Revolutionäre die Parteisektion (federazione) der lombardischen Hauptstadt und provozierten damit die erneute Spaltung und die Gründung von „autonomen Zirkeln" durch die Reformisten. Von der Parteileitung ausgeschlossen, waren die Reformisten mehr denn je auf den „Tempo" als publizistisches Instrument in der Auseinandersetzung mit den revolutionären Syndikalisten angewiesen. Nach 1903 wurde die Zeitung zum Organ der „autonomen Gruppen" und spielte eine zentrale Rolle bei der Begründung und Erläuterung der reformistischen Politik gegenüber der Parteibasis. Über die Ereignisse im Ausland, insbesondere in Deutschland, wurde regelmäßig und ausführlich berichtet. Außer den Agenturberichten bot der „Tempo" seinen Lesern direkte Korrespondenzen aus Berlin, die er von Gustavo Sacerdote[99] bezog. Finanziell befand sich der „Tempo" ständig in Schwierigkeiten[100], mehrfach war seine Schließung im Gespräch. Bis zur Übersiedlung des „Avanti!" in die lombardische Hauptstadt gelang es jedoch immer wieder, die Zeitung am Leben zu erhalten.

Die italienischen Sozialisten informierten jedoch nicht nur in Italien über das Ausland, sie bemühten sich umgekehrt auch, den deutschen Lesern ein Bild des italienischen Sozialismus zu vermitteln. Das Verhältnis zwischen SPD und PSI, daß 1892 dem zwischen Meister und Lehrling glich, wandelte sich im Laufe der „Giolitti-Ära" wesentlich, teilweise ist sogar eine Umkehrung der Rollen festzustellen. Innerhalb der SPD – vor allem auf dem rechten Flügel – wuchs das Interesse an den

---

96 Gianderini wurde im August 1901 von Gustavo Chiesi, dem republikanischen Abgeordneten und Direktor des republikanischen „Italia del popolo", abgelöst.

97 Sitz der Mailänder Stadtverwaltung. Die radikal-demokratische Mehrheit, die sich 1899 gebildet hatte, wurde von Giuseppe Mussi angeführt.

98 Siehe dazu Punzo: Un quotidiano riformista: „Il Tempo".

99 Siehe dazu Kap. IV,2.

100 Siehe dazu: Anna Kuliscioff an Turati, 21.6. und 24.6.1904. In: FT-AK, Carteggio, 1900-1909, I, S. 192 und 197.

italienischen Erfahrungen des Reformismus. Daher waren gerade in den „Sozialistischen Monatsheften" zahlreiche Artikel über Italien zu finden.[101]

In Italien erfuhr das sozialistische Pressewesen sowohl in Folge der Gründung des PdLI als auch bedingt durch den Richtungsstreit ab 1900 einen starken Aufschwung. Nach den Angaben der ESSMOI, die auf dem Zeitungsbestand der Nationalbibliothek in Florenz basieren, gab es im Zeitraum von 1892 bis 1914 617 Neuerscheinungen, davon 16 im Gründungsjahr der Partei.[102] In der Phase zwischen 1865 und 1892 waren es insgesamt nur 112, von denen allein 41 in den zwei Jahren vor 1892 zum erstenmal erschienen. Aufgrund der extrem niedrigen Auflagen sowie des geringen Verbreitungsgrades müssen diese Blätter jedoch eher als Diskussionsforen kleiner intellektueller Kreise denn als massenwirksame Propagandainstrumente beurteilt werden. Selbst die Tageszeitung „Avanti!" stellte mit einer Auflagenhöhe von 20.000 im gesamten Pressewesen Italiens zu diesem Zeitpunkt eine Randerscheinung dar. Der „Corriere della sera", das Sprachrohr des lombardischen Bürgertums, erschien bereits Anfang der 1890er Jahre täglich mit rund 90.000 Exemplaren, und der ebenfalls in Mailand erscheinende „Secolo"[103] erreichte 1895 eine Auflagenhöhe von 100.000.[104] Die Gründe für die Schwierigkeiten bei der Entwicklung des sozialistischen Pressewesens waren zum einen finanzieller Art, zum anderen waren den Verbreitungsmöglichkeiten durch den hohen Grad des Analphabetismus Grenzen gesetzt. Vor dem Hintergrund dieser Probleme wurde die „Giustizia" durch ihren spezifischen, dem ländlichen Milieu angepaßten Stil zum Modell für vergleichbare Publikationen.

---

101 Allein im zweiten Band von 1904 wurden vier längere Aufsätze publiziert. Bissolati: Nach Bologna, S. 599ff; ders.: Das Ergebnis der italienischen Wahlen, S. 954ff; Bonomi: Die ländliche Arbeiterbewegung in Italien, S. 638ff und Turati: Lehren und Folgen des Generalstreiks in Italien, S. 865ff. Vgl. auch den Brief Turatis an Bonomi vom 11.11.1905. Turati gab die Bitte Blochs (SM) weiter, der einen Artikel über die Arbeiterbewegung in Italien publizieren wollte. In: Lettere di AK e FT a Bonomi, S. 113. Zu den Mitarbeitern zählten außerdem Treves, Alessandro Schiavi und Fausto Pagliari.
102 Bibliografia del socialismo. Vol.I: I periodici, S. 1000-1043. Nach Meinung F. Manzottis lag die wirkliche Zahl der Neugründungen noch erheblich darüber. Manzotti: Il giornalismo socialista.
103 Der „Secolo" stellte unter der Leitung Carlo Romussis ein demokratisches Blatt dar. Die Zeitung lehnte die Kolonialpolitik seit 1896 deutlich ab und unterstützte den Zusammenschluß der linksliberalen, bürgerlichen Kräfte mit den Sozialisten in der „Lega per la difesa della libertà". Die Repressionspolitik 1898 traf auch den „Secolo": Die Zeitung wurde verboten, Romussi verhaftet.
104 Castronovo: La stampa, S. 103.

2. Die Korrespondenten in Berlin

Qualität und Quantität der Berichte über die Entwicklung der deutschen Sozialdemokratie in der sozialistischen Presse Italiens waren in hohem Maße davon abhängig, ob die Zeitung direkte Korrespondentenberichte aus Berlin erhielt. Die wichtigsten Vermittler zwischen deutschem und italienischem Sozialismus in dem untersuchten Zeitraum waren Robert Michels, Oda Olberg, Romeo Soldi und Gustavo Sacerdote. Als Übersetzer von deutschen sozialistischen Schriften trat außerdem Pasquale Martignetti hervor. Einige Korrespondentenberichte sind mit Pseudonymen gezeichnet und kaum dechiffrierbar[1], andere Kürzel lassen sich dagegen aufschlüsseln.[2]

Für die Rezeption des italienischen Sozialismus im „Vorwärts" sorgte Robert Michels, auf den nach Recherchen der deutschen Regierung die nicht-gezeichneten Berichte über Italien zurückgingen.[3] Zwischen 1897 und 1900 war Enrico Ferri, dessen Bücher ebenfalls ins Deutsche übersetzt wurden[4], Korrespondent des SPD-Parteiblattes. Ivanoe Bonomi und Claudio Treves arbeiteten zunächst für die „Neue Zeit" und wechselten nach der Jahrhundertwende zu den „Sozialistischen Monatsheften", für die auch Turati Artikel verfaßte. Antonio Labriola belieferte den „Vorwärts" und, als dieser die Beiträge Ferris vorzog, die „Sächsische Arbeiterzeitung." Bereichert wurden die Kenntnisse über den italienischen Sozialismus in Deutschland auch durch verschiedene Studien im „Archiv für soziale Gesetzgebung und Statistik"[5] und im „Sozialpolitischen Centralblatt". Hier sind als Autoren neben Robert Michels insbesondere Werner Sombart und Alessandro Schiavi[6] zu nennen.

Robert Michels[7]

Der bedeutendste Vermittler zwischen deutscher und italienischer Sozialdemokratie in der Zeit der II. Internationale war Robert Michels. Mit seinen Untersuchungen zur sozialen Zusammensetzung der sozialistischen Parteien und ihrer Wählerschaft in Deutschland und Italien verfaßte er außerdem eine soziologische Arbeit, die noch

---

1 So z.B. „Klein", „Fremdling" bzw. „fremd", „NIX" im Avanti! oder XXX in der CS.
2 Die im Avanti! abgedruckten, mit v.p. gezeichneten Artikel stammen aus der Feder des 1899 aus Berlin ausgewiesenen Vittorio Piva. F.P. (CS) war das Kürzel Fausto Pagliaris. Die mit a.m. gezeichneten Artikel im Tempo stammten mit großer Wahrscheinlichkeit aus der Feder Amedeo Morandottis, der auch für die CS schrieb.
3 Monts an Bülow, 17.5.1905. In: AAPA, Italien 83, Bd. 3.
4 Dabei handelte es sich jedoch nicht um eine sozialdemokratische Initiative.
5 Die Zeitschrift wurde 1888 von Heinrich Braun gegründet und ging 1903 an E.Jeffe, Werner Sombart und Max Weber über.
6 Schiavi schrieb unter dem Pseudonym „Sticus" auch für die sächsische Arbeiterzeitung. Stein: Deutsche Sozialdemokratie, S. 93.
7 Siehe Röhrich: Robert Michels.

heute von Bedeutung ist[8], besonders da wichtige Parteiarchivalien durch den Faschismus und zwei Weltkriege zerstört wurden. Aufgrund der faktenreichen Belege und Anmerkungen stellt die Untersuchung über die oligarchischen Tendenzen in den sozialdemokratischen Parteien auch eine wichtige Quelle für die Organisationsgeschichte des PSI dar, wenn auch die Interpretationen Michels' in der neueren Forschung umstritten sind.[9] Als Journalist arbeitete Michels unter anderem für den „Vorwärts", die „Neue Zeit", die „Sozialistischen Monatshefte", das „Archiv für Sozialwissenschaft und Sozialpolitik" und die italienischen Zeitungen „Grido del popolo", „Avanti!", „Avanguardia socialista", „Divenire sociale" und „Riforma sociale".

Robert Michels, der 1876 in Köln als Sohn eines wohlhabenden Kaufmanns geboren wurde, begann nach Abschluß seines Studiums mit der Promotion[10] sich in der sozialistischen Bewegung zu engagieren. 1902 schrieb er sich während eines Aufenthaltes in Piemont in der Sozialistischen Partei Italiens ein. Während dieser Zeit hielt er sich allerdings, da er auf eine Stelle an der Universität hoffte, meistens in Deutschland auf, wo er sich 1903 der SPD anschloß. Im gleichen Jahr bekam er auch erste Kontakte zu französischen Sozialisten. Im Oktober 1903 war er bei Paul Lafargue eingeladen und traf anläßlich dieses Besuches auch mit Edouard Vaillant zusammen.[11] Michels nahm an zahlreichen sozialistischen Kongressen in Deutschland und Italien teil: unter anderem war er 1902 in Imola, 1903 in Dresden und 1904 in Bologna anwesend.

Bis etwa 1904 war Michels von seinen späteren syndikalistischen Positionen noch weit entfernt. Sympathisierte er zunächst sogar mit den Reformisten, so näherte er sich 1904 den Auffassungen Kautskys an, durch den er auch die ersten Kontakte zu dem Syndikalisten Hubert Lagardelle[12] bekam.[13] Die Beziehungen zu dem Chefideologen der marxistischen Orthodoxie verschlechterten sich jedoch bereits seit 1905, da Michels der SPD in zunehmenden Maße kritisch gegenüberstand.

In Italien, dem laut Michels „gelobten Land der sozialistischen Agitation aufgrund ethischer Kategorien"[14], knüpfte Michels Kontakte zu den Syndikalisten um Arturo Labriola und Walter Mocchi. Dieser Beziehung lag nicht nur eine auf etwas verklärten Vorstellungen beruhende Sympathie zum italienischen Sozialismus zugrunde, sondern vor allen Dingen die Gemeinsamkeiten in bezug auf die Kritik an der SPD und die Vorstellungen über Strategie und Methode der sozialistischen Partei. Michels sah in der Entwicklung der SPD trotz der Beschlüsse von Hannover

---

8 Vgl. Kap. III,1.
9 Siehe unter anderem Mittmann: Fraktion und Partei, S. 68.
10 Michels promovierte bei G. Droysen im Fach Philosophie mit einer historischen Studie über die französisch-holländischen Beziehungen in der 2. Hälfte des 17. Jahrhunderts mit dem Titel: „Zur Vorgeschichte von Ludwig XIV. Einfall in Holland. Halle a.S. 1900.
11 Ponthier: Roberto Michels, S. 41.
12 In der Zeit vor Ausbruch des Ersten Weltkrieges war Lagardelle auch mit Mussolini befreundet.
13 Ponthier: Roberto Michels, S. 43.
14 Roberto Michels: Der Sozialismus in Italien. In: Das freie Wort. Jg.1, Nr.16, 1901, passim. Zit.n. Röhrich: Robert Michels, S. 17.

und Dresden die immer deutlicher hervortretende Tendenz zu einer demokratisch-sozialistischen Reformpartei. Der parlamentarische Weg schläferte nach seiner Ansicht die proletarischen Kräfte ein; zu deren Entfachung seien dagegen „direkte Aktionen" notwendig. Geprägt durch seine Erfahrungen in romanischen Ländern, insbesondere in Italien, hielt Michels den Streik für die geeignetste Waffe zur Stärkung des proletarischen Verteidigungswillens.

In der Kampagne des linken Parteiflügels gegen den Reformismus Turatis war der gebürtige Kölner ständiger Mitarbeiter Labriolas für die „Avanguardia socialista". Das von der revolutionär-syndikalistischen Zeitung in dieser Zeit vermittelte SPD-Bild trug zum großen Teil seine Handschrift. Seine Kritik ist im Kontext der wachsenden Skepsis gegenüber der bei den Wahlen so erfolgreichen, politisch aber machtlosen deutschen Sozialdemokratie zu sehen und wurde sowohl vom linken wie vom rechten Parteiflügel geteilt. In Anknüpfung an die Elitetheorien Gaetano Moscas und Vilfredo Paretos untersuchte Michels die Machtverhältnisse innerhalb der Partei, die „Ätiologie des Führertums". Aus seiner Analyse folgerte er: „Die Machtkonzentration in den marxistischen Parteien ist offensichtlicher als die marxistische Kapitalkonzentration im Wirtschaftsleben."[15]

Diese oligarchischen Strukturen waren nach Ansicht von Michels in der deutschen Sozialdemokratie besonders stark ausgebildet und durch finanzielle Abhängigkeiten gefestigt.[16] In seinem Bestreben, diese Strukturen aufzubrechen, setzte er zunächst große Hoffnungen auf Karl Kautsky, der im Zuge seiner Kampagne gegen den Revisionismus in Italien die revolutionäre Fraktion Labriolas unterstützte.[17] Michels' Werbung für den politischen Massenstreik, verstanden als wichtigstes Instrument des Proletariats im Klassenkampf und nicht nur als Defensivwaffe, wurde jedoch von der deutschen Sozialdemokratie zurückgewiesen. Bereits auf dem Parteitag 1904 in Bremen wurde sein Vorschlag, den italienischen Generalstreik durch eine Solidariätsbekundung zu unterstützen, abgelehnt.[18] Mit der Resolution der SPD von 1905 wurde dem politischen Massenstreik eine rein defensive Bedeutung beigemessen.[19]

Michels beurteilte den Syndikalismus als Versuch, den „autoritären Tendenzen" der Parteiorganisation entgegenzuwirken.[20] Daher wandte er sich schließlich von der Gruppe um Labriola ab, da die italienischen Syndikalisten im Unterschied zu den französischen an der parlamentarischen Mitarbeit festhielten. Der „revolutionäre Schwung", dessen Mangel bereits der Ausgangspunkt seiner Kritik an der SPD war, schien ihm auch in Italien nicht in ausreichendem Maße vorhanden zu sein.

---

15 Michels: Soziologie, S. 113.
16 Vgl. Michels: Soziologie, insbesondere das Kapitel: Finanzielle Macht im Parteiwesen, S. 107ff.
17 Vgl. Kap. VI,6. Siehe auch Michels: Idee e uomini. Karl Kautsky. In: Av.soc., 28.1.1905.
18 Vgl. Pt. 1904, S.139.
19 Vgl. dazu das Referat Bebels in Jena. In: Pt. 1905, S. 285-314.
20 1906 sah Michels im Syndikalismus noch die einzige Möglichkeit, die sozialistische Bewegung zu reaktivieren. Siehe: Proletariat und Bourgeoisie. Teil IV. In der 1911 erschienenen Studie über die „Soziologie" der politischen Parteien äußerte er sich sehr viel pessimistischer. Vgl. Michels: Soziologie, S. 328ff.

1907 trat er sowohl aus dem PSI als auch aus der SPD aus. Der Libyenkrieg 1911 markierte die entscheidende Zäsur in der Entwicklung Michels' vom revolutionären Syndikalismus zum Faschismus: Er vertrat nun einen „proletarischen Imperialismus". Michels war mit dieser Wendung keine Ausnahme; viele der italienischen Syndikalisten, unter anderen auch Arturo Labriola, unterstützten 1911 den italienischen Kolonialkrieg. Diese Haltung erwies sich nicht selten als erster Schritt in Richtung zum Faschismus.[21]

Der italienische Nationalist aus Deutschland nahm 1913 die Staatsbürgerschaft seiner Wahlheimat an. 1914 mußte er jedoch aus finanziellen Gründen einen Ruf an die Universität Basel annehmen. Bis 1928 hatte er dort einen Lehrstuhl für Nationalökonomie und Statistik inne, danach folgte er einem Ruf an die Universität von Perugia, wo er – seit 1922 Mitglied des „Partito Nazionale Fascista" (PNF) – von Mussolini persönlich gefördert wurde.

Gustavo Sacerdote[22]

Konnte die syndikalistische „Avanguardia socialista" dank der Mitarbeit von Robert Michels ihrem Publikum aktuelle Berichte aus dem „Reich des Sozialismus"[23] bieten, so bezog der reformistische „Tempo" seine ausführlichen Informationen von Gustavo Sacerdote. In der Literatur ist Sacerdote, der bereits als Student nach Berlin gekommen war, in erster Linie als langjähriger Korrespondent des „Avanti!"[24] und der „Critica sociale" (1912-1925)[25] sowie durch seine Beziehungen zu den Spartakisten nach 1918[26] bekannt. Wie bereits in anderen Fällen, erweist sich die Zuordnung der im „Tempo" publizierten Artikel als nicht ganz einfach. Erschienen im ersten Jahr des Bestehens des „Tempo" verschiedentlich Berichte über Deutschland, die mit „y" oder „g" gezeichnet waren, so wurde 1900, nach der Übernahme des Blattes durch Raffaele Gianderini explizit darauf hingewiesen, daß die Redaktion in Verbindung mit einem Korrespondenten in Berlin stehe[27], dessen Artikel[28] entweder mit (nostr.corr.) oder (s.) unterschrieben waren. Am 6. Mai 1901 tauchte zum ersten Mal auch das Kürzel (sac.) auf, das die Vermutung, es handle sich dabei um Sacerdote, stützt. Auch die zahlreichen kulturellen Beiträge weisen auf den literarisch interessierten ehemaligen Philosophiestudenten hin.[29] Der Grund, war-

---

21 Mussolini selbst vollzog die Wendung zum – zunächst als proletarisch verstandenen – Nationalismus erst 1915 mit der Befürwortung des Kriegseintritts Italiens auf seiten der Alliierten. Diese Entscheidung führte zum Ausschluß aus dem PSI. Den Libyenkrieg 1911 hatte er noch scharf verurteilt.
22 ACS, CPC, ad nomen. Zu Sacerdote existiert keine Monographie.
23 Vgl. Av.soc., 5.7.1903.
24 Vgl. Arfè: Storia dell'Avanti!.
25 Vgl. Ragionieri: Socialdemocrazia tedesca e socialisti italiani, S. 283ff.
26 Vgl. Collotti: I socialisti italiani e la rivoluzione di novembre in Germania.
27 Vgl. Il Tempo, 2.1.1900.
28 Der erste Artikel wurde am 20.1.1900 publiziert.
29 Siehe beispielsweise (s): „Schluck e Jan" di Gerhart Hauptmann, 12.2.1900, L'arte al popolo. Il teatro popolare, 4.4. und 9.4.1900. Sacerdote war „dottore di belle lettere". ACS, CPC, ad nomen.

um der mit dem linken Parteiflügel sympathisierende Sacerdote für den reformistischen „Tempo" arbeitete, war möglicherweise finanzieller Art. In jedem Fall schrieb er auch 1917 für eine gemäßigte Zeitung, nämlich für die „Gazzetta del popolo". Aus den politischen Akten über den Sozialisten geht hervor, daß er seine Berichte sogar der Richtung dieses Blattes anpaßte.[30] Insofern ist es durchaus möglich, daß der Korrespondent in Berlin auch um 1900 für eine Zeitung arbeitete, die nicht mit seinen politischen Meinungen übereinstimmte.

Der 1867 in Moncalvo Monferrato (Alessandria) geborene Gustavo Sacerdote studierte von 1891 bis 1895 an der Friedrich-Wilhelms-Universität in Berlin Philosophie, Geschichte und Sprachen. In dieser Zeit näherte er sich auch der Sozialdemokratie an. Im März 1894 führte die „Lotta di classe" ihn unter den in Berlin lebenden italienischen Sozialisten auf, die für die Opfer auf Sizilien eine Spende gegeben hatten.[31] Als Vermittler zwischen deutschem und italienischem Sozialismus machte Sacerdote sich insbesondere durch seine Übersetzungen der deutschen „Klassiker" des Sozialismus verdient. In der von Ettore Ciccotti herausgegebenen Reihe „Marx-Engels-Lassalle" erschien 1900 der erste Teil von Mehrings „Geschichte der deutschen Sozialdemokratie" in der Übersetzung Sacerdotes[32], der zweite Teil folgte 1907[33]. Darüber hinaus übertrug er verschiedene Schriften von Marx und Engels[34] in seine Muttersprache. Sacerdote stand sowohl mit Mehring als auch mit Bebel, Kautsky und Bernstein in direktem Kontakt;[35] seine eigentliche Sympathie galt jedoch der Parteilinken. Während der Bernsteindebatte richtete sich seine Kritik in erster Linie gegen die Parteiführung, deren Reaktion Sacerdote für stark überzogen hielt. Der italienische Korrepondent sah in Bernsteins „Theorien" nicht mehr als die Formulierung der bereits seit längerem gängigen Praxis. Seiner Ansicht nach verbarg sich hinter dem Verbalradikalismus Bebels die gleiche Richtung, die in Italien durch Filippo Turati verkörpert wurde.[36] Noch schärfer wurde seine Kritik im folgenden Jahr. Sacerdote warf der SPD vor, in einer „starren, orthodoxen Haltung zu verharren" und sowohl die gewerkschaftliche Arbeit als auch die Ausarbeitung „ethischer Normen" zu vernachlässigen. Resümierend meinte er: „Nur der deutsche Sozialismus ist noch nicht wirklich demokratisch."[37]

Der Parteitag von Dresden bestätigte ihn in seiner bereits 1901 geäußerten Meinung über die Entwicklung der SPD: Bei den Streitpunkten selbst handele es sich

---

30 ACS, CPC, ad nomem.

31 Laut LdC hatte Sacerdote eine Lire gegeben. Insgesamt waren der Partei aus Berlin 13,80 Mark, was umgerechnet 17 Lire entsprach, zugekommen. Siehe LdC, 10.,11.3.1894.

32 Mehring: Storia della democrazia socialista tedesca. Parte prima.

33 Mehring: Storia della democrazia socialista tedesca. Parte seconda. Mehring erhielt die beiden Bände der italienischen Übersetzung offensichtlich erst 1918. Vgl. Mehring an Sacerdote, 17.9.1918. In: Bernstein u.a. an Sacerdote, S. 36f.

34 Engels: Sulla tattica socialista; ders.: Po e Reno; Marx: Indirizzo inaugurale e statuti dell'Associazione internazionale dei lavoratori.

35 Vgl. den Brief Bernsteins an Sacerdote vom 1.7.1902. In: Bernstein u.a. an Sacerdote, S. 31.

36 Vgl. Il congresso dei socialisti tedeschi. In: Il Tempo, 2.10.1901.

37 „Il socialismo tedesco (ed esso solo) non ha ancora appreso ad essere veramente democratico." (nostro corrisp.partic.): La protezione del lavoro dei fanciulli. In: Il Tempo, 4.2.1903.

um Lappalien, hinter denen sich das langsame, aber unaufhaltsame Erstarken des Reformismus verberge. Das „diktatorische" Verhalten Bebels war seiner Meinung nach mehr ein Zeichen der Schwäche als der Stärke, das sich negativ auf die weitere Entwicklung und die Geschlossenheit der Partei auswirken werde. Auch das schlechte Ergebnis der Partei bei den Wahlen von 1907 führte er zum Teil darauf zurück.[38]

Im übrigen stand Sacerdote dem Verhalten der sozialdemokratischen Abgeordneten im Reichstag insgesamt kritisch gegenüber. Im Gegensatz zu den häufig tumultartigen Sitzungen im Montecitorio[39] machte der deutsche Reichstag einen ausgesprochen schläfrigen Eindruck auf ihn.[40] Lediglich bei den Debatten über die Zolltarife, so beobachtete er, schien „ein Wind der Südens bei den sonst so ruhigen deutschen Abgeordneten jugendlichen Schwung und Kampfwillen hervorzurufen."[41]

In der Diskussion um die Erneuerung des Dreibunds war er zu diesem Zeitpunkt – im Gegensatz beispielsweise zu Bissolati[42] – der Meinung, der Dreibund stelle für Italien das kleinere Übel dar.[43]

Seit 1912 arbeitete Sacerdote für Turatis „Critica sociale".[44] Von dem deutschen Botschafter in Rom wurde Sacerdote außerdem als Korrespondent für die römische „Tribuna", dem in Bologna erscheinenden „Resto del carlino" und den Triester „Piccolo" genannt.[45] In den politischen Akten der italienischen Regierung wurde er 1918 als Korrespondent des „Avanti!", der „Tribuna", des in Zürich erschienenen „Avvenire del lavoratore" und der Turiner „Gazzetta del popolo" geführt.[46]

Bei Ausbruch des Krieges identifizierte er sich deutlich mit der antimilitaristischen und revolutionären Richtung in der SPD. Sacerdote siedelte zunächst in die Schweiz über, 1918 zog er erneut nach Berlin. Trotz seiner Sympathien für den linken Parteiflügel[47], stand er der bolschewistischen Revolution sehr reserviert gegenüber. Im folgenden Jahr hielt er unter anderem in Piacenza, Mailand, Bologna

---

38 (sac): La sconfitta dei socialisti tedeschi. In: Il Tempo, 31.1.1907.

39 Sitz des italienischen Parlaments.

40 So schrieb er am 16.12.1901, daß er zwei Besuchern aus Mailand, die er nicht näher bezeichnete, von einem Besuch im Reichstag abgeraten habe. Für einen italienischen Sozialisten könne das „brave" Verhalten der sozialdemokratischen Abgeordneten nur Enttäuschung hervorrufen. Vgl.: L'usura del pane. In: Il Tempo, 16.12.1901. Die Sitzung über den Getreidezoll, über die er in dem Artikel berichtete, stellte s.E. eine Ausnahme dar.

41 „Pare che un vento del Sud sia venuto ad infondere giovanile vigore e voglie combattive anche nei deputati tedeschi, d'ordinario tanto calmi." Grave situazione in Germania. In: Il Tempo, 11.11.1902.

42 Bissolati war einer der wenigen Sozialisten, die sich intensiv mit außenpolitischen Fragen beschäftigten.

43 (sac): Il rinnovamento della Triplice. In: Il Tempo, 4.7.1902.

44 Siehe beispielsweise Sacerdote: Da un Reichstag all'altro. In: CS, 16.1.1912 und ders.: La ricca Germania. In: CS, 16.1.1914.

45 Der Botschafter in Rom an Bethmann-Hollweg, 30.5.1913. In: AAPA, Italien 83, Bd. 3.

46 Die Angabe stammt von 1916. ACS, CPC, ad nomen.

47 Das manifestierte sich unter anderem in der Herausgabe von Briefen Liebknechts. Liebknecht: Lettere dal campo. Seine Frau, Amalia Sacerdote, edierte eine Auswahl von Briefen Rosa Luxemburgs. Luxemburg: Lettere dal carcere.

und Novara Vorträge über die Revolution in Deutschland und kehrte schließlich definitiv nach Italien zurück. Bei den Wahlen 1921 kandidierte Sacerdote auf der Liste der Maximalisten.[48] Noch einmal, im Jahr 1923, berichtete er für den „Avanti!" aus Deutschland, dieses Mal über die Situation im besetzten Ruhrgebiet. Infolge der Etablierung der faschistischen Diktatur zog er sich seit Mitte der 20er Jahre immer stärker von der sozialistischen Publizistik zurück, um sich nur noch der Übersetzung von deutscher Literatur ins Italienische zu widmen.[49]

Romeo Soldi

Der nur um wenige Jahre jüngere Romeo Soldi aus Cremona[50] war ebenso wie Gustavo Sacerdote in den 1890er Jahren an der Friedrich-Wilhelms-Universität in Berlin eingeschrieben. Auch Soldi näherte sich in seinen Berliner Jahren der Sozialdemokratie an. Er wurde 1892 Mitglied eines italienischen sozialistischen Zirkels in der deutschen Reichshauptstadt, den er beim internationalen Sozialistenkongreß 1893 in Zürich vertrat. Dort referierte er zum Thema „Agrarfrage" und trat in der entsprechenden Kommission als Repräsentant der italienischen Sozialisten auf. Soldi wies darauf hin, daß die Meinungen in dieser Frage in Italien auseinandergingen. Während in Mittelitalien die Entlastung der Kleinbesitzer durch eine progressive Einkommenssteuer angestrebt werde, seien die norditalienischen Sozialisten – und damit waren in erster Linie die sozialistischen „braccianti" des Po-Deltas (la bassa padana) gemeint – der Ansicht, daß der „historische Prozeß der Proletarisierung" nicht künstlich aufgehalten werden dürfe. Insgesamt bewertete er diesen Unterschied jedoch als geringfügig: „Abgesehen von diesem kleinen Unterschied sind sich die italienischen Sozialisten in der Ansicht einig, daß es kein besonderes Agrarprogramm geben kann, das sich von dem Industrieprogramm unterscheidet, denn es gibt nur einen Sozialismus, und in seiner praktischen Umsetzung kann es logischerweise nur gleiche Schlußfolgerungen aus den gleichen Prinzipien geben."[51]

An dieser Darstellung zeigt sich ganz deutlich, daß Soldi stark durch die Sozialdemokratie in Deutschland geprägt war. Auch seine Haltung auf dem Parteitag des PSI in Reggio Emilia, wo er als Vertreter der in Berlin lebenden italienischen Sozialisten anwesend war, verriet seine „Schule". Soldi sprach sich hier sowohl für eine entschiedene Distanzierung von den linksbürgerlichen Parteien als auch gegen

---

48 Nach dem Krieg nannte sich der linke Flügel des PSI, der sich vor 1914 als „intransigent" bezeichnet hatte, „maximalistisch" (massimalista).
49 Unter anderem übertrug er Texte von Thomas Mann ins Italienische. Darüber hinaus gab er eine italienische Grammatik und ein deutsch-italienisches Wörterbuch heraus.
50 Soldi wurde 1870 als Sohn eines reichen Kaufmanns geboren.
51 „Tranne questa piccola divergenza i socialisti italiani sono d'accordo nel credere che non vi possa essere uno speciale programma agricolo diverso dall'industriale poiché il socialismo è uno solo e nella sua pratica attuazione logicamente non può dare che conseguenze identiche da identici principii." In: Eco del popolo, 27.8.1893.

die Unabhängigkeit der Fraktion von der Partei aus. Auf dem Parteitag in Reggio Emilia wurde das Thema auf Anregung der durch Soldi vertretenen italienischen Sozialisten Berlins auf die Tagesordnung gesetzt.[52] Der Einfluß der deutschen Sozialdemokratie machte sich außerdem in Soldis Beiträgen zu Organisationsfragen bemerkbar. 1897 erschien in der „Lotta di classe" eine mehrteilige Serie zu dieser Frage. Soldi, aus dessen Feder zwei Aufsätze stammten, setzte sich für eine stärkere Zentralisierung der Partei und für die Ersetzung des „consiglio nazionale" (die Vertretung der Regionen) durch ein Zentralkomitee ein.[53]

Seit 1894 war Soldi Mitarbeiter der „Critica sociale"[54], im darauffolgenden Jahr berichtete er aus der englischen Hauptstadt, wo er sich für mehr als ein Jahr niedergelassen hatte. Er nahm 1896 am Kongreß der Sozialistischen Internationale in London teil[55], über den er ausführliche Berichte[56] an den Cremoner „Eco del popolo" sandte. Für Soldi, der auf ein stärkeres Interesse für den italienischen Sozialismus gehofft hatte, stellte der Kongreß eine Enttäuschung dar.

Nach seinem Aufenthalt in London kehrte Soldi nach Italien zurück, wo er 1897 als Delegierter der römischen Sozialisten an dem Parteitag in Bologna teilnahm. Der Cremoner griff hier in die erneut geführte Diskussion über die Haltung der Partei gegenüber möglichen Koalitionspartnern aus dem linksbürgerlichen Spektrum ein. Seit der Annäherung zwischen Sozialisten einerseits, Radikalen und Republikanern andererseits unter dem Druck der Repressionspolitik Crispis hatten sich die Meinungen über eine Bündnispolitik zunehmend gewandelt.[57] Soldi schloß sich zwar der intransigenten Resolution Ferris an, schlug jedoch einen Zusatz vor, der de facto den Weg zu einer Bündnispolitik ebnete.[58] Diese Initiative stand in deutlichem Widerspruch zu seiner bis zu diesem Zeitpunkt geäußerten Meinung. In den folgenden Jahren der „crisi del fine secolo" näherte er sich noch weiter den Positionen des rechten Flügels an. So unterstützte er auf dem Parteitag 1900 in Rom die Resolution G. Murialdis, der für eine Intensivierung der sozialistischen Propaganda unter den Kleinbesitzern eintrat.[59] Auf diesem Kongreß wurde er auch in den neuen Parteivorstand gewählt. In dieser Phase unterhielt Soldi gute Kontakte zu Turati. Während Turati nach den Unruhen 1898 in Haft saß, hielt Soldi sich in Wien auf,

---

52 Pkt. 4 der Tagesordnung lautete: Esame dell'azione dei deputati dentro e fuori al Parlamento; quali sono i deputati del Partito (proposta del Gruppo socialista italiano a Berlino). Vgl. Cortesi: Il socialismo, S. 25.
53 Soldi: Per una nuova organizzazione del partito, I und II. In: LdC, 10.,11.7.1897 und 31.7.,1.8.1897.
54 Mit seinem ersten Beitrag über die Gültigkeit der marxistischen Mehrwerttheorie und die Kritik Lorias löste Soldi eine heftige und umfangreiche Polemik aus.
55 Siehe dazu: Histoire de la IIe Internationale, tome 10.
56 Vgl. auch Labriola an Soldi, 20.8.1896. Im Anhang von Soldi: Il congresso, S. 252.
57 Der Parteitag diskutierte in erster Linie den „Fall Cremona", wo die Sozialisten – in deutlichem Gegensatz zum Parteitagsbeschluß – bei den Kommunalwahlen von 1896 ein Bündnis mit Radikalen und Republikanern eingegangen waren. Turati unterstützte diese Politik.
58 Bündnisse mit den sogenannten „partiti affini" sollten auf kommunaler Ebene möglich sein. Cortesi: Il socialismo, S. 83. Vgl. Kap. III,2.
59 Rct. 1900, S. 114-116.

von wo aus er Turati mit Lektüre versorgte.[60] Die Beziehung zu Turati war jedoch nicht von Dauer, nach den gewalttätigen Zusammenstößen zwischen staatlichen Ordnungskräften und Demonstranten 1901 distanzierte Soldi sich von den Reformisten.[61] In seinem Heimatort Cremona wurde er zum Gegenspieler des Reformisten Leonida Bissolati, dessen Einfluß in der lombardischen Stadt mehr und mehr sank. War Cremona 1896 bekannt wegen seiner von der Parteilinie abweichenden Bündnispolitik, so opponierte die Sektion bereits 1901 gegen die turatianischen Politik. Unter dem wachsenden Einfluß Soldis kam es bei den Kommunalwahlen im darauffolgenden Jahr zum Bruch zwischen Radikalen und Sozialisten. Der lombardische Sozialist gehörte auch zu den Initiatoren der 1902 in Neapel gegründeten „Avanguardia socialista". Auf dem Parteitag in Imola trat Soldi mit der Gegenrede zu Bonomis Referat über die Haltung der Partei gegenüber dem Staat[62] hervor. Auch auf dem Parteitag der lombardischen Sozialisten 1903 in Brescia, wo er das Gegenreferat zu Claudio Treves hielt, gehörte er zu der revolutionären Gruppe um Arturo Labriola. Erst 1904 distanzierte er sich von der äußersten Linken. In Bologna referierte er über das Thema „Die sozialistische Partei und die Handelspolitik"[63] und unterstützte die Resolution Ferris zur Einheit der Partei.

Von 1900 bis 1903 war Soldi Mitarbeiter der „Neuen Zeit", in der er zum Teil längere Abhandlungen über die italienische Arbeiterbewegung publizierte.[64] Als sich die Auseinandersetzung zwischen Reformisten einerseits, „Ferrianern" und Revolutionären andererseits 1903 zuspitzte, warb er auch in der Stuttgarter Zeitschrift für die antireformistische Opposition. Er bezeichnete die „Avanguardia socialista" als wichtige publizistische Erscheinung, stellte jedoch Enrico Ferri als die eigentliche führende Kraft der Gegner Turatis vor.[65]

Seit dem Tod seines Vaters 1905 zog Soldi sich völlig von der Politik zurück. Die politische Polizei des faschistischen Regimes löschte den Namen des ehemaligen Revolutionärs 1929 aus ihrem Fahndungsbuch: Soldi habe „seine Sympathie mit der faschistischen Regierung" bekundet.[66] In der Tat hatte er in einem Brief an seinen ehemaligen Studienkollegen, den österreichischen Sozialdemokraten Wil-

---

60 Vgl. auch den Brief Turatis an seine Mutter vom 9.12.1898. In: Carteggio FT-AK, 1898/99, S. 189.
61 Vgl. Kap. VI,4.
62 L'azione politica del partito e i suoi rapporti con l'azione parlamentare, Bonomi, Soldi. Rct. 1902, S. 13-71. Siehe auch Cortesi: Il socialismo, S. 142-163.
63 L'azione del partito in rapporto al problema commerciale, Soldi. Siehe: Cortesi: Il socialismo italiano, S. 178. Soldi, der auch Mitglied der „Lega antiprotezionista" war, vertrat freihändlerische Positionen.
64 Im Juli 1900 erschien ein Beitrag über die Verhältnisse der Landwirtschaft in der lombardischen Tiefebene. Zu dem Zeitpunkt begannen sich in dieser Gegend die landwirtschaftlichen Widerstandsligen zu formieren. Soldi: Die bäuerliche Bevölkerung der lombardischen Tiefebene. In: NZ, 18,2, 1899/1900, S. 516-523.
65 Soldi: Die politische Lage in Italien. In: NZ, 21,2, 1902/1903, S. 69-75, 116-123, hier S. 122.
66 ACS, CPC, ad nomen.

helm Ellenbogen, die Diktatur als „zweckmäßigere (Regierungs) Form, um sich gegen den Angriff der anderen Völker zu wehren", bezeichnet.[67]

Als Korrespondent aus Deutschland spielte Soldi nur für einen relativ kurzen Zeitraum, von 1892 bis 1894, eine Rolle. In dieser Phase standen die Agrarfrage und die Organisationsfrage sowie das Verhältnis zwischen Fraktion und Partei und die Beziehungen zwischen der sozialistischen und den bürgerlichen Parteien im Mittelpunkt des Interesses. In diesen Diskussionen trug Soldi wesentlich dazu bei, den Standpunkt der SPD südlich der Alpen zu verbreiten.

Vittorio Piva

Als Exilland für politische Flüchtlinge nach 1898 spielte Deutschland eine vergleichsweise geringe Rolle. Dagegen hatten die Erfahrungen italienischer Sozialisten in Frankreich eine nachhaltige Wirkung.[68] Dennoch kamen durch die Flucht vor der Repression der italienischen Regierung auch Kontakte nach Deutschland zustande. So hielt sich der 23jährige Vittorio Piva, der aufgrund von zwei Artikeln im „Eco dei lavoratori" (Padova) zu sechs Monaten Haft verurteilt worden war, seit Juni 1898 in Berlin auf, wo er als Korrespondent für den „Avanti!" arbeitete. Am 23. September[69] erschien erstmals ein mit „v.p." gezeichneter Artikel in dem römischen Parteiblatt.[70] Piva berichtete auch über den Parteitag der SPD in Stuttgart, wo zum ersten Mal die „Bernsteinfrage" diskutiert wurde. Darüber hinaus beschäftigte sich der Italiener sowohl mit der aktuellen, deutschen Politik[71] als auch mit gesellschaftlichen und kulturellen Themen.[72] Piva scheint also die deutsche Sprache recht gut beherrscht zu haben – nach Informationen des Berliner Polizeipräsidenten las er täglich deutsche Zeitungen und war häufig in der akademischen Lesehalle anzutreffen.[73] Zu den Berliner Sozialdemokraten hatte er, soweit der Polizei bekannt war, keine Verbindungen, war jedoch häufig Gast bei Heinrich Braun.[74] Mit Verfügung vom 17. April 1899 wurde Vittorio Piva zusammen mit dem bei ihm

---

67 „La dittatura rimane soltanto la forma piú razionale per prepararsi a sostenere gli urti degli altri popoli." Der Brief datiert aus dem Jahr 1929. Ebd.

68 Insbesondere die Kontakte Arturo Labriolas zu Sorel und Lagardelle sollten in der Folge für die Entwicklung des italienischen Syndikalismus an Bedeutung gewinnen.

69 Namentlich wurde er erst am 23.3.1899, also bereits kurz vor seiner Ausweisung, als Korrespondent in Deutschland vorgestellt.

70 Der Bericht behandelte die Haltung der Sozialdemokraten zur Zuchthausvorlage. v.p.: Vita Berlinese. In: Avanti!, 23.9.1898.

71 Siehe unter anderem v.p.: Militarismo e reazione in Germania. In: Avanti!, 28.11.1898 und v.p.: Un discorso di Bebel al Reichstag. In: Avanti!, 14.1.1899.

72 Vgl. v.p.: La vita a Berlino. In: Avanti!, 20.12.1898.

73 Vgl. die Schreiben des Berliner Polizeipräsidenten an das Innenministerium vom 10.10. und 12.11.1898. AAPA, Eur.Gen. 82, 7, Bd.4.

74 Schreiben vom 12.11.1898. Ebd. Für diese Kontakte spricht auch ein Bericht über die „Ausweisung des Doktor Braun" (L'espulsione del Dottor Braun) vom 15.11.1898 im Avanti!.

wohnhaften Aristide Fanti (Parma)[75] aus Deutschland ausgewiesen; in dem entsprechenden Schreiben des Innenministeriums hieß es, daß „die Besorgnis gerechtfertigt ... [sei], daß durch diese Persönlichkeiten die internationalen Beziehungen der Sozialdemokratie gefördert werden."[76]

Piva reiste nach seiner Ausweisung zunächst nach London und schließlich nach Belgien. Nach seiner Rückkehr nach Italien widmete er sich bevorzugt kulturellen Fragen und übersetzte einige Werke von Engels.[77] Seit 1903 war er Mitherausgeber des „Avanti della domenica".

Oda Olberg-Lerda

Ebenfalls eine zentrale Rolle als Bindeglied zwischen deutschem und italienischem Sozialismus spielte die 1872 in Bremerhaven geborene Oda Olberg. Seit 1896 Mitarbeiterin des „Neuen Zeit", heiratete sie im gleichen Jahr den italienischen Sozialisten Giovanni Lerda, mit dem sie bis 1927 in Italien lebte. Seit 1900 informierte Olberg-Lerda die deutschen und österreichischen Sozialdemokraten kontinuierlich über die Entwicklungen des Sozialismus in ihrer Wahlheimat. Neben der „Neuen Zeit" arbeitete sie auch für den „Vorwärts" und die Wiener „Arbeiterzeitung".[78] Umgekehrt schrieb Oda Olberg aber auch in italienischen Zeitungen über den deutschen Sozialismus. So stammten die ausführlichen Berichte, die der „Avanti!" über den Parteitag der SPD in Dresden publizierte, aus ihrer Feder. Der Haltung Oda Olbergs gegenüber dem italienischen Sozialismus war die Prägung durch die deutsche Sozialdemokratie deutlich anzumerken. In ihrer Kritik an dem reformistischen Flügel und an der Gesamtentwicklung der Partei wies sie wiederholt auf die ihrer Ansicht nach zersetzende Wirkung der Politik der Dezentralisierung und die Notwendigkeit einer strafferen Parteiorganisation hin.[79] Dem Generalstreik von 1904 stand sie relativ skeptisch gegenüber, auf dem Parteitag von 1906 vertrat sie jedoch wieder die unterlegene Fraktion der Revolutionäre. Erst nach dem Aufstieg Mussolinis innerhalb der Partei, der durch seine Wahl in den Parteivorstand und seine Ernennung zum Chefredakteur des „Avanti!" (1912) begann, distanzierte Oda Lerda-Olberg sich von der intransigent-revolutionären Richtung.

---

75 Fanti wurde nach den Informationen der Berliner Polizei von den deutschen Sozialdemokraten abgelehnt, da er als Anarchist galt – 1888 hatte er sich an Bernstein bzw. Motteler gewandt, mit der Bitte um Übersendung einiger Exemplare des „Sozialdemokrat". Demnach verfügte auch er über Kenntnisse der deutschen Sprache. Siehe Nachlaß Motteler, B, III, 479.
76 So das Innenministerium an das Polizeipräsidium am 11.4.1899. In: AAPA, Eur.Gen. 82, 7, Bd.5.
77 Engels: Nella questione Brentano contro Marx per pretesa falsa citazione; ders.: Le condizioni della classe operaia in Inghilterra secondo un inchiesta diretta e fonti autentiche.
78 Bei dem Parteitag des PSI 1904 in Bologna wurde sie beispielsweise als Korrespondentin des „Vorwärts" und der „Arbeiterzeitung" genannt. Siehe: Avanti!, 8.4.1904.
79 Vgl. beispielsweise: Oda Olberg: Der Parteitag von Imola. In: NZ, 21,2, 1902/1903, S. 25-29: „Der heutige Kultus der selbsttätigen Entwicklung des proletarischen Klasseninstinktes, den die Empiriker unserer Partei treiben, führt in seiner äußersten Konsequenz zur Verneinung der geschichtlichen Aufgabe der Partei." Siehe auch dies.: Von Imola bis Bologna. In: NZ, 22,1, 1903/1904, S. 812-819.

Einen wesentlichen Beitrag zur Vertiefung der Kenntnisse über die deutsche Sozialdemokratie in Italien leisteten neben den Korrespondenten in Berlin die Übersetzer und Herausgeber von Schriften deutscher Sozialdemokraten.[80] Für die Anfänge des Sozialismus, aber auch noch in den 1890er Jahren ist als Übersetzer der bereits erwähnte Pasquale Martignetti aus Benevento zu nennen. Zu Beginn des 20. Jahrhunderts entstand dann unter Leitung Ettore Ciccottis die Reihe „Schriften von Marx-Engels-Lassalle", die bis zum Ende des Zweiten Weltkrieges „den wichtigsten Kanal für die Kenntnis der Marxismus-Klassiker in Italien" darstellte. Einzelne Initiativen von seiten der Partei oder einer „corrente" waren häufig am tagespolitischen Bedarf orientiert. So wurden z.B. in der Auseinandersetzung zwischen den Parteiflügeln zu Beginn des neuen Jahrhunderts insbesondere von der intransigenten Gruppe Schriften lanciert, die in erster Linie die Funktion der Legitimation ihrer eigenen politischen Linie gegenüber den Reformisten hatten. Ebenso wurde mit der Rezeption der SPD-Debatten und ihrer Parteitage in der italienischen sozialistischen Presse verfahren.[81] So publizierte Romeo Soldi kurz vor dem Parteitag von Imola Kautskys „Die soziale Revolution"[82], Giovanni Lerda gab eine Schrift Kautskys zum Verhältnis von Partei, Gewerkschaften und sozialistischer Propaganda[83] heraus. Beide beriefen sich auf die Autorität des deutschen Theoretikers, um die „opportunistischen Tendenzen" im PSI zu bekämpfen. Auf der anderen Seite zögerte Turati das Erscheinen der bereits im Gefängnis (1899) überarbeiteten Übersetzung von Kautskys Kommentar zum Erfurter Programm[84] bis 1908 hinaus. Die Reformisten bezogen sich bevorzugt auf die von Engels kurz vor seinem Tod formulierten Thesen über den Übergang von der bürgerlichen zur sozialistischen Gesellschaft. Turati veröffentlichte 1896 daher in der „Critica sociale" das Vorwort von Engels zu Marx' „Klassenkämpfe in Frankreich".[85] Auch die von Ivanoe Bonomi geleitete „Azione socialista" druckte diesen Text, der als Basis des gradualistischen Sozialismusverständnisses verstanden wurde. Auch ein Neudruck der

---

80 Eine Übersicht über italienisch-sprachige Schriften zum Thema Marxismus erstellte Robert Michels. Michels: Die italienische Literatur über den Marxismus. In diesem Beitrag ist sowohl die italienische Literatur über den Marxismus als auch die italienischen Übersetzungen der Werke von Marx, Engels und „auswärtiger marxistisch-sozialdemokratischer Literatur" verzeichnet. In dieser letzten Rubrik werden Schriften Kautskys, Bernsteins, Bebels, Lafargues etc. genannt; das bekannteste und beliebteste Werk fehlt jedoch: Bebels „Die Frau und der Sozialismus", das auf italienisch in einer Übersetzung von Vittorio Olivieri erschien. Vgl. Bebel: La donna.
81 Vgl. Kap. VI.
82 Kautsky: La rivoluzione sociale. Vgl. auch den diesbezüglichen Briefwechsel vom 23.8.1902. In: Nachlaß Kautsky, D XXI.
83 Kautsky: La politica e le organizzazioni operaie.
84 Kautsky: Il programma socialista. Die Übersetzung stammte von Carlo Tanzi, Turati überarbeitete sie während seiner Haftzeit. Vgl. Turati an seine Mutter, 3.12.1898. In: Carteggio AK-FT 1898/99, S. 173.
85 Marx: Le lotte di classe in Francia dal 1848 al 1850. Das Vorwort von Engels erschien 1895 auch als Broschüre. Engels: L'evoluzione.

Kritik von Marx am Gothaer Programm[86] 1901 hatte konkrete politische Hintergründe. Die Zurückweisung der These, daß das Bürgertum einen einzigen reaktionären Block darstelle, diente den Reformisten zur Rechtfertigung ihrer Bündnispolitik.

Weitere Verbindungen zwischen deutscher und italienischer Arbeiterbewegung entstanden durch die italienische Emigration. Angiolo Cabrini[87] leistete einen wichtigen Beitrag für den Aufbau von Gewerkschaftsbeziehungen und den Erfahrungsaustausch mit den Arbeitnehmervertretungen nördlich der Alpen. Darüber hinaus beschäftigte er sich mit dem Problem der italienischen Fremdarbeiter und deren gewerkschaftlicher Organisationen, die er im Schweizer Exil nach 1894 und erneut nach 1898 kennenlernte. In verschiedenen Artikeln in der „Critica sociale"[88] befaßte er sich mit der deutschen Gewerkschaftsbewegung sowie mit den in Deutschland lebenden italienischen Arbeitern. Außerdem nahm er häufig an den Gewerkschaftskongressen im Ausland teil; so war er im Juli 1903 bei dem internationalen Gewerkschaftskonferenz in London anwesend. Von dort reiste er über Dublin, Brüssel und Paris nach Amsterdam, wo der internationale Kongreß der Transportarbeiter stattfand.[89] Zur „Tagung der internationalen Sozialdemokratie" wurde er 1905 in Konstanz erwartet. Da es Ausländern jedoch bei diesem Treffen verboten war, eine Rede zu halten, setzten die 10-12.000 Anwesenden ihre Versammlung schließlich in Kreuzlingen (Schweiz) fort.[90]

Die Ausarbeitung eines Programms zum Problem der italienischen Fremdarbeiter im Ausland wird im wesentlichen dem Einfluß Cabrinis zugeschrieben.

Bei der Vermittlung zwischen deutscher und italienischer Sozialdemokratie spielten die in Berlin lebenden italienischen Studenten, die sich während ihres Aufenthaltes in Deutschland der Sozialdemokratie annäherten, eine besondere Rolle. Neben Gustavo Sacerdote und Romeo Soldi ist auch Silvio Novara zu nennen, der zwar nicht als Korrespondent in Erscheinung trat, aber eine Broschüre über den deutschen Sozialismus verfaßte, die 1894 in Turin veröffentlicht wurde.[91] Aufgrund ihrer Sprachkenntnisse waren diese Studenten für eine Vermittlerrolle prädestiniert. Die führende Rolle Deutschlands in den Wissenschaften, die insbesondere die Fried-

---

86 Marx: Per la critica del programma della democrazia socialista.
87 Cabrini, ehemaliges POI-Mitglied, identifizierte sich nach 1900 vollständig mit der Politik Turatis. Erst durch den Libyenkrieg, den Cabrini für eine Notwendigkeit hielt, entfernten sich die beiden Reformisten voneinander. 1912 wurde er aus der Partei ausgeschlossen; in den 20er Jahren näherte er sich dem Faschismus an.
88 Cabrini: Dopo il congresso dei sindacati tedeschi. In: Avanti!, 24.6., 26.6.1902 und ders.: Gli operai italiani in Germania. In: Ebd., 1.7.1902.
89 ACS, CPC, ad nomen. Zur gleichen Zeit tagte die Sozialistische Internationale in Amsterdam.
90 Vgl. die beiden Schreiben des Berliner Innenministers an das Außenministerium vom 8.7.1905 sowie die „Konstanzer Zeitung" und die „Badische Presse" vom 11.5.1905. In: AAPA, Eur.Gen. 82, 17, Bd.8. Aus den verschiedenen Berichten geht nicht ganz klar hervor, ob Cabrini tatsächlich angereist war, oder sein Landsmann Todeschini.
91 Novara: Il partito socialista. Vgl. Kap. II,2.

rich-Wilhelms-Universität in Berlin zu einem Anziehungspunkt auch für ausländische Studenten werden ließ, wirkte sich somit auch auf die Beziehungen zwischen den sozialdemokratischen Parteien der verschiedenen Nationen aus. Häufig zeigte sich an den Beiträgen der italienischen Korrespondenten die Prägung durch die SPD. Der Einfluß der deutschen Sozialdemokratie gewann dadurch allerdings kaum an Breitenwirkung. Wie bei den Führern der sozialistischen Partei Italiens handelte es sich bei den Korrespondenten um Intellektuelle, deren Stimme wohl den Provinzialismus des italienischen Sozialismus überwinden half, ohne jedoch bis zur Basis vorzudringen.

Bei den deutschen Vermittlern, Robert Michels und Oda Olberg, handelte es sich um Einzelfälle. Entstand bei Oda Olberg die Beziehung zur italienischen Arbeiterbewegung eher zufällig durch ihre Heirat mit dem Italiener Giovanni Lerda, so lag im Falle Robert Michels' der Zuwendung zu Italien eine bewußte Entscheidung zu Grunde. Von den Südländern versprach Michels sich in stärkerem Maße revolutionären Elan und Bereitschaft zur „direkten Aktion" als von den als „legalitär und parlamentarisch" geltenden deutschen Sozialdemokraten. Damit knüpfte er an die anarchistischen Theorien Bakunins an, der die Träger einer sozialistischen Revolution eher in den subproletarischen Schichten der Agrarländer als in der organisierten Arbeiterschaft der Industrieländer gesehen hatte. Michels nahm mit diesem Italienbild auch Vorstellungen vorweg, die im linken politischen Spektrum noch heute lebendig sind. In dieser etwas verklärten Sichtweise gilt Italien als Verkörperung der Anarchie, und „der Südländer" wird, unabhängig von seiner sozialen Zugehörigkeit und seinen politischen Überzeugungen, als „revolutionär" im Vergleich zu dem „braven", obrigkeitshörigen deutschen Staatsbürger eingeschätzt. In der Loslösung eines bestimmten Ideals des „revolutionären Elans" aus seinem ursprünglichen politischen Kontext ist auch eine Ursache für die Zuwendung einer großen Zahl ehemaliger revolutionärer Syndikalisten, und nicht zuletzt Mussolinis selbst, zur faschistischen Ideologie zu sehen.

V. Die Agrarfrage

1. Die Agrarverhältnisse in Italien

Die Agrarfrage stellte in den 1890er Jahren, wie Antonio Labriola in „Memoria del manifesto" schrieb, das „Problem des Tages" dar.[1] Bereits in den 1880er Jahren waren die Agrarverhältnisse und ein zukünftiges sozialistisches Agrarprogramm Gegenstand verschiedener Untersuchungen. Unter den deutschen Sozialdemokraten war Karl Kautsky der erste, der sich dem Problem der „Agitation unter den Bauern"[2] widmete. In dieser frühen Schrift vertrat er die Meinung, daß die Entwicklung in der Landwirtschaft nicht mit dem klassischen Schema der industriellen Entwicklung zu erfassen sei. Um die Landbevölkerung für die Idee des Sozialismus zu gewinnen, müßten die Agitatoren der Partei auf die spezifischen Eigenheiten dieser Gruppe eingehen. Nichts sei schädlicher als „Prinzipienfestigkeit", nichts fruchtbarer als die „direkte Erfahrung". Der Standpunkt Kautskys von 1880 gleicht also der Position, die er in den Jahren zwischen 1891 und 1895 heftig bekämpfen sollte.

Auch in Italien stellte die Beschäftigung mit der Agrarfrage kein Novum dar. Bereits im anarchistischen Konzept Bakunins wurde der „campagna" eine hohe Bedeutung beigemessen, und auch die Entwicklung der sozialistischen Partei ist, wie bereits dargestellt, in engem Zusammenhang mit der Agrarbewegung der 1880er Jahren zu sehen. In den 1890er Jahren wurde die Debatte insbesondere nach der Bewegung der sizilianischen „fasci" intensiviert.

Auch auf internationaler Ebene gewann die Diskussion im letzten Jahrzehnt des 19. Jahrhunderts an Intensität und politischem Gewicht. In Deutschland stand die Agrarfrage im Mittelpunkt der Parteitage von Frankfurt (1894) und Breslau (1895); in Frankreich wurde bereits 1892 in Marseille ein agrarpolitisches Programm verabschiedet, das zwei Jahre später in Nantes erneut thematisiert wurde. Die Sozialistische Internationale beschäftigte sich 1893 in Zürich und 1896 in London mit der Frage. Die internationale Debatte wurde in Italien mit großem Interesse rezipiert und prägte schließlich auch den entsprechenden Parteitagsbeschluß von Bologna 1897. Der Diskussion fehlte jedoch häufig der Bezug zu den konkreten Bedingungen der Landwirtschaft in Italien; sie wurde somit relativ losgelöst von der Aktion der Sozialisten auf lokaler Ebene geführt. Zunächst soll daher ein Überblick über die Agrarverfassungen in den letzten Jahrzehnten des 19. Jahrhunderts gegeben werden.[3]

---

1 Zit.n. Procacci: Introduzione, S. XLI
2 Kautsky: Die Agitation unter den Bauern. In: Jahrbuch für Sozialwissenschaft und Sozialpolitik 1880, 1, Teil 2, S. 14-25.
3 Grundlegend für die Entwickung der Landwirtschaft ist Sereni: Il capitalismo. Außerdem Procacci: La lotta di classe; Zangheri: Lotte agrarie; Candeloro: Storia dell'Italia moderna, vol.V. Für die Ent-

Bei der Analyse der sozialen Basis der Partei wurde festgehalten, daß bezüglich der Agrarverhältnisse drei Großzonen zu unterscheiden sind: die norditalienische Tiefebene, Mittelitalien und der „mezzogiorno". Aber auch innerhalb dieser Gebiete gab es enorme Unterschiede. In Norditalien wurde die Kapitalisierung der Landwirtschaft durch die 1870 eingeleitete Trockenlegung des unteren Potals stark vorangetrieben. Die ersten „lavori di bonifica" wurden im Gebiet um Ferrara unternommen.[4] Zur Durchführung dieser Arbeiten wurden, anfangs mit Hilfe von ausländischem Kapital, Gesellschaften gegründet, die gemeindeeigene Ländereien aufkauften. Dadurch wurde einerseits der Bevölkerung eine wichtige Einnahmequelle entzogen, da mit der Veräußerung des Bodens das Recht, Wald und Weiden zu nutzen[5], verloren ging; andererseits entstanden durch die Meliorationsprojekte neue Arbeitsmöglichkeiten.[6] Zunächst setzte daher auch eine starke Zuwanderungswelle aus den umliegenden Gebieten ein. Bedingt durch das wachsende Arbeitskräfteangebot nahm die Zahl der festangestellten Arbeiter ab, während die der Tagelöhner stieg.[7] Nach Vollendung der Arbeiten erhöhte sich schließlich die Zahl der Arbeitslosen drastisch.

Durch die starke Zuwanderung in das untere Potal trafen dort Bevölkerungsgruppen zusammen, die sich sowohl von ihrer regionalen als auch von ihrer sozialen Herkunft her stark unterschieden. Unter ihnen waren verarmte Halbpächter (mezzadri), Hirten und Jäger aus dem umliegenden Hügelland und gescheiterte bzw. verarmte Handwerker. In relativ kurzer Zeit bildeten sie jedoch unter dem Druck der neuen Situation eine solidarische Gemeinschaft, die ihre eigenen Charakteristika entwickelte und sich von der übrigen Agrarbevölkerung Italiens unterschied. Die gesamte Lebens- und Arbeitserfahrung dieser Landarbeiter hatte mit dem ländlichen Lebensrhythmus nichts mehr zu tun. In den meisten Fällen führte der „bracciante" (Tagelöhner) ein Nomadendasein, ohne Hoffnung auf einen sicheren Arbeitsplatz. Diese Unsicherheiten brachten einen Wandel der Wertvorstellungen und den vollständigen Bruch mit den bäuerlichen Traditionen mit sich. Ab 1883 stagnierte der Prozeß der Urbarmachung. Die sozialen Konflikte spitzten sich durch die Arbeitslosigkeit zu, im Gebiet Polesine kam es zu Streiks. Die in der emilianischen Tiefebene ausgelöste Unruhe schlug schließlich auch in der lombardischen Provinz Mantua Funken, wo sie mit der „La boje"-Bewegung ihren Höhepunkt fand.[8]

Nach den Agrarunruhen in den Provinzen der „Bassa Lombardia" (Mantua,

---

wicklung in Norditalien: Prampolini e il socialismo riformista. Für Sizilien: Renda: I fasci siciliani und Hammer: Probleme der sizilianischen Agrarstruktur.

4 Zur Herausbildung des „bracciantato" vor diesem Hintergrund siehe Roveri: Dal sindacalismo.

5 Auf Gemeindeland galt das „ius pascendi, lignandi, utendi, fruendi".

6 Roveri: Dal sindacalismo, S. 3ff.

7 Allein in der Lombardei sank die Zahl der festangestellten Lohnabhängigen (salariati fissi ed obbligati) der offiziellen Volkszählung zufolge zwischen 1881 und 1901 von 430.000 auf 162.000. Sereni: Il capitalismo, S. 338. Die Zahl der Tagelöhner lag 1896 bei 5,4 Millionen. Vgl. Prampolini e il socialismo riformista, S. 221.

8 Vgl. Kap. I.3

Cremona, Lodi) verschob sich der Schwerpunkt der Agrarbewegung in Richtung Osten. In der Romagna entstand das Agrarproletariat in erster Linie durch die in Auflösung begriffene „mezzadria"-Agrarverfassung.[9] Im Unterschied etwa zur Toskana kam es hier bereits 1870 zu einer starken Ausdifferenzierung innerhalb der „mezzadria". Das Verhältnis zwischen Agrarproletariat und bäuerlichen Mittelschichten war hier zahlenmäßig ungefähr ausgewogen. Der „exklusive Bracciantilismus" der Provinz Mantua wurde in der Romagna und in Reggio Emilia daher abgelehnt. Statt dessen fanden die territorial gegliederten „camere del lavoro" und das Kooperativwesen eine weite Verbreitung.[10]

In den 1880er Jahren äußerte sich der Widerstand zum großen Teil noch in traditionellen Formen; typisch war der „Sturm auf die Backöfen" (assalto ai forni). Erst in den 1890er Jahren bildeten sich dann moderne Organisationen heraus. Für die Entwicklung der Streikbewegung und die massenhafte Entstehung von Gewerkschaften zu Beginn des 20. Jahrhunderts war zum einen die Krise der Jahrhundertwende, zum anderen die neue politische Situation nach dem Regierungsantritt Zanardellis entscheidend.[11] In der unteren Poebene verschärfte sich die Situation, die auf nationaler Ebene durch die schlechte Ernte von 1897 und das Ausbleiben von Getreidelieferungen aus den USA prekär war, durch die Beendigung der Meliorationsarbeiten. Die ehemalige Existenzgrundlage der Bauern, der Reisanbau, war zu einem großen Teil durch die Entwässerung des Gebietes zerstört. Nun entfielen auch die Arbeitsplätze, die durch diese Maßnahme geschaffen worden waren.

Im Vergleich zu den übrigen Regionen Italiens verlief der Prozeß der Kapitalisierung der Landwirtschaft in der Poebene sehr schnell. Die Zonen des klassischen „bracciantato" waren in der Lombardei die Provinzen Mantua und Piacenza, in Venetien Verona und Rovigo und in der Emilia die Provinz Ferrara. Für die Organisation der braccziantilen Ligen, die nach 1900 entstanden, besaß die Provinz Mantua Vorbildcharakter. Die 1901 gegründete „Federterra" stellte, obwohl auch Handwerkerligen zugelassen waren, eine reine Interessensvertretung der Tagelöhner dar. Um zu verhindern, daß innerhalb der Ligen Kleinbauern das Übergewicht erhielten, waren nur reine Berufsligen zugelassen. Darüber hinaus waren Kooperativen und Unterstützungsvereine (società di mutuo soccorso) ausgeschlossen.[12]

Auch in anderen Zonen der Poebene setzte sich die Großpacht und damit die Lohnarbeit durch. In weiten Teilen der Lombardei (unter anderem Lodi, Pavia, Cremona) wurde vorwiegend Viehzucht betrieben. In den hier verbreiteten „cascine" entwickelte sich ein anderer Typus des Lohnarbeiters: der „obbligato".[13] Die in diesen Landwirtschaftsbetrieben beschäftigten Arbeiter erhielten im Gegensatz zu den „braccianti" einen festen, jedoch befristeten Arbeitsvertrag; sie wurden teils in Geld und teils in Naturalien entlohnt. Insgesamt war die Agrarbevölkerung jedoch

---

9 Auf diese Art der Agrarverfassung wird bei der Behandlung der Toskana noch näher einzugehen sein.
10 Vgl. degl'Innocenti: Cooperazione e movimento operaio italiano, S. 129ff.
11 Vgl. Kap. VI,5.
12 Zangheri: Lotte agrarie, S. 67ff.
13 Procacci: Geografia e struttura, S. 74-85.

auch in Norditalien gemischt. Während sich in einigen Provinzen der Kleinbesitz und die verschiedenen Pachtsysteme in einem raschen Auflösungsprozeß befanden und die Marxsche Konzentrationstheorie sich zu bestätigen schien, festigte sich in anderen Zonen, insbesondere im voralpinen Hügelland, der Kleinbesitz. Die Romagna oder die Provinz Reggio Emilia waren durch das Nebeneinander von Agrarproletariat und bäuerlichen Mittelschichten gekennzeichnet.

In Mittelitalien, insbesondere in der Toskana, Umbrien und den Marken stellte die „mezzadria" die vorherrschende Agrarverfassung dar. Diese Struktur geht auf das 14. und 15. Jahrhundert, auf die Glanzzeit der Stadtrepubliken, zurück und bedeutete ursprünglich einen Fortschritt im Vergleich zur Latifundienwirtschaft. Der „mezzadro", der Halbpächter, war de facto Unternehmer des Betriebes; er verfügte über eigene Arbeitsgeräte und mußte für die Arbeitskosten aufkommen. Er entschied jedoch nicht über die Art des Anbaus und den Einsatz des Kapitals. Der Ertrag wurde ursprünglich hälftig geteilt. Der „mezzadro" stand durch seine starke Bindung an das Land und seine Teilverantwortung in einem fast persönlichen Abhängigkeitsverhältnis zum Besitzer, was für die Herausbildung eines solidarischen Klassenbewußtseins ein Hindernis darstellte.

Innerhalb der „mezzadria" kam es in zunehmendem Maße zu einem Prozeß der Differenzierung, der jedoch in den Marken und Umbrien wesentlich langsamer und weniger deutlich verlief als in der Toskana. Der Hauptunterschied zwischen dem „mezzadro agiato" und dem „mezzadro povero", dem wohlhabenden und dem armen Halbpächter, bestand darin, daß letzterer sich zusätzlich auf anderen Gütern verdingen mußte, während der „mezzadro agiato" selbst Arbeitgeber war, sich also die Einstellung von Arbeitern leisten konnte. In den Marken und Umbrien war bis zum Ende des 19. Jahrhunderts die Lohnarbeit noch kaum verbreitet. In der Toskana dagegen schritt der Prozeß der Proletarisierung schneller voran, obwohl auch dort noch nicht von einem Massenproletariat gesprochen werden konnte. Der Unterschied zwischen den Regionen läßt sich auch an den Wahlergebnissen ablesen: Während der PSI bei den Wahlen 1900 in Umbrien und den Marken nur 2.500 Stimmen erhielt, votierten in der Toskana fast 19.000 Wahlberechtigte für die Sozialisten.

Im „mezzogiorno" bestand der Hauptgegensatz zwischen den meist adligen Großgrundbesitzern und der Masse der landlosen Bauern. In den letzten Jahrzehnten des 19. Jahrhunderts lassen sich zwei Hauptentwicklungen feststellen: Zum einen kam es innerhalb der halbfeudalistischen Gesellschaftsstruktur zur Herausbildung kapitalistischer Wirtschaftsbeziehungen, zum anderen setzte auch hier ein Prozeß der Differenzierung innerhalb der Masse der Pächter ein. Die Entwicklung verlief auf Sizilien ähnlich wie auf dem Kontinent. Auf der Insel erwiesen sich die gesellschaftlichen Verhältnisse jedoch insgesamt als noch komplexer und undurchdringlicher als auf dem Festland, wo in höherem Maße Bürgerliche in die Schicht der Großgrundbesitzer Eingang gefunden hatten. Auf Sizilien wurde der Feudalismus erst 1838 beseitigt, die sozialen Strukturen blieben jedoch weitgehend erhalten.

Dennoch fand auch die Lohnarbeit in zunehmendem Maße Verbreitung. Häufig erfolgte auf Initiative des „gabelotto" (Großpächter), der das Land mit unterschiedlichen Verträgen[14] weiter verpachtete, ein Wandel in der Führungsweise des Latifundiums. Ursprünglich waren die Bauern im Besitz der „Arbeitsgeräte"[15], Samen und Dünger wurden vom Gutsbesitzer bzw. vom „gabellotto" vorgestreckt und mußten mit Wucherzins zurückbezahlt werden. In zunehmendem Maß führten die „gabellotti" einen Teil des Besitzes selbst und ließen ihn durch lohnabhängige Landarbeiter bewirtschaften, die nun nicht mehr im Besitz eigener Arbeitsgeräte waren. Durch den Erhalt der semifeudalen Sozialstrukturen einerseits, die Einführung kapitalistischer Elemente durch die spezifische Position des „gabellotto" andererseits, waren die Landarbeiter auf Sizilien einer doppelten Ausbeutung ausgesetzt. Das Klassenbewußtsein der Landarbeiter auf der Insel entwickelte sich vor diesem Hintergrund nur sehr verzögert. Der sizilianische „bracciante" betrachtete sein Elend als persönliches, individuelles Schicksal. Der Einfluß der bereits organisierten norditalienischen Arbeiterbewegung machte sich erst relativ spät bemerkbar.

In einigen Gebieten entstand jedoch auch im Süden durch die Migrationsbewegungen schon zu einem vergleichsweise frühen Zeitpunkt ein Massenproletariat. Die Zonen, in denen die Entwicklung des Agrarkapitalismus etwas fortgeschrittener war, zogen saisonweise in großem Umfang Arbeiter aus benachbarten und auch aus entlegeneren Gebieten an. Die Zahl der Migranten war in keinem europäischen Land so hoch wie in Italien – zu Beginn des 20. Jahrhunderts lag sie bereits bei über 800.000 Arbeitern pro Saison.[16] Die wichtigsten Zielgebiete in Mittel- und Süditalien waren die Maremma (Toskana), der Agro Romano (Latium) und die apulische „Tavoliere". Foggia (Apulien) wurde zum Kristallisationspunkt der sozialen Gegensätze im „mezzogiorno".[17] Auf Sizilien boten die Ebenen von Caltanisetta, Catania, Girgenti und Siracusa Arbeitsmöglichkeiten für Migranten.

Die Migrationsbewegungen wuchsen gegen Ende des Jahrhunderts stark an und nahmen kapitalistische Züge an. Die Migranten, die ursprünglich durch das Angebot von Pachtverträgen angezogen waren, wurden nun zu lohnabhängigen Landarbeitern.

Durch die Migration entwickelte sich im Norden, in Mittelitalien und im Süden ein überregionaler Arbeitsmarkt, der jedoch jeweils in sich geschlossen blieb. Im Süden war er durch das Überangebot an Arbeit, die geringe Nachfrage nach lohnabhängiger Arbeit und durch die daraus resultierende Konkurrenz charakterisiert; im Norden entwickelte sich dagegen allmählich ein solidarisches, klassenbewußtes Agrarproletariat, das auf die Lohnverhandlungen steigenden Einfluß nahm. Aber

---

14 Affitto, colonia, censo, enfiteusi.
15 Die Bauern besaßen also zumindest einen Esel.
16 Sereni: Il capitalismo, S. 327.
17 Die Region hatte bereits in der napoleonischen Zeit einen Unruheherd dargestellt. Ein sehr unschauliches Bild des bäuerlichen Alltags in dieser Umbruchphase gibt der auf historischen Recherchen basierende Roman von Raffaele Nigro: I fuochi del Basento. 1987. (deutsch: Die Feuer am Basento, 1988).

auch im Süden war die Situation keineswegs unbeweglich, auch hier findet sich gegen Ende des Jahrhunderts ein kämpferisches Agrarproletariat auf der Bühne der politischen und sozialen Auseinandersetzungen. Der entscheidende Faktor für die Entwicklung der Arbeitsmärkte war das langsame Einsetzen von Lohnverhandlungen. Während traditionellerweise die Arbeiter ohne Absprache eingestellt wurden und erst am Ende der Woche nach relativ willkürlichen Maßstäben ausgezahlt wurden, setzten sich in der Folge immer mehr die Lohnverhandlungen durch. Der organisierte Landarbeiter begann seine Position durch Kollektivverträge zu stärken.

Sowohl bezüglich der Entwicklung des Agrarkapitalismus als auch des Arbeitsmarktes muß zwischen Nord-, Mittel- und Süditalien differenziert werden. Die bereits in der ersten Hälfte des 19. Jahrhunderts bestehenden Unterschiede vertieften sich weiter durch die Entwicklung nach der nationalen Einigung. Nicht nur durch den Modernisierungsschub, der durch die Meliorationsarbeiten ausgelöst wurde, sondern auch durch die Nähe zu den mitteleuropäischen Verkehrswegen und durch den Zufluß von Kapitalien aus der Industrie entwickelte sich der Norden sehr viel rascher als der Süden. Am stärksten blieben die halbfeudalen Strukturen in Sizilien erhalten. In noch höherem Maße als im Norden entwickelten sich im Süden kapitalistische Beziehungen im Schoße einer noch halbfeudalen Gesellschaft. Die Entwicklung des Agrarkapitalismus in Süditalien wird daher häufig mit dem Nebeneinander von kapitalistischen Produktionsformen und feudalen Gesellschaftsbeziehungen in Preußen verglichen.

2. Das französische Agrarprogramm von 1892 und die „fasci siciliani"

Einer der wenigen Punkte, die Turati am Erfurter Programm kritisierte, war die Vernachlässigung der Agrarfrage. In dem sozialdemokratischen Programm von 1891 war in der Tat die Frage der Haltung der Partei gegenüber den Bauern nicht berücksichtigt, obwohl im Jahr zuvor eine systematische Landagitation, die sich nicht nur auf das Agrarproletariat beschränken sollte, beschlossen worden war. Lediglich im theoretischen Teil hieß es, daß der Kleinbesitz „mit Naturnotwendigkeit" vernichtet werden würde.[1] Die einzige Lösung für die Kleinbauern sei daher die Vergesellschaftung. Erst die geringe Wirkung der seit 1891 einsetzenden Propaganda auf dem Lande führte zu einer breiteren Diskussion über ein Reformprogramm.

Zur gleichen Zeit, zu der in Deutschland und Frankreich die Diskussion über die Agrarfrage einsetzte, begann die Debatte auch in Italien, wo die landwirtschaftlich geprägten Gebiete die stärksten Sympathien für die sozialistische Bewegung zeigten.[2] Dem Kongreß von Genua gelang es jedoch nicht, über den Stand der Diskussion in Deutschland hinauszugelangen. Auf dem Gründungsparteitag wurde eine Resolution Angiolo Cabrinis verabschiedet, die drei Forderungen enthielt: Für die Agrarbevölkerung der Latifundien schlug die Partei die Übernahme von Pachten durch Kooperativen vor[3], für die Halbpächter wurden Widerstandsligen befürwortet, die sich in erster Linie für die Revision der Pachtverträge einsetzen sollten[4], und für das lohnabhängige Agrarproletariat forderte der Kongreß die Unterstützung der bestehenden Kooperativen.[5] Mit diesem Beschluß ging der Parteitag nicht über allgemeine Richtlinien hinaus und verzichtete darauf, die Haltung der Partei gegenüber dem Kleinbesitz festzulegen. Die Verabschiedung eines Minimalprogramms, in das konkrete Forderungen hätten aufgenommen werden können, wurde vertagt.[6]

Die ersten Beiträge zu diesem Thema in der „Critica sociale" hatten ebenfalls eher allgemeinen Charakter und verfolgten in erster Linie das Ziel, die Bedeutung der sozialistischen Propaganda auf dem Land zu betonen. Die Verfasser wiesen insbesondere auf die rein quantitative Bedeutung der Agrarbevölkerung und die davon

---

1 In dem von Kautsky verfaßten parteiamtlichen Kommentar wurde näher auf die Entwicklung eingegangen. Siehe Kautsky: Das Erfurter Programm in seinem grundsätzlichen Theil erläutert. Stuttgart 1892, S. 16ff. Zit.n. Lehmann: Die Agrarfrage, S. 31.
2 Vgl. CS: La conquista delle campagne. In: CS, 1.4.1893.
3 „Il congresso [. . .] delibera: 1. di propugnare la costituzione di cooperative agricole per l'assunzione delle affittanze, specialmente dove prevale il latifondo". Cortesi: Il socialismo, S. 19.
4 „2. di propugnare la costuzione di leghe di resistenza fra i mezzadri ed i coloni in genere per la revisione dei patti agrari." Ebd., S. 20.
5 „3. di aiutare le cooperative costituite dai lavoratori avventizi (braccianti, risaiole, mietitori) [. . .]." Ebd., S. 20.
6 Nachdem das von Arturo Labriola vorgeschlagene Minimalprogramm auf dem Parteitag 1896 in Florenz als „Kopie des Erfurter Programms" (Kuliscioff) abgelehnt worden war, gelangte erst 1900 in Rom ein entsprechender Entwurf zur Annahme. Rct. 1896, S. 41.

ausgehende Gefahr für den Sozialismus hin, falls die Agrarzonen sich zu Hochburgen der Reaktion entwickeln würden.[7] Die bisherige Entwicklung zeige, so Gerolamo Gatti, daß der Weg der Verbreitung des Sozialismus in Deutschland nicht auf Italien übertragbar sei. Gatti ging von den Verhältnissen in der Provinz Mantua aus und schloß daraus, daß sich die „Bauernbewegung" parallel zur Arbeiterbewegung entwickeln müsse. Vor allen Dingen aber sei in Italien, wo ein Großteil der Bevölkerung weder schreiben konnte noch wählen durfte, der Siegeszug des Sozialismus per Stimmzettel nicht denkbar. Aufgrund des hohen Prozentsatzes von Analphabeten hielt Gatti auch die von der SPD forcierte Herstellung von speziellen Broschüren für die Landbevölkerung für wenig sinnvoll.

Die Frage der Haltung der sozialistischen Partei gegenüber den mittleren, nichtproletarischen Schichten wurde zu diesem Zeitpunkt noch kaum problematisiert. Es wurde sogar die Meinung geäußert, daß die bäuerlichen Mittelschichten der eigentliche Adressat der sozialistischen Propaganda sein müßten, da das Agrarproletariat nicht in der Lage sei, die sozialistischen Ideen zu verstehen.[8] Außerdem schien die Entwicklung in der Emilia zu beweisen, daß die Kleinbauern eine wichtige Stütze der sozialistischen Bewegung darstellten.[9] Die Diskussion über die Agrarfrage erhielt in der Folge neue Impulse durch die Ausbreitung der „fasci" in Sizilien.

In der Phase zwischen September 1892 und April 1893 bestimmte das im September in Marseille verabschiedete Agrarprogramm des Parti Ouvrier Français (POF) die Diskussion. Die französischen Marxisten hatten sich unter dem Eindruck der sozialdemokratischen Wahlerfolge in Deutschland seit 1890 mehr und mehr der deutschen, auf die Machteroberung per Stimmzettel abzielende Taktik angepaßt. Diese Politik zog automatisch einen Wandel in der Haltung gegenüber den Kleinbauern nach sich, die in Frankreich den größten Teil der Bevölkerung ausmachten. Im Juli begann die Parteiführung, eine Untersuchung der Agrarverhältnisse mittels Fragebogen durchzuführen. Dieser „Questionnaire agraire" umfaßte 26 Fragen, unter anderem nach den Eigentumsverhältnissen, Löhnen, Arbeitszeiten, Lebensverhältnissen und der wirtschaftlichen Lage der Kleinbauern.[10] Im September wurde dann ein Programm mit ausgesprochen reformistischem Charakter verabschiedet. Neben Forderungen für die Landarbeiter, wie Minimallöhnen und der Schaffung von Schiedsgerichten, enthielt der Katalog Maßnahmen, die den Erwerb bäuerlichen Eigentums begünstigten.[11] Insgesamt handelte es sich um ein Reformprogramm ohne spezifisch sozialdemokratische Zielsetzungen.

Die Beschlüsse von Marseille stießen in Italien auf ein sehr starkes Echo, nach Meinung des Historikers Francesco Renda sehr viel stärker als in anderen Län-

---

7 Siehe die Beiträge Dott. Ilo Gherardinis: Il quinto stato und Gerolamo Gattis: La propaganda fra i contadini. In: Antologia, vol.II, S. 3-6 und 6-12.
8 Gallavresi: Che fare? In: Antologia, vol.II, S. 13-19.
9 Malagodi: Il socialismo in Emilia. In: Antologia, vol.II, S. 19-22.
10 Lehmann: Die Agrarfrage, S. 43ff.
11 Die Abschaffung der Stempelsteuer für Kaufverträge über Grundvermögen bis 5.000 Franken. Ebd.

dern.[12] In der „Lotta di classe" wurde das Programm im Oktober 1892[13] abgedruckt, in der „Critica sociale" wurde es im April 1893[14] veröffentlicht. Daneben druckte die Mailänder Zeitschrift den französischen Fragenkatalog nach, der durch einige auf die italienische Situation zugeschnittene Fragen ergänzt worden war.[15] Die Reaktion auf das Marseiller Programm war weitgehend positiv. Turati vertrat in der „Critica sociale" die Meinung, das Programm sei zwar, da der Kleinbesitz in Frankreich noch sehr viel stabiler als in Italien sei, nicht völlig übertragbar. Dennoch gäbe es „mehr Berührungspunkte als Unterschiede".[16]

Auch in Prampolinis „Giustizia" wurde die Agrarpolitik des POF stark rezipiert. Die Artikel von Paul Lafargue, die die Redaktion der Zeitung „Socialiste" entnahm, und die Schriften des Franzosen[17] dienten vor allem dazu, die Furcht der Bauern, die Sozialisten wollten ihnen ihr Land abnehmen, zu zerstreuen. Auch andere Lokalzeitungen, wie der Turiner „Grido del popolo" und die in Genua erscheinende „Nuova idea" lagen auf dieser Linie. Obwohl das Reformprogramm für brauchbar gehalten wurde, hielten die meisten Sozialisten an der marxistischen These vom unvermeidbaren Untergang des Kleinbesitzes fest: „[Der Sozialismus] muß seinen Feind mästen, so wie man die Weihnachtsgans mästet, um sie am Tag des Festes mit noch größerem Vergnügen verspeisen zu können."[18] Turati sah zwischen der „Untergangsthese" und einem Bauernschutzprogramm keinen Widerspruch, da „der Sozialismus sich dem Schutz des Kleinbesitzes mit um so größerer Unbedenklichkeit widmen kann, als er sicher sein kann, daß dieser Schutz völlig wirkungslos gegen die Macht der Dinge sein wird."[19]

Der von Leonida Bissolati geleitete „Eco del popolo" wies allerdings die Implikationen des französischen Agrarprogramms von Anfang an zurück. Nach der Veröffentlichung der Marseiller Beschlüsse in der „Critica sociale" Anfang April 1893 schrieb das Cremoner Blatt: „Das ist kein Sozialismus in Aktion, das ist ein Mikroprogramm."[20]

In der „Critica sociale" wurde durch einen Artikel Olindo Malagodis im Mai 1893 eine Wende in der agrarpolitischen Debatte eingeleitet.[21] Mit der Eingrenzung

---

12 Renda: I fasci siciliani, S. 36.
13 Il congresso di Marsiglia. In: LdC, 8.,9.10.1892.
14 CS, 1.4.1893.
15 Ebd.
16 „[. . .] i punti di contatto sono [. . .] assai più numerosi dei punti di divergenza". CS: La conquista delle campagne, 1.4.1893. Antologia, vol.II, S. 22-25.
17 Seit dem 26.3.1893 erschien im Anhang: „L'evoluzione della proprietà di Paolo Lafargue, tradotto da Martignetti."
18 „Esso [il socialismo] deve ingrassare il suo nemico, come si ingrassa il tacchino di Natale, per poterlo poi più allegramente cucinare il dì della festa". Turati/Emilio Gallavresi: Il problema agrario in Italia e la necessità dell'imposta progressiva unica. In: CS, 16.9.1892.
19 „[. . .] il socialismo può assumere le difese con tanto maggiore tranquillità di coscienza quanto più è convinto che questa difesa riuscirà ben debole di fronte alla forza di cose". In: CS: La nostra inchiesta rurale (1893). Antologia, vol.II, S. 26.
20 „Non è il socialismo in azione, anzi è un programma minimissimo." Eco del popolo, 16.4.1893.
21 Malagodi: Il proletariato agricolo e il socialismo nelle campagne. In: CS, 16.5.1893. Auch in Antologia, vol.II, S. 29-38.

der sozialen Basis der Partei auf die „Klasse der Tagelöhner" (classe dei braccianti) wandte sich Malagodi vom französischen Agrarprogramm ab. Der bevorstehende Parteitag in Reggio Emilia habe sich, so Malagodi, an der Agrarbewegung in der unteren Poebene (Provinz Bologna) zu orientieren. In dieser Zone, in der sowohl der Kleinbesitz als auch die verschiedenen Pachtsysteme weitgehend bedeutungslos geworden seien, hätten die Tagelöhner in den Arbeitskämpfen 1892 beachtliche Erfolge erzielt. Noch im Jahr zuvor hatte Malagodi gerade auf die stabilisierende Wirkung der sozialistischen Bewegung durch die Unterstützung der Kleinbesitzer hingewiesen.[22] Diese Wende muß vor dem Hintergrund der Debatte auf internationaler Ebene gesehen werden.

Die Mehrheit der ausländischen Parteien schloß sich zu Beginn der 1890er Jahre der von der SPD inaugurierten „proletarischen Landagitation" an; nur eine Minderheit, darunter die sozialistischen Parteien in Belgien, Rumänien, Bayern und in der Schweiz, folgte der Linie des POF. Offenkundig spielte bei der Politik der italienischen Sozialisten seit Mitte 1893 das Bestreben, die „offizielle", von der „Führungspartei" und der Mehrheit der internationalen Sozialdemokratie vertretene Linie zu repräsentieren, eine große Rolle. Auch der Besuch Paul Singers im März in Mailand mag einen Einfluß auf die Neuorientierung Malagodis gehabt haben.[23] Die Haltung der italienischen Delegation beim Kongreß der Sozialistischen Internationale in Zürich entsprach dieser Linie. Die Agrarfrage stand in Zürich nicht auf der Tagesordnung und kam erst auf Antrag der Rumänen zur Sprache. Der Kongreß setzte eine Kommission zur Untersuchung dieses Problems ein, konkrete Beschlüsse wurden jedoch vertagt. In der Agrarkommission waren die Italiener durch Romeo Soldi vertreten, der betonte, daß es für die italienischen Sozialisten nur ein gemeinsames Programm für Arbeiter und Bauern geben könne.[24] Der Kongreß bekannte sich in seinem Beschluß zur Vergesellschaftung des Bodens und forderte zur organisatorischen Erfassung der landwirtschaftlichen Arbeiter und zu einer systematischen Landagitation auf. Außerdem sollte die Agrarfrage bei der folgenden Tagung an erster Stelle behandelt werden. Die von den französischen, belgischen und rumänischen Delegierten gewünschte Förderung von Ackerbaugenossenschaften wurde dagegen nicht angenommen.[25]

Die Linie der italienischen Delegation in Zürich wurde von der Partei übernommen. Auf dem Parteitag in Reggio Emilia wurde eine Resolution Lazzaris ange-

---

22 Noch im Jahr zuvor hatte Malagodi die Unterstützung der sozialistischen Bewegung durch die Kleinbesitzer als konsolidierendes Element beschrieben. Vgl. Malagodi: Il socialismo nell'Emilia. In: Antologia, vol.II, S. 19-22.
23 Malagodi nahm in dem Artikel Bezug auf den Besuch. Antologia, vol.II, S. 19.
24 Soldi räumte jedoch ein, daß diese Position in Mittelitalien umstritten war. Eco del popolo, 27.8.1893. Vgl. Kapitel IV,2.
25 Lehmann: Die Agrarfrage, S. 89-90. Siehe außerdem LdC, 17.,18.12.1892, 1.,2.7.1893, 22.,23.7.1893 über die Einladung zum Kongreß (circolare di convocazione); LdC, 25.,26.3.1893, 1.,2.4.1893 über die vorbereitende Konferenz in Brüssel; LdC, 12.,13.8.1893, 19.,20.8.1893 über den Kongreß selbst. Diese Berichte stammten von Turati, der selbst Delegierter in Zürich war. Seine Rede erschien in der LdC am 2.,3.9.1893. Die CS berichtete am 1. und 16.8.1893 und publizierte die Beschlüsse am 1.9. und 1.10.1893.

nommen, in der die regionalen Parteigremien aufgefordert wurden, „insbesondere unter den Arbeitern von Stadt und Land das Prinzip der Widerstandsligen zu verbreiten."[26] Auf Antrag eines venetianischen Abgeordneten wurde zur weiteren Untersuchung der Agrarverhältnisse in Italien eine Kommission eingesetzt. Auf die Frage nach dem Verhältnis der Partei zu den nicht-proletarischen Agrarklassen, gab der Kongreß jedoch keine Antwort. Einer ablehnenden Haltung gegenüber diesen Schichten wirkten insbesondere die sizilianischen Abgeordneten entgegen, da damit die Einheit der „fasci" in Gefahr geraten wäre.[27]

Auf Sizilien, wo die Landagitation mit der Ausbreitung der „fasci"-Bewegung ihren größten Erfolg feierte, bekannten sich die Sozialisten zur Vergesellschaftung des Bodens. Insgesamt herrschten in der Bewegung jedoch sehr unterschiedliche agrarpolitische Ideen vor. Im Oktober 1892 machte die in Palermo von Napoleone Colajanni herausgegebene „Isola" auf die Beschlüsse des Marseiller Kongresses aufmerksam.[28] Auch für die Organisation der „fasci" waren die aus Frankreich kommenden Impulse entscheidend. Insbesondere Garibaldi Bosco, der Sekretär der „fasci" in Palermo, orientierte sich sehr stark an den französischen Organisationen.[29]

Die „fasci" waren keine reinen Landarbeiterorganisationen, sondern erfaßten auch Kleinbauern und Besitzer von kleinen Gruben. Die Unterstützung der sozialistischen Organisationen durch die Bauern lag meist in der hohen Verschuldung und Verarmung des Kleinbesitzes begründet. Von den „fasci" ausgeschlossen waren in der Regel nur diejenigen, die selbst Arbeitgeber waren. Insgesamt zielte die Bewegung darauf ab, einen neuen sozialen Block zu bilden, dem sowohl Land- und Stadtarbeiter als auch Angehörige der kleinen und mittleren „borghesia" angehören sollten.[30]

Die Erfahrungen der sizilianischen „fasci" flossen trotz der Tragweite der Bewegung nicht in die auf nationaler Ebene geführte agrarpolitische Diskussion ein. Auf der Sitzung des Zentralkomitees der Partei zur Vorbereitung des Kongresses in Zürich waren lediglich Napoleone Colajanni und Giuseppe de Felice Giuffrida anwesend. Der „fasci"-Führer Nicola Barbato fehlte unentschuldigt. Von sizilianischer Seite wurde kein einziger Änderungsvorschlag für die Züricher Tagesordnung eingebracht.[31] Der sizilianische Regionalkongreß schließlich wurde erst zu einem Zeitpunkt einberufen, zu dem die Frist für Eingaben längst abgelaufen war. Der Beitrag der sizilianischen Sozialisten zur Formulierung der agrarpolitischen Linie

---

26 „Il congresso [. . .] assegna alle Federazioni regionali o provinciali la cura di sorvegliare e dirigere l'azione economica del partito, diffondendo specialmente fra gli operai di città e di campagna il principio delle organizzazioni di resistenza". In: Rct. 1893, S. 31.
27 Auch die Sozialisten aus der Romagna und aus Umbrien lehnten allzu rigide Positionen ab. Rct. 1893, S. 15ff.
28 Isola, 8.,9.10.1892.
29 Rossi: Die Bewegung in Sizilien, S. 12f.
30 Ebd., S. 49.
31 Zu der Sitzung siehe LdC, 11.,12.2.1893. Siehe auch Renda: I fasci siciliani, S. 117f.

der Partei muß daher als irrelevant bezeichnet werden. Die Partei ihrerseits stand der Bewegung auf der Insel mit gespaltenen Gefühlen gegenüber.[32] In dem Bericht an den Kongreß der Sozialistischen Internationale wurden die „fasci" häufig erwähnt, eine klare Stellungnahme fehlte jedoch. Diese Skepsis entsprach der von Malagodi eingeschlagenen intransigenten Linie.

Während jedoch die italienischen Sozialisten seit Mitte 1893 auf eine intransigent-orthodoxe Linie einschwenkten, geriet in Deutschland die „proletarische Landagitation" immer mehr in die Krise. Bereits auf dem Parteitag 1892 wurden erste Klagen über den mangelnden Erfolg der Propaganda laut. Die Werbung erfolgte sowohl durch mündliche Agitation als auch durch die Verteilung von Propagandabroschüren.

Das Ergebnis der Reichtagswahl 1893 machte deutlich, daß die Wirkung der Landagitation weit hinter den Erwartungen zurückblieb.[33] Auf dem Kölner Parteitag wurde die bisherige Werbung einer scharfen Kritik unterzogen, und es wurde beschlossen, das Problem erneut zu untersuchen. Georg von Vollmar, der mit einer reformistischen Bauernschutz-Propaganda in Bayern bei den Wahlen ebenfalls nur bescheidene Erfolge[34] erzielt hatte, war bei dem Kongreß nicht anwesend. In Köln deutete sich bereits an, daß ein Zusammenstoß zwischen den Vertretern der „proletarischen" Landagitation und den Befürwortern einer reformistischen Bauernschutzpolitik nicht ausbleiben konnte.

In Italien stieß dieser Parteitag und insbesondere die agrarpolitische Diskussion auf wenig Resonanz. Die „Lotta di classe" veröffentlichte einen allgemeinen Bericht über den Kongreß, verzichtete jedoch auf eine Wiedergabe der agrarpolitischen Diskussion. Das Interesse am Problem des Verhältnisses der Partei zu den verschiedenen Agrarschichten hatte nach dem Parteitag von Reggio Emilia stark nachgelassen. Erst im folgenden Jahr gewann die Problematik mit dem Parteitag des POF in Nantes und dem SPD-Parteitag in Frankfurt wieder an Aktualität.

Die Intransigenz in der Agrarfrage ist einerseits als Folge der prinzipiellen Ablehnung einer Annäherung an die „Bourgeoisie", andererseits als Anpassung an die zu diesem Zeitpunkt in der SPD vorherrschende Linie anzusehen. Diese Politik stand jedoch im Widerspruch zu Turatis gradualistischem Sozialismusverständnis. In einigen seiner Artikel deutete sich daher eine Distanz zu der parteioffiziellen Linie an. So forderte Turati, daß an die Stelle der orthodox-marxistischen Definition des Proletariers als lohnabhängigen Arbeiter eine differenzierte Betrachtung treten solle. Es sei, so meinte er, notwendig, nicht so sehr nach der äußeren Form, sondern mehr nach der tatsächlichen „Substanz" zu urteilen. Darüber hinaus sei auch die „geistige Haltung" (spirito) zu berücksichtigen.[35] Diese Überlegung implizierte, daß auch ruinierte Kleinbesitzer und Pächter zu der „Klientel" der sozialistischen Partei

---

32 Vgl. Kap. II,2.
33 In Italien dagegen wurde das Resultat mit euphorischer Begeisterung gefeiert. Vgl. Kap. II,2.
34 Die Sozialdemokratie erzielte 5 der 44 Mandate in Bayern. Lehmann: Die Agrarfrage, S. 71 und Anhang, S. 279.
35 Turati: Sono semplici parole? In: CS, 1.10.1893.

zu rechnen seien. Turati hielt außerdem die „Critica sociale" den verschiedensten Meinungen offen.

Insgesamt war die Diskussion durch die Dominanz theoretischer Probleme charakterisiert. An Studien zur konkreten Situation in den verschiedenen Regionen Italiens fehlte es zu diesem Zeitpunkt völlig.

3. Der Reformismus in der Agrarpolitik der Sozialisten in Deutschland, Frankreich und Italien

Noch Ende 1893 vertrat der PSI eine dezidiert „proletarische" Position in der Agrarpolitik; das bürgerliche Lager wurde als einheitlicher, dem Proletariat feindlich gegenüberstehender Block betrachtet. Ein Jahr später wurde jedoch in Mailand die „Lega per la difesa della libertà" gegründet, der auch Vertreter der demokratischen Linken angehörten.[1] Damit hatte die Partei den ersten, entscheidenden Schritt in Richtung eines Wandels gegenüber den nicht-proletarischen Klassen vollzogen.

Charakteristisch für die internationale Agrardiskussion des Jahres 1894 war die immer stärkere Hinwendung zu einer reformistischen Politik. Vom 14. bis 16. September 1894 fand in Nantes der 12. Nationalkongreß des POF statt, der sich erneut mit dem zwei Jahre zuvor verabschiedeten Agrarprogramm beschäftigte. Der Parteitag beschloß, das Marseiller Programm durch einen allgemeinen theoretischen Teil zu ergänzen. Darin wurde zum einen die These vom unvermeidbaren Untergang des Kleinbesitzes wiederholt, zum anderen aber hieß es, der Sozialismus habe die Pflicht, die „müßigen Großgrundbesitzer zu expropriieren, den selbstarbeitenden Bauern aber ihre Scholle zu sichern."[2] Außerdem sollten auch Pächter und Halbpächter geschützt werden.[3] Das Nanter Programm war in sich widersprüchlich, da einerseits die Vergesellschaftung, andererseits der Schutz des Privateigentums gefordert wurden.[4] In der Praxis jedoch erwies sich die Agrarpolitik der französischen Sozialisten schon seit 1892 als erfolgreich. Jaurès wurde bei den Parlamentswahlen von 1892 in einem ländlich geprägten Bezirk gewählt, und bei der Wahl von 1893 erhöhte der POF seinen Stimmenanteil von circa 50.000 auf 250.000.[5]

Die SPD hatte die vom POF verfolgte Bauernschutzpolitik bis zu diesem Zeitpunkt konsequent abgelehnt. Parallelen dazu gab es lediglich in Bayern, wo die Zahl der selbständig arbeitenden Landwirte zusammen mit der Zahl der in der Landwirtschaft tätigen Familienangehörigen doppelt so hoch war wie die der Landarbeiter.[6] Nach den Reichtagswahlen 1893, die die Ineffizienz der bisherigen

---

1 Vgl. Kap. II,2.
2 Ebd.
3 Der Katalog von Marseille wurde unter anderem durch die Forderung nach einer progressiven Einkommenssteuer auf Einkünfte ab 3.000 Francs, die vorläufige Abschaffung der Grundsteuer für selbst wirtschaftende Eigentümer, die Grundsteuersenkung für hypothekarisch belastete Grundstücke und die Senkung der landwirtschaftlichen Transporttarife ergänzt.
4 Von Engels wurde der neu hinzugefügte, allgemeine Teil dann auch scharf verurteilt. Engels an Lafargue, zweite Hälfte 1894. In: MEW, 39, S. 299. Vgl. auch Engels an Lafargue, 22.11.1894. In: Ebd., S. 324.
5 Lehmann: Die Agrarfrage, S. 79.
6 Ca. eine Million Grundbesitzer und Angehörige standen etwa 500.000 Landarbeitern (Dienstboten und Tagelöhnern) gegenüber. Lehmann: Die Agrarfrage, S. 69.

Landagitation gezeigt hatten[7], mehrten sich die Stimmen, die für eine an Bayern orientierte Reformpolitik eintraten.[8]

Bei der Agrardebatte in Frankfurt[9] zeigte sich eine große Meinungsvielfalt. Als Redner traten Bruno Schönlank[10], der sich vorwiegend mit den ostelbischen Verhältnissen beschäftigt hatte, und Vollmar auf. Schönlank gelangte zu dem Ergebnis, daß ein zugkräftiges Agrarprogramm zwischen den Verhältnissen in den verschiedenen Regionen Deutschlands unterscheiden und eine platte Gleichsetzung zwischen Industrie und Landwirtschaft überwunden werden müsse. Vollmar berief sich zur Verteidigung einer reformistischen Agrarpolitik auf die Sozialdemokratie im Ausland, insbesondere auf den POF. Die vom Parteitag beschlossene Resolution enthielt die Forderung, daß die Lage der Bauern als Steuerzahler und Schuldner verbessert werden solle[11] und stellte somit einen Kompromiß dar.

Der Parteitag in Frankfurt war ein Erfolg für die Anhänger einer reformistischen Agrarpolitik. Der Widerspruch der „Orthodoxen" gegen diese Tendenz konnte nicht ausbleiben; die treibende Kraft war Kautsky. Die erste Kritik wurde jedoch von Bebel formuliert, der der Agrarresolution selbst zugestimmt hatte.[12] Im Dezember erschien unter dem Titel „Die Bauernfrage in Frankreich und Deutschland" in der „Neuen Zeit" ein Aufsatz von Engels[13], der sich im ersten Teil sehr ausführlich und scharf kritisierend mit dem Nanter Programm und damit indirekt auch mit der Rede Vollmars in Frankfurt auseinandersetzte.[14] Im Januar 1895 griff dann auch Kautsky in die Debatte ein[15], der sich zunächst zurückgehalten hatte – vermutlich, um eventuelle Divergenzen mit Engels zu vermeiden.[16]

Der Triumph der reformistischen Agrarpolitiker und der Beginn der Auseinandersetzung zwischen Vollmar einerseits, Bebel, Engels, Kautsky und Bernstein andererseits gab auch der Debatte in Italien neuen Zündstoff. Die „Lotta di classe" widmete sowohl dem Kongreß des POF in Nantes[17] als auch dem SPD-Parteitag in Frankfurt ausführliche Berichte. Die Rede Vollmars wurde in etwas gekürzter Form nachgedruckt.[18] Auch über die Kritik Bebels an dem Ergebnis des Kongresses

---

7 Vgl. dazu: Notizen. Die ländliche Bevölkerung und die Sozialdemokratie. Von R. Calwer. In: NZ, 11,2, 1892/93, S. 696f. Das Ergebnis blieb auch weit hinter den Erwartungen Engels zurück, der mit 2¼ Millionen Stimmen gerechnet hatte. Siehe Engels an Kautsky, 1.6.1893. In: MEW, 39, S. 77.

8 Lehmann: Die Agrarfrage, S. 96ff.

9 Siehe dazu aus DDR-Sicht: Dittmar: Zur praktischen Landagitation.

10 Pt. 1894, S. 135-142.

11 Ebd.

12 Vgl. Vorwärts, 16.11.1894.

13 In Briefen an Lafargue und Sorge hatte er bereits im September bzw. im November seine Kritik an den Ergebnissen von Nantes und Frankfurt formuliert. Engels an Lafargue, zweite Hälfte September 1894, in: MEW, 39, S. 299 und Engels an Sorge, 10.11.1894, in: MEW, 39, S. 309.

14 In: NZ, 13,1 1894/95, S. 292-306 und MEW, 22, S. 485ff. Eine ausführliche Wiedergabe bei Lehmann: Die Agrarfrage, S. 128ff, eine Zusammenfassung der wichtigsten Punkte bei Procacci: Introduzione, S. LIVff.

15 Kautsky: Das Erfurter Programm und die Landagitation. In: NZ, 13,1, 1894/95, S. 278.

16 Vgl. Lehmann: Die Agrarfrage, S. 317.

17 LdC, 22.,23.9.1893.

18 LdC, 3.,4.11.1894.

informierte die Zeitung ihre Leser, enthielt sich jedoch eines Kommentars.[19] Im gleichen Artikel wurde die „Behauptung Schönlanks", Engels habe sich für die Erhaltung des Kleinbauerntums ausgesprochen, zurückgewiesen. Damit war wahrscheinlich die Bemerkung Vollmars in Frankfurt gemeint, daß Engels „den französischen Genossen" seine Zustimmung gegeben habe.[20]

Mitte Dezember, also nach Erscheinen des Artikels von Engels in der „Neuen Zeit" kam die Redaktion auf das Thema zurück.[21] Bebel und Vollmar[22] repräsentierten, so das Parteiblatt, zwei „diametral entgegengesetzte Systeme". Es stelle sich die Frage, ob mit dem „streng orthodoxen" Programm des wissenschaftlichen Sozialismus die Landbevölkerung erobert werden könne. Vollmar und seine Anhänger folgten in dieser Frage im Gegensatz zu Bebel und Kautsky der „französischen Schule". Die Redaktion der „Lotta di classe" schloß sich weitgehend der Option Vollmars an. Das französische Agrarprogramm sei zwar nicht perfekt, in der Tendenz aber richtig. „Unser Agrarprogramm [. . .] muß sich den Bedingungen, in denen sich die Landwirtschaft in den einzelnen Ländern befindet, anpassen."[23]

Diese Haltung änderte sich einen Monat später grundlegend. Die „Lotta di classe" schloß sich nun kritiklos der orthodoxen Mehrheits-Linie an. Da die deutsche Parteipresse den Beschlüssen von Frankfurt zunächst ebenfalls positiv gegenüberstand, ist zu vermuten, daß der Aufsatz von Engels Mitte Dezember in Italien noch nicht bekannt war. Außerdem stammte der erste Bericht mit großer Wahrscheinlichkeit aus der Feder Andrea Costas, der dem französischen Sozialismus näherstand als dem deutschen, und – von den Verhältnissen in der Romagna ausgehend – in der Agrarfrage stets gegen eine intransigente Position Stellung bezog.[24]

Im Januar erschien dann eine Zusammenfassung von Engels' Aufsatz, der ein Beitrag von Paul Lafargue entgegengestellt wurde.[25] Die Redaktion verzichtete auf eine Stellungnahme. Anfang Februar folgte ein Leserbrief, der sich den Thesen Engels' anschloß[26], und eine Woche später wurde Liebknecht zitiert, der sich mittlerweile Bebel angenähert hatte.[27] Die „Lotta di classe" vollzog damit den durch den Eingriff Engels' ausgelösten Wandel in der deutschen Parteipresse nach. Die gleiche Entwicklung ist auch auf lokaler Ebene zu beobachten.

---

19 LdC, 24., 25.11.1894.
20 Pt. 1894, S. 151. Engels widersprach dieser Behauptung in einem Brief vom 12.11., der im „Vorwärts" veröffentlicht wurde. Vgl. auch den Brief von Engels an Lafargue vom 12.11.1894. In: MEW, 39, S. 310.
21 La questione agraria nel programma socialista. In: LdC, 15.,16.12.1894. Der Artikel ist nicht gezeichnet.
22 Die LdC begrenzte die Standpunkte nicht auf die beiden Personen, sondern sprach von „bebeliani" und „vollmaristi". Ebd.
23 „Il nostro programma per le campagne [. . .] deve adattarsi alle condizioni in cui si trova l'agricoltura nei singoli paesi." Ebd.
24 Vgl. Costas Beitrag „I piccoli proprietari ed il partito socialista" am 6.,7.3.1893, ebenfalls in der LdC und seine Rede beim Nationalkongreß in Reggio Emilia. Rct. 1893, S. 15ff.
25 La questione agraria: La scuola francese – la scuola tedesca. In: LdC, 26.,27.1.1895.
26 LdC, 2.,3.2.1895.
27 LdC, 9.,10.2.1895. Zum Wandel in der Haltung Liebknechts siehe Lehmann: Die Agrarfrage, S. 113ff.

Der „Eco del popolo" zitierte im Rahmen der Besprechung des Nanter Parteitages zunächst einen Auszug aus der Rede Lafargues, in dem der Franzose von dem „unaufhaltsamen Konzentrationsprozeß auch in der Landwirtschaft" gesprochen hatte.[28] Das Programm wurde gutgeheißen, da man annahm, es stimme mit der marxistischen Theorie überein. Die Folgerung Lafargues, der gerade durch die „Fatalität" dieser Entwicklung die Bauernschutzpolitik legitimiert sah, weist große Ähnlichkeiten mit den Argumenten Turatis von 1893 auf.[29]

Nach dem Parteitag der SPD in Frankfurt begann sich ein Wandel in der Beurteilung der von den Franzosen verfolgten Linie abzuzeichnen. Die Reformpolitik der französischen und bayerischen Sozialisten wurde nun als Rückkehr zu einem korporativistischen, rein auf ökonomische Verbesserung abzielenden Konzept eingeschätzt.[30] An der Berichterstattung des „Eco del popolo" zeigen sich somit sowohl die Widersprüchlichkeiten des Nanter Agrarprogramms als auch die allgemeine Unsicherheit, die in dieser Frage herrschte. Etwas irritiert äußerten sich die Cremoner darüber hinaus über die Schärfe, mit der die Auseinandersetzung in Deutschland geführt wurde, zeige sich hier doch eine „Bissigkeit, die einigermaßen erstaunt, wenn man an die Liebenswürdigkeit des romanischen Blutes gewöhnt ist."[31] Einen Monat später war die Zeitung deutlich auf der Linie der SPD-Mehrheit. Die Argumente Bebels gegen Vollmar und seine Anhänger wurden nun als „erdrückend" bezeichnet.[32] In der Zwischenzeit war der Aufsatz von Engels erschienen, der dem Chefredakteur Bissolati sicherlich nicht entgangen war.

Die „Critica sociale", die der Agrardebatte seit Beginn des Jahres 1894 breiten Raum einräumte, hatte in der Frage keine eindeutige Meinung. Die Diskussion bezog sich durch die mehrfachen und ausführlichen Beiträge „Externer" in erster Linie auf Piemont.

Im März wandte sich Luigi Einaudi[33] in einem offenen Schreiben an den Herausgeber gegen das Vorherrschen der „Untergangsthese" in der Mailänder Zeitschrift.[34] Einaudi sah darin einen Widerspruch zu dem Reformprogramm der Sozialisten, das auf die Verbesserung der Lage des Kleinbesitzes abzielte. Darüber hinaus werde diese These durch die tatsächliche Entwicklung widerlegt. Einaudi führte als Beispiel die wirtschaftliche Lage des Kleinbesitzes in der voralpinen Hü-

---

28 „Questa trasformazione è inevitabile come la fatalità, essa non può esser fermata da nessun provvedimento." Il congresso di Nantes. In: Eco del popolo, 6.,7.10.1894.
29 Vgl. La nostra inchiesta rurale. In: Antologia, vol.II, S. 25-27. Siehe auch Kapitel V,1.
30 „[. . .] in sostanza essi corrispondono ai nostri corporativisti, i quali credono di poter condurre gli operai al socialismo organizzandoli semplicemente per arti e mestieri". Dopo il congresso di Francoforte. In: Eco del popolo, 24.,25.11.1894.
31 „[. . .] una virulenza da far strabiliare chi sia abituato alle mollezze del gentil sangue latino." Ebd.
32 Dopo il congresso die Francoforte. In: Eco del popolo, 29.,30.12.1894.
33 Luigi Einaudi war von 1948-1955 Staatspräsident.
34 CS/Einaudi: L'azione del partito socialista nei paesi di piccola proprietà terriera. In: CS, 16.3.1894. Auch in: Luigi Einaudi: Cronache economiche e politiche di un trentennio (1893-1925) I: 1893-1902. Torino 1964, S. 3-5.

gellandschaft Piemonts an. Turati delegierte die Antwort an Antonio Piccarolo[35] (Pseudonym: Rocca Pilo).[36] Dieser beschrieb die Entwicklung des Kleinbesitzes am Beispiel Monferratos (Piemont). Durch die Bedingungen des kapitalistischen Marktes und die ausländische Konkurrenz wurde den Kleinbauern nach Meinung Piccarolos de facto die Existenzgrundlage entzogen. Diesen Prozeß, der schließlich zum „Untergang des Kleinbesitzes" führte, sah er als eine notwendige Stufe im Übergang zum Kollektivismus an. Auf diesen Beitrag folgte eine Antwort Giuseppe Bonzos.[37] Seine Überlegungen liefen auf die These hinaus, daß die kollektivistische Produktionsweise sich nicht auf den gesamten Agrarbereich anwenden lasse. In Bereichen, in denen der Einsatz von Maschinen nicht möglich sei, erweise sich der Kleinbesitz dem kollektiven Großbetrieb als überlegen. Dies widersprach völlig der zu diesem Zeitpunkt intransigenten Grundhaltung der Partei.

Das Verdienst der Beiträge von Nicht-Sozialisten, wie beispielsweise von Luigi Einaudi oder Giuseppe Bonzo, bestand in der Untersuchung der spezifischen Agrarverhältnisse in einer bestimmten Region Italiens. Diese Art von Studien fehlte für die meisten Gebiete, da die Sozialisten sich in erster Linie mit der Rezeption der Agrardiskussion in Deutschland beschäftigten.[38] Insgesamt muß die Erforschung der Agrarstrukturen als ausgesprochen lückenhaft bezeichnet werden. Außerdem gelang es den Sozialisten nicht, die Ergebnisse solcher Untersuchungen in die Agrardiskussion der Partei einzubeziehen.

Turati bezog zu den verschiedenen Thesen keine Stellung. Erst in der ersten Dezemberausgabe deutete er indirekt seinen Standpunkt an, indem er einen Ausschnitt aus Bebels Berliner Rede publizierte. Dieser Artikel enthielt die Klagen des deutschen Parteivorsitzenden über den Zustrom kleinbürgerlicher Elemente und die Warnung vor den Gefahren des Opportunismus.[39] Eine Auseinandersetzung mit den verschiedenen, sich widersprechenden Positionen, die in Turatis Zeitschrift zu Wort kamen, fand jedoch nicht statt.

In der ersten Januarnummer des Jahres 1895 ergriff schließlich einer der wichtigsten Vertreter der intransigenten Linie, Angiolo Cabrini, das Wort.[40] Von der Vollmar-Bebel-Kontroverse ausgehend beschrieb Cabrini die Lage der Kleinbetriebe in Italien. Seiner Darstellung zufolge war die Mehrzahl der Betriebe bereits zu dem Zeitpunkt ruiniert, als die Eigentümer sich zusätzlich als Lohnarbeiter verdingen mußten. „Sanierungsprogramme" seien daher als reaktionär zu beurteilen. Aufgabe der sozialistischen Partei sei es vielmehr, die Zusammenhänge des kapitalistischen Systems aufzudecken und zu zeigen, daß sich der Kleinbesitz unter diesen Umständen nicht halten könne. Mit den Worten Kautskys übte Cabrini

---

35 Piccarolo arbeitete sowohl an der LdC als auch an der CS und der „Giustizia" mit. Seit 1894 entwickelte er sich zu einem der bedeutendsten Theoretiker der Agrarfrage. Vgl. auch Kap. V,4.
36 „Rocca Pilo": La piccola proprietà. Come nasce, come muore. In: CS, 16.3.1894.
37 Giuseppe Bonzo: Il socialismo e la piccola proprietà. In: CS, 1.6.1894. Siehe auch ders.: I limiti tecnici del collettivismo nella produzione agricola. In: Antologia, vol.II, S. 64ff.
38 Piccarolo stellte eher eine Ausnahme dar.
39 xxx: Esame di coscienza. In: CS, 1.12.1894. Vgl. Vorwärts, 16.11.1894.
40 Cabrini: La piccola proprietà e il partito socialista. In: CS, 1.1.1895.

scharfe Kritik an der „opportunistischen Propaganda", die dazu führe, daß die Haltung der Partei in der Agrarfrage widersprüchlich und mehrdeutig werde:

„Heute kann ein Propandist einem Kleinbesitzer im Namen der Partei den Fortbestand seines Hofes versprechen; morgen lehrt ihn ein anderer im Namen der gleichen Partei, daß ein derartiges Versprechen eine Täuschung ist."[41]

Mit dem Beitrag Cabrinis wurden auch in der „Critica sociale" die Vertreter einer intransigenten Linie wortführend. Bewirkte der Eingriff Engels' in die Agrardebatte in Deutschland einen Wandel der Sympathien zugunsten des Parteivorsitzenden Bebel, so markierte diese Intervention auch in Italien eine Kehrtwende. Besonders deutlich ist dieser Sympathieumschwung bei der „Lotta di classe" und dem „Eco del popolo" nachzuvollziehen. Turati dagegen blieb weiterhin schwankend. Vertrat er unmittelbar nach dem Frankfurter Parteitag noch Positionen, die ihm das Lob Engels'[42] einbrachten, so lehnte er nun eine italienische Übersetzung von Engels' Aufsatz, die ihm Martignetti anbot, ab. Obwohl auch Turati seit Anfang 1895 verstärkt die Vertreter einer orthodoxen Linie zu Wort kommen ließ, zeigte sich insgesamt nun doch die „Lotta di classe" als „prinzipientreuer".

Am stärksten jedoch wich Prampolinis „Giustizia" von der durch die SPD vorgegebenen intransigenten Linie ab. Ein ständig wiederkehrendes Thema der reformistischen Zeitung war die Vereinbarkeit der kollektivistischen Produktionsweise mit dem Erhalt des Privateigentums an Konsumgütern und Produktionsmitteln, die nur dem eigenen Bedarf dienten. Diese auch von Prampolini selbst vertretene Position wurde unter anderem durch den auszugsweisen Abdruck von Broschüren Eduard Mattias[43] und durch die Wiedergabe von Artikeln Jean Jaurès'[44] bekräftigt. Der französische Sozialist vertrat die Ansicht, daß der Sozialismus nicht jede Art von Privateigentum, sondern nur den Besitz an Produktionsmitteln abschaffen würde. Besitz, der nicht der Ausbeutung der Arbeitskraft anderer diene, werde sogar geschützt werden.[45]

Im Gegensatz zur „Lotta di classe" und dem „Eco del popolo" erfolgte in der „Giustizia" nicht die in den beiden anderen Zeitungen aufgezeigte Wende im Sinne einer Angleichung der Positionen an die der deutschen Sozialdemokratie. Ganz im Gegenteil, Prampolini ignorierte die Debatte in Deutschland vollständig.

In Deutschland geriet die Agrarfrage wegen der Umsturzvorlage vorübergehend in den Hintergrund.[46] Inzwischen konstituierten sich jedoch die Agrarkommission unter dem Vorsitz von Liebknecht sowie drei Arbeitsgruppen: die süddeutsche, die

---

41 Ebd.
42 Engels an Turati, 4.12.1894. In: MEW, 39, S. 337.
43 Beispielsweise E. Mattia: Cosa vuole il socialismo. In: Giustizia, 11.8.1894.
44 Zum Einfluß des französischen Sozialisten auf die italienischen Reformisten siehe Kap. VI,2.
45 „[. . .] la proprietà del contadino che possiede la terra ch'egli stesso lavora con la sua famiglia, [. . .] non solamente potrà essere mantenuta, [. . .] ma sarà inoltre protetta contro gli artigli del capitale usuraio ben più efficacemente di adesso." Jaurès: Il collettivismo. In: Giustizia, 21.7.1895.
46 Siehe Engels an Kautsky, 3.1.1895 und Engels an Sorge, 16.1.1895. In: MEW, 39, S. 364 und 386. Engels betrachtete den Abbruch der Polemik als Sieg „auf der ganzen Linie". Siehe Engels an Adler. 14.12.1894. In: MEW, 39, S. 340.

mitteldeutsche und die norddeutsche. Auch in Italien war die Partei mit drängenderen Sorgen als der Agrarfrage beschäftigt. Die Parteisektionen waren in Folge des Dekrets vom 22. Oktober 1894 aufgelöst worden. Dennoch wurde im Januar 1895 in Parma ein geheimer Parteitag abgehalten, bei dem die Agrarfrage jedoch nicht thematisiert wurde. Vom 26. Mai bis zum 4. Juni fanden außerdem Parlamentswahlen statt, bei denen die sozialistische Fraktion die Zahl ihrer Abgeordneten von fünf auf zehn[47] erhöhen konnte. Vor dem Hintergrund der gespannten innenpolitischen Situation erschien die Agrarfrage in ihrer Relevanz auch in Italien als zweitrangig.

---

47 Die Zahl in MEW, 39, Anm. 513, von ca. 20 ist falsch.

4. Der SPD-Parteitag in Breslau und die italienische Agrardiskussion

Seit der Veröffentlichung des Programmentwurfes, den die vom Frankfurter Parteitag eingesetzte Agrarkommission ausgearbeitet hatte, verfolgte die „Lotta di classe" minutiös die Diskussion in der SPD. Auch lokale Zeitungen, wie der „Grido del popolo" und der „Eco del popolo" befaßten sich mit der Kontroverse in Deutschland. Der Parteitag von Breslau löste schließlich auch in Italien eine umfassende, kontroverse Debatte über die Agrarfrage aus, die 1897 in Bologna zu einem Beschluß führte, der die Breslauer Resolution an Rigidität noch übertraf.

Bereits an den ersten Reaktionen auf die Veröffentlichung des Kommissionsvorschlages zeigte sich in Deutschland die geringe Erfolgsaussicht des Entwurfs auf dem bevorstehenden Parteitag. Dem entsprach die Haltung der italienischen Parteiblätter. Die „Lotta di classe" schloß sich der Kampagne der Mehrzahl der SPD-Parteizeitungen[1] gegen die „kleinbürgerliche", „nicht-proletarische" Bauernpolitik an: „Er [Vollmar] glaubt, daß die Kleinbesitzer gestillt werden müssen und durch Reförmchen, die den unaufhaltsamen Untergang des Kleinbesitzes verlangsamen, in unsere Reihen gezogen werden müssen. Genau das wollen seine Gegner nicht, die zurecht der Meinung sind, daß die Verbesserungen nur dann zulässig sind, wenn sie die Entwicklung der Gesellschaft in Richtung Sozialismus nicht aufhalten."[2]

Auch über die verschiedenen lokalen SPD-Versammlungen[3], die sich zwischen dem 21. Juli und dem 3. Oktober 1895 mit dem Entwurf beschäftigten und ihn zu fast 90% ablehnten, berichtete die „Lotta di classe" ausführlich.[4] Anfang September kam die Zeitung auf Kautskys Artikel zurück, der, so der Korrespondent in München, die Unbrauchbarkeit dieses „totgeborenen" Entwurfes aufzeige.[5] In der gleichen Ausgabe veröffentlichte die „Lotta di classe" einen Brief von Vollmars Frau, die sich gegen die Darstellung ihres Mannes als einen der Hauptverteidiger des Projektes verwahrte. Sie wies darauf hin, daß ihr Mann krank sei, und bat die Redaktion um Richtigstellung. In der Tat herrschte in Italien die Meinung vor, es handele sich um eine Polemik zwischen Kautsky und Bebel einerseits und Vollmar

---

1 Zur Reaktion der „Parteibasis" siehe Lehmann: Die Agrarfrage, S. 174ff. Die LdC druckte eine Reihe der Pressestimmen in den Augustnummern nach.

2 „Questo [il Vollmar] crede che si debbano allettare i piccoli proprietari e attirarli nelle nostre file, mediante riformine atte a ritardare la fatale rovina della piccola proprietà. Ciò non vogliono i suoi contraddittori, i quali giustamente pensano che i miglioramenti da concedersi non devono mai ostacolare l'evoluzione della società presente verso il socialismo." Die Redaktion bezog damit Stellung zu dem Artikel Kautskys „Unser neuestes Programm" in der NZ, den sie in der gleichen Nummer in einer Zusammenfassung wiedergab. LdC, 31.8., 1.9.1895. Vgl. NZ, 13,2, 1894/95, S. 557-565, 586-594, 610-624.

3 Von insgesamt 156 beschließenden Versammlungen verwarfen 138 den Entwurf und forderten den Parteitag von Breslau auf, ihn abzulehnen. Lehmann: Die Agrarfrage, S. 175.

4 „Nelle adunanze dei socialisti delle varie parti della Germania è un grido solo d'indagnazione contro il progetto." LdC, 17.,18.8.1895.

5 (nostra corrispondenza): Un Nato Morto. In: LdC, 7.,8.9.1895. Seit dem 24.,25.8. sind die Berichte aus Deutschland als Korrespondentenberichte ausgewiesen; der Hinweis, daß sie aus München kamen, findet sich in der Ausgabe vom 31.8., 1.9. Ein Name taucht allerdings nirgends auf.

andererseits. Ebenso wie die „Lotta di classe" hatte auch der „Grido del popolo" Vollmar mit den Befürwortern des Programms identifiziert, Bebel indes zu den Gegnern gezählt.[6] Der Parteivorsitzende war seit seiner Rede in Berlin nach dem Parteitag von Frankfurt als vehementer Gegner der „Opportunisten" und als Gegenspieler Vollmars bekannt. Bebel, der mit Wilhelm Liebknecht und Max Schippel die Berliner Parteizentrale in der Agrarkommission vertrat und in der norddeutschen Arbeitsgruppe den Vorsitz innehatte, war jedoch in entscheidendem Maße an der Redaktion des Programms beteiligt, während Vollmars Forderungen, die darüber noch weit hinausgingen, zum großen Teil unberücksichtigt blieben. Die Vorschläge der Kommission enthielten eine Reihe von Forderungen zugunsten des Bauernstandes – unter anderem nach Verstaatlichung der Versicherungen und Hypotheken –, die in das Erfurter Programm integriert werden sollten.[7] Darüber hinaus sollte die Einleitung zum zweiten Teil des Parteiprogramms, der die konkreten Reformvorstellungen umfaßte, modifiziert werden. Darin hieß es unter anderem, daß die vorgeschlagenen Maßnahmen auf die Demokratisierung der staatlichen Institutionen abzielen sollten.

Bebel verfolgte damit eine Politik, die er selbst nur ein halbes Jahr zuvor aufs schärfste verurteilt hatte. Offensichtlich wurde er sich dessen erst zu spät bewußt. Im Juli schrieb er an Engels, man merke dem „Dinge an, daß es ein Kompromiß" sei, und er hoffe, „daß jetzt die Kritik tüchtig einsetz[e]". Verschiedenes solle auf dem Parteitag wieder „hinausgeworfen" werden.[8] In einer letzten Sitzung vor dem Parteitag versuchte er, das Projekt durch einige Korrekturen zu retten.[9] Vollmar fehlte unter den Teilnehmern des Breslauer Parteitages. Kautsky dagegen war in seiner Kampagne gegen das Projekt so weit gegangen, daß er ein Agrarprogramm nicht nur in der vorgeschlagenen Form, sondern generell ablehnte.[10] Damit unterschied sich seine Haltung wesentlich von der Engels', der in seinem Aufsatz über die „Bauernfrage in Deutschland und Frankreich"[11] insbesondere die Gewinnung der ostelbischen Landarbeiter als dringende Notwendigkeit bezeichnet hatte. Die geringe Bedeutung, die Kautsky damit dem Bauernstand beimaß, stieß in Italien, trotz der generellen Anlehnung an die „orthodoxe Richtung", auf wenig Gegenliebe.[12]

Vom 6. bis 12. Oktober fand schließlich in Breslau der Parteitag statt; die Referenten zur Agrarfrage waren Max Ernst Quarck und Max Schippel.[13] Quarck stellte die Arbeit der Kommission und der Unterausschüsse vor und verteidigte sie

---

6 Profili. Bebel e Wollmar. Grido del popolo, 27.7.1895.

7 Pt. 1895, S. 212-216. Die Entwürfe der Unterschüsse: S. 209-211. Vgl. auch Lehmann: Die Agrarfrage, S. 154-166 und Procacci: Introduzione, S. LXIf.

8 Bebel an Engels, 17.7.1895. Zit.n. Lehmann: Die Agrarfrage, S. 163.

9 Lehmann: Die Agrarfrage, S. 190.

10 Vgl. Kautsky: Unser neuestes Programm. Siehe auch Lehmann, Hans Georg: Kautsky und die Agrarfrage. In: Rojahn: Marxismus und Demokratie, S. 100-115.

11 Vgl. V,2.

12 „[. . .] sembra che la teoria del Kautsky della inutilità di un programma agrario per la Germania non perverra." In: LdC, 7.,8.9.1895. Siehe auch: Movimento socialista estero. Germania. In: Grido del popolo, 10.8.1895.

13 Schippel wandte sich seit etwa 1893 dem Revisionismus zu. Pt. 1895, S. 98-177.

152

als „allmälige Beeinflußung und Umformung der wirtschaftlichen und politischen Einrichtungen durch unsere Theilnahme an der praktischen Politik".[14] Der Koreferent Schippel sprach sich gegen das Projekt aus, obwohl er selbst Mitglied der Agrarkommission gewesen war und einen großen Teil der Forderungen für gutgeheißen hatte.[15] Bebel befürwortete die vorgeschlagene Erweiterung des Erfurter Programms. Insbesondere verteidigte er die von Kautsky in der „Neuen Zeit" heftig kritisierte Forderung nach „Demokratisierung der Institutionen". Seiner Ansicht nach entsprach dieser Punkt dem Charakter des zweiten Teils des Erfurter Programms. Klara Zetkin verwarf den abgeänderten Einleitungspassus als „Quadratur des Zirkels".[16] Mit 159 gegen 63 Stimmen wurde schließlich der erste Teil des Antrags Kautskys angenommen, der den Entwurf ablehnte. Dem zweiten Teil, der ein nochmaliges Studium der Frage vorsah, stimmten nahezu alle Abgeordneten zu.[17]

In der „Lotta di classe" wurden am Eröffnungstag des Parteitages nochmals verschiedene Pressestimmen wiedergegeben, die sich mit dem Agrarprogramm beschäftigten. In der nächsten Nummer wurde ein Auszug aus der Eröffnungsrede Liebknechts veröffentlicht, der belegte, welche Bedeutung dem Kongreß auch in Italien beigemessen wurde: „Vielleicht hatte noch kein sozialistischer Kongreß so große Bedeutung wie dieser, bei dem es sich darum handelt, die Haltung der Sozialdemokratie gegenüber der Landbevölkerung festzulegen."[18]

In der gleichen Ausgabe wurden außerdem unter der Rubrik „Die sozialistische Bewegung im Ausland" (Movimento socialista estero) die „Leipziger Volkszeitung" und eine Stellungnahme Max Schippels im „Sozialdemokrat" zitiert. Der bereits erwähnte Artikel des Münchner Korrespondenten beschäftigte sich ebenfalls mit dem Breslauer Parteitag.[19] Auch in der folgenden Nummer vom 19./20. Oktober nahm der Breslauer Parteitag das Blatt nahezu völlig in Anspruch. Die Redaktion schloß sich dem Votum des Parteitages an; die Ablehnung des Projektes bedeute den Verzicht auf einen „raschen, aber trügerischen Erfolg".[20] Mit Entschiedenheit wies die Redaktion die Kommentare der bürgerlichen Presse zurück, die von einer Niederlage des Parteivorsitzenden gesprochen hatten.[21]

Die folgende Seite war Auszügen der Reden Bebels, Kautskys, Davids, Zetkins

---

14 Pt. 1895, S. 100.
15 Ebd., S. 105ff. Vgl. auch die Auseinandersetzung Bebels mit Schippel, S. 11ff.
16 Ebd., S. 139.
17 Ebd., S. 176.
18 „Forse nessun Congresso socialista ebbe infatti maggiore importanza di questo, in cui si tratta di vedere quale debba essere l'atteggiamento della democrazia socialista di fronte alla popolazione delle campagne." In: LdC, 12.,13.10.1895.
19 „Un Nato Morto". In: LdC, 7.,8.9.1895. Darüber hinaus erschien ein Auszug aus einer Rede Liebknechts vor dem Parlament, der sich mit der „Umsturzvorlage" beschäftigt, sowie ein Bericht über Zusammenstöße zwischen Bauern und staatlichen Ordnungskräften in Bayern. Die nur wöchentlich erscheinende Mailänder Zeitung war damit zu einem extrem großen Teil den Ereignissen in der deutschen Sozialdemokratie gewidmet.
20 LdC, 19.,20.10.1895.
21 „[. . .] in questa discussione si è rilevato il vero segreto della forza del partito, che consiste nella spirito di libero esame diffuso in tutto il partito, che non soffre altra autorità fuor quella della ragione." Ebd.

und Liebknecht gewidmet. Als ersten Kommentar einer deutschen Zeitung zitierte die „Lotta di classe" einen in der „Leipziger Volkszeitung" erschienenen Artikel Schönlanks, in dem es hieß: „Das Agrarprojekt ist abgelehnt worden; die Agrardiskussion dagegen wird weiter gehen."[22] Daran wird deutlich, daß die „Lotta di classe" dem Votum des Parteitages zwar insofern zustimmte, als sie den Entwurf der Agrarkommission einerseits als opportunistische, auf rasche „Tageserfolge" abzielende Politik ablehnte. Andererseits unterschied sich die Einstellung der Mailänder zur Agrarfrage doch wesentlich von der Kautskys, der ein Agrarprogramm in der bestehenden Gesellschaft generell ablehnte.[23] Über die Versuche der bayerischen Sozialdemokraten, sich dem Parteitagsbeschluß zu widersetzen,[24] berichtete die „Lotta di classe" ohne Kommentar.[25] Mit einer Stellungnahme des „Vorwärts" zur Landagitation nach dem Breslauer Parteitag schloß die „Lotta di classe" Anfang November schließlich die Berichterstattung über die Agrardiskussion in der SPD ab.

Auch Turatis „Critica sociale" billigte den Beschluß von Breslau.[26] In Übereinstimmung mit der „Lotta di classe" bezeichnete der Herausgeber die Resolution als Verzicht auf unmittelbare Erfolge zugunsten des schwierigeren, aber sicheren Weges zum Ziel. Turati teilte auch die positive Einschätzung der Art und Weise, mit der die Debatte geführt worden war. Mit etwas übertriebenem Pathos schrieb er: „Man ist wie geblendet von der gebündelten kämpferischen, lebhaften und leuchtenden Intellektualität, die von all den feierlichen Versammlungen ausgeht."[27]

Zustimmung zum Kongreßbeschluß kam auch vom „Grido del popolo"[28] und vom „Eco del popolo". Die Cremoner zollten der SPD Bewunderung für ihre „unerbittliche (spietata) Kritik und Prinzipienfestigkeit".[29] Auch hier nahm die Berichterstattung die ganze erste Seite ein. In Prampolinis „Giustizia" dagegen wurde der Parteitag – wie schon die vorausgegangenen Diskussionen – mit keinem Wort erwähnt.

Der Breslauer Parteitag gab der Agrardiskussion in Italien einen starken Impuls. An der darauffolgenden Kontroverse in der „Critica sociale" waren neben dem

---

22 „Ciò ch'è respinto è il progetto agrario; la discussione agraria continua." Ebd. Schönlank forderte die Parteimitglieder, die eine reformistische Agrarpolitik für notwendig hielten, auf, sich dem Parteitagsbeschluß zu beugen, jedoch weiterhin für ihre Ansicht in der Partei zu werben. Damit distanzierte Schönlank sich von den Versuchen Vollmars, ihn als Mitstreiter gegen den Parteitag zu gewinnen. Vgl. Lehmann: Die Agrarfrage, S. 207.
23 „Ein sozialdemokratisches Agrarprogramm für die kapitalistische Produktionsweise ist ein Unding." Kautsky: Unser neuestes Programm. In: NZ, 13,2, 1894/95, S. 617.
24 Der Abgeordnete Scherm erklärte am 15.10. im bayerischen Landtag, die Haltung der Partei zur Agrarfrage sei völlig unverändert. Vollmar und Grillenberger waren entschlossen, sich dem Parteitagsbeschluß zu widersetzen und suchten dafür Verbündete. Lehmann: Die Agrarfrage, S. 203.
25 Dopo il Congresso. In: LdC, 26.,27.10.1895.
26 CS: Il socialismo al bivio. Il congresso di Breslavia. In: CS, 16.10.1895.
27 „[...] si rimane come abbarbagliati dal vivo fascio luminoso di intelletualità militante che sprizza dall'assieme di quella Assise solenne." Ebd.
28 Grido del popolo, 26.10.1895.
29 Il congresso dei socialisti tedeschi. In: Eco del popolo, 26.,27.11.1895.

Herausgeber selbst Bissolati, Bonomi, Gerolamo Gatti[30], Pasquale di Fratta, der unter dem Pseudonym „Lucio" schrieb, Arturo Labriola und Giuseppe Bonzo beteiligt. Die wichtigsten Beiträge erschienen 1896 als Broschüre im Verlag der „Critica sociale".[31]

Die extremen Pole der Debatte wurden von den Beiträgen „Lucios" auf der einen Seite und Gattis auf der anderen abgesteckt. Bissolati, der neben „Rocca Pilo"[32] und Massimo Samoggia[33] die Agrarresolution des Parteitags von Florenz (1896) formulierte, nahm eine mittlere, den Thesen „Lucios" jedoch nahestehende Position ein.

„Lucio", der in seinem Beitrag[34] explizit auf die Breslauer Debatte Bezug nahm, kam, obwohl er von völlig anderen ökonomischen Hintergründen ausging, zu ähnlichen Ergebnissen wie Kautsky. Pasquale di Fratta hatte die Verhältnisse des „Mezzogiorno" vor Augen, wenn er die Ansicht vertrat, daß alle Anstrengungen, die Bauern für den Sozialismus zu gewinnen, vergebens seien.[35] Die Bewegung der „fasci" hatte seiner Meinung nach keinen sozialistischen, sondern eher kleinbürgerlichen Charakter gehabt. Sein Bild vom Bauern entsprach dem durch die antirevolutionären Tendenzen der 1848er-Revolution geprägten Bild eines „antikollektivistischen Dickschädels": „Verstreut oder in engen Dörfern zusammengepfercht leben diese geizigen, unwissenden und reaktionären Leute, die zu acht Zehntel Analphabeten sind ohne jede gedankliche Verbindung zur modernen Welt; sie sind von jeder Neuigkeit abgeschnitten und kleben an der Scholle, auf der sie geboren sind und auf der sie sterben wollen."[36] Das Ziel der Sozialisten müsse einzig und allein in der Einführung der kapitalistischen Produktionsweise auf dem Land bestehen. Er schlug daher ein Programm vor, das die Forderung nach Abschaffung der Getreidezölle und nach Modernisierung der Landwirtschaft durch Bewässerungsanlagen und Landmaschinen umfaßte. Die Resolution von Breslau konnte er nur begrüßen – der Kleinbesitz war für ihn die „Quecke der Geschichte" (gramigna della storia)[37], welche die Sozialisten bekämpfen müßten.

Gattis Konzept dagegen zielte darauf ab, die Kleinbauern für den Sozialismus zu gewinnen, indem die Partei ihren Bedürfnissen konkrekt entgegenkam. Nur mit direkter Hilfe konnte seines Erachtens das tief verwurzelte Mißtrauen dieser Schich-

---

30 Gatti trat ansonsten politisch kaum in Erscheinung.
31 La conquista. In der Einleitung hieß es: „Diese [Beiträge, die Verf.] sind Teil einer Diskussion, die ihren Ausgangspunkt von dem sozialistischen Kongreß in Breslau nahm."
32 Vgl. Kap. V,3.
33 Samoggia vertrat ebenfalls die Auffassung vom unvermeidlichen Untergang des Kleinbesitzes. Er lehnte jedoch das Vorherrschen einer äußerst formalistischen Übertragung der marxistischen Prinzipien auf die Agrarfrage ab. Il movimento operaio italiano. Dizionario biografico, vol.V, S. 491-495.
34 Lucio: La conquista delle campagne. In: CS, 1895, S. 371-373. Auch in: La conquista, S. 5-19.
35 La conquista, S. 8. Siehe auch „Lucio": Propaganda inutile. In: CS 1896, S. 37-39.
36 „Gente avara, ignorante e reazionaria, per otto decimi analfabeta, vive sparsa nelle campagne o aggruppata in angusti villaggi, in nessuna comunanza d'idee col mondo moderno, aborrente di ogni novità, attaccata tenacemente al fondo sul quale nasce e sul quale vuol morire." Lucio: La conquista delle campagne. In: La conquista, S. 9.
37 Ebd., S. 5.

ten gegen den Sozialismus abgebaut werden. Der Kern seines Programms bestand daher in der Einrichtung von landwirtschaftlichen Kreditgenossenschaften (casse rurali), vergleichbar mit den deutschen Raiffeisenkassen. Damit könne man eine zweifache Wirkung erzielen: Zum einen befreie man die Kleinbesitzer, die bei den üblichen Geldinstituten keinen Kredit bekämen, aus der Abhängigkeit der Wucherer, zum anderen würden sie dadurch zur Solidarität erzogen werden.

Turati ergriff als Herausgeber der „Critica sociale" noch in der gleichen Nummer das Wort. Wie bereits in den vergangenen Jahren bezog er zu den gegensätzlichen Beiträgen nicht eindeutig Stellung. Er distanzierte sich lediglich vorsichtig von dem Breslauer Beschluß, dem er zwei Monate zuvor noch zugestimmt hatte. Eine einheitliche Lösung sei, so meinte er nun, gar nicht möglich. Man müsse einen Mittelweg finden zwischen der Theorie, die „vielleicht ein wenig zu rigide sei" und den Forderungen der konkreten Situation, die von Land zu Land unterschiedlich seien.[38]

Sehr viel ausführlicher ging Bissolati in der ersten Januarausgabe auf die unterschiedlichen Positionen ein. Im Gegensatz zu Pasquale di Fratta hielt er es für durchaus möglich, die Kleinbauern mit der sozialistischen Propaganda zu erreichen. Vorschläge, wie sie von Gatti formuliert wurden, lehnte er jedoch entschieden ab. Mit dieser Haltung glaubte er sich in voller Übereinstimmung mit der Resolution von Breslau. „In den Vorschlägen [der Agrarkommission, die Verf.] sahen sie [die deutschen Sozialdemokraten, die Verf.] die Anfänge eines unreinen, zweideutigen Sozialismus – wie wir in dem Entwurf Gattis. Aber indem sie sie ablehnten, verzichteten sie doch nicht darauf, die ländliche Bevölkerung zu erobern."[39]

Bissolati war der Ansicht, daß die sozialistische Propaganda auf dem Land in erster Linie darauf abzielen müsse, den Bauern die Auswirkungen des Kapitalismus klarzumachen.[40] Dieser Linie entsprach auch sein Referat auf dem Parteitag in Florenz.[41] Für Regionen, in denen der Kleinbesitz und „andere Formen der alten Landwirtschaft" noch existierten, schlug Bissolati die Förderung von Kooperativen vor. Dies habe sich auch in der Vergangenheit als sehr erfolgreich erwiesen.[42] Obwohl Bissolati in seinem Abschlußwort zu seiner großen Zufriedenheit feststellte, daß „keine der Resolutionen die Sozialistische Partei zur Unterstützung des Kleinbesitzes auffordere"[43], zeigte doch die Diskussion, daß die „Untergangsthese" keineswegs unumstritten war. So berichtete beispielsweise Morandotti, daß die

---

38 „[. . .] conciliando le esigenze di una teoria forse un tantino troppo rigida e quelle, meno austere, ma non meno imperiose, delle condizioni concrete ed estremamente varie e variabili di tempo e di paese?" Turati: Discussione aperta. In: CS, 16.12.1895.

39 „In quelle proposte – come noi nella proposta Gatti – essi videro l'abbozzarsi di un socialismo spurio ed equivoco, [. . .] Ma, respingendo quelle proposte, essi non rinunziarono a conquistare le masse rurali." Bissolati: La questione agraria. In: CS, 1.1.1896.

40 Vgl. auch: Bissolati: Stringendo i nodi. In: CS, 1896, S. 56-62. Auch in: La conquista, S. 79-99.

41 Der vierte Parteitag des PSI fand vom 11.-13. Juli 1896 in Florenz statt.

42 Siehe: Il Domani, 13. Juli 1896.

43 „Nessun ordine del giorno dice che il partito socialista si impegnerà a sostenere la forma della piccola proprietà e di questo ho piacere." Rct. 1896, S. 47.

Bauern an der sozialistischen Propaganda zweifelten, da vom „Untergang des Kleinbesitzes" in der Realität keine Rede sein könne: „Ich erinnere mich an einen Kleinbauern, der unseren Satz auswendig gelernt hatte, und der mir sagte: ‚Ich bin ein zum Untergang verurteilter Kleinbauer, aber bis jetzt bin ich noch nicht untergegangen.'"[44]

Im übrigen spiegelten die Meinungsäußerungen deutlich die jeweiligen Agrarverhältnisse in den von den Kongreßteilnehmern vertretenen Regionen wider.[45] Die Mehrheit der Abgeordneten hielt angesichts der großen regionalen Unterschiede ein einheitliches Programm für unrealistisch. Ein konkretes Programm wurde in Florenz dann nicht verabschiedet; auch die Annahme eines Minimalprogramms wurde nochmals vertagt.[46] Die Resolution Bissolatis forderte die Delegierten auf, die Aktivitäten auf dem Land entsprechend der im Kommissionsbericht festgelegten Kriterien zu intensivieren.[47] In diesem Bericht[48] wurde die Haltung der Partei gegenüber den in die „alten Agrarverfassungen" eingebundenen Schichten als Verhalten definiert, „das sich von dem der französischen Sozialisten [unterschied, die Verf.] und sich dagegen den Beschlüssen von Breslau annäherte[e]". Der praktische Teil solle jedoch stärker ausdifferenziert werden, als die „deutschen Genossen" das getan hätten.[49] Darin lag ein Widerspruch, denn der Beschluß von Breslau besagte ja, daß es ein spezifisches Agrarprogramm nicht geben könne.

Unter dem Einfluß von Leonida Bissolati orientierte sich der Parteitag von 1896 demnach sehr stark an den Beschlüssen von Breslau. Die Italiener übernahmen damit die mechanistische Interpretation der marxistischen Prinzipien Kautskys. Die Lage des Kleinbesitzes wurde nicht in ihrem komplexen ökonomischen Zusammenhang untersucht, sondern an der verflachten These der Kapitalkonzentration gemessen. Unter den Gegnern dieser Linie profilierte sich unter anderem Ivanoe Bonomi, der in späteren Jahren zu einem der vehementesten Kritiker der SPD werden sollte. In der „Critica sociale" analysierte er die bisherige Landagitation des PSI, bei der er zwei Linien unterschied: die streng-orthodoxe, klassenkämpferische Propaganda in der Provinz Cremona und die differenzierte, weniger klare emiliani-

---

44 „[. . .] mi ricordo di un piccolo proprietario che, avendo imparato a memoria la nostra frase, mi andava dicendo: Io sono un piccolo proprietario destinato a scomparire, ma ancora non sono scomparso." Ebd., S. 43.
45 Siehe beispielsweise die Beiträge Prampolinis, der die Probleme der „mezzadria" in den Mittelpunkt rückte, und Verros, der über die sizilianischen Probleme sprach. Ebd., S. 46.
46 Anna Kuliscioff kritisierte den Entwurf Arturo Labriolas als „Kopie des Erfurter Programmes" und forderte die Überarbeitung des Vorschlages. Rct. 1896, S. 41.
47 Ebd., S. 48.
48 Die CS veröffentlichte den Resolutionsvorschlag am 16.7.1896, den Text des Berichtes am 1.8. und 16.8.1896.
49 „[il congresso dichiara che . . .] il partito, di fronte ai ceti agricoli rispondenti alla vecchia forma di coltura, debba tenere un contegno che si scosta dal contegno assunto dai socialisti francesi, e si avvicina alle conclusioni del congresso di Breslavia, precisando nella pratica molto di più di quel che non abbiano fatto i nostri compagni tedeschi." Bissolati, Rocca Pilo e M. Samoggia: La questione agraria al Congresso di Firenze. Il nostro compito. In: CS, 16.7.1896.

sche und mantuanische[50] Taktik. In den Zonen, wo die „historischen Voraussetzungen für den Klassenkampf fehlten" übernehme die sozialistische Partei auch die Funktion der demokratischen Bewegung, repräsentiere also auch das Kleinbürgertum. Organisationen wie Konsumkooperativen zielten, so Bonomi, darauf ab, „weiche Kissen zwischen das vorwärtsschreitende Proletariat und das dahinsiechende Kleinbesitzertum zu legen."[51] Seiner Meinung nach müsse die Partei sich nicht auf eine der beiden Strategien festlegen, sondern könne durchaus sowohl proletarische als auch kleinbürgerliche Organisationen unterstützen. Bonomi begründete diese Strategie mit der Überlegung, daß das Proletariat als revolutionäre Kraft nicht stark genug sei und daher die Unterstützung durch die mittleren Schichten benötige. Entscheidend war seiner Meinung nach nicht, daß die sozialistische Revolution allein vom Proletariat durchgeführt werde, sondern daß ihre Zielsetzung proletarischen Charakter besitze. Außerdem sollten, so Bonomi, die Forderungen der Mittelschichten in das sozialistische Programm integriert werden. Darüber hinaus bestritt er, daß die These des „Untergangs" auf den Kleinbesitz zutreffe. In einem entscheidenden Punkt stimmte Bonomi demnach nicht mit dem parteioffiziellen Standpunkt überein. In der Folge sollte sich zeigen, daß seine politischen Zielvorstellungen insgesamt eher denen einer demokratischen Volkspartei als denen einer sozialistischen Arbeiterpartei entsprachen.

Bissolati distanzierte sich in seiner Antwort entschieden von Bonomi. Er unterschied in seiner Einschätzung des Kleinbesitzertums zwischen den vom sozialen Abstieg bedrohten Schichten (borghesia magra), die gerade aufgrund ihrer wirtschaftlichen Misere „geizig und ausbeuterisch" seien und den bereits proletarisierten Kleinbesitzern. Damit ging er auf den insbesondere in der Romagna und der Toskana fortgeschrittenen Differenzierungsprozeß innerhalb der „mezzadria" ein. Lediglich die „mezzadri poveri" sollten nach Auffassung Bissolatis von der Sozialistischen Partei geschützt werden, und zwar nur in ihrer Eigenschaft als Konsumenten.[52] Jede Maßnahme zur Stabilisierung des Kleinbetriebes als Produktionsform lehnte er dagegen entschieden ab. Bissolati vertrat also, obwohl er seit 1895 für eine offene Bündnispolitik eingetreten war, in der Agrarfrage eine „proletarische" Politik. Der Grund dafür ist in dem Einfluß des Breslauer Parteitags zu sehen.

Neben der Diskussion auf der Ebene der Parteiführung war die Agrarfrage in diesem Zeitraum – zwischen 1895 und 1897 – Gegenstand etlicher Broschüren, die sich direkt an die Landbevölkerung richteten.[53] Die zentralen Themen waren hier die Haltung der Sozialisten zum Kleinbesitz und das Verhältnis zwischen Religion

---

50 Die Agrarbewegung in Mantua wird in der Sekundärliteratur dagegen dem „bracciantilen Exklusivismus" zugerechnet. Siehe beispielsweise Procacci: Geografia e struttura und Ventura: Strutture agrarie. In: Prampolini e il socialismo riformista, S. 163ff.

51 „Questa organizzazione [...] tenta di porre dei soffici cuscinetti tra il proletariato che avanza e la piccola proprietà che agonizza". La conquista, S. 70. Auch in Antologia, vol.II, S. 112-119.

52 Bissolati: Stringendo i nodi. In: CS, 1896 S. 56-62. Auch in: Antologia, vol.II, S. 119-132.

53 Siehe Zibordi: Dialoghi compagnuoli; Biagio: Fra operaie; ders.: Vangelo e socialismo.

und Sozialismus.[54] Damit wurde auf den starken Einfluß des Klerus auf dem Lande reagiert. Die bekannteste Publikation dieser Art stammte von Prampolini und wurde 1897 unter dem Titel „La predica del Natale" herausgegeben.[55] Die Organisation in den sozialistischen Ligen wurde hier geradezu als Pflicht jedes Christen interpretiert. In der Frage des Kleinbesitzes wurden unterschiedliche Akzente gesetzt. Eine an die Bauern der Toskana gerichtete Broschüre zielte in erster Linie darauf ab, auch die Pächter von der Notwendigkeit der Organisierung zu überzeugen. Damit könne dem Konzentrationsprozeß entgegengewirkt werden.[56] Prampolini betonte, daß der Kleinbesitz auch im Sozialismus weiterbestehen könne.[57] Auf der Ebene der „sozialistischen Groschenliteratur" hing die Haltung in der Frage eng mit den Agrarverhältnissen der verschiedenen Region zusammen.

Bei dem Parteitag 1897 in Bologna stand die Agrarfrage erneut auf der Tagesordnung. Im Vergleich zum Vorjahr flaute das Interesse an der theoretischen Behandlung des Komplexes jedoch bereits ab. Der Hauptgrund dafür ist in den Problemen zu sehen, die durch den Beginn des Kolonialkrieges in Afrika (seit Dezember 1896) und durch die Zuspitzung der wirtschaftlichen Krise auf die Partei zukamen. In Bologna wurde eine Resolution verabschiedet, die die sozialistische Partei in ihrem Verhalten gegenüber den Kleinbesitzern auf eine Haltung festlegte, die später als „Pilatus-Politik"[58] bezeichnet wurde. Die Partei beschloß, „sich darauf zu beschränken, die Ursachen, die zur Kapitalkonzentration und damit zur Proletarisierung der Kleinbesitzer führen, deutlich zu machen."[59] Der Parteitag lehnte damit die Reformvorschläge des Referenten Gerolamo Gatti ab.[60]

Diese Haltung stand im Gegensatz zur Tendenz der Parteipolitik seit 1894. Mit dem unter dem Eindruck der Crispischen Repression vollzogenen Wandel in der Haltung gegenüber den linksbürgerlichen Parteien wurden die Weichen für eine reformistische, nicht mehr rein proletarische Politik gestellt.

Aus diesem Grund wurden auch in den Kommentaren zum Parteitag Vorbehalte gegen den agrarpolitischen Beschluß des Kongresses deutlich. Die „Critica sociale" kritisierte, daß die Frage mit der Resolution eher erstickt als gelöst[61] sei, und sogar

---

54 Der Sozialismus wurde mit dem Urchristentum verglichen, die Haltung der Kirche mit Zitaten aus der Bibel kontrastiert. Siehe insbesondere: Un po' di commento. Ad alcune sentenze di Leone XIII. In: Biagio: Vangelo e socialismo, appendice. Sehr beliebt waren auch Zitate wie „Alle Menschen werden Brüder" und „Eher geht ein Kamel durch ein Nadelör als ein Reicher ins Paradies". Ebd.
55 1902 erschien bereits die fünfte Auflage.
56 Dott. Biel: Ai contadini d'Italia und ders.: Il socialismo per tutti.
57 Prampolini: Come avverrà il socialismo.
58 Der Ausdruck wurde zur Kennzeichnung der orthodoxen Haltung der Sozialisten gegenüber den nicht im engeren Sinne proletarischen Schichten der Landbevölkerung, den Kleinbesitzern (piccoli proprietari), Pächtern (coloni, affittuari) und Halbpächtern (mezzadri) verwendet. Pietro Fontana: Nuove tendenze del socialismo italiano. In: Tempo, 18.9.1900.
59 „[. . .] l'azione del partito socialista di fronte alla piccola proprietà fondiaria si limiti a porre in rilievo le cause che determinarono l'accentramento capitalistico e la conseguente proletarizzazione dei detentori della piccola proprietà." In: Pedone: Il Partito Socialista Italiano nei suoi congressi, S. 95.
60 Die Rede Gattis wurde auch als Broschüre publiziert. Gatti: Il partito socialista e le classi agricole.
61 „[. . .] la questione agraria [. . .] fu piuttosto troncata che risolta [. . .]" CS: A congresso finito. In: CS, 1.10.1897.

Bissolati meinte im „Avanti", daß „die Steifheit der Doktrin aufzulösen und an die unterschiedlichen Umstände des Kampfes anzupassen"[62] sei. Prampolinis Kritik fiel relativ milde aus: „Wir glauben, daß auch die italienischen Sozialisten, obwohl sie den mehr oder weniger langsamen Untergang des Kleinbesitzes zugeben, zu der Überzeugung kommen werden, daß es nützlich ist, die Kleinbesitzer aus der Isolation herauszuführen und mit Hilfe von Vereinigungen auf das kollektivistische Leben vorzubereiten."[63] Auch in dieser vorsichtigen Formulierung kam der Widerspruch zwischen der „Untergangsthese" einerseits und den „Versprechungen" hinsichtlich des Fortbestandes des Kleinbesitzes in der sozialistischen Gesellschaft andererseits unverhüllt zum Ausdruck.

Bereits auf dem nächsten Parteitag wurde der rigide Beschluß revidiert. Mit der Anpassung an die sich abzeichnende innenpolitische Wende um 1900 und der Inauguration der reformistischen Politik wurde die „Pilatus"-Politik in der Agrarfrage hinfällig. Referent zum Thema „Kleinbauern" war beim Parteitag 1900 in Rom Luigi Murialdi[64], über die Entwicklung der Kooperativen sprach Quirino Nofri.[65] Beide Redner wandten sich gegen die Beschlüsse von Bologna.[66] „Der Kongreß von Bologna beschränkte sich darauf zu erklären, daß die Partei gegenüber den Kleinbesitzern lediglich mündliche Propaganda machen dürfe. Das war unzureichend. [. . .] Die Sozialisten müssen die wirtschaftlichen Organisationen der Kleinbesitzer fördern und unterstützen."[67]

In einer einstimmig angenommenen Resolution wurden die Parteimitglieder aufgefordert, ihre diesbezüglichen Experimente fortzusetzen. In dem nun endlich verabschiedeten Minimalprogramm wurde unter anderem die Übernahme von öffentlichen Arbeiten durch Arbeiterkooperativen, die Reform der Pachtverträge, Schiedsgerichte[68] sowie Fortbildungsmöglichkeiten für Landarbeiter[69] gefordert. Damit berücksichtigte die Partei die Forderungen des ländlichen Mittelstandes auch in ihrem allgemeinen reformpolitischen Programmteil.

In Deutschland war in der Zwischenzeit Kautskys Schrift zur Agrarfrage[70] erschienen, die Turati noch in Haft zu lesen bekam. Gegenüber seiner Lebensgefährtin meinte er, man könne das Buch auf die Hälfte reduzieren; die Deutschen seien eben

---

62 „[. . .] snodare la rigidezza di una dottrina e adattarla a tutte le diverse contingenze della lotta [. . .]" Il congresso socialista. In: Avanti!, 21.9.1897.
63 „Crediamo che [. . .] anche i socialisti italiani [. . .] si persuaderanno che, pur ammettendo la scomparsa più o meno lenta della piccola proprietà, è intanto utile sotto ogni rapporto togliere i piccoli proprietari dall'isolamento in cui vivono, unirli e prepararli per quanto è possibile alla vita collettivista mediante l'associazione." Il congresso di Bologna. In: La Giustizia, 26.9.1897.
64 Murialdi war eine der bedeutendsten Figuren der sozialistischen Partei in Genua.
65 Nofri war einer der bekanntesten Organisatoren und Propagandisten der Eisenbahner-Gewerkschaft.
66 Rct. 1900, S. 113ff.
67 „Il congresso di Bologna si limitò a dichiarare che, di fronte ai piccoli proprietari, il Partito dovesse tenere un criterio esclusivamente di propaganda orale. Ciò era insufficiente. [. . .] I socialisti debbono promuovere ed aiutare l'organizzazione economica dei piccoli proprietari." Ebd., S. 114.
68 Trasformazioni economiche, Pkte. 12-14. Rct. 1900, S. 124.
69 Trasformazioni amministrative e tributarie, Pkt. 18. Rct. 1900, S. 125.
70 Kautsky: Die Agrarfrage.

weitschweifig (sbrodoloni[71]).[72] Gattis ebenfalls gerade erschienenes Buch über die Agrarfrage wurde dagegen von Bonomi in der „Critica sociale" positiv besprochen.[73] In dieser Schrift wurde im Unterschied zu Kautskys Thesen die Meinung vertreten, daß der Kleinbesitz in einigen Bereichen produktiver als der Großbetrieb sei. Darüber hinaus wurde jede Art von Kooperative als Fortschritt angesehen, während Kautsky zwischen Konsum- und Produktionsgenossenschaften unterschied. Auch in der Bewertung der neu erschienenen Literatur zur Agrarproblematik drückte sich also die Tendenz zu einer reformistischen Politik aus.

Seit dem Beginn der Ausbreitung der Landarbeiterorganisationen 1900/01 wurde die Agrarfrage nur noch im Zusammenhang konkreter örtlicher Gegebenheiten diskutiert. Die Phase der Behandlung des Problems auf theoretischer Ebene war damit abgeschlossen – ohne daß die Diskussion eine Perspektive eröffnet hatte. Die größten Erfolge erzielten die Sozialisten mit der von Camillo Prampolini inaugurierten Politik in der Emilia, mit der nicht nur die Interessen des Agrarproletariats, sondern die Forderungen aller Agrarschichten berücksichtigt wurden. In dieser Zone fand der „Agrarsozialismus"[74] seine größte Ausbreitung.

Daran wird deutlich, wie stark die Debatte des italienischen Sozialismus insgesamt unter dem Bann der Agrardiskussion in Deutschland stand und wie wenig die konkreten Bedingungen der Landwirtschaft in Italien berücksichtigt wurden. Die rigide, prinzipienstarre Haltung Kautskys blockierte somit nicht nur in Deutschland, sondern auch in Italien die Ausarbeitung von Richtlinien[75], die den regional unterschiedlichen Agrarstrukturen angepaßt waren. Das Verdienst Prampolinis bestand darin, eine von der mehrheitlichen Meinung abweichende, den örtlichen Bedingungen jedoch angepaßte Politik entwickelt zu haben.

---

71 „Sbrodoloni" bedeutet eigentlich „Schmierfink", im übertragenen Sinn „weitschweifig".

72 Turati an seine Mutter, 12.1.1899. In: FT-AK Carteggio, 1898/99, S. 278.

73 Bonomi: Socialismo ed agricoltura. In: CS, 16.10.1900. Gatti befürwortete in erster Linie die Entwicklung des Kooperativwesens.

74 Die Emilia wurde daher auch zur ersten Zielscheibe der faschistischen „squadre".

75 Vgl. auch Lehmann, Hans Georg: Karl Kautsky und die Agrarfrage. In: Rojahn: Marxismus und Demokratie, S. 105.

VI. Die Revisionismusdebatte

1. Zur Marxismusrezeption in Italien

Der Begriff „Krise des Marxismus" tauchte zum ersten Mal im Jahr 1898 auf.[1] Im darauffolgenden Jahr verwarf die SPD mit Entschiedenheit die Bernsteinschen Thesen. Die Debatte wurde jedoch über einige Jahre weitergeführt und fand erst 1903 in Deutschland und 1904 auf internationaler Ebene ihren „offiziellen" Abschluß. In Italien war diese Periode für die sozialistische Partei und die Arbeiterbewegung von einschneidenden Veränderungen geprägt. Wurden die Organisationen der Sozialisten 1898 aufgelöst und ihre Führer verfolgt, so leitete die Regierung Zanardelli/ Giolitti seit 1900 eine auf Integration der organisierten Arbeiterbewegung abzielende liberal-demokratische Politik ein.[2] Turati, der 1899 zu zwölf Jahren Haft verurteilt worden war, sollte vier Jahre später unter Ministerpräsident Giolitti ein Ministerium übernehmen! Diese Wende auf politischer Ebene hatte wiederum zur Folge, daß die Gewerkschaftsorganisationen seit 1900 einen sprunghaften Anstieg der Mitgliedszahlen verzeichnen konnten.[3] Die Rezeption der Revisionismusdebatte muß daher in erster Linie vor dem Hintergrund der politischen und wirtschaftlich-sozialen Entwicklung gesehen werden. Andererseits stellte die spezifische Marxismusrezeption der italienischen Sozialisten die Grundlage für die Interpretation der theoretischen Diskussionen dar.[4]

Der erste Ansatz zur Entwicklung eines „wissenschaftlichen Sozialismus" ist in der Zeitung „Plebe"[5] zu sehen, deren Redaktion, wie bereits gezeigt wurde, in engem Kontakt zu Friedrich Engels stand. In der Gruppe um Enrico Bignami und Osvaldo Gnocchi-Viani, die zwischen 1882 und 1895 zum „Nestor der Sozialdemokratie"[6] wurde, herrschte jedoch ein evolutionistisches, an Benoît Malon orientiertes Sozialismusverständnis vor. Unter Klassenkampf wurde jede Art eines demokratischen Programms verstanden.[7] Der Marxismus, dessen Verbreitung in den 1880er Jahren durch die Verbindungen der „Plebe" zu dem in Zürich herausgegebenen „Sozialdemokrat" zunahm, entwickelte sich in Italien auf dem Boden der positivistischen Kultur. Die Schriften Charles Darwins, Ernst Heinrich Haeckels und Herbert Spen-

---

1 Tomàs G. Masaryk: Die philosophischen und sociologischen Grundlagen des Marxismus. Studien zur socialen Frage. Wien 1898. So jedenfalls Antonio Labriola. Storia del marxismo, vol.II, S. 656.
2 Vgl. Kap. III,2 und VI,1.
3 Vgl. Kap. VI,4.
4 Siehe dazu beispielsweise Andreucci: Il marxismo collettivo; Viroli: Aspetti della recezione; ders.: Il marxismo e l'ideologia; Ganci: Formazione positivistica und Monteleone: L'Antidühring.
5 Vgl. Kap. I,3.
6 Der Ausdruck wurde von Ragionieri geprägt. Siehe auch Marramao: Marxismo e revisionismo, S. 7.
7 Marramao: Marxismo e revisionismo, S. 33ff.

cers erreichten in dieser Phase ihre größte Verbreitung.[8] Die positivistischen Theorien entwickelten sich in Italien nicht zuletzt als Reaktion auf die Traditionen der katholischen Kultur. In Abkehr von Spiritualismus und Metaphysik forderten die Positivisten die Erforschung der Realität.[9] Die Hinwendung zu einem konsequenten Empirismus erleichterte auch die Rezeption des Darwinismus.

Ein Versuch, Darwinismus und Sozialismus zu verknüpfen, wurde 1884 von Napoleone Colajanni unternommen.[10] Der Kerngedanke Colajannis war, daß die Entwicklung von der individualistischen zur kollektivistischen Produktionsform, begleitet von der Ersetzung des Egoismus durch den Altruismus, ähnlich sprunghaft vor sich gehen werde wie die Evolution des Menschens in der Entwicklungsgeschichte der Lebewesen.[11] Die darwinistische Interpretation des Marxismus prägte den italienischen Sozialismus sehr stark.[12] Ferri vertrat 1894 die Auffassung, daß der „Socialismus marxistischer Richtung nur eine Weiterentwicklung der Entwicklungslehre" sei, und empfahl 1896 seinen Studenten, Marx lieber nicht zu lesen, da nicht einmal er selbst ihn verstanden habe.[13] Dieser Standpunkt war in mehr oder weniger ausgeprägter Form in der Partei sehr verbreitet. Auch Turati schrieb 1892 in einer Auseinandersetzung mit Guglielmo Ferrero in der „Critica sociale", daß Darwinismus und Marxismus sich gegenseitig ergänzten. Mit dem Konzept des Klassenkampfes werde Darwins These vom „Kampf ums Dasein" von der Natur auf die Gesellschaft übertragen.[14]

Die Debatte über Darwinismus und Sozialismus überschnitt sich in den 1880er Jahren mit der Diskussion über die These des englischen Sozialforschers Thomas Robert Malthus, das Elend der unteren sozialen Schichten sei eine Folge des zu starken Bevölkerungswachstums. Colajanni rezensierte 1880 Kautskys Buch über Sozialismus und Malthusianismus[15], Leonida Bissolati übersetzte es ins Italienische.[16] Turati, der das Buch für den „Secolo" rezensierte[17], lehnte die These der „natürlichen Überbevölkerung" ab; das Verdienst von Malthus bestand seiner Ansicht nach jedoch darin, daß er auf die Notwendigkeit von Reformen zur Hebung der wirtschaftlichen Lage der unteren Schichten hingewiesen habe.[18]

---

8 Siehe dazu Albertoni: Storia delle dottrine politiche, S. 303ff.
9 So heißt es in dem programmatischen Artikel der positivistischen Zeitschrift „Rivista Repubblicana": „Siamo positivisti perchè ci sentiamo figli della Rinascenza, rivendicatrice dell'Umanesimo dalla teologia, dal Medio Evo, dal cielo, dal soprannaturale, dall'oltre tomba, perchè cerchiamo le leggi della costanza, dei fatti, i principii delle cose". Zit.n. Ganci: La formazione positivistica, S. 57.
10 Colajanni: Il socialismo. 1884.
11 Ganci: La formazione positivistica, S. 64.
12 Andreucci: Il marxismo collettivo, S. 195.
13 Frosini: Breve storia, S. 26.
14 Turati/Ferrero: Carlo Marx ucciso da Carlo Darwin. In: CS, 1.5.1892. Nach Meinung Ferreros war der Darwinismus dem Marxismus überlegen. Siehe auch Onufrio: Socialismo e marxismo, S. 22.
15 Siehe auch Monteleone: Turati, S. 60.
16 Kautsky: Socialismo e malthusianismo.
17 Monteleone: Turati, S. 61.
18 An seiner Interpretation wird auch der Einfluß Achille Lorias deutlich. Die Theorie des mantuanischen Wirtschaftswissenschaftlers zielte auf die schrittweise Aufhebung der Grundrente mittels eines komplexen Systems von Reformen ab.

Turati leitete aus den Debatten dieser Jahre den Gedanken der Evolution mittels Reformen ab; diese Überzeugung lag auch seiner Rezeption des Marxismus zugrunde.

Die italienischen „Marxisten", deren Hauptvertreter in der Gruppe um Turatis „Critica sociale" versammelt waren, betrachteten den historischen Materialismus, den Klassenkampf und den Kollektivismus als die Grundelemente der Theorien von Marx. Unter „historischem Materialismus" wurde – in Abgrenzung von den anarchistischen und humanitären Theorien – die wissenschaftliche Analyse der ökonomisch-sozialen und politischen Erscheinungsformen verstanden.[19] Der Marxismus wurde also als Methode empirischer Erforschung sozialer Phänomene begriffen. Eine der verbreitetsten Auffassungen war die Überzeugung, daß das Fortschreiten des Klassenkampfes eine historische Notwendigkeit sei.[20] Nur so erklärt sich, daß, wie Robert Michels schrieb, „die Behörden und weite Volkskreise [. . .] den Marxismus im Gegensatz zum Bakunismus [. . .] für eine friedliche, legale, arkadische Form des Sozialismus"[21] hielten. Dem Klassenkampf lag eine gradualistische Konzeption der schrittweisen Erlangung von Konzessionen des Bürgertums an das Proleteriat zugrunde, deren krönender Abschluß die Sozialisierung der Produktionsmittel sein sollte.

---

19 Bezeichnenderweise wurde die Schrift von Engels „Die Entwicklung des Sozialismus von der Utopie zur Wissenschaft" bereits 1883 übersetzt und 1892 wieder gedruckt. Engels: Socialismo utopistico.
20 Andreucci: Il marxismo collettivo, S. 35.
21 Michels: Historisch-kritische Einführung, 235.

2. Die Sozialisten in der politischen Krise von 1898/1899

„Diese Partei wird in keine Krise geraten, während sie um ihre Existenz kämpft. Aus diesem Grund ist es ziemlich unwahrscheinlich, daß die theoretischen und politischen Kämpfe Deutschlands ein starkes Echo und eine dauerhafte Wirkung haben werden."[1] So war es nur konsequent, daß Antonio Labriola, der um eine Rezension von Bernsteins „Die Voraussetzungen des Sozialismus und die nächsten Aufgaben der Sozialdemokratie"[2] für die französische Zeitschrift „Mouvement socialiste" gebeten worden war, das Gesuch ablehnte. Er hielt die Debatte über die „Krise des Marxismus" für ein spezifisches Problem der deutschen Sozialdemokraten, da die Verbindung zwischen Arbeiterbewegung und Marxismus nur in Deutschland so stark sei, daß man „beinahe von Fusion sprechen könne".[3] Gleichzeitig wies er auf die politische Situation Italiens hin, die 1898/1899 wenig Raum für theoretische Diskussionen lasse. Denn während die deutsche Sozialdemokratie die Thesen Bernsteins diskutierte, eskalierten in Italien die seit 1897 schwelenden Unruhen.[4]

An der Regierungsspitze stand seit Mai 1896[5] der Marquis Antonio Starrabba di Rudinì, der nach einer kurzen Phase der innenpolitischen Entspannung zur autoritären Linie Crispis zurückkehrte. Die Tendenzen zu einer repressiven Politik gegenüber den Volksbewegungen, die bereits 1897 in Sonninos Forderung nach Stärkung der Exekutive und Beschneidung der Kompetenzen des Parlaments[6] zum Ausdruck gekommen waren, verstärkten sich nach dem Wahlerfolg der Sozialisten von 1897.

Im Frühjahr 1898 spitzte sich die Lage durch die wirtschaftliche Krise zu, die unter anderem durch die schlechte Ernte 1897 ausgelöst worden war. Aufgrund des Konfliktes zwischen den USA und Spanien um Kuba blieben zudem die billigen Getreidelieferungen aus den USA aus. Im April kam es daher wegen der Erhöhung des Brotpreises in verschiedenen Städten zu Unruhen und Zusammenstößen mit der Polizei. Im Mai wurde in Neapel, Mailand und in der Toskana der Ausnahmezustand ausgerufen. Allein in Mailand gab es – ausgehend von einem Streik bei Pirelli – ungefähr hundert Tote. Am 9. Mai wurden Filippo Turati, Anna Kuliscioff und Leonida Bissolati verhaftet. Sozialistische, gewerkschaftliche und zum Teil auch

---

1 „Questo partito non subirà alcuna crisi, mentre appunto ora lotta per la sua elementare esistenza. Per questo rispetto gli è assai difficile che le lotte teoriche e politiche della Germania abbiano qui forte eco e ripercussione durevole." Labriola: Polemiche sul socialismo. In: Avanti!, 1.5.1899. Auch in Labriola: Democrazia e socialismo, S. 85-88. Zur Beziehung Labriolas zu Bernstein siehe: Labriola e la revisione.

2 Bernstein: Die Voraussetzungen.

3 Labriola: Polemiche sul socialismo. In: Avanti!, 1.5.1899.

4 In den folgenden, die allgemeine Geschichte Italiens betreffenden Abschnitten stütze ich mich auf die Darstellungen Aquarones: L'Italia giolittiana, S. 139-187; Seton-Watsons: L'Italia, vol.I, Gentile: L'età giolittiana und Attività parlamentare, Bd. I, S. 249-330.

5 Crispi mußte aufgrund der Niederlage der italienischen Armee bei Adua (Äthiopien) zurücktreten.

6 Diese Forderungen erschienen am 1.1.1897 in der „Nuova Antologia" unter dem Titel „Torniamo allo Statuto". Vgl. auch Kap. III,2.

katholische Organisationen wurden aufgelöst, die größten Universitäten mußten schließen, zahlreiche Zeitungen wurden verboten. Turatis „Critica Sociale" konnte daher über ein Jahr, bis zum 1. Juli 1899, nicht erscheinen. Während Bissolati schon nach kurzem wieder auf freiem Fuß war und die Leitung des „Avanti!", der zwischenzeitlich von Enrico Ferri geführt wurde, wieder übernehmen konnte, wurde Anna Kuliscioff erst im Januar 1899 aus der Haft entlassen. Turati, der zunächst zu zwölf Jahren Gefängnis verurteilt worden war, kam sogar erst im Juni wieder frei. Schon von seiner psychischen Konstitution her nicht sehr belastbar[7], setzte die Haft dem Herausgeber der „Critica sociale" so stark zu, daß er fest entschlossen war, sich nach seiner Freilassung völlig aus der Politik zurückzuziehen.[8] Dennoch versuchte er, an Informationen über die Entwicklung des Sozialismus heranzukommen.[9] Wilhelm Liebknecht, zuständig für internationale Zusammenarbeit in der SPD, übermittelte den italienischen Sozialisten eine Solidaritätserklärung der deutschen Sozialdemokratie.[10]

Das Jahr 1899 stand, nach einem Jahr beinahe bürgerkriegsähnlicher Zustände, ganz im Zeichen des Kampfes gegen eine Gesetzesvorlage des Generals Luigi Pelloux zur Einschränkung der staatsbürgerlichen Freiheiten. Pelloux, der im Juni 1898 die Nachfolge von Ministerpräsident di Rudinì angetreten war, versuchte zunächst, die politische Lage zu normalisieren und hob den Besatzungsstatus auf. Seine militärische Prägung brachte ihn jedoch schnell unter den Einfluß der reaktionären Kreise, die auf eine Stärkung der Exekutivgewalt auf Kosten der Legislative abzielten. Am 4. Februar 1899 legte er der Kammer einen Gesetzesentwurf vor, der unter anderem die Einschränkung der Pressefreiheit und das Recht auf Auflösung von „subversiven" Versammlungen vorsah. Außerdem sollte das Strafrecht verschärft werden.

Die Linksparteien – Sozialisten, Republikaner und Radikale – reagierten darauf mit einer Politik der fortgesetzten Obstruktion: Sie zögerten die Abstimmung durch Anfragen und stundenlange Diskussionen immer wieder hinaus. Entscheidend für den Ausgang des Konfliktes war, daß im Juni 1899 auch die „Konstitutionelle Linke", die Gruppe um Giolitti und Zanardelli, in die Opposition ging. Ein Grund dafür war der Versuch von Ministerpräsident Pelloux, die berüchtigte Gesetzesvorlage als königliches Dekret in Kraft zu setzen und erst nachträglich vom Parlament

---

7 Turati litt an einer Nervenkrankheit.
8 Turati an Anna Kuliscioff, 8.6 und 15.6.1898. FT-AK Carteggio 1898/99, S. 9 und S. 13.
9 Turati erhielt von Romeo Soldi Literatur, außerdem richtete er sich an Kautsky mit der Bitte um „sozialistische Neuigkeiten". Turati an seine Mutter, 9.12.1898. FT-AK Carteggio 1898/99, S. 189. Während seiner Haft beschäftigte er sich außerdem mit der Redigierung der Übersetzung Tanzis von Kautskys „Das Erfurter Programm" und von Martignettis Übersetzung von Engels Schrift „Der Ursprung der Familie, des Privateigentums und des Staates." Turati an seine Mutter, 3.12.1898. FT-AK Carteggio 1898/99, S. 173 und Turati an Anna Kuliscioff, 26.8.1898. Nachlaß Kautsky, D XXII. Die beiden Schriften erschienen auf italienisch unter folgenden Titeln: Kautsky: Il programma socialista und Engels: L'origine.
10 Beyer: W. Liebknechts Schreiben. Auf dem Parteitag in Stuttgart wurde eine entsprechende Resolution verabschiedet.

bestätigen zu lassen.[11] In der entsprechenden parlamentarischen Sitzung ließen die sozialistischen Abgeordneten die zur Abstimmung bereitgestellten Urnen verschwinden. Die Sitzung wurde daraufhin aufgelöst und auf den 14. November vertagt.

Der Gegensatz zwischen reaktionären und progressiven Kräften verlagerte sich also im Laufe des Jahres 1899 auf die parlamentarische Ebene. Das Jahr 1898 war dagegen von Straßenkämpfen, Verfolgungen und Verhaftungen gekennzeichnet. Der SPD-Parteitag, der im Oktober in Stuttgart stattfand, mußte unter diesen Umständen relativ unbeachtet bleiben.[12]

Der zentrale Punkt des SPD-Kongresses war die sogenannte „Endzieldebatte", die durch die Veröffentlichung eines Beitrags Bernsteins in der „Neuen Zeit"[13] ausgelöst wurde. In diesem Artikel hatte Bernstein seine viel zitierte Ansicht über das „Endziel" des Sozialismus formuliert: „Ich gestehe es offen, ich habe für das, was man gemeinhin das „Endziel des Sozialismus" nennt, außerordentlich wenig Sinn und Interesse. Dieses Ziel, was immer es sei, ist mir gar nichts, die Bewegung ist mir alles."[14] Mit der Frage nach dem Verhältnis zwischen tagespolitischer Aktivität und Propagierung der langfristigen Ziele der Partei war ein zentraler Punkt in der Auseinandersetzung zwischen Marxisten und „Bernsteinianern" berührt.[15]

In Stuttgart ließen sich drei Standpunkte unterscheiden. Der rechte Flügel wollte die tagespolitischen Forderungen in den Mittelpunkt der Agitation rücken, die Parteiführung betonte die Bedeutung der sozialistischen Prinzipien zur Abgrenzung von den bürgerlichen Parteien und der linke Flügel forderte eine radikal-oppositionelle Haltung gegenüber der bürgerlichen Gesellschaft.[16] Wilhelm Liebknecht erteilte dem Bernsteinschen Konzept des schrittweisen „Hineinwachsens in den Sozialismus" in seinem Schlußwort eine Absage.

In Italien wurde die Kontroverse erst im Januar 1899 thematisiert. Ivanoe Bonomi eröffnete die Diskussion über die „Richtungen" (le tendenze) im „Avanti!".[17] In der Einschätzung des Verhältnisses zwischen Demokratie und proletarischer Bewegung in Deutschland schloß er sich der Meinung Kautskys an. Das Ergebnis des Kongresses beurteilte er als einen Sieg der „Linken". Enrico Ferri dagegen sah in der Resolution von Stuttgart die Bestätigung der traditionellen Parteistrategie.[18] Damit bot sich der Parteitagsbeschluß der SPD zur Legitimierung seiner Position im

---

11 Ein weiterer Grund für den Wechsel in die Opposition war die Haltung der Regierung in der chinesischen Frage. Die Linksliberalen lehnten die expansiven Bestrebungen der Regierung in China ab.
12 Die Berichterstattung des Deutschland-Korrespondenten Vittorio Pivas wurde im „Avanti!" vom 5.10. bis 9.10., sein Kommentar am 13.10. veröffentlicht.
13 Bernstein: Die Zusammenbruchstheorie und die Kolonialpolitik. In: Die NZ, 16,1, 1897/1898, S. 548ff.
14 Ebd., S. 556.
15 Die Debatte wurde bei Behandlung von Punkt eins der Tagesordnung „Geschäftsbericht des Vorstands" geführt. In: Pt. 1898, S. 88-135. Eine Zusammenfassung der wichtigsten Diskussionsbeiträge bei Strutynski: Die Auseinandersetzung, S. 135-141.
16 Pt. 1898, S. 117/118.
17 Bonomi: Destra e sinistra nel partito socialista. In: Avanti!, 21.1.1899.
18 Ferri: A destra, a sinistra, o sempre diritto? In: Avanti!, 1.2.1899.

PSI an: Die Partei dürfe auch unter dem Eindruck der Ereignisse von 1898 nicht die gleichen irreführenden Schlüsse aus der Marxismuskritik ziehen wie Bernstein, und, im Verbund mit Republikanern und Radikalen, zur reinen Reformpartei „degenerieren". Bissolati, der im Kampf gegen Pelloux für ein Bündnis von Sozialisten, Republikanern und Radikalen eintrat, wies Ferris Versuch, die italienischen Reformisten mit den deutschen Revisionisten gleichzusetzen, zurück: „In Deutschland hat sich in der Tat die deutsche Taktik gegen die reformerische, englische Taktik durchgesetzt. Aber in Italien ist die Frage eine ganz andere. Unsere sozialistische Partei, die nach dem deutschen Modell entstanden ist, diskutiert zur Zeit nicht über eine reformerische Tendenz. [. . .] Es ist jedoch nötig zu diskutieren – und das hat Ferri nicht getan – ob die Entstehung einer Demokratie, die die freie Propaganda und die Organisierung unserer Partei erlaubt, überhaupt möglich ist. Die Frage ist zu italienisch und wird mit so spezifischen Mitteln gelöst, so daß man mit den Beschlüssen der Sozialisten anderer Länder wenig anfangen kann. Diese haben, da sie in einer anderen Umgebung leben und sich zwischen anderen Parteien bewegen, ganz andere Probleme zu lösen als wir."[19]

Bissolati, der als Kautsky-Übersetzer[20] sicherlich zu den besten Kennern des deutschen Theoretikers gehörte, war einer der entschiedensten Gegner Bernsteins. Dies zeigte sich besonders an seinem Kommentar zum Parteitag der SPD in Hannover und an seinem Vorwort für die Herausgabe einer Auswahl von Kautskys Antworten auf Bernstein.[21]

Im Herbst 1899 stand – nach dem Erscheinen von Bernsteins „Voraussetzungen des Sozialismus"[22] und der Antwort Kautskys[23] – die offizielle Stellungnahme des Parteitags zu Bernsteins Thesen an. Hauptredner in Hannover war Bebel, der in einem sechsstündigen Referat Bernstein Punkt für Punkt zu widerlegen beabsichtigte.[24] Die von dem Parteivorsitzenden vorgelegte Resolution wurde nach Abschluß der Diskussion auch von den Revisionisten angenommen und daher mit überwältigender Mehrheit verabschiedet.[25]

Filippo Turati würdigte die Debatte in der „Critica sociale" als Ausdruck der

---

19 „In Germania appunto si è riaffermata la tattica tedesca contro la tattica riformatrice inglese. Ma in Italia la questione è tutt'altra. Il partito socialista nostro che è sul tipo tedesco non discute per ora la tendenza riformistica. [. . .] ma occorre discutere – cio che il Ferri non ha fatto – se è possibile l'avvento di una democrazia che permetta la libera propaganda e l'organizzazione del nostro partito. E la questione è troppo italiana con risolta con elementi di fatto cosi speciali da giovarsi poco delle deliberazioni dei socialisti d'altri paesi i quali appunto perchè vivono in un altro ambiente e si muovono fra altri partiti, hanno problemi da risolvere ben diversi dal nostro." Ebd.
20 Kautsky: Socialismo e malthusianismo. Da Kautskys erstes Buch im Kaiserreich unter dem Sozialistengesetz verboten war, in der sozialistischen Presse Österreichs, Ungarns und der Schweiz jedoch negativ beurteilt worden war, blieb Kautsky die Begeisterung des Italieners in lebhafter Erinnerung. Siehe: Karl Kautsky: Erinnerungen, S. 392.
21 Bissolati: Per la democrazia socialista.
22 Siehe Anmerkung 2.
23 Kautsky: Bernstein und das sozialdemokratische Programm.
24 Pt. 1899, S. 94-127.
25 216 Delegierte stimmten dafür, 21 dagegen: Ebd., S. 234, 244.

inneren Stärke der Partei und der Fähigkeit zu Dialog und Selbstkritik.[26] Von der Haltung Bebels in der Frage der Bündnismöglichkeit mit bürgerlichen Parteien ausgehend, schrieb der Italiener der Resolution Kompromißcharakter zu und hob die, im Vergleich zu Liebknechts Standpunkt, tolerante Position des Parteivorsitzenden positiv hervor. Wenige Tage später wandte er sich an Bebel mit der Bitte um eine ungekürzte Fassung der Rede, um sie ins Italienische zu übersetzen: „Unglücklicherweise ist der Opportunismus eine Pflanze, welche ihren Boden überall trifft, und sie ist auch die schädlichste für die Entwicklung der sozialistischen Parteien, welche auf dem Boden des Klassenkampfes kämpfen. Gemäß dieser Ansichten möchten wir Ihre glänzende Rede ins Italienische übersetzen."[27]

Die Thesen Bernsteins hatte Turati in der „Critica sociale" recht wohlwollend als „theoretische Übertreibung einer notwendigen Tendenz"[28] bezeichnet. Kautsky war darüber sichtlich verärgert.[29] Turati, der davon durch Alessandro Schiavi erfuhr, versicherte, daß er, wenn er auf die Polemik zurückkäme, die Einwände Kautskys berücksichtigen würde.[30] Turatis Beurteilung blieb an Klarheit und Entschiedenheit deutlich hinter der Ablehnung des Revisionismus durch Leonida Bissolati im Parteiorgan „Avanti!" zurück: „Er [Bernstein, die Verf.] ist zu diesen Schlüssen gekommen, indem er sich nur sehr dürftig der experimentellen Methode der Analyse der Fakten bedient hat und sich mehr oder weniger wahrscheinlichen, immer unbegründeten und abstrusen Annahmen hingegeben hat."[31]

Ebenso deutlich äußerte Bissolati sich im Vorwort zu den Kautsky-Reden. Aus Rücksicht auf den Leser, der, wie der Verfasser meinte, wahrscheinlich keine Zeit habe, die theoretischen Diskussionen zu verfolgen, beschränkte Bissolati sich auf die Punkte des Streits, die „die praktische Handlung der Partei betreffen."[32] Der springende Punkt der Anschauungen Bernsteins war seiner Meinung nach die geringe Bedeutung, die dieser dem „Ziel" der Bewegung beimaß, das die sozialistische Partei erst von einer bürgerlichen Reformpartei unterscheide. Eine Auseinandersetzung mit den einzelnen Kritikpunkten Bernsteins, wie etwa in Bebels Rede in Hannover oder in Kautskys Broschüre[33], fehlte.

Nach Meinung Bissolatis und Turatis bedeutete die Solidarisierung mit Kautsky keineswegs die Aufgabe der Bündnispolitik, deren Übereinstimmung mit dem Mar-

---

26 CS: Il congresso socialista tedesco. In: CS, 16.10.1899. Siehe auch den Kommentar Merlinos zu Turatis Stellungnahme. Er schrieb, Turati habe, indem er die „Ketzerei" Bernsteins aus der Notwendigkeit der Entwicklung erklärte, „Wasser in den Wein seiner Freunde" gegossen. In: SM, 1899, S. 615. Die Meinung Franco Livorsis, Turati habe sich „für den Revisionismus" Bernsteins ausgesprochen, ist m.E. nicht korrekt. In: Livorsi: Turati, S. 125.
27 Turati an Bebel, 20.10.1899. Nachlaß Bebel, B 117.
28 Ebd.
29 Nachlaß Kautsky, D XII 244.
30 Ebd.
31 „Egli è venuto a queste conclusioni, valendosi scarsamente del metodo sperimentale nella ricerca dei dati, e abbandonandosi a congetture più o meno probabili, ma sempre fantastiche e metafisiche." Una battaglia vinta. In: Avanti!, 15.10.1899.
32 Bissolati: Per la democrazia socialista, S. I.
33 Vgl. Anm. 23.

xismus gar nicht angezweifelt wurde. Bernstein, dessen Thesen in der praktischen Konsequenz gerade hinsichtlich der ablehnenden Haltung der SPD gegenüber den bürgerlichen Parteien und dem Staat einen Wandel bedingt hätten, wurde zunächst sehr stark abgelehnt.

An der Parteibasis bewegte sich die Rezeption eher an der Oberfläche: Die größeren lokalen Parteiblätter zeugen, insofern sie die Debatte überhaupt thematisierten, von einer desinteressierten, unkritischen Rezeption. Im „Eco del popolo" beispielsweise, eine der wenigen Zeitungen, die den Parteitag überhaupt erwähnten, wurde die Ansicht vertreten, daß zwischen Bernstein und Bebel kein grundsätzlicher Unterschied bestehe.[34] Im Turiner „Grido del popolo" und in Prampolinis „Giustizia" tauchte die Debatte nicht einmal in einer Notiz auf.

Aus der parteioffiziellen Verwerfung der Bernsteinschen Thesen lassen sich nur sehr bedingt Rückschlüsse auf den ideologischen Standpunkt der italienischen Kommentatoren ziehen. Die Führungsrolle der SPD, gerade auf dem Gebiet der Theorie, war bis zu diesem Zeitpunkt unangefochten, und der klare Sieg des Parteizentrums in Hannover verwies die „Bernsteinianer" in die Rolle der abtrünnigen Minderheit. Die Solidarisierung mit Bebel und Kautsky erklärt sich – zumindest teilweise – aus Gründen der Parteitradition.

Doch ist die von Merlino geäußerte Kritik[35], der den Sozialisten eine widersprüchliche Haltung vorwarf, nicht ganz von der Hand zu weisen. Gerade Turati und Bonomi vertraten in der eigenen Partei Positionen, die sehr viel mehr an Bernstein als an Kautsky erinnerten.[36]

Bei der Frage, inwieweit sich hinter der Solidarisierung der italienischen Reformisten mit der SPD-Parteitagsmehrheit ein unausgesprochener Konsens mit den Revisionisten verborgen hat, soll von einem engeren Revisionismusbegriff ausgegangen werden, der die Meinungen Bernsteins und seiner Anhänger bezeichnet.[37] Ein Grundkonsens der „Bernsteinianer" bestand in der Ablehnung einer von der Erwartung eines revolutionären Zusammenbruchs bestimmten Parteistrategie. Die Zweifel an der Auffassung, der große „Kladderadatsch", der Zusammenbruch des Kapitalismus, stehe kurz bevor, implizierten die Infragestellung der Verelendungstheorie, der Akkumulations- und der Konzentrationstheorie. An die Stelle der

---

34 Eco del Popolo, 21./22.10.1899.
35 Merlino: La mia eresia (II). In: RCdS, 1899, fasc.5, S. 403-411.
36 Bsp.: Sorel/Turati: Crisi del socialismo. In: CS, 1.5.1898. Und: Bonomi: Crisi e crisisti. In: Avanti!, 6.4.1899.
37 Die Bewertung der politisch-ideologischen Entwicklungslinien erfordert detaillierte biographische Untersuchungen; bei einigen Personen hat die Forschung bereits Beachtliches geleistet. Am umfangreichsten ist die Literatur über Turati: Sie reicht von allgemeinen Darstellungen bis hin zu umfangreichen Monographien (Catalano, Livorsi, Monteleone). Sehr treffend ist das Urteil Mammarellas in ders.: Riformisti e rivoluzionari, S. 88. Zu Anna Kuliscioff siehe Casalini: La signora del socialismo, insbesondere S. 121-132. Colapietra beschreibt in seiner Bissolati-Biographie detailliert die schrittweise Aufgabe des rigiden Klassen-Standpunktes, vernachlässigt jedoch die Bezüge zum französischen und deutschen Sozialismus. Das gleiche gilt für die Bonomi-Biographie Cortesis. Siehe Colapietra: Bissolati und Cortesi: Bonomi.

deterministisch interpretierten materialistischen Geschichtsauffassung trat eine ethische Begründung des Sozialismus.

Dem italienischen „marxistischen" Sozialismus wohnte, bedingt durch den Einfluß der positivistischen Kultur[38], von Anfang an eine starke Tendenz zu Evolutionismus, Gradualismus und zur Vermeidung einer gewaltsamen Revolution inne.[39] Der Überzeugung, daß die sozialistische Bewegung sich auf längere Zeit auf eine Existenz innerhalb des kapitalistischen Systems einrichten[40] und daher eine auf Reformen abzielende Politik der kleinen Schritte betreiben müsse, lag die Einsicht in die Rückständigkeit Italiens zugrunde: „Wir haben geträumt, wir seien auf der abfallenden Parabel der sozialen Evolution angekommen, [. . .] und wir sind aufgewacht und haben uns in einem Land wiedergefunden, das um 50 Jahre zurück ist und in dem nicht einmal die aufsteigendene Parabel richtig vorgezeichnet ist."[41]

Anna Kuliscioff zog die Parallele zu Deutschland unter dem Sozialistengesetz.[42] Der wirtschaftliche und politische Hintergrund, auf dem die italienischen Sozialisten das Konzept des Reformismus entwickelten, war völlig anders als die Bedingungen in England, die Bernstein zu der Überzeugung brachten, die Entwicklung des Kapitalismus verlaufe anders als von Marx prognostiziert.[43] Im Ergebnis gibt es Ähnlichkeiten, aber auch Unterschiede.

Der der sozialdemokratischen Geschichtsschreibung zuzurechnende Historiker Gaetano Arfé glaubt, den entscheidenden Unterschied in der Haltung zum Endziel festmachen zu können.[44] Aber auch die deutschen Revisionisten wollten Bernsteins Motto „Das Ziel ist mir nichts, die Bewegung ist mir alles" nicht als Aufgabe des „Ziels" interpretiert wissen.[45] Außerdem fand gerade die Meinung, daß der Gegenwartsarbeit im Vergleich zum „Endziel" größere Bedeutung beizumessen sei, Zustimmung in den Reihen der italienischen Reformisten. Am weitesten ging Claudio Treves: „Es ist wahr, daß ihr euch *bewegt* [kursiv im Originaltext, die Verf.] habt.

---

38 Vgl. Kap. VI,1.

39 Ganz typisch ist die von Turati 1891 vertretene Auffassung: „[. . .] la lotta di classe si organizza poco a poco, e diventerà vittoriosa pel proletariato attraverso una lunga serie di episodi, di sconfitte e di esperimenti." CS: I deliberati di Bruxelles. In: CS, 30.9.1891.

40 Auch von Mammarella wird die These vertreten, daß der Ausgangspunkt des Revisionismus, nämlich die „Feststellung der unveränderten Vitalität des kapitalistischen Systems" (la costatazione dell'immutata vitalità del sistema capitalistico) in Italien am stärksten rezipiert wurde. Mammarella: Riformisti e rivoluzionari, S. 84.

41 „Abbiamo sognato di essere già arrivati alla parabola discendente dell'evoluzione sociale [. . .] e ci siamo svegliati trovandoci in un paese di 50 anni indietro, dove non è neppur ben tracciata la parabola ascendente." Anna Kuliscioff an Turati, 18.3.1899. In FT-AK Carteggio 1898/99, S. 486. Vgl. auch den Brief Turatis an Anna Kuliscioff vom 25.5.1899, in dem es heißt: „[. . .] ci immaginiavamo la Germania, mentre siamo l'Abessinia." Ebd., S. 638.

42 „[. . .] pare come se la Germania al suo tempo, vent'anni fa, fosse un'Italia del 1899." Anna Kuliscioff an Turati, 14.5.1899. FT-AK Carteggio 1898/99, S. 618.

43 Zur Entwicklung der Bernsteinschen Thesen siehe Gustafsson: Marxismus und Revisionismus.

44 Ebd., S. 74.

45 Siehe beispielsweise Bernsteins Erklärung, die 1898 in Stuttgart verlesen wurde, Pt. 1898, S. 122-125 oder Davids Diskussionsbeitrag in Hannover, Pt. 1899, S. 129-142.

Und hier liegt vielleicht das Geheimnis jeder Sache: Das Ziel ist nichts, die Bewegung ist alles. Dieser Satz stand auch im Zentrum eines berühmten Streits zwischen Bernstein, Kautsky und Liebknecht. Natürlich wurde Bernstein verurteilt: Aber ich erinnere mich an eine ziemlich lange Unterhaltung in eurem Salon, in der ihr mir zum Schluß recht gabt und mit mir zugabt, daß es wirklich so ist: Das Ziel ist nichts, die Bewegung ist alles."[46] Auch Bonomi übernahm das Bernsteinsche Motto bereits 1902[47] fast ohne Einschränkung.

Auf der anderen Seite ist aber auch die Auffassung nicht haltbar, die grundlegende Gemeinsamkeit zwischen Revisionismus und Reformismus bestehe darin, daß die Entwicklung des Kapitalismus zum Imperialismus nicht verstanden wurde.[48] Ein überzeugter Antirevisionist wie Antonio Labriola bezeichnete die koloniale Expansion als „erste freie und bewußte Tat der italienischen Nation in der Weltpolitik"[49], während die Reformisten Turati und Bissolati den Expansionismus nach Libyen ablehnten.[50] Insgesamt waren die Meinungen innerhalb des reformistischen Lagers zu kolonialen Eroberungen keineswegs einheitlich. Während Bonomi[51] und Treves[52] beispielsweise nicht ganz frei von imperialistischen Neigungen waren, stellte die Senkung der Militärausgaben für Turati und Anna Kuliscioff die Grundbedingung des reformistischen Experiments dar.[53] Außerdem gab es auch auf dem linken Flügel Anhänger imperialistischer Unternehmen. Ein Teil der äußersten, syndikalistisch orientierten Linken sympathisierte bereits 1911 mit dem Libyenfeldzug und näherte sich schließlich sogar dem Faschismus an.

Ein deutlicher Unterschied zwischen Reformismus und Revisionismus bestand auf philosophischer Ebene. Während die Revisionisten die „Rückkehr zu Kant"

---

46 „Vero è intanto che vi siete mossi. E qui sta forse il segreto di ogni cosa: il fine è nulla, il moto è tutto. Questa proposizione fu anche il centro di una famosa contesa recente fra Bernstein, Kautsky e Liebknecht. Naturalmente Bernstein fu condannato: ma io ricordo [. . .] una nostra conversazione nel vostro salotto assai lunga [. . .] nella quale conversazione voi terminaste per darmi ragione e per ritenere con me che è proprio cosi: il fine è nulla, il moto è tutto." Treves an Anna Kuliscioff, 26.11.1898. FT-AK Carteggio 1898/99, S. 703.
47 Vgl. Kapitel VI,4.
48 Vgl. unter anderem Ragionieri: „Ma indisconoscibile è la base comune del revisionismo in tutti i paesi, consistente nello sforzo politico e ideologico compiuto dalla classe dominante per conquistare, nella condizione storica, ed utilizzando le incertezze dei dirigenti socialdemocratici a svilupparvi creativamente il marxismo, una base di massa alla politica imperialistica, nel seno stesso della classe operaia." Ragionieri: Socialdemocrazia tedesca e socialisti italiani, S. 39. Vgl. auch Santarelli: La revisione II, S. 41 und 50. In der deutschen Forschung wird diese These unter anderem von Hans-Josef Steinberg vertreten. Steinberg: Grande depressione.
49 Santarelli: La revisione, S. 92.
50 Gemeint ist hier nicht der Libyenfeldzug 1911, sondern die Diskussionen über eine mögliche Expansion auf dem afrikanischen Kontinent 1902.
51 Siehe beispielsweise Bonomi: La politica di emigrazione, colonizzazione interna e colonizzazione estera. In: CS, 16.3.1903.
52 Turati: L'intervento italiano in Cina. In: CS, 16.7.1900. Als Gegenposition wird die Meinung Treves dargestellt.
53 Die offene und uneingeschränkte Opposition gegen den Angriff Italiens auf Libyen 1911 bewies die Glaubwürdigkeit der Haltung der beiden Sozialisten zu Militarismus und Kolonialismus. Siehe auch Vigezzi: Anna Kuliscioff e i problemi del riformismo. In: Anna Kuliscioff e l'età del riformismo, S. 155-194.

postulierten, hielt der italienische Reformismus am – positivistisch interpretierten – historischen Materialismus fest. Dies wurde besonders in der Auseinandersetzung mit den Syndikalisten stark betont. Neokantianische und neoidealistische Elemente fanden erst seit circa 1907[54] und verstärkt seit 1910 Eingang in den italienischen Reformismus. Daß den Reformisten auf längere Sicht jedoch Bernsteins Pragmatismus näher stand als Kautskys Doktrinarismus, zeigt sich daran, daß sie sich seit 1906/07 relativ offen zu ihm bekannten.

Der entscheidende Bezugspunkt der italienischen Sozialisten war in dieser Phase jedoch der französische Sozialist Jean Jaurès.

Im Februar 1899, im gleichen Monat, in dem in Rom Ministerpräsident Pelloux der italienischen Kammer die Gesetzesvorlage zur Einschränkung von Presse- und Versammlungsfreiheit (provvedimenti libertici) vorlegte, hetzte in Paris der französische Nationalist Paul Déroulède die Armee zum Staatsstreich auf.[55] Vier Monate später wechselte in Italien die „Konstitutionelle Linke" ins oppositionelle Lager; in Frankreich endete die Regierungskrise im Juni mit dem Sieg des „bloc républicain" unter Ministerpräsident Waldeck-Rousseau: In beiden Ländern hatten Sozialisten und bürgerliche Linke unter dem Druck der Reaktion zu einer gemeinsamen Strategie gefunden.

In Frankreich war die Spaltung des Landes in zwei Lager mit dem Schicksal des jüdischen Hauptmanns Alfred Dreyfus verbunden, der 1894 wegen Landesverrates zu lebenslanger Deportation verurteilt worden war. Der Kampf für die Revision des Prozesses, dessen Fragwürdigkeit sich durch das Eingeständnis der Fälschung entscheidender Dokumente noch vergrößerte[56], wurde mehr und mehr zum politischen Kampf gegen die nationalistisch-antisemitische Rechte.

Jaurès, der anfänglich wenig geneigt war, sich für Dreyfus einzusetzen, kam zu der Überzeugung, daß es in dem Fall nicht nur um den jüdischen Hauptmann, sondern um die ganze Republik gehe, die Gefahr liefe, der Willkür der Militärs ausgeliefert zu werden.[57] Seit Januar 1898 engagierte er sich vorbehaltlos auf seiten derer, die eine Revision des Prozesses anstrebten. Von den Marxisten wurde er darin zunächst unterstützt. Jules Guesde, der Émile Zolas offene Anklageschrift „J'accuse" noch als „größte revolutionäre Tat des Jahrhunderts"[58] bezeichnete, distanzierte sich jedoch bald von Jaurès Politik.[59]

---

54 Siehe Bonomi: Le vie nuove, S. 177ff.
55 Goldberg: Jaurès, S. 247.
56 Das Schriftstück, das die Kontakte von Dreyfus nach Deutschland belegen sollte und der Verurteilung zugrunde lag, war von Major Esterhazy gefälscht worden. Weitere Dokumente, auf die man sich später berief, waren ebenfalls Fälschungen. Der Urheber, Major Henry, gestand am 30. August 1898 und wurde daraufhin verhaftet. Im Gefängnis beging er Selbstmord. Esterhazy floh nach England. Siehe dazu Goldberg: Jaurès, S. 213-241.
57 Goldberg: Jaurès, S. 221-241 und Gallo: Jaurès, S. 241-268.
58 Jaurès, Oeuvres IV, S. 197. Zit.n. Goldberg: Jaurès, S. 223.
59 Nachdem die Sozialisten bei den Parlamentswahlen im Frühjahr 1898 erhebliche Verluste einstecken mußten (unter anderem verlor Jean Jaurès seinen Wahlkreis), erklärte der POF-Vorsitzende, die Sozialisten sollten sich nun wieder ihren eigentlichen Aufgaben widmen und ihre Zeit nicht mehr mit einem „Einzelfall" verlieren. Jaurès gab jedoch nicht auf, obwohl ein großer Teil der Sozialisten nicht

Im Juni 1899 beauftragte Staatspräsident Émile Loubet den gemäßigten Republikaner Pierre Waldeck-Rousseau mit der Bildung einer neuen Regierung. Dem neuen Kabinett gehörten sowohl der wegen der Niederwerfung der Kommune berüchtigte Gaston de Gallifet als auch der unabhängige Sozialist Alexandre Millerand an. Jaurès hatte Millerand in einer persönlichen Unterredung davon abgeraten, das Angebot des Ministerpräsidenten anzunehmen.[60] Vor vollendete Tatsachen gestellt, entschied er sich jedoch für die Unterstützung Millerands.[61]

Die späteren „Ministeriellen" Italiens identifizierten sich mit den „Jauressisten" sehr stark. Ein typisches Beispiel ist die Auffassung Ivanoe Bonomis: „Die Haltung der französischen Sozialisten, die auf der Linie Jaurès liegen, ist genau die gleiche wie unsere. Während jene für einen Unschuldigen gegen eine Verschwörung von Generälen und Pfaffen kämpfen, streiten wir für die Freiheit Italiens gegen die Unterdrückung der Herrschenden."[62]

Über den „Fall Dreyfus" wurde im „Avanti!" in allen Einzelheiten berichtet; auch die größeren sozialistischen Lokalblätter, der „Eco del Popolo"[63], der „Grido del popolo"[64] und ganz besonders die „Giustizia", interessierten sich für den Fall. Prampolini hielt die Haltung der „Dreyfusards" gegenüber den bürgerlichen Parteien für geradezu vorbildlich.[65] Bezeichnend für das ausgeprägte Interesse an Frankreich war, daß der Deutschland-Korrespondent des „Avanti!" sich schließlich in sarkastischem Ton beschwerte: „Werden die Leser gestatten, daß man einmal nicht über Rennes[66] spricht? Uns Italiener im Ausland trifft es schmerzlich zu sehen, daß Italien kulturell eine französische Provinz geblieben ist."[67]

In der Tat war die Teilnahme an den französischen Vorgängen mehr als nur Neugierde für einen spektakulären Justizfall. Der „Jauressismus" war sowohl auf

---

mehr hinter ihm stand. Eine Wende in der Sache Dreyfus wurde schließlich durch die Wahl Émile Loubets zum Staatspräsidenten eingeleitet, denn mit ihm wurde das Amt zum ersten Mal von einem Politiker bekleidet, der den „Dreyfusards" nicht ablehnend gegenüberstand. Am 3. Juni 1899 wurde die Revision des Prozesses beschlossen.

60 Jaurès berichtete über das Gespräch zwei Jahre später in: La petite République, 20. April 1901. Zit.n. Goldberg: Jaurès, S. 521, Anm. 45 zu Kapitel 10.

61 Über die Frage des Eintritts eines Sozialisten in ein bürgerliches Kabinett vertiefte sich die Kluft zwischen Blanquisten und Guesdisten einerseits, Possibilisten, Unabhängigen und Allemanisten andererseits, so daß an eine einheitliche, sozialistische Partei über Jahre hinweg nicht zu denken war.

62 „L'atteggiamento dei socialisti francesi che seguono Jaurès è perfettamente simile al nostro. Essi combattono per un innocente contro la congiura dei generali e dei preti, noi combattiamo per la libertà d'Italia contro l'oppressione dei suoi dominatori." Bonomi: I socialisti francesi al bivio. In: Avanti!, 17.7.1899.

63 Am deutlichsten wird die Parallelität zwischen den beiden romanischen Ländern in dem Artikel „Divagazioni Dreyfusione". In: Eco del popolo, 16./17.9.1899.

64 Grido del popolo, 29.7., 26.8.1899.

65 Giustizia, 9.7.1899.

66 In Rennes wurde am 8.8.1899 der Prozeß gegen Alfred Dreyfus wieder eröffnet. Am 9.9. wurde der Hauptmann zum zweiten Mal für schuldig befunden, die Strafe wurde auf zehn Jahre Freiheitsentzug herabgemildert. Am 19.9. wurde er schließlich begnadigt, vollständig rehabilitiert jedoch erst 1906.

67 „Permetterano i lettori che non si parli loro di Rennes? Ciò che affligge, ferisce noi italiani all'estero è vedere che l'Italia rimane pur sempre una provincia intellettuale francese." fremd: La fronda agraria in Prussia. In: Avanti!, 13.9.1899.

der Ebene der praktischen Politik, als auch im Bereich der Theorie wegweisend. Als Jaurès im Februar 1900 vor Pariser Studenten einen Vortrag über die Bernstein-Frage hielt, publizierte Turati den Beitrag ohne Kritik und Kommentar.[68]

Jaurès erklärte in den Kernpunkten der marxistischen Doktrin seine Übereinstimmung mit Kautsky; nur in der Frage der Taktik distanzierte er sich von dem deutschen Theoretiker. Isolation führe, so der Franzose, zu Immobilismus; Berührungsängte könnten der sozialistischen Partei daher nur schaden.[69] Im Gegensatz zu Bernstein hielt er jedoch an der These des Klassenantagonismus fest: „Wie auch immer die Unterschiede innerhalb der Klassen sein mögen: Es gibt eine Trennungslinie zwischen der Gesamtheit des Proletariat, das keine Produktionsmittel besitzt und der Gesamtheit der kapitalistischen Klasse, die sie besitzt."[70]

Die Haltung von Jaurès war bis zu einem gewissen Grad von taktischen Überlegungen motiviert: Zum einen war er bemüht, auf dem bevorstehenden Kongreß der Sozialistischen Internationale die Zustimmung der deutschen Sozialdemokraten zu seiner Unterstützung Millerands zu erhalten.[71] Andererseits darf die Solidarisierung mit Kautsky jedoch auch nicht nur als Lippenbekenntnis verstanden werden.

Ebenso verhielt es sich bei den italienischen Sozialisten, die eine Reformpolitik im Bündnis mit der bürgerlichen Linken anstrebten, sich aber weiterhin als proletarische Klassenpartei verstehen wollten. Bissolati unterschied genau zwischen der Bündnispolitik, die der PSI betrieb, und der Art von Bündnissen, die seiner Ansicht nach Bernstein anstrebte.[72] Im „Avanti!" vertrat er die Meinung, daß die entscheidenden Impulse für die Weiterentwicklung des Sozialismus nicht aus Deutschland, sondern aus Frankreich kämen.[73]

Sowohl in Frankreich als auch in Italien verlief der Bruch, der das Land in zwei Lager teilte, nicht zwischen Proletariat und Bürgertum, sondern zwischen reaktionären und fortschrittlich-demokratischen Kräften. Für die Sozialisten stand daher die Frage der Haltung gegenüber den progressiven bürgerlichen Kräften im Vordergrund. Mit der Frage, inwieweit damit auch ein Wandel in der Haltung gegenüber den Institutionen des bürgerlichen Staates verbunden war, waren die italienischen Sozialisten – im Gegensatz zu den französischen – nicht direkt konfrontiert. Die Meinungen dazu gingen auseinander: Turati und Anna Kuliscioff hielten die Besetzung eines Ministeriums durch einen Sozialisten – zumindest in Italien – für verfrüht[74], der Chefredakteur des Parteiorgans dagegen begrüßte die

---

68 Jaurès: Bernstein e l'evoluzione. CS, 16.6.1900, 1.7.1900, 16.7.1900, 1.8.1900.
69 CS, 1.8.1900.
70 Ebd.
71 Diese Meinung wird auch von Gustafsson: Marxismus und Revisionismus, S. 467 vertreten.
72 NdR (Anmerkung der Redaktion) zu: Ferri: A destra, a sinistra o sempre diritto? In: Avanti!, 2.2.1899.
73 Il socialismo avanza. In: Avanti!, 20.10.1899.
74 Noi: Al congresso internazionale, Ferri, Jaurès e Anseele nella questione Millerand. In: CS, 1.10.1900.

Entscheidung Millerands.[75] Nach Meinung Bissolatis war die direkte Regierungsbeteiligung prinzipiell nichts anderes als die parlamentarische Unterstützung.[76]
Enrico Ferri lehnte den Eintritt eines Sozialisten in ein bürgerliches Kabinett ka-
tegorisch ab. Somit trug die „Millerand"-Frage auch im italienischen Sozialismus
wesentlich zur Spaltung der Partei in zwei Flügel bei.

Theoretische Probleme traten hinter den Fragen der Taktik stark in den Hintergrund – und damit wuchs auch die Distanz zur SPD. Bezeichnend dafür ist die
Haltung Bonomis: „Lassen wir die Deutschen mit der ganzen Kritikleidenschaft
ihrer Rasse diese Polemik, die sich zwischen Bernstein und Kautsky entzündet hat,
austragen. Wir Italiener haben zuviel anderes zu tun, als uns mit diesen Themen zu
beschäftigen."[77]

75 „Il fatto è di buon augurio; prova che un mutamento sta per operarsi nella presente sgangherata
   costruzione sociale." Ebd.
76 Quel che insegna il congresso socialista francese. In: Avanti!, 9.12.1899.
77 „Lasciamo che i tedeschi discutano con tutta la passione di critica della loro razza la polemica
   ingaggiata tra Bernstein e Kautsky [. . .]." Bonomi: Crisi e crisisti. In: Avanti!, 6.4.1899. Vgl. auch
   ders.: La nuova tattica. In: CS, 16.12.1899.

3. Die Bernstein-Rezeption durch Merlino

Der einzige italienische Sozialist, der 1899 offen die Thesen Bernsteins begrüßte, war der Ex-Anarchist Francesco Saverio Merlino. Der Neapolitaner vertrat bereits seit 1897 revisionistische Anschauungen[1] und betrachtete die Formulierung einer umfassenden Marx-Kritik in der SPD mit großer Sympathie.[2] Bei Merlino hatte die Kritik an der marxistischen Theorie und der deutschen Sozialdemokratie als deren politische Verkörperung ihren Ursprung in der anarchistischen Bewegung.[3] In den 1880er Jahren richtete sich seine Opposition in erster Linie gegen die legalitäre, parlamentarische Methode und die Sozialpolitik als Maßnahme zur Hebung der materiellen Lage der Arbeiterklasse. Von dem Internationalen Arbeiterkongreß 1889 in Paris, auf dem sich der Bruch zwischen Marxisten und Anarchisten vollzog, wurde er ausgeschlossen.[4]

1891 veröffentlichte Merlino in der belgischen Zeitschrift „La societé nouvelle" eine Artikelserie gegen die deutsche Sozialdemokratie, die unter dem Titel „Die Irrlehren und Irrwege der deutschen Sozialdemokratie" auch in deutscher Sprache erschien.[5] Wollte er im ersten Beitrag aufzeigen, daß die SPD durch die hierarchische Gliederung der Parteiorganisation und die strenge Disziplin einen ausgesprochen konservativen Zug bekommen habe[6], so unterzog er im folgenden den Marxismus und die sozialdemokratischen Programme von 1875 und 1891 einer kritischen Analyse.[7] Seine Ablehnung der Marxschen Theorien betraf in erster Linie die wirtschaftspolitischen Aspekte. Die Ausbeutung durch den Staat, beispielsweise mittels Steuern oder Schutzzöllen, war nach Meinung Merlinos durch die Mehrwerttheorie nicht zu erfassen. Die Verkennung des Charakters des bürgerlichen Staates manifestiere sich in der Forderung nach sozialgesetzgeberischen Maßnahmen, seiner Meinung nach Ausdruck eines versteckten Staatssozialismus.[8] Darüber hinaus wollte er in der Forderung nach Solidarität mit den Arbeitern aller Länder, die auf dem Boden des Klassenbewußtseins stehen, ein Zeichen für chauvinistische Neigungen sehen. Denn unter diesem Vorwand, so Merlino, seien die deutschen Sozialdemokraten bereit, im kaiserlichen Heer gegen die russischen Bauern (die als

---

1 Saverio Merlino: Pro e contro il socialismo. Milano 1897. Zit.n. Dizionario biografico, vol.III, S. 432.
2 Bereits in der ersten Nummer der von Merlino herausgegebenen Zeitschrift „Rivista Critica del Socialismo" erschien der erste Teil eines Aufsatzes Bernsteins, dessen Publikation die „Neue Zeit" verweigert hatte. Siehe: Blanquismo e socialismo. In: RCdS, 1899, S. 305-313. Teil 2: Ebd., S. 395-402. Zum Verhältnis Bernstein-Merlino siehe Gustafsson: Marxismus und Revisionismus, Kap.5., S. 217-221.
3 Zur ideologischen Entwicklung Merlinos siehe Santarelli: Il socialismo anarchico, S. 95-128.
4 Ebd., S. 102. Vgl. Kap. II,1.
5 Merlino: Die Irrlehren und Irrwege der Socialdemokratie in Deutschland, hg. von „Die Autonomie". London 1891. Ein Nachdruck in italienischer Sprache wurde 1957 von Aldo Venturini und Pier Carlo Masini herausgegeben. Siehe Merlino: Concezione critica. Die folgenden Anmerkungen beziehen sich auf diese Ausgabe.
6 Il socialismo tedesco. Merlino: Concezione critica, S. 31-46.
7 Il programma di Gotha e la critica di Marx. Ebd., S. 46-60; La dottrina di Marx e il nuovo programma dei socialdemocratici tedeschi, S. 60-80; Il programma di Erfurt, S. 80-89.
8 Ebd., S. 83.

nicht klassenbewußt eingestuft wurden) in den Kampf zu ziehen.[9] Einige dieser Gedanken tauchten in ausgearbeiteter Form in der Diskussion über die „Krise des Marxismus" wieder auf.

Mit seiner Hinwendung zum Parlamentarismus im Jahre 1897 hatte sich Merlinos politische Position jedoch in entscheidendem Maße geändert. Diese Wende manifestierte sich insbesondere in der Polemik gegen seinen ehemaligen Weggefährten Enrico Malatesta.[10]

In der Folge publizierte er zwei Werke, in denen er sich kritisch mit dem Marxismus auseinandersetzte, „Pro e contra il socialismo" (Milano 1897) und „L'utopia collettivista e la crisi del socialismo scientifico" (Milano 1898). Am 1. Januar 1899 erschien schließlich die erste Nummer der „Rivista critica del socialismo", in der Merlino das Konzept eines „positiven und experimentellen Sozialismus" vorstellte.

Merlino lehnte den Historischen Materialismus und den Kollektivismus ab.[11] Im Mittelpunkt seiner Theorien stand eine Demokratieauffassung, die unverkennbar im Anarchismus wurzelte: „Die Regierung aller im allgemeinen (Demokratie) ist gleichbedeutend mit der Regierung von Niemandem im besonderen (Anarchie)."[12]

Merlinos Annäherung an die sozialistische Partei seit 1896/1897 führte zusammen mit seiner antimarxistischen Grundhaltung zu Positionen, die in manchen Punkten mit dem Revisionismus Bernsteins übereinstimmten. Zu den Mitarbeitern der „Rivista critica del socialismo" gehörten sowohl Bernstein[13] und Bonomi[14] als auch der spätere Syndikalist Arturo Labriola, der Republikaner Napoleone Colajanni, der französische Theoretiker des Syndikalismus Georges Sorel und der Belgier Émile Vandervelde.[15]

Bissolati reagierte sofort auf die Initiative des Neapolitaners: Er distanzierte sich scharf von den „idealistisch-anarchistischen" Sozialismusvorstellungen und wies den Versuch Merlinos, sich in eine Linie mit Bernstein und Vandervelde zu stellen, zurück.[16] Die Polemik gegen Merlino war die einzige Episode in der italienischen Revisionismusdebatte, in der ein Vertreter der PSI-Führung beteiligt war und im Parteiorgan Stellung bezog.[17] Die eigentlich treibende Kraft hinter Bissolati war jedoch Antonio Labriola. Der Neapolitaner stand dem Revisionismus ursprünglich nicht ablehnend gegenüber. 1897/98 führte er einen lebhaften Briefwechsel mit Eduard Bernstein, dessen Arbeiten ihm bekannt waren und deren Entwicklung er

---

9 Ebd., S. 86.
10 Siehe Merlino, Malatesta: Anarchismo e democrazia. Roma 1949. Zit. n. Santarelli: Il socialismo anarchico, S. 108.
11 Merlino: Utopia collettivista, S. 67. Zit.n. Santarelli: Il socialismo anarchico, S. 112.
12 Merlino: Utopia collettivista, S. 91. Zit.n. Santarelli: Il socialismo anarchico, S. 114.
13 Von Bernstein erschien im April ein Beitrag unter dem Titel: Blanquismo e socialismo. In: RCdS, 1899, S. 305-313.
14 Als Bonomi vom „Avanti!" übernommen wurde, brachen seine Kontakte zur RCdS ab. Siehe auch: Cortesi: Bonomi, S. 25.
15 Vandervelde, einer der Gründer der belgischen Arbeiterpartei, war zwischen 1914 und 1927 verschiedene Male Minister und wurde 1935/36 Vizepräsident der Kammer.
16 Avanti!, 2.1.1899.
17 Arfè: Storia del socialismo, S. 94.

mit Sympathie betrachtete.[18] Noch im Oktober 1898, als Bernsteins Thesen bereits vom Parteitag der SPD verworfen worden waren, verteidigte Labriola Bernstein gegen die Angriffe des russischen Sozialdemokraten Plechanow in der „Neuen Zeit".[19]

Der Grund, warum er sich in der Folge dann vehement gegen den Revisionismus wandte, war, daß er in der Diskussion über die „Krise des Marxismus" eine Gefahr für die sozialistische Bewegung erblickte. Labriola witterte hinter den kritischen Ansätzen Bernsteins, Croces, Sorels und Merlinos ein „internationales Komplott".[20] Die von Labriola angeregte intensive Beschäftigung Croces mit dem Marxismus führte jedoch zu einer deutlichen Kritik. Am schärfsten ging Labriola gegen Merlino vor; er griff dabei zu allen Mitteln, unter anderem hintertrieb er die Mitarbeit Bernsteins und Sorels an der „Rivista critica del socialismo". An Bernstein schrieb er direkt[21], an Sorel mittels des Avanti-Korrespondenten in Paris, Pinardi.[22] Nach Meinung der Historiker Aldo Venturini und Pier Carlo Masini stammte auch der im „Avanti!" erschienene, von persönlichen Aversionen überschäumende Artikel „Uno spostato"[23] (eine „verkrachte" Existenz), den Bissolati unterzeichnet hatte, aus der Feder Labriolas.[24] Auch gegenüber Bernstein hielt er sich mit zum Teil verleumderischen Vorwürfen nicht zurück. So behauptete er, Bernstein stünde im Dienste der Regierung, eine Unterstellung, auf die auch Kautsky verärgert reagierte.[25] Die öffentliche Polemik gegen Merlino führte er jedoch nicht selbst. Zunächst versteckte er sich hinter Leonida Bissolati, dann hinter einem Schreiber mit dem Pseudonym „Spectator", der für die konservative Zeitung „Roma" schrieb.[26]

Insgesamt ist die Bissolati/Labriola-Merlino-Polemik überfrachtet von persön-

---

18 Siehe dazu: Labriola e la revisione. Siehe auch: Storia del marxismo, S. 622-657.
19 Labriola an Bernstein, 8.10.1898. „Ich habe mich mit den Grobheiten, die Plechanow gegen dich geschrieben hat, recht viel amüsiert. [. . .] Ist der Marxismus eine Art neue Allweisheit geworden?" Labriola e la revisione, S. 318.
20 In einer Äußerung über Sorel meinte er: „è un grande intrigante, ed è uno dei principali autori di questa specie di complotto internazionale". Labriola an Luise Kautsky, 5.4.1899. Labriola e la revisione, S. 321.
21 „Wenn es [. . .] nicht gefiele, mit den Feinden des Sozialismus verwechselt zu werden, so kannst du einen offenen, objektiven, erklärenden Brief an den Avanti! senden." Labriola an Bernstein, 20.5.1899. Labriola e la revisione, S. 330.
22 Merlino: Concezione critica, S. 274.
23 l. b.: Uno spostato. In: Avanti!, 9.5.1899.
24 Merlino: La concezione critica, S. 272.
25 Anna Kuliscioff schrieb am 3. April 1899 an Turati: „Figurati che per obiezioni sollevate da Bernstein, egli (Labriola, die Verf.) comincia a spargere la voce che Bernstein sia assoldato dal governo Germanico. Ieri ebbi lettera da Soldi che mi racconta del malumore di Adler e Kautsky contro il professorissimo che anche adesso continua ancora indefessamente nella sua vocazione della maldicenza." In: FT-AK Carteggio 1898/99, S. 532.
26 Nach den Forschungen Venturinis und Masinis handelte es sich dabei um Andrea Torre. Siehe Merlino: Concezione critica, S. 275, Anm. 2. Merlino erahnte den Zusammenhang, als er „Spectator" als „verkleideten kleinen Labriola" (labriolino travestito) bezeichnete, und er traf, so die beiden Historiker, damit ins Schwarze dieser „absurden, marxistisch-konservativen Vermählung". Ebd. S. 285.

lichen Angriffen und arm an sachlichen Argumenten.[27] Festzuhalten ist in erster
Linie, daß Labriola sein Ziel, sowohl was die Mitarbeit Bernsteins und Sorels betraf,
als auch in bezug auf die Lebensfähigkeit von Merlinos Zeitschrift, erreichte. Bernstein antwortete auf Labriolas Kritik an der „Rivista critica del socialismo" mit
einem offenen Brief an den „Avanti!", in dem er behauptete, er habe von Meinungsverschiedenheiten zwischen Merlino und dem PSI nichts gewußt und Merlinos Zeitschrift für eine legitime Nachfolgerin der „Critica sociale" gehalten.[28]
Merlino war jedoch seit 1897 Mitarbeiter der „Sozialistischen Monatshefte", so daß
Bernstein seine Auffassungen bekannt gewesen sein dürften.[29] Auch Sorel sah sich,
um die Beziehungen zum „Avanti!" nicht zu belasten, zunächst gezwungen, seine
Mitarbeit an Merlinos Zeitschrift einzustellen.[30] Für die „Rivista critica del socialismo" waren das nicht unerhebliche Verluste, so daß sie bereits im November,
nach nur zehn Ausgaben, ihr Erscheinen einstellen mußte.

Trotz des insgesamt inkohärenten und utopischen Charakters des Merlinoschen
Sozialismuskonzeptes kommt dem Neapolitaner doch das Verdienst zu, auf die
Schwächen und Widersprüche des italienischen Sozialismus hingewiesen zu haben.
In einem Beitrag im „Pungolo Parlamentare"[31] unterschied der Süditaliener zwischen zwei Strömungen des italienischen Sozialismus: dem „Sozialismus der Stra-
ße" (il socialismo della piazza), der im Norden beheimatet sei, und einer
intellektuellen Strömung außerhalb der Partei, die sich der „erdrückend germanischen Prägung" des italienischen Sozialismus widersetze.[32] Durch diese ideologische und zugleich regionale Differenzierung wird deutlich, daß Merlino im
Marxismus auch die Orientierung des PSI an der SPD bekämpfte.

Die „große Masse des italienischen Proletariats" interessierte sich, wie Bissolati
meinte, sicherlich nicht für die von Merlino aufgeworfene Frage.[33] In Süditalien gab
es jedoch, obwohl die sozialistische Presse dort im Vergleich zum Norden sehr wenig
entwickelt war, Beispiele für die Rezeption der von der „Rivista critica del socialismo" aufgeworfenen Probleme. Vor dem Hintergrund der Verhältnisse in Sizilien,
wo die sozialistische Bewegung im Rahmen einer durch die Latifundienwirtschaft
geprägten, wirtschaftlich und sozial rückständigen Gesellschaft agierte, wurde in
der palermitanischen Zeitung „Battaglia" folgende Frage aufgeworfen:

---

27 Die gesammelten Beiträge sind in der RCdS im Anhang der Juniausgabe enthalten. RCdS, S. 503-
520.
28 La pretesa crisi del marxismo. Una lettera di Eduardo Bernstein. In: Avanti!, 29.5.1899. Der Ori-
ginalbrief Bernsteins ist im Nachlaß Bernstein, C 20.
29 Bernstein kannte Merlino auch noch aus seiner anarchistischen Phase. Im Londoner Exil wandte sich
Merlino mit seiner Kritik am Programm der deutschen Sozialdemokratie an Bernstein. Der Brief ist
undatiert, müßte aber von 1891 sein. Nachlaß Bernstein, D 460.
30 Lettere di George Sorel. In: La Critica, a. XXV, fasc.V, 20.9.1927, S. 306. Zit.n. Merlino: Concezione
critica, S. 274.
31 Il socialismo italiano. In: Avanti!, 7.1.1899.
32 Ebd.
33 NdR [Anmerkung der Redaktion] zu: Ferri: A destra, a sinistra o sempre diritto? In: Avanti!,
2.2.1899. Wie in Kap. VI,2 gezeigt wurde, wurde die Revisionismusdebatte auf lokaler Ebene kaum
thematisiert.

„Scheint es euch nicht, daß in unserer Lage, unter den spezifischen Bedingungen Siziliens, eine breite, umfassende (generale) Taktik, in deren Rahmen die mittelfristigen Ziele (aspirazioni medie) berücksichtigt werden, zweckmäßiger und erfolgversprechender ist?"[34]

Alessandro Tasca, der Verfasser des Artikels, hielt die Bildung einer breiten, demokratischen Volkspartei anstelle der marxistisch inspirierten Klassenpartei für den Kern der Bernsteinschen Theorie. Unter den besonderen Bedingungen der rückständigen Entwicklung Siziliens identifizierte sich der Insulaner ohne Probleme mit Bernsteins Satz „Das Ziel ist mir nichts, die Bewegung ist mir alles." Tasca stand mit diesem mehr gegen Mailand als gegen Marx gerichteten Revisionismus nicht allein.[35]

Die Beziehungen zwischen sizilianischen und norditalienischen Sozialisten waren seit der Bewegung der „fasci" recht schwierig, der Einfluß der mit dem Marxismus konkurrierenden Ideologien, die vom Anarchismus bis zum Republikanismus eines Colajanni reichten, daher um so größer. Napoleone Colajanni, der bereits 1893 aus der sozialistischen Partei ausgetreten war, übte in der von ihm herausgegebenen „Rivista Popolare" Kritik an einem Parteikonzept, das sich ausschließlich auf die lohnabhängige Arbeiterschaft bezog. In der Frage der Taktik herrschte eine transigente Haltung mit ausgesprochen meridionalistischer Note vor: „Das Kleinbürgertum wird noch für einige Zeit an der Spitze der sozialistischen Bewegung Siziliens stehen, mögen die Genossen vom Kontinent das auch beklagen. Will man vielleicht, daß auf einer Insel, die bis vor kurzem noch unter absolutistischer Herrschaft war, [. . .] mit einem Schlag ein bewußtes Proletariat wie in Deutschland oder in England aus dem Boden schießt?"[36]

Die sizilianische Avantgarde, die, wie Alessandro Tasca und Napoleone Colajanni, ihr politisches Bewußtsein im Zusammenhang mit der „fasci"-Bewegung erlangt hatte, war von der Notwendigkeit von Klassenbündnissen überzeugt. Aus ihrer Sicht konnte die sozialistische Bewegung nur dann erfolgreich sein, wenn sie das Konzept der proletarischen Klassenpartei aufgab. Ähnlich wie zu Zeiten Bakunins, als der Marxismus als „preußischer Autoritarismus" bezeichnet wurde, wurden auch nun völkerpsychologische Argumente gegen die Art von Sozialismus angeführt, die Merlino als „erdrückend germanisch" bezeichnet hatte: „Das germanische Volk ist ein Volk von Mystikern, daher ist für sie der Sozialismus zu einer

---

34 „Non vi sembra che nelle condizioni nostre, in quelle addirittura particolari della Sicilia, la tattica ampia, generale, nelle cui orbita possa essere contenuta una somma di aspirazioni medie non sia opportuna e applicabile con maggiore probabilità di succcesso?" Alessandro Tasca: I Socialisti. In: La Battaglia, 15.10.1899.

35 Die meistend der „fasci"-Führer wandten sich in der Folge dem Reformismus zu, einige von ihnen, u. a. Garibaldi Bosco und Giuseppe de Felice Giuffrida, traten 1912 der von den Rechtsreformisten Bissolati und Bonomi gegründeten reformsozialistischen Partei bei.

36 „La borghesia minuta sarà, [. . .] per parecchio tempo a capo del movimento socialista siciliano: potranno i compagni del continente rammaricarsi di ciò; [. . .] vuolsi che in un'isola uscita da poco dal regime assolutistico, [. . .] che d'un subito fosse sorto un proletariato cosciente come in Germania ed in Inghilterra?" Francesco de Luca: Per l'organizzazione dei socialisti siciliani. In: Rivista popolare di politica, letteratura e scienze sociali, 15.6.1898.

Art Religion geworden. [. . .] Die Versammlungen der deutschen Sozialisten haben einiges gemeinsam mit den geheimen Versammlungen der ersten Christen; Freunde von uns, die in Deutschland waren, haben uns erzählt, daß in Deutschland niemand weiß, wo und wann die Sozialisten sich treffen und was sie beschließen. All das gibt uns zu denken, und wir können uns ein ironisches Lächeln nicht verbeißen: wie unrealistisch sind doch die ‚Genossen', Gott-sei-Dank werden sie jeden Tag weniger, die die sozialistische Partei Italiens wie einem Modell der deutschen angleichen wollen."[37]

Für die Entwicklung des Meridionalismus spielte die Revisionismusdebatte jedoch keine Rolle. Die Frage, welche sozialen Kräfte im „Mezzogiorno" eine Reformpolitik tragen könnten, welche Inhalte sie haben sollte und welche Funktion die Sozialistische Partei in diesem Prozeß haben sollte, war das zentrale Thema, um das die Diskussion über die „Südfrage" kreiste. Sowohl Gaetano Salvemini als auch Ettore Ciccotti entwickelten ihre Konzepte jedoch vollkommen unabhängig von der Revisionismusdebatte. Salvemini hielt den Revisionismus für „nützlich, da die Sozialistische Partei dadurch pragmatischer (più pratico) und weniger voreingenommen (apriorista)" werden würde.[38] An der durch Bernstein ausgelösten Debatte beteiligte er sich jedoch nicht, wie er sich überhaupt für die Entwicklung des Sozialismus in anderen Ländern kaum interessierte.[39]

Ettore Ciccotti, der zu dem Thema „Die Funktion der sozialistischen Partei im Süden Italiens" unter anderem in der neapolitanischen „Propaganda" Stellung nahm[40], war zwar dank seiner guten Kenntnisse der deutschen Sprache einer der wichtigsten Vermittler des Marxismus in Italien – zwischen 1899 und 1911 gab er eine Sammlung von Werken Marx', Engels' und Lassalles sowie die „Geschichte der deutschen Sozialdemokratie" von Franz Mehring in italienischer Sprache heraus[41] –, spielte jedoch in der Revisionismusdebatte keine Rolle.

Arturo Labriola[42], der ebenfalls an der schon zitierten Artikelserie beteiligt war,

---

37 „Il popolo germanico è un popolo di mistici, cosi che per esso il socialismo ha assunto i caratteri e la fisionomia d'una religione; [. . .] Le assemblee dei socialisti tedeschi hanno veramente molti punti di contatto con le segrete riunioni dei primi cristiani: amici nostri venuti della Germania ci dicono che nessuno sa dove e quando i socialisti si riuniscono, nessuno sa quello che deliberano. Tutto questo ci fa pensare e non sappiamo frenare un piccolo sorriso ironico, quanto siano fuori della realtà, come vivono in un paese chimerico tutti quei nostri compagni e, però fortunatamente ogni giorno diventano sempre di meno, che pretendono adattare, come su d'un modello, come su d'un conico il partito socialista italiano su quello tedesco." Tristano: I socialisti al Reichstag. In: Battaglia, 26.6.1899.

38 Brief an Carlo Placci, 5. 6. 1899. In: Carteggi I, 1895-1911. A cura di Alvira Gencarelli, Milano 1963, S. 94. Zit.n. Ventura: Gaetano Salvemini e il partito socialista. In: Salvemini tra politica e storia, S. 49.

39 An Gaetano Arfé, mit dem er 1954 an einer Sammlung seiner Schriften über den Süden arbeitete, schrieb er: „Il socialismo della Cina, dell'India, del pianeta Marte, mi hanno sempre interessato poco. Mi ha interessato solamente il socialismo italiano in funzione di quello meridionale e viceversa." Zit.n. Cingari, Gaetano: Il mezzogiorno. Salvemini tra politica e storia, S. 111.

40 Ciccotti: Sulla funzione del partito socialista nel Mezzogiorno d'Italia. In: Propaganda, 7.5. und 14.5.1899. Die Reihe wurde dann von Merlino fortgesetzt. In: Propaganda, 25.6.1899.

41 Die Werke wurden seit 1899 als Skripte von dem Verlag Mongini veröffentlicht, und dann vom Avanti!-Verlag herausgegeben. Siehe: M-E-L.

42 Zu Labriolas Entwicklung und seinem Verhältnis zur deutschen Sozialdemokratie siehe Kap. VI.6.

präsentierte sich in dieser Zeit in allen publizistischen Beiträgen als authentischer Marxinterpret. In Merlinos „Rivista critica del socialismo" polemisierte er gegen Sorel, in der „Revue socialiste", für die er im Exil in Frankreich schrieb, vertrat er die Meinung, der Revisionismus Bernsteins sei nichts anderes als die Rückkehr zu den Reformbestrebungen des bürgerlichen Liberalismus: „Abgesehen von den geistreichen Überlegungen Sorels sind die Veröffentlichungen der genannten drei Autoren (Bernstein, Sorel und Merlino, die Verf.) eine Rückkehr zum bürgerlichen Standpunkt oder eine mehr oder weniger bewußte Kehrtwende zum Utopismus."[43]

In einem Punkt bestand zwischen so unterschiedlichen Autoren wie Saverio Merlino, Gaetano Salvemini, Ettore Ciccotti und Arturo Labriola Einigkeit: In einer Region wie in Süditalien, in der das Industrieproletariat fast völlig fehlte, müsse die sozialistische Partei in erster Linie die Funktion einer demokratischen Partei ausüben; die Bedingungen für eine rein proletarische Klassenpolitik seien hier nicht gegeben: „Die Sozialisten sollen sich doch nur eine Landkarte Italiens ansehen, und sie werden feststellen, daß die Gebiete, wo es ein fortschrittliches Proletariat gibt, auf einen verschwindend geringen Teil des Landes beschränkt sind."[44]

Zusammenfassend läßt sich sagen, daß die offizielle Solidarisierung des PSI mit Kautsky zeigte, daß die deutsche Partei als Führungspartei anerkannt wurde, obwohl sie keine richtungsweisende Funktion mehr hatte. Der Kritiker Bernstein fand innerhalb der Sozialistischen Partei vor allen Dingen in Süditalien Gehör, wo es eine diffuse, unreflektierte Abneigung gegen Marxismus, SPD und das „germanische Volk" im allgemeinen gab. Für die Entwicklung der Gesamtpartei blieb diese Strömung jedoch bedeutungslos.

Im folgenden soll die Rolle der SPD in der Auseinandersetzung zwischen den seit 1900 auseinanderdriftenden Parteiflügeln der Sozialistischen Partei aufgezeigt werden.

---

43 „En dehors des constructions ingénieuses de Sorel, les publications des trois auteurs cités sont un retour au point de vue bourgois ou une conversion plus ou moins consciente à l'utopisme." Labriola: Bernstein e le socialisme. In: Revue socialiste, 1899, S. 663-679, hier S. 663.
44 „I socialisti devono guardare una carta geografica dell'Italia, osservare che le zone abitate da un proletariato progredito non sono oggi che una minima parte della superficie italiana." Salvemini: Riforme sociali e riforme politiche. In: La Battaglia, aprile-maggio 1904. Zit.n. Ventura: Gaetano Salvemini. Salvemini tra politica e storia, S. 57. Vgl. auch: Ai borghesi. In: Propaganda, 7.5.1899, und Arturo Labriola: Per un' programma dei partiti popolari. In: Propaganda, 30.7.1899.

4. Der erste Parteitag des PSI nach der „Wende"

Im September 1900 fanden hintereinander drei Kongresse statt, die in Italien erneut Anlaß für die Diskussion über die „neuen Tendenzen" gaben: der Kongreß des PSI in Rom, der Parteitag der SPD in Mainz und der Kongreß der Sozialistischen Internationale in Paris.[1]

Vom 8. bis zum 11. September 1900 tagte der PSI in der italienischen Hauptstadt.[2] Seit Beginn des Jahres 1900 zeichnete sich ein Wandel in der Politik ab. Am 20. Februar verlor das Königliche Dekret, mit dem Ministerpräsident Pelloux die im Parlament gescheiterten Gesetze[3] durchsetzen wollte, durch Beschluß des Kassationshofes seine Gültigkeit.[4] Bereits am 3. April lag der Gesetzentwurf der Kammer jedoch erneut vor. Bei der Abstimmung fehlte dann die gesamte „Estrema Sinistra" und die „Sinistra Costituzionale" – insgesamt 160 Abgeordnete. Angesichts dieses wachsenden Widerstandes löste Pelloux im Mai die Kammer auf und setzte für den 3. bis 10. Juni Neuwahlen an. Das Ergebnis war ein eindeutiger Sieg der Linken und gleichzeitig ein überdeutliches Zeichen für den Nord-Süd-Gegensatz. Die Sozialisten konnten die Zahl ihrer Abgeordneten von 15 auf 32 erhöhen, insgesamt errang die „Estrema Sinistra" 96, die „Sinistra costituzionale" 116 Parlamentssitze.[5] Der PSI gewann 77% seiner Stimmen in Norditalien, 15% in Mittelitalien, nur 5,9% im Süden und lediglich 1,4% auf den Inseln (Sizilien und Sardinien).[6] Pelloux mußte zurücktreten, und am 24. Juni bildete Giuseppe Saracco ein neues Kabinett, in dem auch die „Estrema Sinistra" vertreten war. Nach beinahe einem Jahr der Lähmung nahm das Parlament am 1. Juli seine reguläre Arbeit wieder auf. Die neue Regierung blieb allerdings nur wenige Monate im Amt.

Am 29. Juli 1900 wurde König Umberto durch den Anarchisten Gaetano Bresci in Monza ermordet.[7] Abgesehen von wenigen Anarchisten mißbilligten alle politischen Kräfte diese Tat. An der Reaktion der Regierung zeigte sich nun deutlich, wie stark sich das politische Klima innerhalb von zwei Jahren geändert hatte. Die Ermordung löste weder Massenverhaftungen noch andere Repressivmaßnahmen aus. Nachfolger Umbertos wurde sein Sohn Vittorio Emanuele III.

Der politische Liberalisierungsprozeß war nun nicht mehr aufzuhalten, zumal er von einem Aufwärtstrend in der Wirtschaft begleitet war. Saracco mußte im Dezember 1901 infolge eines Generalstreiks[8] in Genua zurücktreten. Der neue König beauftragte im Februar 1901 Giuseppe Zanardelli mit der Regierungsbildung. Die

---

1 Compte-rendu analytique officiel. In: Histoire de la IIe Internationale, tome 13, S. 37-155. Bericht der deutschen Sozialdemokratie siehe: Ebd., S. 367-398.
2 Siehe dazu auch Dokumente Berliner Polizei, II, S. 224-226.
3 Die „leggi liberticidi". Vgl. Kap. VI,2.
4 Ragionieri: Movimento socialista, S. 107.
5 Aquarone: L'Italia giolittiana, S. 59 und 183.
6 Ebd., S. 183.
7 Der Anarchist Gaetano Bresci ermordete König Umberto aus Rache für die Opfer der Unruhen von 1898. Der Mord wurde auch von den Sozialisten scharf verurteilt. Siehe Turati: Da Pelloux, S. 5f.
8 Siehe dazu Turatis Rede im Parlament: Da Pelloux, S. 6f.

hervorstechendste Persönlichkeit des Kabinetts war Innenminister Giovanni Giolitti, mit dessen Namen die liberal-demokratische Politik bis zum Ausbruch des Ersten Weltkrieges verknüpft sein sollte. Giolittis Politik zielte darauf ab, die politischen und gewerkschaftlichen Organisationen der Arbeiterbewegung an den Staat zu binden.[9] Seine Rede im Parlament am 4. Februar, in der er Saracco vorwarf, das Vereinigungsrecht verletzt zu haben, enthielt sein politisches Programm der folgenden vier Jahre.[10] Die wichtigsten Punkte waren die Neutralität des Staates in Arbeitskonflikten, Vereinigungs- und Streikfreiheit und die Respektierung der bürgerlichen Freiheiten. Mit einem Rundschreiben an die Präfekten, in dem er anordnete, daß der Staat sich in Zukunft in Arbeitskonflikten neutral zu verhalten habe, setzte er von Anfang an die Politik in die Wirklichkeit um, die er sieben Jahre lang in der Opposition vertreten hatte.

Der PSI, an der Spitze Turati, Bissolati und Bonomi, reagierte auf den sich abzeichnenden Klimawechsel in der Politik seinerseits mit Kompromißbereitschaft und der Abkehr von der bisherigen Oppositionshaltung. Der Wandel in der politischen Orientierung manifestierte sich bereits bei dem ersten Kongreß nach der „Krise der Jahrhundertwende", der noch vor dem Rücktritt Saraccos stattfand. In der „Critica sociale" herrschte die Ansicht vor, die sozialistische Partei müsse eine Politik unterstützen, die die Entwicklung der Demokratie und der sozialistischen Bewegung fördere.[11] Die Diskussionen auf dem rechten Parteiflügel seit Ende 1899 liefen auf die parlamentarische Unterstützung einer liberalen Regierung hinaus. In Rom setzte sich in allen Fragen die reformistische, auf größere Autonomie der einzelnen Sektionen bedachte Linie durch.

Die Sektionen sollten bei Wahlen nun selbst entscheiden können, ob sie bereits im ersten Wahlgang ein Bündnis mit den Parteien der „Estrema Sinistra", den Republikanern und den Radikalen, schließen wollten oder erst bei den Stichwahlen, oder ob sie jede Art von Bündnis mit bürgerlichen Parteien ablehnten.[12] Das Minimalprogramm, das Claudio Treves präsentierte[13], wurde trotz einiger Kritikpunkte beinahe einstimmig angenommen (eine Stimme fehlte).[14] Der erste Teil enthielt einen Katalog der bürgerlichen Freiheiten, außerdem wurden die Neutralität des Staates in Arbeitskonflikten und eine politische und verwaltungsmäßige Dezentralisierung gefordert.[15] Der wirtschaftliche Teil betraf hauptsächlich Frauen- und Kinderarbeit, Schiedsgerichte, die Vergabe von öffentlichen Arbeiten und die Pachtverträge. Im letzten Abschnitt schließlich stand die Steuerreform im Mittelpunkt,

---

9 Diese Politik war nicht unumstritten. Siehe dazu Marazio: Il partito socialista, S. 55.
10 Siehe auch Valiani: Il partito socialista italiano dal 1900 al 1918, S. 273.
11 t-k: Dichiarazioni necessarie. In: Antologia, vol.I, S. 107ff.
12 Mit der Resolution Treves-Modigliani, die mit 106 gegen 69 Stimmen angenommen wurde, wurde eine Praxis, die 1897 von der Cremoner Sektion eingeführt worden war, erstmals von einem Parteitag sanktioniert. Gegen die autonome Taktik sprach sich unter anderem Enrico Ferri aus. Rct. 1900, S. 71.
13 Ebd., S. 121-125.
14 Ebd., S. 132.
15 Ebd., S. 141f.

die unter anderem die Aufhebung der indirekten Steuern und der Schutzzölle auf Grundnahrungsmittel vorsah. Statt dessen wurde eine progressive Einkommens- und eine Erbschaftssteuer vorgeschlagen.

Die Reformen wurden nicht als Selbstzweck verstanden, sondern in Hinblick auf die zukünftige, kollektivistische Gesellschaft gesehen. Darin, so wurde argumentiert, liege der entscheidende Unterschied zu den Forderungen der bürgerlichen Parteien.[16] Kriterium für die Aufnahme einer Reform in das Minimalprogramm sei nicht die unmittelbare Realisierbarkeit, sondern der Nutzen für „den geistigen und politischen Aufstieg des Proletariats".[17] Es wurden also bewußt auch Utopien formuliert.

Sehr bezeichnend für die Wende der Partei war die agrarpolitische Resolution. Der liberale Mailänder „Tempo" sah darin den springenden Punkt des Kongresses überhaupt: „Wer sich an den Applaus erinnert, mit dem im letzten Jahr die Entscheidung gegen Bernstein und gegen die Kooperativen auf dem Parteitag in Hannover aufgenommen wurde, und wem noch die in Bologna verabschiedete Resolution Agnini präsent ist, mit der die sozialistische Partei in der Frage des Kleinbesitzes dem Beispiel von Pilatus folgte, der muß zugeben, daß diese Beschlüsse den Beginn einer völlig neuen Richtung markieren. [. . .] Es ist faktisch der Sieg Bernsteins, der in der Theorie weiterhin abgelehnt wird, gegen Marx oder zumindest die Marxisten: Merlino kann sich nun in die sozialistische Partei einschreiben."[18]

Ganz anders wurde der Kongreß in den großen sozialistischen Zeitungen gesehen, in denen die Reformisten tonangebend waren. Turati und Anna Kuliscioff begrüßten in der „Critica sociale" vor allem die Lösung von den „starren Formeln" (formule rigide) und die Tendenz zu mehr Flexibilität.[19] Die Öffnung gegenüber den selbständigen Kleinbauern sei aufgrund der regionalen Besonderheiten in Italien notwendig.

Der „Avanti!" wollte in den Kongreßergebnissen gar die „Rückkehr zu der reinen Doktrin Marx'"[20] erblicken. Die Hinwendung zu praktischen, politischen Aufgaben wurde als Sieg des historischen Materialismus gefeiert: „Niemals hat der Geist des Marxismus – egal was die Krisenpapageie (pappagalli della crisi) dazu sagen – einen so unbestrittenen Sieg verzeichnen können."[21]

---

16 Pedone: Il Partito Socialista Italiano nei suoi congressi, S. 140.
17 Ebd., S. 121.
18 „Davanti a queste deliberazioni, chi ricordi il plauso che salutò l'anno scorso la decisione presa contro gli sforzi del Bernstein e compagni, dal congresso di Hannover nel senso di desinteressarsi della cooperazione e chi rammenti l'ordine del giorno Agnini votato a Bologna, col quale il partito socialista seguiva l'esempio di Pilato nella questione della piccola proprietà, non può non pensare che è, come dicevo, tutto un nuovo indirizzo che il socialismo italiano accenna ad inaugurare. E [. . .] il trionfo di fatto del Bernstein, che continua ad essere teoricamente combattuto: il Merlino può ormai iscriversi al partito socialista italiano." Pietro Fontana: Nuove tendenze del socialismo italiano. In: Tempo, 18.9.1900.
19 t-k: La sintesi del congresso di Roma. In: CS, 16.9.1900, S. 273-275. Santarelli bezeichnet den Kommentar als revisionistisch. Santarelli: La revisione II, S. 61.
20 Dopo il congresso. In: Avanti!, 16.9.1900.
21 Ebd. Vgl. Kap. VI,1.

Die Bemühungen, die Übereinstimmung zwischen Reformismus und Marxismus aufzuzeigen, wurden auch in den Beiträgen der Italiener in Zeitschriften der deutschen Sozialdemokratie deutlich. Bonomi, Schiavi und auch Soldi, der zu diesem Zeitpunkt den turatianischen Positionen recht nahestand, propagierten die Ideen des „neuen Kurses" in der „Neuen Zeit".

Im Mai 1900 erschien in der von Kautsky herausgegebenen Zeitschrift eine mehrteilige Artikelserie Ivanoe Bonomis zum Thema „Klassen und Parteien in Italien"[22], in der der Verfasser um Verständnis für die Haltung des PSI gegenüber den demokratischen Parteien warb: „Vielleicht gelingt es ihr [der Studie, die Verf.] auch zu beweisen, daß das spezielle politische Verhalten, das die sozialdemokratische Partei Italiens gegenwärtig an den Tag legt, nicht durch theoretische Differenzen mit den Gesinnungsgenossen des übrigen Europa bestimmt wird, sondern einfach durch die unterschiedliche ökonomische Entwicklung und durch die verschiedene Basis der Klassen und Parteien."[23]

Bonomi begründete die Bündnispolitik des PSI mit der Interessensgleichheit zwischen dem Proletariat und den mittleren Schichten Norditaliens, die er auf die Politik der herrschenden Klasse des Südens zurückführte. Durch diese „kleinbürgerlich-parasitären Schichten" trage das italienische Staatswesen „halbfeudale"[24] Züge, durch die eine fortschrittliche Entwicklung verhindert werde. Nach Meinung Bonomis war es daher die wichtigste Aufgabe, diejenigen Parteien zu unterstützen, von denen die Einleitung einer neuen politischen Phase zu erwarten sei. Erst dann könne die sozialistische Partei sich ihren Aufgaben als Klassenpartei widmen.[25] Treves, der für die „Sozialistischen Monatshefte" vom Parteitag in Rom berichtete, meinte zusammenfassend: „Es war der Congress der Reife der italienischen Sozialistenpartei".[26] Kritik wurde lediglich im Süden laut, wo sich erste Ansätze eines „Anti-Giolittismus" und „Anti-Turatismus" zeigten. Die neapolitanische „Propaganda" kritisierte die Vernachlässigung theoretischer Fragen, die dazu führe, daß von italienischen Sozialisten ungestraft „theoretische Häresien"[27] verbreitet werden könnten.

Nach den Versammlungen der deutschen Sozialdemokratie in Mainz und des internationalen Sozialismus in Paris wurden die Kongreßergebnisse analysiert und miteinander verglichen. Der rechte Flügel kam zu dem Ergebnis, daß der in Rom inaugurierte Kurs der Entwicklung des internationalen Sozialismus völlig entspreche. Zu dieser Auffassung kamen die italienischen Sozialisten aufgrund der Reso-

---

22 Bonomi: Klassen und Parteien in Italien. In: NZ, 18,2, 1899/1900, S. 174-179, 215-221, 229-234.
23 Ebd., S. 174.
24 Ebd., S. 179.
25 Ebd., S. 234. Auch im „Avanti!" vertrat Bonomi die Ansicht, daß der demokratische Fortschritt in der speziellen Situation von 1900 wichtiger sei als die Interessen der Arbeiterklasse. Siehe: Dove andiamo? In: Avanti!, 25.12.1900.
26 Treves: Der neue Curs in der italienischen Sozialdemokratie. In: SM, 1900, S. 695-703. S. 702.
27 La Propaganda, 15.,16.9.1900.

lution Bebels zur Teilnahme der Partei an den Landtagswahlen[28] und der Haltung Kautskys zum Regierungseintritt Millerands. Die Mehrheit des Parteitages entschied mit Bebel, daß die Partei die „Hilfe der entscheidenden bürgerlichen Elemente für (den) eigenen politischen Befreiungskampf"[29] durchaus gebrauchen könne. Die italienischen Sozialisten sahen darin einen ersten Schritt in Richtung eines Schulterschlusses der sozialdemokratischen Partei mit den linksbürgerlichen Parteien. Wie sich in der Folge zeigen sollte, lagen sie mit dieser Einschätzung völlig falsch.

Auch das Ergebnis des Kongresses der Sozialistischen Internationale in Paris wurde im Sinne der reformistischen Politik interpretiert. Die Mehrheit der Delegierten stimmte in der französischen Hauptstadt einer aus der Feder Kautskys stammenden Resolution zu. Diese besagte, daß der Eintritt eines Sozialisten in ein bürgerliches Kabinett nicht als prinzipielle, sondern als taktische Frage zu betrachten sei. Die Regierungsbeteiligung eines Sozialisten konnte demnach – vorausgesetzt der Minister war Mandatar seiner Partei – ein „vorübergehender und ausnahmsweiser Nothelf in einer Zwangslage" sein.[30] Die gesamte reformistische Presse – sowohl in Deutschland als auch in Italien – wollte in dieser Formulierung eine Billigung des Regierungseintrittes Millerands sehen.

Die Gegner der Resolution, Jules Guesde und Enrico Ferri, blieben in Paris in der Minderheit. Ferri bezeichnete den Beschluß als „Kautschuk-Vorschrift" (lisières en caoutchouc).[31] Die Bourgeoisie sei, so der Italiener, dazu übergegangen, die Sozialisten nicht mehr offen zu bekämpfen, sondern sie stumpf und schläfrig zu machen. Und was in Frankreich der „Fall Millerand" sei, das seien in Italien die Dezentralisierung der Partei und in Deutschland die Teilnahme an den Landtagswahlen.[32] Ungewollt bestätigte Ferri damit die These der Reformisten, die in der Entwicklung des internationalen Kurses eine Bestätigung ihrer eigenen Linie suchten.[33]

Ferri, der in den Kernfragen der Doktrin, die er im übrigen, wie er selbst zugab, nicht sehr gut kannte[34], eine von der marxistischen Orthodoxie abweichende Posi-

---

28 Durch den von Bebel mit einem Zusatz von Quarck formulierten Parteitagsbeschluß wurden die Parteigenossen in Ländern mit Drei-Klassenwahlrecht dazu verpflichtet, bei Wahlen in die Agitation einzutreten. In Preußen sollte der Parteivorstand das Zentralkomitee bilden, ohne dessen Zustimmung keinerlei Abmachungen mit bürgerlichen Parteien getroffen werden durften. Die Teilnahme an den Landtagswahlen war ursprünglich aufgrund des Drei-Klassenwahlrechts verboten; 1897 wurde die Vorschrift aufgehoben, Absprachen mit bürgerlichen Parteien waren jedoch weiterhin untersagt. Seit dem Parteitag 1898 in Stuttgart konnten die Parteimitglieder der einzelnen Wahlkreise darüber selbst entscheiden. Pt. 1900, S. 213.

29 Ebd., S. 216.

30 Histoire de la IIe Internationale, tome 13, S. 383. Bebel lehnte den Schritt Millerands aus praktischen, weniger aus prinzipiellen Überlegungen ab. Jung: Bebel, S. 240.

31 Histoire de la IIe Internationale, tome 13, S. 277. Kritik an der Resolution übte auch Labriola. Siehe Stein: Deutsche Sozialdemokratie, S. 111.

32 Ebd., S. 110f.

33 t-k: La sintesi del congresso di Roma. In: CS, 1.10.1900, S. 290; Treves: Der neue Curs in der italienischen Sozialdemokratie. In: SM, 1900, S. 702; Treves: Dall'Evangelico all'azione. In: Avanti!, 5.10.1900.

34 Frosini: Breve storia, S. 26. Vgl. Kap. VI,1.

tion vertrat, verhielt sich in der Auseinandersetzung um den „Fall Millerand" rigider als Kautsky selbst. Der rechte Flügel identifizierte sich fast vorbehaltlos mit Jean Jaurès. Der einzige Einwand gegen seine Position bestand darin, daß der Franzose, in Übereinstimmung mit Kautsky, das Mandat der Partei für einen sozialistischen Minister zur Bedingung machen wollte. Turati dagegen, ganz auf der Linie der Dezentralisierung der Partei, wandte ein, daß der Entschluß Millerands durch die Bindung an die Partei höchstwahrscheinlich verhindert worden wäre.[35]

Der unter den Reformisten verbreiteten Meinung, er habe den Regierungseintritt Millerands gebilligt, widersprach Kautsky im Oktober in der „Neuen Zeit".[36] Er sei schon 1899 gegen diesen Schritt gewesen, halte es jedoch nicht für die Aufgabe des internationalen Kongresses, darüber zu befinden.[37]

Da der „neue Kurs" offensichtlich Gefahr lief, als Abweichung kritisiert zu werden, hatten die Anhänger der „pragmatischen" Politik vor den Parteitagen im September versucht, das „spezielle politische Verhalten" des PSI zu erklären und zu rechtfertigen. Nach den Kongressen in Mainz und Paris wurde das Ergebnis von Rom in eine Reihe mit der Entwicklung des Sozialismus im übrigen Europa gestellt – als Zeichen der „Reife" der Partei. Die Argumentation des rechten Flügels (insbesondere Bissolatis), die auf die Identifizierung des Reformismus mit dem orthodoxen Marxismus abzielte, setzte sich in den folgenden Jahren fort. Daneben begann sich jedoch, gefördert durch die Haltung Kautskys, eine oppositionelle Haltung gegenüber der deutschen Sozialdemokratie herauszubilden. Zwischen Enrico Ferri und dem deutschen Theoretiker kam es dagegen zu einer Annäherung.

Erschien der Parteitag von 1900 zunächst in doppelter Hinsicht als Sieg Turatis, so erwies er sich in der Folge als Ausgangspunkt des parteiinternen Richtungsstreites und als Beginn der Entfremdung zwischen den italienischen „Marxisten", der Gründungsgeneration des PdLI, und der „Führungspartei" der II. Internationale, der deutschen Sozialdemokratie.

---

35 Noi: Al congresso internazionale. Ferri, Jaurès e Anseele nella questione Millerand. In: CS, 1.10.1900, S. 293.
36 Kautsky: Die sozialistischen Kongresse und die sozialistischen Minister. In: NZ, 19,1, 1900/1901, S. 36-40, hier S. 38.
37 Ebd., S. 37 und 41.

5. Die Krise des Reformismus und die Berufung auf Kautsky zur Legitimation der „Tendenzen"

Auf dem Parteitag 1900 in Rom zeichnete sich erstmals die Existenz parteiinterner Strömungen, sogenannter „Tendenzen" ab, die zur Herausbildung eines rechten und eines linken Parteiflügels (corrente) führte. Bei keiner der beiden Richtungen handelte es sich jedoch um eine homogene Gruppe. Die „correnti" waren vielmehr Entwicklungen unterworfen, die mehrmals zu wechselnden parteiinternen Bündnissen führten.

Das Jahr 1901 war durch eine starke Streikwelle sowohl im Agrarbereich als auch in der Industrie gekennzeichnet: Insgesamt wurden 2.300 Streiks mit 420.000 beteiligten Arbeitern registriert – ein Jahr zuvor waren es nur 410 Ausstände mit insgesamt 43.000 Arbeitern gewesen.[1] In ganz Norditalien entstanden Gewerkschaften, Arbeitskammern und sozialistisch orientierte Agrarligen.[2] Die Arbeitsniederlegungen, deren Ziel eine Erhöhung des Tagessatzes war, endeten überall mit einem Erfolg der Arbeiter. Die Lohnerhöhungen im Agrarbereich schwankten jedoch von Gemeinde zu Gemeinde erheblich. In der Provinz Mantua lagen sie beispielsweise zwischen 6,5 und 23 Prozent.[3] Auf den Reisfeldern, wo die Verhältnisse am schlimmsten waren, erzielten die Arbeiter eine Lohnerhöhung von 15 bis 20 Prozent. In diesem Bereich waren überwiegend Frauen und Kinder beschäftigt.[4] Neben der Lohnerhöhung standen die Arbeitgeber eine Begrenzung der Arbeitszeit zu. Überstunden sollten von nun an extra bezahlt werden. Den größten Widerstand leisteten die Agrarier gegen die Anerkennung der Stellenvermittlungsbüros der Arbeiter. Sie mußten sich jedoch dazu verpflichten, die Hälfte der Arbeiter bedingungslos von diesen Büros anzunehmen.[5]

Im November wurde die Dachorganisation der Landarbeiter mit 150.000 Mitgliedern gegründet. Den Kern der Organisationen, die sich zur „Federterra" zusammenschlossen, bildete das Agrarproletariat der Poebene.[6] Obwohl Pächter und Kleinbesitzer nicht aus dem Dachverband ausgeschlossen waren, handelte es sich bei der „Federterra" in erster Linie um eine Interessenvertretung der Tagelöhner.[7] Der Kongreß nahm eine Resolution an, in der die Sozialisation des Bodens

---

1 Ragionieri: Il movimento socialista, S. 109 und Seton-Watson: L'Italia, vol.I, S. 278. Seton-Watson gibt für die Gesamtzahl der Streiks in der Industrie und auf dem Land 1671 an.
2 Das Statut der „Federterra" ist in Zangheri: Lotte agrarie, S. 128-131 abgedruckt. Zur Verbreitung Arbeitskammern und Ligen siehe auch Marazio: Il partito socialista, S. 53.
3 Siehe Michels: Sozialismus auf dem Land, hier S.11 und Antologia, vol.II, S. 180-182.
4 Vgl. Michels: Sozialismus auf dem Land, S. 6f. Im Durchschnitt verdienten die Landarbeiter nach der Lohnerhöhung 1,20 Lire pro Tag. Antologia, vol.II, S. 182. Zum Vergleich: Prampolini erhielt bis 1896 als Angestellter bei der Handelskammer ein Gehalt von 90-110 Lire pro Monat. Zibordi: Saggio, S. 34.
5 Michels: Sozialismus auf dem Land, S. 11f und Antologia, vol.II, S. 182.
6 Der Kongreß sollte nationalen Charakter haben, war aber de facto fast ausschließlich norditalienisch.
7 Siehe dazu auch: Salvadori: Il movimento delle leghe, 1901-1902. In: Prampolini e il socialismo riformista, S. 215-228.

zum „Endziel" erklärt wurde.[8] Die Lohnforderungen der assoziierten Ligen wurden auch von Regierungsseite als gemäßigt beurteilt.[9]

Die Entstehung der Agrarligen wurde durch den Reformkurs der Regierung Zanardelli sowie durch eine Phase wirtschaftlicher Prosperität gefördert. Der Staat verhielt sich in den Arbeitskämpfen dieses Jahres neutral. Die zahlreichen erfolgreichen Streiks und die Ausbreitung der gewerkschaftlichen Organisationen schienen Turatis Kurs zu bestätigen.[10] Die offizielle Politik der Sozialisten gegenüber der Regierung entsprach einer Unterstützung „von Fall zu Fall" (caso per caso)[11] in der Realität lief die Haltung der Fraktion (GPS) auf ein Vertrauensvotum hinaus.

Im Juni erlitt der Reformismus seine erste Niederlage. In Berra, Provinz Ferrara, kam es während einer Demonstration von Landarbeitern zu Ausschreitungen seitens der staatlichen Ordnungskräfte. Die Regierung entsandte überdies eine militärische Einheit, die blindlings in die Menge schoß; zwei Personen wurden dabei getötet, weitere 50 verletzt.[12] Der entscheidende Moment für die Herausbildung der parteiinternen Opposition war die Entscheidung der Fraktion, auch nach diesen blutigen Zusammenstößen für die Regierung zu stimmen. Turati verteidigte die Entscheidung in einem ausführlichen, einer Grundsatzerklärung des Reformismus gleichenden Kommentar.[13] Ganz im Gegensatz etwa zu Kautsky, nach dessen Meinung die Eroberung der politischen Macht Voraussetzung für die proletarische Revolution war, führte nach Meinung des italienischen Reformisten die „fortschreitende Enteignung" (progressiva espropriazione)[14] zur Vergesellschaftung der Produktionsmittel. Die Umwandlung der Gesellschaft wurde als langsamer, unaufhaltsamer Vorgang betrachtet, der sich durch Reformen vollziehen würde. Obwohl auch Turati gerade im Verhältnis der Reformen zum „Endziel" den entscheidenden Unterschied zwischen Sozialisten und bürgerlichen Reformpolitikern sah, kam im Konzept der Reformsozialisten dem Kampf um die Hebung der wirtschaftlichen Lage und die politische Emanzipation des Proletariats eine völlig andere Bedeutung zu als im Konzept der orthodoxen Sozialdemokratie oder gar des linken Parteiflügels der SPD. Sollten Reformen innerhalb des bestehenden Systems hier lediglich

---

8 Dieses Votum, an dem sich deutlich die sozialistische Orientierung der Delegierten zeigte, führte zum Ausscheiden der Republikaner aus der „Federterra". Zum Kongreß von Bologna siehe Zangheri: Lotte agrarie, S. 8ff und Procacci: Geografia e struttura, S. 85ff.

9 Giolitti: Discorsi parlamentari, S. 640. Siehe auch den Bericht des deutschen Botschafters an Bülow vom 29.4.1901. In: AAPA, Eur.Gen. 82, 7, Bd. 5.

10 Siehe dazu auch CS: Fase nuova. In: CS, 16.2.1901; Bonomi: La Sinistra al potere. In: CS, 1.3.1901; CS: Il nostro dovere. In: CS, 1.3.1901 und CS: Ministerialismo. In: CS, 16.4.1901. Jedoch auch Turati hegte Zweifel an der Zuverlässigkeit Giolittis. Am 2.2.1901 schrieb er an Anna Kuliscioff: „Ora Giolitti ci inonda di sorrisi e fa l'ultra liberale, sulla questione della organizzazione operaia; è un modo per adescarci ed è un abile alibi per pigliare i nostri voti senza compromettersi sulla facenda delle spese militari. Anche noi peró dobbiamo stare in guardia per non fare troppo l'alloco che cade nella pania." In: FT-AK Carteggio, 1900-1909, 1, S. 10.

11 Procacci: La lotta di classe, S. 166. Siehe auch Vorwärts, 1.6.1901. Am 28.6. begründete Ferri im „Vorwärts" den Fraktionsbeschluß.

12 Siehe auch Vorwärts, 11.7., 24.7. und 1.8.1901.

13 Turati: Il partito socialista e l'attuale momento politico. In: CS, 16.7.1901, S. 209-215.

14 Turati: Il partito socialista e l'attuale momento politico. In: CS, 16.7.1901, S. 209.

der physischen und psychischen Stärkung des Proletariats dienen und somit der Optimierung des politischen Machtkampfes, wurden sie im Konzept der lombardischen Reformisten bereits als Bestandteil des Klassenkampfes und des Sozialismus angesehen.

Seiner Meinung nach war es nach dem Regierungsantritt Zanardellis die Aufgabe der Sozialisten, die progressiven Kräfte zu unterstützen, um eine neue Phase der Reaktion zu verhindern. Die Gefahr der Wiedereroberung der Macht durch die reaktionären politischen Kräfte war seines Erachtens zu diesem Zeitpunkt noch nicht gebannt. Die Sozialisten müßten demnach die von der „Sinistra costitutionale" eingeleitete Entwicklung fördern, denn die Regierung Zanardelli-Giolitti stehe für die Garantie der bürgerlichen Freiheiten und die Neutralität des Staates in Arbeitskonflikten. Damit repräsentiere sie, so Turati, das „wirkliche, junge, moderne und unternehmerische Bürgertum", das Italien auf den Stand einer industriellen Gesellschaft bringen sollte – und damit die Voraussetzung für die Umwandlung des Staates im Sinne des Sozialismus schaffen würde.

Die Ereignisse in Berra sah Turati nur als trauriges Intermezzo an, an dem sich die Schwäche der Regierung und der noch starke Einfluß der rechten Opposition offenbarten. Gerade deshalb, so glaubte er, müßte die sozialistische Partei an ihrer bisherigen Strategie festhalten und der Regierung ihr Vertrauen aussprechen. Unkontrollierbare Protestaktionen würden nur der Reaktion in die Hände arbeiten. Er forderte daher, von der „zweideutigen Haltung des ‚caso per caso'" abzurücken und der Regierung statt dessen das volle Vertrauen auszusprechen.[15]

Kritik gegen Turati wurde in erster Linie von Arturo Labriola[16] und von Saverio Merlino[17], später auch von Enrico Leone[18] geäußert. In Mailand kam es zur Spaltung der Partei und zur Gründung der parteiunabhängigen, turatianischen „Unione socialista milanese".[19] Der eigentliche politische Gegenspieler Turatis in der Phase vor dem Parteitag 1902 in Imola war jedoch Enrico Ferri. Arturo Labriola verfügte zu diesem Zeitpunkt noch kaum über eine Anhängerschaft in der Partei, zudem war seine Position noch nicht ausgereift. Saverio Merlino spielte ohnehin nur eine Außenseiterrolle.

Ferri, 1900 in der „Millerandfrage" der Hauptgegenspieler Kautskys, hatte die zur offiziellen Politik erklärte Formel der „Von-Fall-zu-Fall-Unterstützung" mitgeprägt. Bei der Abstimmung in der Fraktion, bei der die sozialistischen Abgeordneten nach den Ereignissen von Berra über ihr Verhalten gegenüber der Regierung

---

15 Ebd., S. 213. Turati sprach diese Überzeugung auch in einem Brief an Anna Kuliscioff aus. Siehe FT-AK Carteggio, 1900-1909, 1, S. 52.
16 Arturo Labriola: Ministero e socialismo. Risposta a Filippo Turati. Firenze 1901.
17 Saverio Merlino: Partito socialista o partito operaio? Commenti all'articolo di Filippo Turati sul Partito Socialista e il momento politico attuale. In: La Folla, 13.8.1901.
18 Siehe auch Anna Kuliscioff an Turati, 16.8.1901. In: FT-AK Carteggio, 1900-1909, 1, 1977, S. 64.
19 Procacci: La lotta di classe, S. 175. Zur Debatte des Parteivorstandes siehe Turati an Anna Kuliscioff. In: FT-AK Carteggio, 1900-1909, 1, S. 74.

entschieden, stimmte Ferri mit der Mehrheit für das Vertrauensvotum.[20] Auf dem Parteitag, der im September 1902 stattfand, distanzierte er sich jedoch von seiner früheren Position und votierte für eine klare Oppositionshaltung. In der Zwischenzeit allerdings, im Frühjahr und im Sommer 1902, war es erneut zu Zusammenstößen zwischen Staat und Arbeiterbewegung sowie zu zahlreichen Niederlagen des Proletariats in Arbeitskämpfen gekommen, so daß sich das gesamte Konzept der Reformisten in einem anderen Licht darstellte.

Als im Frühjahr 1902 die Gasarbeiter von Turin in den Ausstand traten, reagierte Innenminister Giolitti mit der Entsendung von Truppen. Ähnliches wiederholte sich in Rom und Triest. In Turin verschärfte sich die Situation, als der Streik sich auch auf die Eisenbahner auszuweiten drohte. Giolitti hatte bereits einen Monat zuvor für eventuelle Streiks im öffentlichen Dienst „harte Maßnahmen" angedroht.[21] Auf einen solchen Streik, den Giolitti nicht zu den „erlaubten" zählte, reagierte die Regierung dann auch mit dem Einsatz von Militär. Erst durch die Vermittlung Turatis kam es zur Beendigung des Arbeitskampfes.

Die sozialistische Fraktion beriet am 21. Februar 1902 gemeinsam mit dem Parteivorstand über das weitere Vorgehen. Die verabschiedete Resolution kam einer Wende um 180 Grad gleich: die bisherige „Von-Fall-zu-Fall-Politik" wurde durch eine entschiedene Oppositions-Haltung abgelöst.[22] Die sozialistische Fraktion stimmte dennoch bereits am 14. März wieder für die Regierung.[23]

Im Agrarbereich führten die Erfolge der Arbeiterbewegung fast überall zum Gegenangriff der Arbeitgeber, die nun die Immigration förderten und Streikbrecher einsetzten. Darüber hinaus kam es durch Rationalisierungsmaßnahmen zu Entlassungen.[24] Der dadurch ausgelöste Auflösungsprozeß der Widerstandsligen unterschied sich von Region zu Region erheblich. Am widerstandsfähigsten zeigten sich die Organisationen in der Emilia und der Romagna, die sowohl Landarbeiter als auch Kleinbesitzer und Pächter umfaßten; die Streikbewegung im Frühjahr 1902 führte daher zu einer Schwerpunktverlagerung der Agrarbewegung. Hatte bereits zu Beginn der 1890er Jahre die Emilia gegenüber der „Bassa Lombardia" (Mantua, Lodi, Cremona) an Bedeutung gewonnen, so zeigte sich nun ganz deutlich die Führungsrolle der „roten Emilia". Zu den Niederlagen der Arbeiter war es trotz der anfänglichen Neutralität des Staates gekommen. Sie hinterließen Bitterkeit in der Arbeiterbewegung und erschütterten das Vertrauen in die Politik der Reformisten.

Während sich zwischen 1901 und 1902 die parteiinterne Opposition um Arturo Labriola zu formieren begann und sich damit die Spaltung der Partei in zwei Flügel abzeichnete, spielte Ferri die Rolle des Vermittlers. Den turatianischen Reformis-

---

20 „[. . .] furono per le palle bianche Badaloni, Bissolati, Costa, Morgari, Montemartini, Rondani, Todeschini, Turati, Ciccotti, Vigna, Ferri – dodici – per le palle nere Cabrini, Lollini, Noè, Pescetti". Turati an Anna Kuliscioff, 14.6.1901. In: FT-AK Carteggio, 1900-1909, 1, S. 53.
21 Procacci: La lotta di classe, S. 189ff.
22 Ebd., S. 201-203 und Mammarella: Riformisti e rivoluzionari, S. 123
23 Mammarella: Reformisti e rivoluzionari, S. 123.
24 Procacci: Geografia e struttura, S. 92ff. Siehe auch Marazio: Il partito socialista, S. 72ff.

mus ablehnend und gleichzeitig in deutlicher Distanz zu den revolutionären Syndikalisten, rief er die Partei zur Einheit auf.

Ferri operierte mit einer „Zwei-Seelen-Theorie", die auf der These beruhte, daß die Existenz zweier „Seelen" (anime) im italienischen Sozialismus die Realität des Landes widerspiegele und letztlich der „Arbeitsteilung" in der Partei entspräche: „Da sich die Ideen in Menschengewand bewegen, lassen sich in jeder Partei zwei Gruppen unterscheiden: die Mutig-Zuversichtlichen, Aktiven und Energischen einerseits, die Ruhigen, Gemäßigten und Zweifelnden andererseits."[25]

In bezug auf die Revisionismusdebatte in Deutschland lokalisierte Ferri seine Position zwischen Bernstein und Rosa Luxemburg, auf der Linie Wilhelm Liebknechts. Ferris Haltung war in sich recht widersprüchlich: Einerseits forderte er größeren revolutionären Impetus, andererseits pries er die belgischen Kooperativen als Vorbild.[26] Dennoch gelang es ihm als Chefredakteur des Parteiorgans ab Mai 1903, „Zünglein an der Waage" zwischen den beiden Strömungen zu spielen, eine Schlüsselposition in der Partei zu erlangen und die Unterstützung zentraler Personen des internationalen Sozialismus, darunter Karl Kautsky, zu gewinnen.

Die Ursache für die Unerbittlichkeit, mit der Kautsky den Kampf gegen den Revisionismus auch in Frankreich und Italien führte, ist in der parteiinternen Situation in Deutschland zu sehen. Nachdem die Thesen Bernsteins auf dem Parteitag in Hannover 1899 ausdrücklich zurückgewiesen worden waren, flammte die Diskussion in den darauffolgenden Jahren wieder auf. Vor dem Parteitag 1901 in Lübeck war es der Vortrag Bernsteins zum Thema „Wie ist wissenschaftlicher Sozialismus möglich?"[27], an dem sich der Streit zwischen den Parteiflügeln entzündete. Wie Bebel deutlich machte, ging es in der Auseinandersetzung weder in erster Linie um das Problem der Wissenschaftlichkeit des Sozialismus, noch um den Bernsteins Überlegungen zugrundeliegenden Wissenschaftsbegriff, sondern um Bernsteins Vorstoß gegen die Verelendungstheorie.[28] Die Zweifel an der These des zu erwartenden wirtschaftlichen Zusammenbruchs richteten sich gegen den Kern des gesamten Selbstverständnisses der Partei. Die Annahme der Bernsteinschen Thesen hätte konsequenterweise das Überdenken der Stellung der Sozialdemokratie zu Staat und Gesellschaft bedeutet. In der Resolution Bebels, die mit 203 gegen 31 Stimmen angenommen wurde, kritisierte der Lübecker Parteitag die „einseitige Art", mit der Bernstein sich „unter Außerachtlassung der Kritik an der bürgerlichen Gesellschaft und ihren Trägern" gegen die Partei wende.[29]

Die Berichte der italienischen Reformisten waren insgesamt von dem Bemühen geprägt, die Vereinbarkeit des Reformismus mit den Prinzipien des Marxismus

---

25 „E poichè le idee camminano nelle scarpe degli uomini, in ogni partito i suoi componenti si distinguono (per temperamento, studi, educazione, abitudine) nei più ardenti, fiduciosi, energici, attivi e nei più tranquilli, temperati, dubitosi." Ferri: Programma e tattica. In: Avanti!, 13.7.1901.
26 Siehe dazu auch Turatis Rede auf dem Parteitag in Imola. Rct. 1902, S. 51.
27 Bernstein: Ein revisionistisches Sozialismusbild, S. 51-90.
28 Pt. 1902, S. 178-179.
29 Ebd., S. 99.

aufzuzeigen. Der Streit in der SPD wurde auf persönliche Animositäten zurückgeführt. Am offensichtlichsten war diese Interpretation bei Bissolati, der zwei Jahre zuvor am vehementesten die Position Kautskys verteidigt hatte. Die Haltung der SPD in der Haushaltsfrage – den Abgeordneten wurde in Lübeck erlaubt, unter bestimmten Umständen dem Budget zuzustimmen – interpretierte er als Zeichen eines Öffnungsprozesses, vergleichbar mit der Entwicklung des PSI nach dem Ende der Reaktions-Phase: „Es ist nicht ohne Bedeutung, daß zur gleichen Zeit, zu der die Fraktion der italienischen Sozialisten eine variationsreichere und komplexere Taktik inauguriert, die deutschen Sozialisten nach einer langen theoretischen Ausarbeitung den Kanon streicht, den wir 1893 auf unserem Kongreß in Reggio Emilia von ihnen kopiert haben."[30]

Die „Bernstein-Frage" dagegen wurde in ihrer theoretischen und politischen Bedeutung völlig heruntergespielt: „Was ist die Bernsteinfrage letztlich? Lediglich eine Frage der Form, der Methode, ja man möchte fast sagen, des Anstandes. Wie der Kongreß von Lübeck gezeigt hat, handelt es sich wirklich nicht um eine Frage der Doktrin, sondern eine unbedeutende, persönliche Haltung."[31]

Nach Meinung Bissolatis wurde der Streit in bester Form beigelegt, da Bernstein das Votum des Kongresses akzeptierte. Aus der Darstellung des Revisionismus spricht jedoch insgesamt eher Sympathie als Kritik.

Auf der gleichen Linie lag ein nicht gezeichneter, aber ganz offensichtlich ebenfalls aus der Feder des Chefredakteurs stammender Artikel über die Ursachen des Revisionismus und das Verhältnis zwischen den „neuen" wissenschaftlichen Erkenntnissen und den „Grundlagen" der Partei.[32] Nach Meinung des Autors war der Revisionismus die Reaktion auf den wirtschaftlichen Aufschwung. Die Verelendungstheorie habe sich also als zu pessimistisch erwiesen. Gleichzeitig sei jedoch auch zu erkennen, daß die „Grundlagen" (le basi) unverändert blieben, denn sie seien „Ausdruck des Standes der Dinge in der bürgerlichen Welt."[33]

Noch stärker als das Parteiorgan reduzierte die „Lotta di classe" den „Fall Bernstein". Das nach der Spaltung der Mailänder Fraktion als Sprachrohr der Reformisten gegründete Blatt sprach gar von einem „rein persönlichen Fall von nur lokaler Bedeutung".[34] Zum Beweis der „Zulässigkeit" des Reformismus wurde ein

---

30 „E non è senza significato che nello stesso tempo che il gruppo parlamentare dei socialisti italiani inaugurava praticamente una tattica più varia e più complessa, i socialisti tedeschi dopo una lunga elaborazione teorica cancellassero quel canone che noi, nel 1893, nel nostro Congresso di Reggio Emilia, avevamo copiato da loro." La tattica dei socialisti. In: Avanti!, 30.9.1901.

31 „Che è in fondo, la questione Bernstein? E semplicemente una questione di forma, di metodo, diremo quasi di galateo. Come è apparsa al congresso di Lubecca, essa non è affatto una questione dottrinaria, ma discende alle minuscole proporzioni di un atteggiamento personale." Ebd.

32 La revisione del programma socialista. Il programma di Erfurt e l'opinione di Bernstein. In: Avanti!, 8.11.1901.

33 „E ad ogni modo opportuno di riprendere l' esame del programma del partito [. . .] pur essendo convinto che le basi dovranno ancora restare le medesime perché sono l'espressione dello stato di cose nel mondo borghese." Ebd.

34 Il caso Bernstein e „l'autocritica del partito. In: LdC, 28.8.1901. Der Artikel ist nicht gezeichnet, ist jedoch mit ziemlicher Sicherheit dem Chefredakteur der Wochenzeitung, Claudio Treves, zuzuord-

Manuskript Liebknechts aus dem Jahre 1881 herangezogen, in dem der Sozial-demokrat über den Fall einer Regierungsbeteiligung der SPD spekulierte.[35] Die Ursachen der Unterschiede zwischen dem deutschen Sozialismus einerseits, dem italienischen und französischen andererseits, wurden mit Jaurès in der unterschiedlichen Verfassung der jeweiligen Länder gesehen. Jaurès wiederum bezog sich auf die Aussage von Engels über die Unterschiede der Entwicklung des Sozialismus in demokratischen und in absolutistischen Staaten. Auch damit sollte deutlich gemacht werden, daß der Reformismus durchaus mit den Prinzipien des Marxismus in Einklang stehe.[36]

Der „Tempo", der seit der Spaltung der Mailänder Sektion immer mehr zum Sprachrohr der reformistischen Fraktion wurde, bot in der Darstellung der SPD kein homogenes Bild. Als ständiger Korrespondent in Berlin fungierte Gustavo Sacerdote, außerdem erschienen unter dem Pseudonym „T. Sammler"[37] Berichte von Claudio Treves, darunter auch ein Beitrag zur „Bernstein-Frage". Treves stand dem Revisionismus mit sehr viel offenerer Sympathie gegenüber als die übrigen italienischen Reformisten. In einem Brief an Anna Kuliscioff hatte er schon im November 1898, also nach dem Parteitag von Stuttgart, aber vor dem Erscheinen der „Voraussetzungen", seine Zustimmung zu Bernsteins Parole „Das Ziel ist mir gar nichts, die Bewegung ist mir alles" geäußert.[38] Seiner Meinung nach hatte die Diskussion über die Krise des Marxismus zumindest in einem Punkt Klarheit geschaffen: „[. . .] die sozialistische Partei will natürlicher Repräsentant nicht nur der ‚Lohnabhängigen' sein, sondern aller Klassen, die unter der aktuellen ökonomischen Konstitution leiden."[39]

Ausgangspunkt der Theorie-Debatte war nach Meinung von Treves die Agrarfrage. Seit die Bauern mit Macht in die Reihen der Sozialisten drängten, könne der Sozialismus, so Treves, nicht mehr nur Sache der Industriearbeiter sein. In den Agrarzonen habe sich an Stelle des auf das Industrieproletariat zugeschnittenen

nen, der zum diesem Zeitpunkt unter dem Pseudonym „T. Sammler" auch im „Tempo" über Bernstein schrieb.

35 Parole di Liebknecht. In: Lotta di classe, 17.8.1900. Folgendes Zitat aus dem Manuskript, das der „Vorwärts" zum Todestag Liebknechts publizierte, wurde in den Mittelpunkt gestellt: „In questo caso il nostro partito sarebbe necessariamente chiamato a partecipare al Governo, e particolarmente incaricato di migliorare le condizioni del lavoro".

36 „Lo Jaurès comincia a rivendicare la legittimità marxista della propria azione." In: Lotta di classe, 19.10.1901.

37 Zur Identifikation des Pseudonyms siehe Casalini: Socialismo e internazionalismo, S. 36. Für die Identität „T. Sammlers" mit Claudio Treves sprechen auch die Verweise auf den norwegischen Sozialismus, da der Italiener die Verhälnisse in dem nordeuropäischen Land auf einer Reise 1897 kennengelernt hatte. Siehe T. Sammler: Cronache sociali. La fine della crisi del marxismo. In: Tempo, 4.8.1901 und Treves: Lettere norvegesi. In: Avanti!, 29.8.1897.

38 Anna Kuliscioff an Turati, 23.2.1899: „Il Treves col suo sorriso un po' scettico dice che bisogna che usciamo più presto colla „Critica", perché lo stock (kurs.) delle „antiche opinioni" è esaurito e bisogna rifornirle [. . .]" AK-FT Carteggio, 1898/99, S. 411.

39 „Di mezzo a tutte le discussioni [. . .] un fatto ci sembra emerga in guisa evidentissima, cioè che il partito socialista voglia [. . .] atteggiarsi a naturale rappresentante non più soltanto dei ‚salariati', ma di tutte le classi che soffrono della costituzione economica attuale." T. Sammler: Cronache sociali. La fine della crisi del marxismo. In: Tempo, 4.8.1901.

Marxismus ein klassenübergreifender, „turatianischer" Sozialismus verbreitet.[40] Für Treves war also die Aufgabe des Klassencharakters das „offensichtlichste" (evidentissimo) Ergebnis der Marxismus-Revisionismusdiskussion. Damit war er – von völlig anderen wirtschaftlich-sozialen Prämissen ausgehend – in einer der wichtigsten Fragen des sozialistischen Selbstverständnisses zum gleichen Ergebnis gekommen wie Eduard Bernstein.

Die Position der Reformisten erklärt sich zum Teil aus ihren Bestrebungen, den internationalen Sozialismus in Italien zu repräsentieren und nicht in die Rolle der „Abtrünningen" zu geraten. Andererseits stellte die Interpretation des Sozialismus auch eine logische Folge der spezifischen Marxismusrezeption in Italien dar. Nicht zuletzt war sie auch durch Engels geprägt, der im Jahr 1894 der Bündnispolitik zugestimmt hatte und den „legalen Weg zum Sozialismus" gutgeheißen hatte.

Gustavo Sacerdote dagegen übte im „Tempo" starke Kritik an der SPD-Parteiführung. Der Korrespondent, der die Praktiker um August Bebel als „deutsche Turatianer" bezeichnete, hielt den Beschluß des Lübecker Parteitages für ein Zeichen der Schwäche und der übertriebenen Angst vor Zersetzungserscheinungen: „[. . .] die deutsche sozialistische Partei [. . .] hat ihre eigene Schwäche übertrieben – sie wollte Bernstein einen Maulkorb anlegen, damit er aus der Partei austritt."[41] Eine kritische Auseinandersetzung mit den Inhalten der Bernsteinschen Thesen folgte jedoch nicht.

Turati und Kautsky selbst, der Führer des italienischen Reformismus und der Theoretiker des marxistisch-orthodoxen deutschen Sozialismus, legten in dieser Phase äußerste Zurückhaltung an den Tag.[42] Der Parteitag in Lübeck wurde von Turati nicht einmal erwähnt. Berichte über Deutschland bezog er von Amedeo Morandotti, dem Deutschland-Korrespondenten des „Secolo".[43] Kautsky seinerseits ließ die Unterstützung der Regierung Zanardelli in der „Neuen Zeit" unkommentiert. Im Juli publizierte er dann sogar einen längeren Artikel von Kurt Eisner, der der sozialistischen Ministerschaft prinzipiell positiv gegenüberstand. Eisner behauptete sogar, daß das Vertrauensvotum der Fraktion von Kautsky in einer Zwischenbemerkung gebilligt worden sei. Dies wurde – zumindest in der „Neuen Zeit" – nicht dementiert. Turati übernahm diesen Artikel daher in der „Critica sociale". Es war der einzige Kommentar eines deutschen Sozialisten, den er zu

---

40 „La crisi del marxismo invece è scatenata e si è fatta sentire col fragore della tempesta, per la incursione rapida, violenta dei contadini nei quadri del cosidetto ‚socialismo scientifico‘". Ebd.
41 „[. . .] il partito socialista tedesco [. . .] ha esagerato la sua debolezza – volendo mettere a Bernstein una museruola per quando esce fuori della casa del partito." (s): Edoardo Bernstein e la libertà della critica. In: Tempo, 29.9.1901.
42 Siehe dazu auch Heering: Italiens et Allemands, S. 111-118.
43 Siehe beispielsweise Morandotti: Le due politiche dell'industria tedesca. In: CS, 1.2.1901. Daß Amedeo Morandotti Korrespondent des „Secolo" war, geht hervor aus: FT-AK Carteggio, 1898/99, S. 705 (Brief von Treves an Anna Kuliscioff vom 13.10.1898). Nach dem Bericht des deutschen Botschafters aus Rom schrieb er 1913 auch für den „Corriere della Sera". AAPA, Italien, 83, 3. Morandotti verfaßte außerdem auch Gedichte, die unter anderem in Prampolinis „Giustizia" veröffentlicht wurden.

diesem Thema publizierte.[44] Im Vergleich zu 1899 hatte sich die Haltung Turatis zum deutschen Revisionismusstreit jedoch erheblich geändert.

In der Literatur wird die Meinung vertreten, daß die turatianische Position sich im Laufe von drei Jahren – von 1899 bis 1902 – „von der entschiedenen Ablehnung des reformistischen Opportunismus zur Annäherung an Bernstein" entwickelt habe.[45] In der Phase der Entfremdung von der SPD sei das Jahr 1901 das wichtigste gewesen.[46] Für diese These spricht auch der Briefwechsel Turatis mit Bernstein, den der Italiener mit der Bitte um ein Vorwort für die italienische Ausgabe von Engels „Der Ursprung der Familie, des Privateigentums und des Staates" begonnen hatte.[47] Turati äußerte in seinen Schreiben mehrfach seinen Respekt vor der Kompetenz Bernsteins.[48] In bezug auf die Revisionismusdebatte erklärte er schließlich: „Ich bin nicht so vermessen, mir ein Urteil über Ihre Meinungsverschiedenheiten mit Kautsky und den ‚orthodoxen' Marxisten (marxistes purs) zu erlauben, aber ich glaube, Ihre Partei kann nur gewinnen, wenn sie die Ergebnisse der Debatte zur Kenntnis nimmt und zum Gegenstand einer Untersuchung macht."[49] Mit dieser Äußerung gab er den Revisionisten indirekt seine Zustimmung.

Aus dem Gesamtbild der reformistischen Presse und der Korrespondenzen ergibt sich, daß die italienischen Reformisten sich seit dem Kongreß von Rom den Bernsteinschen Positionen annäherten, sich insbesondere in Fragen der Parteistrategie und der Taktik vom orthodoxen Marxismus entfernten. Die Haltung gegenüber der SPD wurde dennoch nicht problematisiert.[50] Die Gründe dafür sind vielfältig: Durch die politische Liberalisierung wurden die Voraussetzungen für eine Reformpolitik geschaffen. Mit der Entfaltung des Gewerkschaftswesens in der norditalienischen Tiefebene erwuchs dem Reformismus eine starke soziale Basis und schließlich verlor die These, der Zusammenbruch des Kapitalismus stehe unmittelbar bevor, durch den wirtschaftlichen Aufschwung an Glaubwürdigkeit. Somit setzte sich die Überzeugung durch, daß die Sozialistische Partei sich auf eine Stabilisierungsphase des Kapitalismus einrichten müsse und eine Politik der kleinen Schritte zu verfolgen habe.

Ein weiterer Grund ist in der positivistisch geprägten Marxismusrezeption in Italien zu sehen. Entscheidend war die Auffassung des Materialismus als einer empirischen, von den ökonomisch-sozialen und politischen Erscheinungsformen ausgehenden Methode. Von daher ist zu verstehen, daß der „Avanti!" unter der

---

44 Eisner: Parlamentarismo e ministerialismo. In: CS, 1.8.1901.
45 Heering: Filippo Turati e la IIa Internazionale, S. 118.
46 Ebd., S. 120.
47 Turati an Bernstein, 9.5.1900. In: Nachlaß Bernstein, D 717.
48 So heißt es in dem zitierten Brief: „Je pense que personne ne pourrait le faire mieux que vous, avec plus de competence et peut-etre moins de peine." Siehe auch den Brief vom 25.6.1900, mit dem er den Erhalt des Vorwortes bestätigt. Ebd.
49 Turati an Bernstein, 10.8.1901: „Je n'ai pas la hautesse de juger vôtre différent avec Kautsky e les marxistes purs, mais je crois que vôtre parti n'a qu'à gagner à entendre e a faire sujet d'examen les données du debat." In: Nachlaß Bernstein, D 717.
50 Auf Unterschiede innerhalb der reformistischen Gruppe wurde bereits hingewiesen.

Leitung von Bissolati die Neuorientierung des PSI in Rom als „Rückkehr zu der reinen Doktrin von Marx"[51] interpretierte. Der Bruch mit Kautsky und die zunehmende Kritik der italienischen Reformisten an der SPD sind zum großen Teil als Folge der Intervention Kautskys in die Angelegenheiten des italienischen Sozialismus seit Beginn des Jahres 1902 zu beurteilen.

Als am 25. Februar 1902 in Rom die erste Nummer des „Socialismo" erschien, konnte sich der Herausgeber, Enrico Ferri, der Unterstützung einiger Autoritäten des internationalen Sozialismus rühmen. Bereits in der ersten Ausgabe publizierte er einen Solidaritätsbrief Karl Kautskys, in dem es hieß: „Der Gegensatz, der in der ganzen internationalen Sozialdemokratie zum Ausdruck kommt, hat seinen Grund in der verschiedenen Haltung der beiden Tendenzen zur bürgerlichen Linken. [. . .] Unglücklicherweise wird der Unterschied gewöhnlich nicht klar; er bleibt von zweitrangigen Fragen meist theoretischer Natur umnebelt."[52]

Kautskys Kampf gegen den Revisionismus auf internationaler Ebene brachte ihn in Italien auf die Seite Enrico Ferris – der sich somit legitimiert sah, die Rolle des „italienischen Kautsky" zu spielen. Im Vorfeld des Parteitages von Imola erhielt er damit eine wertvolle Stärkung seiner Position.

Ferri sah in der Gegenüberstellung eines reformistisch-opportunistischen und eines revolutionären Flügels in allen Ländern einen Vorteil für sich und rückte Themen des internationalen Sozialismus in den Mittelpunkt seiner Zeitschrift. Außer an Kautsky wandte er sich mit der Bitte um Mitarbeit auch an Bebel und den österreichischen Sozialisten Wilhelm Ellenbogen.[53] Von Kautsky publizierte er Auszüge aus „Die soziale Revolution";[54] die Broschüre wurde in der Folge von dem Ferri-Anhänger Romeo Soldi mit dem Ziel der Propaganda für die revolutionäre „corrente" übersetzt und herausgegeben.[55]

Ferris Versuch, die „revolutionäre Methode" zu definieren[56], sowie seine Position zwischen Reformisten und revolutionären Syndikalisten machen jedoch deutlich, daß die Berufung auf Kautsky lediglich propagandistischen Charakter hatte.[57] Ferri vertrat einerseits die Auffassung, die reformistische „Tendenz" sei mit der

---

51 Dopo il congresso. In: Avanti!, 16.9.1900.
52 „La divergenza che si esplica in tutta la democrazia socialista internazionale ha invece per base la posizione diversa delle due tendenze in rapporto alla sinistra della borghesia. [. . .] Ma disgraziatamente essa non si suole formulare in modo cos- preciso; sicché resta offuscata da questioni secondarie e di natura prevalentemente teorica." Karl Kautsky: Le due tendenze. In: Socialismo, 25.2.1902.
53 Ferri an Bebel, 22.3.1902. In: Nachlaß Bebel, B 83. Der Artikel Bebels erschien in der Nummer vom 28.4.1902 unter dem Titel „Militarismo e partito socialista". An Wilhelm Ellenbogen schrieb Ferri am 25.2.1902. In: Kleine Korrespondenz F.
54 Il Socialismo, 25.2.1902.
55 Kautsky: La rivoluzione sociale. Soldi hatte sich am 23. August 1902 mit der Bitte um Erlaubnis für die Übersetzung an Kautsky gewandt. Siehe Nachlaß Kautsky, D XXI, 5. Das Erscheinen der Broschüre wurde im „Eco del popolo" am 30.,31.8. bekanntgegeben.
56 Ferri: Il metodo rivoluzionario. Die Schrift wurde 1908 von Robert Michels ins Deutsche übersetzt. Ferri: Die revolutionäre Methode. Im folgenden beziehe ich mich auf die deutsche Ausgabe.
57 Diese Meinung wird auch von Heering und Procacci vertreten. Siehe Heering: Italiens et Allemands, S. 111 und Procacci: La lotta di classe, S. 232. Mammarella beurteilt Ferri positiver. Mammerella: Riformisti e rivoluzionari, S. 125.

Richtung Bernsteins identisch, und behauptete andererseits, in Italien gäbe es keinen Gegensatz in Fragen der Doktrin.[58] Der Unterschied zwischen „revolutionärer" und „reformistischer" Methode lag nach Meinung Ferris nicht etwa in den Mitteln, die bei beiden Richtungen die legalitären seien, sondern in dem „vorherrschenden Geist".[59] Die Revolutionäre seien keineswegs gegen Reformen, nur hielten sie es für noch wichtiger, das „Endziel" des Sozialismus zu propagieren.[60] Ferri war der Meinung, daß politische und wirtschaftlich-soziale Reformen dadurch eine bessere Chance auf Verwirklichung hätten. Zur Untermauerung dieser These führte er die „Obstruktionismus"-Kampagne an, bei der die revolutionäre Methode die politische Liberalisierung bewirkt habe.[61] Demnach hatte Ferri bezüglich der Entstehung der sozialistischen Gesellschaft wie Turati die Vorstellung, daß die Entwicklung graduell über den Weg der bürgerlichen Demokratie verlaufen würde. Nach Meinung Kautskys dagegen war Demokratie erst nach der sozialistischen Revolution möglich. Auch die Bedeutung, die Ferri der Einheit der Sozialisten beimaß, der Gedanke einer alle Richtungen umfassenden Partei, war nicht im Sinne Kautskys. Die Reformisten hielten Ferri daher nicht zu Unrecht entgegen, daß von der Existenz zweier „Tendenzen" keine Rede sein könne.[62]

Innerhalb der reformistischen Gruppe drifteten die Meinungen über die Entwicklung in der SPD nun auseinander. Die Meinungsverschiedenheiten werden insbesondere an den Positionen Bissolatis und Bonomis deutlich. Während Bissolati an der These der Übereinstimmung zwischen italienischem Reformismus und orthodoxem Marxismus festhielt[63], distanzierte Bonomi sich nun deutlich von Kautsky. „Für Kautsky stellt die Reform, die immer zu vernachlässigen und harmlos ist, all das dar, was die Bourgeoisie [...] zugesteht; die Revolution dagegen ist die Eroberung der politischen Macht durch das Proletariat, welches erst dann die wirkliche Reform in sozialistischem Sinn angehen kann. Dieses Konzept, das wir für falsch und unvereinbar mit der vollen Entfaltung des Repräsentativsystems halten, wird weder von Ferri noch von seinen Freunden vertreten".[64]

Die einzige Stellungnahme zur SPD, die nicht durch den Richtungskampf innerhalb der Partei geprägt war und darüber hinaus von guter Kenntnis der

---

58 Ferri: Le due tendenze. In: Avanti!, 10.1.1902.
59 Ferri: Die revolutionäre Methode, S. 36. An anderer Stelle hatte er von „unterschiedlichen Temperamenten" gesprochen.
60 Ebd., S. 63.
61 Ebd., S. 83.
62 Siehe beispielsweise Bonomi: L'azione politica e l'azione parlamentare. In: CS, 16.8.1902.
63 Siehe beispielsweise (l.b.): Riformisti e rivoluzionari. Ciò che ne dice Kautsky. In: Avanti!, 5.7.1902. Bissolatis Artikel war eine Reaktion auf die Lektüre von Kautskys 1902 in italienischer Sprache erschienene Broschüre „La rivoluzione sociale".
64 „Per il Kautsky la riforma, sempre trascurabile e innocua, è tutto ciò che viene, anche sotto la pressione del proletariato, concesso dalla classe borghese; la rivoluzione invece è la conquista del potere politico da parte del proletariato, il quale può cosi iniziare la vera riforma in senso socialista. Ma tale concetto – che noi reputiamo erroneo e inconciliabile col pieno sviluppo del regime rappresentativo – non venne sostenuto né da Ferri, né dai suoi amici." Bonomi: A congresso finito. Le due tendenze. In: Avanti!, 16.-18.9.1902.

Verhältnisse in Deutschland zeugte, stammte von Amedeo Morandotti und wurde im „Tempo" veröffentlicht.[65] Hier tauchte zum ersten Mal die Erklärung der Isolation der SPD als Folge der politischen Konstellation im Kaiserreich auf. Der Liberalismus, so die Argumentation, sei in Deutschland schwach und ausgesprochen hartnäckig in seiner Antipathie gegenüber dem Sozialismus. Von daher sei ein Bündnis der „Volksparteien" in Deutschland gar nicht möglich.[66]

Turati schwieg sich über das Thema SPD und Revisionismusdebatte nun völlig aus und konzentrierte seine Aktivitäten auf den bevorstehenden Parteitag.

Hauptthema des Kongresses in Imola[67] war, wie vorauszusehen gewesen war, die Diskussion über die „Tendenzen". Ivanoe Bonomi und Romeo Soldi hielten die Referate. In der Diskussion kristallisierten sich drei unterschiedliche Positionen heraus: die reformistische, der sich die Kongreßmehrheit anschloß, die integralistische, die von Ferri vertreten wurde, und die meridionalistisch geprägte Opposition Arturo Labriolas.

Die Reformisten und auch Ferri behandelten den Richtungsstreit als rein theoretisches Problem. Der einzige, der die Debatte auf die Ebene der praktischen Politik zog, war Labriola.

Turati reduzierte die ganze Auseinandersetzung auf eine „Reihe verbaler Mißverständnisse".[68] Wie sich bereits im Vorfeld gezeigt hatte, hielt er die Unterschiede zwischen Reformisten und der „Gruppe Ferri" für zu gering, als daß von zwei verschiedenen Richtungen gesprochen werden könne. Labriola dagegen habe sich mit seinen politischen Ansichten bereits weit vom Sozialismus entfernt; die Rede Labriolas sei „die eines kleinbürgerlichen, republikanischen Freihändlers" und stehe „im Widerspruch zum sozialistischen Konzept."[69]

Turatis Argumentation richtete sich in erster Linie gegen das Bündnis Ferris mit Labriola. Während der Neapolitaner das Engagement der Reformisten auf dem Gebiet der Sozialgesetzgebung ablehnte und statt dessen die Forderungen nach politischen Reformen ins Zentrum sozialistischer Politik rücken wolle, stimme Ferri mit den Reformisten in den großen Linien überein. Differenzen gebe es lediglich in zwei Punkten: im „Tonfall" (tono di voce) und der je nach Ort und Zeitpunkt unterschiedlichen Propaganda.[70]

Ferri dagegen grenzte sich klar von Turati ab: Setze sich jener vor allem für wirtschaftliche und soziale Reformen ein, so sehe er selbst die Propaganda des „Endziels" als wichtigste Aufgabe an. Ferri betrachtete die Koexistenz zweier harmonisch zusammenwirkender Strömungen als eine die Parteiarbeit fördernde Erscheinung – die im übrigen auch in den anderen sozialistischen Parteien Europas zu

---

65 a.m.: Il liberalismo tedesco. In: Tempo, 21.11.1902.
66 Bei der Diskussion um die Beschlüsse des Dresdener Parteitages und des Amsterdamer Kongresses wurde dieses Argument zur Erklärung der Rigidität der Deutschen wieder mit eingebracht. Vgl. Kap. VI,6.
67 Siehe dazu auch Dokumente Berliner Polizei, II, S. 331-332.
68 Rct. 1902, S. 50.
69 Ebd., S. 47f.
70 Ebd., S. 51.

finden sei.[71] In der Frage der Haltung gegenüber der Regierung plädierte Ferri für eine klare Opposition.[72]

Labriola machte anhand konkreter Beispiele klar, worin die Kernstücke seiner Opposition gegen den turatianischen Reformismus lagen. „[. . .] Italien ist nicht in der Situation wie die Länder, in denen die Großindustrie die Arbeiter ausbeutet. [. . .] In Italien liegen die Probleme anders. Hier haben wir Arbeiter, die Handwerker, Kleinbesitzer oder Arbeitslose sind. [. . .] Die Aufgabe des Sozialismus ist die fortschreitende Abschaffung aller sozialer Parasitismen, die fortschreitende Verringerung aller Einkünfte, die nicht von produktiver Arbeit herrühren. [. . .] Diese [Einkünfte, die Verf.] werden durch die Ausbeutung des Proletariats mit Hilfe des Staates, mittels indirekter und direkter Steuern erzielt.“[73]

Das Programm der reformistischen Sozialisten war seiner Meinung nach zumindest teilweise realisierbar, da die Interessen der Bourgeoisie dadurch nicht wirklich tangiert würden. Ganz anders sähe der Kampf aus, würde das Proletariat gegen die „wesentlichen Formen“ der kapitalistischen Ausbeutung, vor allem gegen Getreidesteuern, Militärausgaben und das Steuersystem, vorgehen. Mit einem bereitwilligen Entgegenkommen des bürgerlichen Staates wäre in diesem Falle nicht mehr zu rechnen, und der PSI müßte den legalen Weg aufgeben.

In der SPD-Presse war die Berichterstattung über den PSI bis 1902 eher zurückhaltend und unparteiisch. In der „Neuen Zeit“ wurde jedoch vorsichtige Kritik am Reformismus laut. Nach Meinung der Korrespondentin, Oda Olberg-Lerda, war die Unterstützung der Regierung zunächst durch die Gefahr der eventuellen Rückkehr zu Reaktion und Repression gerechtfertigt.[74] In der konsequenten Fortführung und Ausweitung der reformistischen Politik erblickte sie jedoch die Gefahr der „Verneinung der geschichtlichen Aufgabe der Partei“.[75] Ohne sich eindeutig mit einer Strömung zu identifizieren, wandte sie sich deutlich gegen die Grundüberzeugungen der Reformisten.[76] Die Korrespondentin läßt sich daher am ehesten der „Gruppe Ferri“ zuordnen.

---

71 Ferri spielte damit auf die Kontrahenten Kautsky-Bernstein und Guesde-Jaurès an – allerdings wurde weder in Deutschland noch in Frankreich von irgend jemandem die Meinung vertreten, der Gegensatz zwischen orthodoxen Marxisten und Revisionisten (bzw. Unabhängigen, wie in Frankreich) wirke sich positiv, weil ergänzend auf die Parteiarbeit aus.

72 In seinem Resolutionsvorschlag hieß es: „Il partito [. . .] delibera che d'ora innanzi il partito socialista nei diversi campi dell'opera sua politica ed economica segua un indirizzo indipendente e separato da quello di ogni altra classe o parte sociale o di ogni altro partito politico.“ In: Rct. 1902, S. 56.

73 „[. . .] l'Italia non è nelle condizioni di questi paesi, nei quali la grande industria compie lo sfruttamento dei lavoratori [. . .] In Italia il fenomeno è inverso. Qui abbiamo lavoratori che sono artigiani, piccoli proprietari o disoccupati. . . . Ufficio del socialismo è la progressiva eliminazione di tutti i parassitismi sociali, la progressiva diminuzione, cioè, di tutti i redditi non riferibili direttamente a lavoro produttivo compiuto. [. . .] Essi provengono dallo sfruttamento che la classe borghese esercita sul proletariato per mezzo dello Stato, con le tasse indirette e con la ripercussione delle imposte dirette.“ In: Cortesi: Il socialismo, S. 148f.

74 Olberg: Die Taktik der italienischen Sozialisten. In: NZ, 21,1, 1902/1903, S. 425.

75 Dies.: Der Parteitag von Imola. In: NZ, 21,2, 1902/1903, S. 29.

76 Sie lehnte insbesondere die Auffassung vom Sozialismus als einer „Art Naturerscheinung“ ab, die unter den Reformisten sehr verbreitet war. Ebd.

An den fortgesetzten Bestrebungen, den Reformismus als getreue Marxismus-interpretation darzustellen, zeigt sich der Stellenwert der SPD als „Führungspartei" des internationalen Sozialismus. Turati und Bissolati wollten einen offenen Bruch mit der Parteiführung vermeiden. Gerade im Vorfeld des Parteitages hätte die Solidarität Kautskys eine starke Aufwertung bedeutet. Gegen die starke Fixierung auf die SPD und das Urteil ihrer Führer regte sich jedoch innerhalb des rechten Parteiflügels in zunehmendem Maße Widerstand. Bonomi war einer der ersten, der sich gegen die starke Orientierung an der SPD wandte. Sein Hauptargument gegen die Hegemonie der deutschen Sozialdemokratie bestand in dem Vorwurf der Untätigkeit. Damit formulierte er im Kern bereits die Kritik, die sich in den folgenden Jahren verstärkt gegen die deutsche Sozialdemokratie richten sollte. Dagegen präsentierte sich Ferri, der noch auf dem Kongreß der Sozialistischen Internationale der Gegenspieler Kautskys gewesen war, seit etwa 1902 als „italienischer Kautsky". Gestärkt durch die Solidaritätsbekundung des deutschen „Chefideologen" sah er sich befugt, in Italien als Verteidiger der „reinen" Doktrin gegen die „opportunistischen" Pragmatiker um Turati aufzutreten. In der Folge begann sich jedoch auf der äußersten Linken eine Opposition herauszubilden, und Ferri näherte sich wieder seinem einstigen Kontrahenten an. Seine Position war insgesamt schwankend, inkohärent und wenig überzeugend. Die syndikalistische Opposition um Arturo Labriola, der es zwei Jahre später gelingen sollte, die Reformisten aus der Parteileitung zu verdrängen, befand sich zum Zeitpunkt des Parteitages von Imola erst in der Entwicklungsphase. Labriola, den Engels nicht einmal für fähig gehalten hatte, eine Zusammenfassung des dritten Bandes des „Kapitals" zu verfassen[77], forderte eine Rückbesinnung zum „revolutionären Geist" des Marxismus und eine Abkehr von der „legalitären" Interpretation der Reformisten. Obwohl er politisch-ideologisch an die Traditionen des italienischen Anarchismus anknüpfte und sich wirtschaftspolitisch stark an freihändlerischen, „bürgerlichen" Theorien orientierte, sollte er zum Bezugspunkt Kautskys im italienischen Richtungsstreit werden.

---

77 Il movimento operaio italiano. Dizionario biografico, vol.III, S. 46.

6. Kautsky und die revolutionären Syndikalisten

Im Februar 1903 schrieb die „Avanguardia socialista" in ironischem Ton: „Nun ja, die deutschen Sozialisten sind nicht mehr in Mode. Vor vier, fünf Jahren haben wir uns den Mund vorwärts und rückwärts damit ausgespült. Heute bläst der Wind aus einer anderen Richtung; die Mode ist ‚jauressistisch'".[1]

Der Entfremdungsprozeß zwischen den italienischen Sozialisten und der deutschen Sozialdemokratie zeichnete sich seit etwa 1899/1900 ab, dennoch kam es bis 1903 nicht zu einem offenen Bruch. Von deutscher Seite her wurde äußerste Zurückhaltung an den Tag gelegt – Kautsky mischte sich beispielsweise nicht in die Frage der Regierungsunterstützung 1902 ein; die Italiener wiederum versuchten nach wie vor, den Gegensatz zu überspielen. Im Laufe der Jahre 1903 und 1904, in denen der SPD-Parteitag in Dresden und der Kongreß der Sozialistischen Internationale in Amsterdam stattfanden, sollte sich das ändern. Jedoch noch wenige Monate vor dem Dresdner Parteitag präsentierte sich die Sozialdemokratie sowohl in Deutschland als auch in Italien verhältnismäßig geschlossen und einig.

Am 16. Juni 1903 fanden in Deutschland Reichstagswahlen statt, bei denen die SPD drei Millionen der abgegebenen Stimmen erhielt – das waren 900.000 mehr als bei der vorangegangenen Wahl von 1898.[2] Damit entfielen allein nach dem ersten Wahlgang 56 Sitze im Reichstag auf die Sozialdemokraten, nach den Stichwahlen am 25. Juni, bei denen 25 Abstimmungen zugunsten der SPD entschieden wurden, bestand die sozialdemokratische Fraktion aus 81 Mitgliedern. Der Sieg löste verständlicherweise sowohl bei der deutschen als auch bei den ausländischen sozialistischen Parteien Jubel- und Begeisterungsstürme aus.

Auch in Italien war die Bewunderung ungeteilt. Reformistische wie revolutionäre sozialistische Blätter, darunter auch kleinere Lokalzeitungen[3], bejubelten den „Triumph der ganzen sozialistischen Welt".[4] Der reformistische, von Claudio Treves geleitete „Tempo" ging dabei am weitesten: „Es ist ein Ereignis von feierlicher Größe. Die Bewunderung, die es hervorruft, hat etwas Religiöses."[5]

Über die Frage, welche Faktoren für den Erfolg ausschlaggebend waren, und welche praktischen Folgen das Anwachsen der Wählerschaft um mehr als 40% haben sollte, gingen die Meinungen jedoch auseinander.

---

1 „Ma già, i socialisti tedeschi oramai non sono più alla moda. Quattro, cinque anni fa ce ne risciaquavamo la bocca a diritto e a rovescio. Ora il vento soffia in un altro senso; la moda è jauressista." I socialisti tedeschi e il „popularismo". In: Av.soc., 15.2.1903.

2 Die Zahlen sind den SM entnommen. SM, 9,1, 1903, S. 623. Nach den Angaben des „Vorwärts" gewann die SPD 57 Sitze im ersten Wahlgang, 24 im zweiten. Siehe Vorwärts, 17.6. und 25.6.1903. In Prozent erhöhte sich der Anteil der SPD an den Wählerstimmen von 27,2% auf 31,7%. Miller: Kleine Geschichte der SPD, S. 287.

3 Siehe beispielsweise Eco del popolo, 4.,5.7.1903. Die „Giustizia" reproduzierte am 21.6.1903 den Artikel des „Tempo".

4 Il nostro trionfo. In: La propaganda, 25.6.1903

5 „E un fenomeno che ha un'imponenza ieratica. L'ammirazione che suscita contiene alcuna cosa di religioso." In: Tempo, 17.6.1903.

In dem zitierten Artikel des „Tempo" schrieb Treves, das Wahlergebnis zeige, daß die Sozialdemokratie weit in nicht-proletarische Kreise eingedrungen sei. Die Tatsache, daß der Erfolg ausgerechnet in einem Moment erzielt werde, in dem „die alten Dogmen fallen", zeige zudem, daß die „sogenannte Krise [des Marxismus, die Verf.]" in Wirklichkeit ein Anpassungsprozeß an die wirtschaftliche Entwicklung sei und damit als Zeichen des Fortschritts betrachtet werden müsse. Die Mailänder Zeitung lag damit in etwa auf der gleichen Linie wie die „Sozialistischen Monatshefte".[6] Auch der rechte SPD-Flügel beurteilte den Ausgang der Wahlen als ein Zeichen, daß die SPD über die engen Grenzen der Klassenvertretung hinausgewachsen sei.[7] Ebenso hielt die „Critica sociale" den Stimmenzuwachs der SPD für eine Reaktion weiter, nicht nur proletarischer Kreise auf die Zollpolitik der deutschen Regierung und die steigenden Lebenshaltungskosten.[8]

Ganz anders dagegen interpretierte die Parteilinke das Wahlergebnis: Enrico Leone und Enrico Ferri feierten, ähnlich wie das Zentralorgan der deutschen Partei[9], den Sieg als Triumph des revolutionär-intransigenten Prinzips. Ferri war, nachdem Leonida Bissolati als Chefredakteur zurückgetreten war[10], seit dem 11. April 1903 neuer Leiter des „Avanti!". Der Ausgang der deutschen Reichstagswahlen stellte für ihn eine Bestätigung seiner eigenen Linie dar, der zufolge die Propagierung der sozialistischen Prinzipien und Ziele Vorrang vor der praktischen Reformpolitik haben sollte: „Und was machen die deutschen Sozialisten seit mehr als 30 Jahren innerhalb und außerhalb des Parlaments, wenn nicht das, was wir predigen, was die italienischen Sozialisten und die Sozialisten aller Länder tun sollten?"[11]

Von den Reformisten wurde diese Auffassung energisch zurückgewiesen: „[. . .] sie [die Sozialisten, die Verf.] rezitierten wenig Glaubensbekenntnisse, dafür um so mehr Vater-Unser mit dem entsprechenden täglichen Brot. Eine ,reformistischere' Wahl kann ich mir nicht vorstellen."[12]

Die syndikalistische „Avanguardia socialista" lag in etwa auf der gleichen Linie wie der „Avanti!". Nach Meinung von Robert Michels war das schlechte Ergebnis der Stichwahlen, bei denen es zum Teil zu Absprachen mit den Liberalen gekommen

---

6 Vgl. Heine: Der 16. Juni. In: SM, 1903, 1, S. 475-478, hier S. 477. „So ist der Ausfall der Wahl [. . .] ein neuer Beweis dafür, daß die Sozialdemokratie nicht nur als Classenvertretung der Arbeiter, sondern darüber hinaus als die Partei anerkannt wird, die vor allen berufen ist, die Gedanken geistiger und staatsbürgerlicher Freiheit im deutschen Volke zu vertreten und ihnen Geltung zu verschaffen."
7 Nach den wahlsoziologischen Untersuchungen Ritters gelangen der Sozialdemokratie die größten Wahlerfolge in Württemberg, Mecklenburg und einigen Teilen Ostpreußens. Die SPD verdankte den Stimmenzuwachs also zumindest zum Teil der Gewinnung der Landarbeiter östlich der Elbe. Diese Erfolge ließen sich allerdings nicht halten. Ritter: Die Arbeiterbewegung, S. 72.
8 Angelo Crespi: I progressi socialisti in Germania. In: CS, 1.7.1903.
9 Vgl. Vorwärts, 27.6.1903.
10 Vgl. Kap. IV,1.
11 „Ma che cosa fanno, da più di trent'anni, i socialisti tedeschi entro e fuori il parlamento, se non quello che noi diciamo si debba fare dai socialisti italiani e di ogni paese?" In: Avanti!, 27.6.1903.
12 „[. . .] recitarono poco credo e molto paternostro con relativo pane quotidiano. Elezione più ,riformista' non saprei imaginare." Garzia Cassola: Il socialismo tedesco e il „demi-mondo" italiano. In: CS, 1.7.1903.

war[13], ein Beweis für die Notwendigkeit der absoluten Trennung von den bürgerlichen Parteien. Die politisch-ideologischen Debatten, die den Wahlen in der deutschen Partei folgten, führten schon bald zu einer Desillusionierung der italienischen Sozialisten und insbesondere des rechten Parteiflügels.

Vier Monate nach den Wahlen wurde auf dem Parteitag in Dresden 1903 der Revisionismus erneut in scharfer Form verurteilt. Das Problem war diesmal mit der Forderung Bernsteins verbunden, die Sozialdemokraten müßten, nachdem ihre Position im Reichstag gestärkt war, erneut ihr Recht auf Vertretung im Reichstagspräsidium geltend machen. Dabei dürften sie auch nicht vor dem damit verbundenen offiziellen Besuch beim Kaiser zurückschrecken. Die heftige Reaktion Bebels führte dazu, daß der Revisionismus erneut im Zentrum eines Parteitages stand und wiederum „auf das entschiedenste"[14] zurückgewiesen wurde.

In Italien führte dieser Beschluß zum vollständigen Bruch der Reformisten mit der sozialdemokratischen Orthodoxie in Deutschland. Turati erwähnte den Kongreß in der „Critica sociale" mit keinem Wort. Was der Herausgeber davon hielt, wurde jedoch indirekt durch einen Artikel von Jean Jaurès über das Verhältnis der Sozialisten zum Staat deutlich. Der Franzose übte darin scharfe Kritik an der Intoleranz Kautskys und seinen Eingriffen in die Angelegenheiten des französischen und italienischen Sozialismus.[15] Auch im „Tempo" wurde die Vorgehensweise gegen die Revisionisten mißbilligt.[16] Der Berichterstatter aus Deutschland, Gustavo Sacerdote, bezeichnete die Debatte als Ausdruck von Streitsucht und persönlichen Animositäten. Die reformistische Lokalpresse, die bereits mehrfach ihr Desinteresse an Fragen der Doktrin geäußert hatte, empfahl ihrer Leserschaft, diese Streitereien einfach zu ignorieren.[17]

Etwas positiver war die Berichterstattung Oda Olberg-Lerdas im „Avanti!".[18] Die intransigente Haltung der SPD gegenüber den bürgerlichen Parteien war ihrer Meinung nach durch die spezifische politische Konstellation im Deutschen Reich bedingt: Aufgrund des Fehlens von bündnisfähigen Parteien und der Isolation der sozialistischen Bewegung fehle in Deutschland gänzlich der Boden zur Entfaltung des revisionistischen Konzeptes. Von daher unterstützte sie die Forderung nach klarer Zurückweisung der Bernsteinschen Ideen. Gleichzeitig verhehlte sie je-

---

13 Nach dem Bericht von Michels hatten sich die Liberalen in fast allen Fällen nicht an die Abmachungen gehalten. Michels: La tattica dei socialisti tedeschi alle elezioni generali politiche. In: Av.soc., 5.7.1903.

14 Pt. 1903, S. 418f. Die Resolution wurde mit 288 gegen 11 Stimmen angenommen.

15 Nach Meinung von Jaurès wäre Kautsky mit den Liberalen nicht einmal dann ein Bündnis eingegangen, wenn die Sozialisten dadurch die Möglichkeit gehabt hätten, die parlamentarische Demokratie zu verwirklichen. Jaurès: I socialisti di fronte al potere. In: CS, 1.11.1903.

16 Dopo il congresso di Dresda. In: Tempo, 24.9.1903.

17 Siehe beispielsweise Giustizia, 27.9.1903.

18 Fast 14 Tage lang, vom 10.9. bis zum 23.9., publizierte das römische Blatt täglich Vorberichte über die Entwicklungen in der SPD und Berichte über den Verlauf des Parteitages.

doch nicht, daß sie die Frage der Vizepräsidentschaft für maßlos übertrieben hielt.[19]

Der „Avanti!" kontrastierte diesen Bericht jedoch mit der Publikation eines ausgesprochen kritischen Kommentars: Unter dem Pseudonym „Egomet" wurden die deutschen Sozialisten als ideologisch verbohrt und engstirnig angegriffen. „Tatsächlich war der Kongreß uns Romanen (noi latini) wenig sympathisch: denn er erschien uns nicht als ein freier, heiterer (sereno) Ideenstreit, sondern als ein verschlossenes Kloster."[20]

Die Tatsache, daß in dem Artikel mehrfach auf die Bedeutung der Einheit der Partei hingewiesen wurde, legt die Vermutung nahe, daß er direkt aus der Feder Enrico Ferris stammt, der sich stets vehement gegen die Spaltung der Partei gewandt hatte. Da Ferri sich jedoch im darauffolgenden Jahr auf die Resolution von Dresden berief, um sich von den Syndikalisten abzugrenzen, ist die Kritik zunächst einigermaßen verblüffend.

Die Schärfe der Auseinandersetzung in Dresden und die Kompromißlosigkeit, die in Ausdrücken wie „Verurteilung" und „entschiedene Zurückweisung" lag, konnte bei Ferri, der gegenüber den Reformisten eher eine weiche, auf Kooperation abzielende Linie verfolgte, nicht auf Sympathie stoßen. Ferris Anlehnung an die Dresdner Resolution in der Auseinandersetzung mit den Syndikalisten ist von daher ganz eindeutig als reine Instrumentalisierung zu beurteilen.

Die kategorische Verurteilung der revisionistischen Bestrebungen in Dresden löste auch bei den Syndikalisten keine kritiklose Zustimmung aus. Auf der einen Seite bezeichnete Labriola Bebel als „Personifizierung der revolutionären Tradition des deutschen Sozialismus".[21] Er lobte seine ablehnende Haltung in der Frage der Vizepräsidentschaft als entschiedene, kompromißlose Haltung gegenüber den Institutionen des Kaiserreiches und damit als Bekenntnis zur Republik. Auch bei den Syndikalisten zeigte sich demnach die Tendenz, Äußerungen der deutschen Sozialdemokraten aus ihrem Zusammenhang zu lösen und in das eigene Konzept einzufügen. Für Labriola war es wichtig, in der Frage der Staatsform, die ein Kernstück der Opposition gegen Turati darstellte, die Autorität der SPD auf seiner Seite zu haben.

Der Kommentar von Robert Michels zum Parteitag wies jedoch schon eindeutig auf die kritisch-distanzierte Haltung zur SPD hin, welche die Syndikalisten nach dem Kongreß der Sozialistischen Internationale 1904 annahmen. Michels kritisierte, daß die Resolution nur den „Bernsteinismus", den „gesündesten und sympathischsten Teil" des Reformismus treffe. Die Redaktion fügte in einer Anmerkung

---

19 „La piccina questione della vice-presidenza è stata scelta comme simbolo della lotta." In: Avanti!, 15.9.1903.
20 „E in verità il congresso ha avuto un' impronta poco simpatica per noi latini: perché esso ci è parso più che un libero e sereno duello d'idee [. . .] una chiostra chiusa." Egomet: Dresda. In: Avanti!, 26.9.1903.
21 „Viva ancora Augusto Bebel, in cui s'impersona quanto di più fieramente rivoluzionario ispira la tradizione del socialismo tedesco." a.l.: Germania. In: Av.soc., 20.9.1903.

hinzu, daß Bernsteins Thesen auch von einem Revolutionär akzeptiert werden könnten, da sie die Art und Weise der auf die Zerstörung der kapitalistischen Gesellschaft gerichteten sozialistischen Aktion nicht berührten.[22]

Für Karl Kautsky war der Dresdener Parteitag Ausgangspunkt für eine neue Phase in der Bekämpfung der reformistisch-revisionistischen Strömungen, gegen die er nun auch auf internationaler Ebene vorging.[23] Da das Vorbild der SPD seines Erachtens von größtem Einfluß auf „die proletarischen Klassenkämpfe der Welt" war, hielt er es für wichtig, daß in Dresden „Klarheit geschaffen" worden war.[24] Hauptgegner war für ihn Jaurès, aber auch in die Angelegenheiten des italienischen Sozialismus griff er nun massiv ein. Turati und der italienische Reformismus standen seiner Meinung nach nicht mehr auf dem Boden des Klassenkampfes.[25]

Der Wandel in Kautskys Haltung gegenüber den Reformisten nach dem Parteitag von Dresden war von entscheidender Bedeutung für die Entwicklung der Beziehungen zwischen den deutschen und den italienischen Sozialisten. Doch muß auch die Entwicklung der Parteiströmungen in Italien selbst berücksichtigt werden.

Schon während der Blütezeit des Reformismus entwickelte sich im Süden, der von der Entwicklung des Gewerkschaftswesens ausgeschlossen war, Protest gegen den „Turatismus". Die Hauptkritik an Turati war seine „Annäherung an den bürgerlichen Staat", da nach Meinung der Opposition die wirtschaftlich-soziale Rückständigkeit des Südens untrennbar mit der protektionistischen Wirtschaftspolitik der herrschenden Schicht verbunden war.[26] Die Krise des Reformismus begann mit Zusammenstößen zwischen Demonstranten und staatlichen Ordnungskräften.[27] Damit war der Politik der Reformisten die Grundlage entzogen, denn die Unterstützung der Regierung war an die Forderung nach Neutralität des Staates in den Arbeitskämpfen gekoppelt. 1903 ging die Zahl der Mitglieder in den gewerkschaftlichen Organisationen stark zurück.[28] Größere Streiks fanden nicht mehr statt[29], und die offensive, fordernde Haltung der Arbeiterschaft wich einer reinen Verteidigungsstrategie. Ausstände dienten in zunehmendem Maße nur noch der Erhaltung des bereits erreichten Lohnniveaus. Stärker noch als in der Industrie machte sich die Krise im Agrarbereich bemerkbar. Die Zahl der Mitglieder in der „Federterra" sank von 227.791 (Anfang 1902) auf 45.000 (1903).[30] Im Februar

---

22 „E che [le tesi di Bernstein] possono accettarsi anche da un rivoluzionario, perché non toccano il modo dell'azione socialista diretta a demolire la società capitalista." NdR (Anmerkung der Redaktion) zu Robert Michels: Dalla Germania. I risultati del Congresso di Dresda. In: Av.soc., 4.10.1903.

23 Vgl. Heering: Italiens et Allemands, S. 112f.

24 Kautsky: Nachklänge zum Parteitag. In: NZ, 22,1, 1903/04, S. 1-5, hier S. 1.

25 Ebd., S. 3.

26 Siehe dazu Riosa: Il sindacalismo, S. 16ff.

27 Vgl. Kap. VI,5.

28 Die Zahl der Eingeschriebenen in allen industriellen Gewerkschaften sank nach Angaben des „Segretario della resistenza" zwischen 1902 und 1904 von 238.989 auf 205.422. Der „Ufficio del lavoro" gab für das Jahr 1904 sogar nur 175.042 Mitglieder an. Siehe Riosa: Il sindacalismo, S. 22.

29 Siehe dazu auch Procacci: La lotta di classe, S. 216 ff.

30 Procacci: La lotta di classe, S. 96.

1904 mußte die Dachorganisation der Landarbeitergewerkschaften aufgelöst werden.[31]

Als Ministerpräsident Giovanni Giolitti auf einen Streik der Drucker im Februar 1903 erneut mit der Entsendung von Truppen reagierte, faßte die sozialistische Fraktion im März zum zweiten Mal[32] den Beschluß, der Regierung die parlamentarische Unterstützung zu entziehen.[33] Der Wandel in der Haltung der Reformisten gegenüber dem Staat kam jedoch zu spät, um das Erstarken der innerparteilichen Opposition zu verhindern.

Die syndikalistisch-revolutionäre Bewegung hatte ihren Ursprung in Süditalien. Darin manifestierte sich der Gegensatz zwischen Norden (Settentrione) und Süden (Meridione), und somit die Kluft zwischen den industriell fortgeschrittenen und den wirtschaftlich rückständigen Regionen. Jetzt zeigte sich auch, daß die Wirtschaftspolitik seit der Einigung die schon bestehenden Unterschiede noch vergrößert hatte und die Industrialisierung des Nordens auf Kosten des Südens gegangen war. Die Politik der Reformisten, die auf die Interessen der gewerkschaftlich organisierten Arbeiter ausgerichtet war, ging an der Lage der unorganisierten, ländlichen Arbeitermassen des Südens weitgehend vorbei. Während in dem Zeitraum von 1901/1902 die norditalienischen Arbeiter mit Hilfe des Drucks ihrer Organisationen berechtigte Lohnforderungen durchsetzen konnten und in den (bescheidenen) Genuß neuer Sozialgesetze kamen, waren die nicht-organisierten süditalienischen Arbeiter von dieser Entwicklung ausgeschlossen. Der Syndikalismus entstand zunächst als Reaktion der untersten sozialen Schichten gegen eine Politik, die ausschließlich dem Norden zugute kam.[34] Die „Südfrage" (questione meridionale) tauchte hier zum ersten Mal auch als Problem der sozialistischen Partei auf.[35]

Arturo Labriola, gebürtiger Neapolitaner und Mitarbeiter der dort erscheinenden „Propaganda", zog Ende 1902 nach Mailand. Sein Ziel war es, die lombardische Hauptstadt für die revolutionär-syndikalistische Fraktion zu gewinnen.[36] Am 25.12.1902 erschien die erste Nummer seiner „Avanguardia socialista". Obwohl er zunächst überhaupt keine Beziehungen zum Mailänder Proletariat hatte, gelang es

---

31 Erst 1906 konnte sie wiedergegründet werden. Ebd., S. 119.
32 Dieser Beschluß war bereits ein Jahr zuvor gefaßt worden; nach bereits einem Monat wurde er jedoch nicht mehr befolgt. Vgl. Kap. VI,5.
33 Vgl. Riosa: Il sindacalismo, S.47 und Procacci: La lotta di classe, S. 271. Siehe auch Avanti!, 12.4.1903, 16.4.1903. Vgl. auch den Brief Anna Kuliscioffs an Turati vom 24.3.1903, FT-AK Carteggio 1900-1909, I, S. 117.
34 Antonio Gramsci bezeichnete den Syndikalismus als „instinktiven, elementaren, primitiven, aber gesunden Ausdruck der Reaktion der Arbeiter gegen den Block mit dem Bürgertum und für einen Block mit den Bauern und insbesondere mit den Bauern des Südens." Zit.n. Santarelli: La revisione II, S. 103. Vgl. auch Antonio Gramsci: Scritti politici. Roma 1973, S. 253. Zit.n. Gianinazzi: L'itinerario, S. 11. Der Autor zielt mit seiner Studie über Enrico Leone auf die Relativierung der von Gramsci geprägten Interpretation des Syndikalismus ab. In der Tat fand der Syndikalismus, wie zu zeigen sein wird, auch in den norditalienischen Zonen Verbreitung, in denen die Produktionsweise am modernsten und fortgeschrittensten war.
35 Zum Einfluß der wirtschaftlichen Rückständigkeit der Region Neapel auf die Formulierung Labriolas Thesen siehe auch Aragno: Socialismo, S. 18ff.
36 Siehe dazu Galbiati: L'Avanguardia und Furiozzi: Sindacalismo, S. 15-18.

ihm bereits im März 1903, die Mehrheit in einer Parteiversammlung auf seine Seite zu ziehen. Turati trat mit seinen Anhängern daraufhin zum zweiten Mal aus der Partei aus.[37]

Labriola formulierte die syndikalistischen Auffassungen von Klassenkampf und Revolution sowie seine Kritik am Reformismus in seinem 1904 erschienenen Buch „Riforme e rivoluzione sociale".[38] Schon am Aufbau des Buches zeigte sich, daß Labriola einerseits eine Art Grundsatzprogramm schaffen wollte, andererseits eine Auseinandersetzung mit dem politischen Gegner anstrebte. Rückgriffe und Wiederholungen beeinträchtigten die Geschlossenheit und Klarheit der Argumentation. In einigen Punkten, insbesondere in Fragen der Taktik, blieb Labriola schwankend.

Ausgangspunkt der theoretischen Ausführungen Labriolas war die Funktion des Parlaments, dessen Stellenwert seiner Meinung nach sowohl von den Reformisten als auch von den deutschen Marxisten weit überschätzt werde. Gerade das Beispiel der SPD zeige, daß die Festlegung auf die parlamentarische Methode unweigerlich in eine Sackgasse führe: „Man kann sich kein lustigeres Schauspiel vorstellen als das der immensen germanischen sozialistischen Partei mit drei Millionen Wählern, die davor zittert, daß man ihr das allgemeine Wahlrecht nimmt, mit dem sie, davon abgesehen, wenig anfängt".[39]

Das parlamentarische System war nach Meinung Labriolas die typische Form der bürgerlichen Herrschaft. Das Konzept der Reformisten, durch parlamentarisch erkämpfte Reformen die Gesellschaft schließlich im Sinne des Sozialismus zu verändern, sei daher völlig illusorisch. Gerade in der Haltung gegenüber den Institutionen des bürgerlichen Staates offenbarten die Reformisten ihren konservativen Charakter, da die politische Macht der herrschenden Klasse nicht in Frage gestellt werde. Hinter dem Reformismus verberge sich in Wahrheit „der Versuch der bürgerlichen Klasse, sich der sozialistischen Bewegung zu bemächtigen, um ihre fundamentalen Klasseninteressen zu wahren".[40]

An Labriolas Kritik am Parlamentarismus wird zum einen seine ablehnende Haltung gegenüber jeder staatlichen Autorität deutlich, mit der die Syndikalisten in die Tradition des Anarchismus stehen.[41] Zum anderen bekämpfte der Syndikalist damit ganz konkret den bestehenden Staat und das savoyische Königshaus. Aus der Sicht des Süditalieners waren die herrschenden Schichten, die für die Ausbeutung des Südens verantwortlich gemacht wurden, eng mit der Monarchie verbunden.

---

37 Vgl. Procacci: La lotta di classe, S. 316f.
38 Labriola: Riforme e rivoluzione sociale.
39 „Non si riesce a concepire uno spettacolo più allegro del gigantesco partito socialista germanico, con tre milioni di elettori ridotto a tremare ché non gli portino via il suffragio universale, col quale del resto ha fatto cosi poco". In: Ebd., S. 200.
40 „[il riformismo, die Verf.] è agli occhi nostri la forma inconsapevole sotto la quale si presenta il tentativo della classe borghese d'impadronirsi del movimento socialistico per la garanzia dei suoi interessi fondamentali di classe." In: Ebd., S. 92.
41 Siehe dazu auch Toninello: Sindacalismo, S. 41-67. Eine direkte Linie führt außerdem von der negativen Haltung gegenüber Parlamentarismus und Demokratie zum Faschismus.

Einer der zentralen Unterschiede zwischen Syndikalisten und Reformisten war daher die kompromißlose Ablehnung der monarchistischen Staatsform durch die Syndikalisten. Dennoch verzichteten die Syndikalisten nicht auf das Parlament als Forum der Auseinandersetzung. Zum definitiven Bruch mit der reformistisch orientierten Partei kam es erst 1908.[42]

Die sozialistische Revolution würde nach Auffassung Labriolas in zwei aufeinander folgenden Schritten verlaufen: In der ersten Phase sollte die alte Ordnung zerstört und ihre Träger entmachtet werden, die zweite sei durch die Etablierung der neuen Machthaber und den Aufbau ihres Systems gekennzeichnet. Die Aufgabe der Sozialistischen Partei in nicht-revolutionären Zeiten bestehe im direkten Angriff gegen die politischen Institutionen, in der Bewußtseinsbildung der Massen und in der Entwicklung der Organe, die den Staat ersetzen sollten.[43] Die Träger der sozialistischen Revolution sollten die Gewerkschaften sein. In diesem Punkt lehnte Labriola sich explizit an Sorel an. Als wichtigstes Mittel zur Emanzipation galt der Streik, besonders der Generalstreik. Die Ablösung des Kapitalismus durch den Sozialismus sei schließlich durch die Besitzergreifung der Produktionsmittel durch die Gewerkschaft jedes Industriezweiges gekennzeichnet. Die positive Reformarbeit sollte erst am Tage nach der Machtergreifung beginnen, dem „voraussichtlich eine lange Periode der systematischen kollektiven Gewalt" vorangehen werde.[44]

Labriola berief sich in erster Linie auf Marx, an einigen Stellen aber auch auf Sorel. Besonders wichtig schien es ihm, die Behauptung zu widerlegen, der Syndikalismus sei „kleinbürgerlich und umstürzlerisch (anarcoide)" und stehe im Widerspruch zum Marxismus. So wollte er – in Abgrenzung von der „legalitären" Interpretation des historischen Materialismus – die Befürwortung von Gewalt bei Marx nachweisen.[45] In ähnlicher Weise versuchte er die Vereinbarkeit seiner freihändlerischen Standpunkte mit der marxistischen Theorie zu untermauern. Die reformistischen Vorstellungen von „Kollektivismus" stellten seiner Meinung nach eine verschleierte Fortsetzung des Kapitalismus dar. Der Kommunismus sei nach Marx nicht als „zentralistisches Wirtschaftssystem" (regime unitario) vorstellbar, sondern als „Wirtschaftssystem, das auf der absoluten Tauschfreiheit gegründet ist".[46]

Labriola bezeichnete 1933 im Rückblick den „Gegensatz zwischen den Ergebnissen des turatianischen Reformismus und der Situation der Arbeiter in den rückständigsten Teilen des Landes" als den Ausgangspunkt der syndikalistischen Bewegung.[47] Die Sichtweise Labriolas war also in erster Linie italienisch; „Vorbil-

---

42 Siehe dazu Furiozzi: Sindacalismo, S. 36ff.

43 Ebd., S. 103.

44 „Molto probabilmente questo giorno sarà preceduto da un lungo periodo di sistematiche violenze collettive". Ebd., S. 105.

45 Auch Sorel forderte die „Rückkehr zu Marx" und die „Abkehr vom wissenschaftlichen Sozialismusverständnis. Siehe auch Toninello: Sindacalismo, S. 27.

46 Ebd., S. 182.

47 „Le point de départ de ce mouvement était la constatation du contraste entre les résultats de l'action du réformisme turatien et de la situation des travailleurs dans les parties les plus arrières du pays." Labriola: L'état et la crise. Paris, Rivière 1933, S. 279-280. Zit.n.: Marucco: Labriola, S. 14.

der" und Beispiele aus anderen Ländern rezipierte er, wenn er darin eine Bestätigung der eigenen Position sah und seinen Vorrat an Argumenten gegen den politischen Gegner bereichern konnte. Ein typisches Beispiel dafür ist der bereits zitierte Kommentar zu Bebels ablehnender Haltung in der Frage der Vizepräsidentschaft. Von den Marxschen Schriften interessierte ihn zunächst vornehmlich das „Kommunistische Manifest", eine Auseinandersetzung mit dem „Kapital" fand in der Zeit der Debatte über die Interpretation des dritten Bandes, der im Oktober 1894 von Martignetti übersetzt worden war, statt. In der Diskussion über die „Krise des Marxismus" war Labriola bemüht, sich als authentischer Marx-Interpret darzustellen[48], in den folgenden Jahren kam er unter Einbeziehung einiger sorelianischer Gedanken zur Neubewertung des Marxismus, der nun als Methode aufgefaßt wurde.

Im Ambiente des Mailänder Sozialismus stellte die „Avanguardia socialista" ein neues Element dar – eine Bereicherung war die syndikalistische Zeitschrift hinsichtlich der Publikation von Schriften Sorels[49] und Kautskys[50], mit denen die Leser über die ideologischen Debatten des europäischen Sozialismus informiert wurden. Nach anfänglichen Schwierigkeiten mit den Mailänder Verhältnissen gelang es Labriola, sich mit den Operaisten um Lazzari zu verbünden[51] und gemeinsam mit ihnen die Mehrheit über die Reformisten zu gewinnen. Auch in anderen Städten Norditaliens faßten die Syndikalisten Fuß: Ihre größten Erfolge erzielten sie in Mantua, aber auch der Turiner „Grido del popolo" stand Labriola nahe. In Venedig, Bologna und Savona war die „Avanguardia socialista" ebenfalls ziemlich stark verbreitet.

Im März 1904 fand der lombardische Parteitag der Sozialisten in Brescia statt, bei dem die syndikalistische Resolution mit 73 gegen 68 Stimmen und zwei Enthaltungen angenommen wurde. Die Resolution war in vier Abschnitte unterteilt: Der erste beinhaltete die Verwerfung jeglicher Unterstützung der Regierung durch das Proletariat; im zweiten wurde das Engagement für Sozialreformen abgelehnt, im dritten die Forderung nach einer Kampagne gegen die Monarchie aufgestellt. Der letzte Teil betraf die Methode der Sozialistischen Partei. Die parlamentarische

48 Siehe beispielsweise Arturo Labriola: Bernstein e le socialisme. In: Revue socialiste, Juin 1899, S. 663-679.
49 Sorel: L'avvenire socialista dei sindacati operai. In: Av.soc., 21.6.1903ff.
50 Kautsky: Riforma e rivoluzione sociale. In: Av.soc., ab 11.1.1903 und Kautsky: All'indomani della rivoluzione sociale. In: Av.soc., seit 14.4.1905. Die Übersetzung aus dem Deutschen stammte offiziell von Benito Mussolini, dessen mangelnde Kenntnisse der deutschen Sprache sich jedoch bei späteren Gelegenheiten nicht verbergen ließen. Aus den Erinnerungen von Angelica Balabanoff geht hervor, daß sie es war, die die eigentliche Übersetzungsarbeit leistete. Siehe Balabanoff: La mia vita rivoluzionaria. Milano 1979, S. 44. Vgl.: Felice: Mussolini, S. 33.
51 Syndikalisten und Operaisten gründeten ein gemeinsames „Comitato d'azione socialista", Lazzari wurde Geschäftsführer (amministratore) bei der Av.soc. Siehe dazu Procacci: La lotta di classe, S. 324.

Aktion wurde als unzureichend bezeichnet, dagegen behielt die Partei es sich vor, gegebenfalls Gewalt anzuwenden.[52]

Für die „Critica sociale" war dieser Beschluß ein Zeichen des Wiederauflebens des Anarchismus in neuem Gewand. Für die Gewerkschaften komme eine derartige Politik einem „non expedit" gleich, einem Verbot, innerhalb des bestehenden wirtschaftlich-sozialen Systems bessere Arbeitsbedingungen zu erkämpfen.[53] Die Gruppe um Ferri vertrat demgegenüber eine Position zwischen den beiden Lagern, die nicht selten Gefahr lief, zweideutig und widersprüchlich zu wirken. Der „Avanti!" votierte mit Bezug auf das Erfurter Programm für eine „mittlere Linie" (una tendenza media).[54] Auch Romeo Soldi, ebenfalls im „Avanti!", und Enrico Leone[55], im „Socialismo", äußerten sich kritisch und reserviert zu den Beschlüssen von Brescia.[56]

Unterstützung erhielt die „Avanguardia socialista" dagegen aus dem Ausland: Auf das Rundschreiben der Zeitung, das an wichtige Personen des internationalen Sozialismus gerichtet worden war, kamen sowohl von dem Franzosen Paul Lafargue[57] als auch von Karl Kautsky[58] positive Antworten. Gerade die Unterstützung durch den „Papst"[59] der orthodoxen Sozialdemokratie bedeutete für die „Avanguardisten" eine nicht unbedeutende Stärkung ihrer Position. Kautsky gab der Resolution generell sein Placet, kritisierte jedoch den Abschnitt, der die Haltung gegenüber der Regierung betraf, und die zu negative Einschätzung der Bedeutung von Reformen.

In den Resolutionsvorschlag für den bevorstehenden Parteitag des PSI in Bologna brachten die Syndikalisten die Korrekturvorschläge Kautskys vollständig ein, wodurch der Text folgendermaßen abgeändert wurde: Bei Punkt eins hieß es nun nicht mehr, jede Unterstützung der Regierung werde abgelehnt, sondern nur noch die Unterstützung durch direkte Teilnahme an einer bürgerlichen Regierung oder durch systematische, parlamentarische Unterstützung.[60] Punkt zwei, der die

---

52 „[. . .] il congresso riafferma di non rinunziare ad alcuno dei mezzi di attacco e di difesa contro lo Stato ed il governo e di riservarsi anche l'uso della violenza per i casi in cui essa fosse necessaria." Zit. n. Riosa: Il sindacalismo, S. 105. Siehe auch Vorwärts, 24.2.1904.

53 CS: La fine delle tendenze. In: CS, 16.2.1904. Siehe auch Bonomi: Riformismo socialista e riformismo rivoluzionario. In: CS, 1.4.1904. Vom „Vorwärts" wurde diese Polarisierung als „Heraufbeschwören der Spaltung seitens der Reformisten" beklagt. Vorwärts, 24.2.1904.

54 Avanti!, 13.3 1904. Der Artikel war mit „Egomet" gezeichnet; die Tendenz des Kommentars bestätigt die Annahme, daß sich hinter dem Pseudonym der Chefredakteur, Enrico Ferri, verbarg.

55 Zur politischen Entwicklung Leones siehe auch Il movimento operaio italiano. Dizionario biografico, vol.III, S. 89-92 und Gianinazzi: L'itinerario.

56 Über die Beurteilung des Verhältnisses der Syndikalisten zur Gewalt gab es jedoch innerhalb der „corrente Ferri" unterschiedliche Meinungen. Oda Olberg-Lerda hielt die Passage für überflüssig. Siehe dies.: Von Imola bis Bologna. In: NZ, 22,1, 1903/04, S. 812-819, hier S. 818. Leone dagegen lehnte die entsprechende Passage der Resolution ab.

57 Der Antwortbrief Lafargues erschien am 13.3.1904 in der Av.soc.

58 Walter Mocchi: Siamo noi anarchici? Una lettera di Carlo Kautsky. In: Av.soc., 20.3.1904.

59 Vgl. Waldenberg: Il papa rosso Kautsky.

60 „[. . .] respinge [. . .] quelle collaborazioni del proletariato con la borghesia, le quali si esplicano sia mediante la partezipazione a qualunque governo monarchico o repubblicano di iscritti al partito, sia

Sozialreformen betraf, erhielt einen Zusatz, der die Aufforderung an die Partei enthielt, die Realisierung von Reformen, die für das Proletariat einen ersichtlichen Vorteil bringen, voranzutreiben und zu kontrollieren.[61] Die beiden letzten Punkte blieben unverändert.

Der „Avanguardia socialista" wurde darüber hinaus nach eigenen Angaben eine materielle Unterstützung von 1.000 Lire durch den Parteivorstand der SPD zugesagt.[62] Die Intervention Kautskys führte vorübergehend zu einer engen Verbindung zwischen den italienischen Syndikalisten und der SPD.[63] Jedoch bereits an der Haltung der „Avanguardia socialista" zu den Beschlüssen von Dresden war zu erkennen, daß diese Beziehung in erster Linie eine Folge von Kautskys rigorosem Kampf gegen den Reformismus war. Zunächst bedeutete die Sanktionierung der revolutionären Strategie jedoch eine erhebliche Rückenstärkung, insbesondere im Vorfeld des Parteitages von Bologna.

Für die Reformisten bedeutete die Intervention Kautskys eine weitere Verhärtung in den Beziehungen zur SPD-Parteiführung. Ihre Bemühungen, die eigene Strategie aufzuwerten, indem sie sich auf Kautsky beriefen, und die noch bis 1902 eine große Rolle gespielt hatten, wurden nun eingestellt. Statt dessen hatten die Kritiker das Sagen. Wie in allen Fällen, in denen die italienischen Sozialisten eine von der Haltung der deutschen Sozialdemokratie abweichende Meinung vertraten, verwoben sich politische Argumente mit völkerpsychologischen Ressentiments. So charakterisierte auch Bonomi nach dem Parteitag von Dresden die Mängel der SPD als „teutonisch".[64]

Auf dem Parteitag des PSI im April 1904[65] in Bologna erzielte der revolutionäre Flügel, unterstützt von der „Gruppe Ferri", die Mehrheit. Die Reformisten, die gehofft hatten, die Syndikalisten isolieren zu können und die gemäßigten Strömungen unter ihre Führung zu bringen, unterlagen, obwohl im ersten Wahldurchgang Bissolati eine leichte Mehrheit gegenüber Labriola gewann.[66] Bei dieser Abstimmung hatte die gemäßigte Fraktion sich jedoch enthalten. Im zweiten Wahlgang standen eine Resolution Rinaldo Rigolas und eine Enrico Ferris zur Debatte. Die Syndikalisten votierten für letztere und überstimmten die Reformisten, die sich für

mediante l'appoggio sistematico a qualunque indirizzo di governo della classe borghese." Avanti!, 26.3.1904. Der Text ist im Wortlaut auch in: Riosa: Il sindacalismo, S. 116.

61 „[. . .] il cui ufficio [del proletariato] è dichiarare, provocare e controllare l'esecuzione di quelle riforme, che manifestatamente rappresentano la conquista di posizioni più vantaggiose per lo sviluppo della lotta di classe contro il capitalismo". Riosa: Il sindacalismo, S.116. Siehe auch Dokumente Berliner Polizei, Bd.2, S. 390.

62 Av.soc., 7.2.1904. Nach den Forschungen von Aart Heering erhielt die Redaktion das Geld jedoch nie. Heering: Italiens et Allemands, Anm.: 43.

63 Siehe dazu auch Alceo Riosa: „[. . .] l'intervento del socialdemocratico tedesco ha liberato i rivoluzionari da una sorte di complesso d'inferiorità nei confronti di Ferri e ha costituito tutto sommato un sensibile rafforzamento della loro posizione all'interno del partito". Riosa: Il sindacalismo, S. 147.

64 Bonomi: La politica del fischio. In: CS, 16.9.1903.

65 Der Kongreß fand vom 7. bis 12.4.1904 statt.

66 Bissolati siegte mit 12.555 gegen 7.410 Stimmen bei 12.555 Enthaltungen. Cortesi: Il socialismo, S. 219.

die Resolution Rigolas entschieden hatten.[67] Paradoxerweise jedoch waren diese beiden Resolutionen fast identisch. Der Entwurf Ferris war in der Gegenresolution vollständig enthalten. Diese ging über den letztlich angenommenen Entwurf nur insofern hinaus, als die Notwendigkeit des Klassenkampfes und der antimonarchistische Charakter der Bewegung noch einmal betont wurden. Der – geringfügige – Unterschied zwischen beiden Texten bestand also in der etwas schärferen Formulierung der „reformistischen" Resolution im Vergleich zu der „revolutionären"![68]

Im Mittelpunkt der Parteitagsdebatte standen der Stellenwert von Reformen sowie das Verhältnis der Sozialistischen Partei zu den bürgerlichen Parteien und den Institutionen des Staates. Im großen und ganzen wurde lediglich bereits Gesagtes wiederholt.[69] Sowohl die Reformisten als auch die Syndikalisten waren bestrebt, ihre Anschauungen mit Zitaten von Marx und Engels zu untermauern. Turati bezog sich auf die Thesen von Engels über die Möglichkeit einer friedlichen Entwicklung zum Sozialismus.[70] Labriola berief sich unter anderem auch auf Kautsky.[71]

Der Ausgang der Wahl war in erster Linie ein Sieg für Enrico Ferri, der für den Augenblick seine auf Integration abzielende Linie durchgesetzt hatte. Die Resolution, mit der die Syndikalisten die Mehrheit erhalten hatten, war auch für die Reformisten akzeptabel. Die Syndikalisten standen vor der Alternative, kompromißlos an ihrem Programm festzuhalten und als Verlierer aus der Abstimmung hervorzugehen oder aber für das „positivistisch-merkantilistische Gebräu"[72], wie Arturo Labriola den Sozialismus Ferris bezeichnete, zu stimmen.

Ferri hob in seinem Kommentar zum Parteitag besonders auf die Gemeinsamkeiten der Entwicklungen des Sozialismus auf internationaler Ebene ab und verglich das Ergebnis von Dresden mit dem Ausgang des Parteitages in Bologna. In Deutschland habe die theoretische Diskussion zur Bestätigung der „alten Linie" geführt, in Italien, wo die theoretische Auseinandersetzung mit dem Revisionismus nur sehr dürftig gewesen sei, habe sich der Sozialismus nach einer „Tatsachenlektion" wieder durchgesetzt. In beiden Ländern hätten sich „intransigente" Strömungen herausgebildet, die in Amsterdam gestärkt und geeint auftreten würden.[73]

---

67 Für Ferri stimmten 16.304 Delegierte, für Rigola 14.844. 200 Abgeordnete enthielten sich der Stimme. Ebd., S. 219. Nach der detaillierten Analyse Procaccis verloren die Reformisten 12% der Stimmen im Vergleich zum Kongreß von Imola. Zusammenfassend kommt Procacci zu dem Ergebnis, daß der Reformismus zwar besiegt wurde, dennoch aber die stärkste Gruppe blieb. Beide Flügel mußten einen Kompromiß akzeptieren. Procacci: La lotta di classe, S. 347-375.
68 Die Resolutionen sind nachgedruckt in Cortesi: Il socialismo, S. 219-222.
69 Siehe auch die Berichte im „Vorwärts" vom 8.4., 9.4., 12.4., 13.4. und 14.4.1904.
70 Cortesi: Il socialismo, S. 201.
71 Labriola berief sich auf Kautsky, um zu zeigen, daß es sich bei dem Gegensatz zwischen Reformisten und Revolutionären keineswegs um Haarspaltereien in theoretischen Fragen handelte, wie das von dem Gewerkschafter Rinaldo Rigola unterstellt worden war. Der Unterschied bestehe vielmehr in konkreten Fragen, wie beispielsweise den Verstaatlichungs- und Kommunalisierungsprojekten der Reformisten, die von den Revolutionären abgelehnt würden. Ebd., S. 215.
72 Lettere di Arturo Labriola a E. C. Langobardi, S. 576.
73 „[. . .] in Germania la riaffermazione del pensiero e dell'azione socialista si è fatta dopo un lavoro dottrinale di critica e, appunto, di „revisione" dei principi; in Italia invece, dove la revisione teorica dei principi è stata assai scarsa da parte dei seguaci di Bernstein o di Jaurès – la riaffermazione

Nach Meinung Kautskys stand jedoch die Klärung des italienischen Richtungs-streites noch aus.[74] Turati warf er vor, seine Anschauungen seit seinem Briefwechsel mit Engels 1894 völlig geändert zu haben.[75] „Wenn also Turati damals schon Engels zustimmte bei dem Gedanken, auch einem radikalen oder republikanischen bür-gerlichen Regime gegenüber müsse die Sozialdemokratie in der Opposition bleiben, [...] so hätte das noch weit mehr dem zweideutigen und haltlosen Liberalismus gegenüber zu gelten, der zur Zeit von des Königs Gnaden in Italien regiert.“[76]

Auch nach Meinung Oda Olbergs, der Korrespondentin der „Neuen Zeit“, hatte der Kongreß weder Klarheit gebracht noch die Einheit der Partei gestärkt. Ihre Sympathien lagen, obwohl sie nicht explizit Stellung bezog, bei der „mittleren Rich-tung“.[77]

Die Verlierer des Parteitages, die Reformisten, kritisierten aus entgegengesetzter Warte ebenfalls den Mangel an Klarheit. Schon im Vorfeld des Kongresses lief ihre Strategie auf die Spaltung der Partei hinaus. Turati lehnte es ab, von zwei Tendenzen zu sprechen, da es sich nach seiner Meinung um zwei verschiedene Parteien han-delte.[78]

Schon bei der Diskussion über die „autonomen Gruppen“ zeigte sich, daß die Beziehung zwischen „Ferrianern“ und „Labriolanern“ nicht von Dauer sein konn-te.[79] In dieser Debatte konnte sich der neue Parteivorstand mit seiner kompromiß-losen Haltung gegenüber den Reformisten letztlich durchsetzen. Eine Sonderrege-lung für die Mailänder Sektion, die Enrico Ferri anstrebte, wurde abgelehnt. Die reformistischen Abspaltungen wurden nach einem Referendum[80] an der Parteibasis aufgefordert, wieder in die Partei einzutreten. Von den Reformisten wurde diese „Gewaltmaßregelung“, wie Bissolati es ausdrückte[81], zurückgewiesen. Einige Gruppen ordneten sich dem Beschluß nicht unter und blieben auch weiterhin au-ßerhalb der Partei bestehen.

Die Syndikalisten waren nun in vielen Arbeitskammern federführend. Im Mai gewannen sie die Mehrheit in Mailand, im Juli in Rom. Im April wurde in Torre

socialista è avvenuta dopo la lezione dei fatti.“ Ferri: Da Dresda a Bologna, da Bologna ad Am-sterdam. In: Avanti!, 14.4.1904.

74 Kautsky: Zum internationalen Kongreß. In: NZ, 22,2, 1903/04, S. 577-585, hier S. 581.
75 Ebd., S. 584.
76 Ebd., S. 583.
77 Olberg: Von Imola bis Bologna. In: NZ, 22,1, 1903/04, S. 812-819.
78 Turati: In vista del Congresso. In: CS, 1.4.1904. und Turati: I due partiti. In: CS, 1.4.1904. Siehe auch Turati: Le vie maestre, S. 85-86.
79 Auch die Haltung Ferris gegenüber Turati und Anna Kuliscioff bestätigt, daß der „Sieger“ von Bologna möglichst auf Distanz zu seinen Verbündeten gehen wollte. Turati an Anna Kuliscioff, 11.6.1904. FT-AK Carteggio 1900-1909, I, S. 182 und Anna Kuliscioff an Turati, 19.6.1904. Ebd., S. 188. Zum endgültigen Bruch zwischen Ferri und den Syndikalisten kam es im Februar 1906 durch die Unterstützung der Regierung durch die Sozialisten.
80 Von 906 stimmberechtigten Sektionen gaben 778 eine Stimme ab, davon sprachen sich 612 für die Auflösung der Zirkel aus. Riosa: Il sindacalismo, S. 130. Siehe auch Avanti!, 21.6.1904. Nach Mei-nung der Reformisten war das Ergebnis jedoch irreführend, da die Formulierung der Frage sehr suggestiv gewesen sei. Bissolati: Nach Bologna. In: SM, 1904, 2, S. 599-605, hier S. 604.
81 Ebd.

Annunziata (Golf von Neapel) unter ihrer Führung ein Streik der Teigwarenhändler durchgeführt, der mit einem Erfolg für die Arbeiter endete. Der Ausgang dieses Konfliktes war von großer Bedeutung, da damit die lange Serie von Niederlagen beendet wurde. Auch im Agrarbereich nahm die Streikbewegung nun wieder zu.[82] In dieser Situation fand die Idee der „direkten Aktion" starke Verbreitung und auch die Debatte über den Generalstreik intensivierte sich.

Labriola glaubte sich mit seiner Konzeption des Generalstreiks als wichtigstem Kampfinstrument des Proletariats zunächst in Übereinstimmung mit Kautsky.[83] Er bezog sich dabei auf eine Artikelserie Kautskys in der „Neuen Zeit", in der dieser auch Voraussetzungen, Chancen, Gefahren und den Stellenwert des politischen Massenstreiks diskutiert hatte. Kautsky war der Meinung, daß der politische Massenstreik nur in revolutionären Zeiten erfolgreich sein könne.[84] Der Massenstreik[85] lohne sich nur, wenn die Möglichkeit des Sturzes der Regierung gegeben sei.[86]

Seine Auffassung unterschied sich demnach grundlegend von der der italienischen Syndikalisten, die sich auf ihn beriefen. Auf dem Parteitag der Sozialistischen Internationale 1904 traten diese Divergenzen dann zutage. In Amsterdam wurde in der Frage der Taktik die Resolution Guesdes und Bebels angenommen, die – leicht abgeschwächt – identisch war mit der Resolution von Dresden. Die Deutschen konnten damit ihre Politik gegen den Widerstand der Reformisten, insbesondere von Jaurès, auf internationaler Ebene durchsetzen. Den Generalstreik betreffend wurde eine Resolution der holländischen Delegation befürwortet, die den politischen Massenstreik in bestimmten Fällen für sinnvoll erklärte, sich jedoch stark von dem syndikalistischen Konzept unterschied. Die italienische Delegation stimmte beiden Resolutionen zu.

Die entscheidende, in der Folge in Italien vielfach zitierte Gegenrede zur Resolution Bebels hielt der Franzose Jean Jaurès. Der Kernpunkt seiner Kritik war, daß die deutschen Sozialisten Gültigkeit für ihre Taktik in allen Ländern beanspruchten. Er wandte sich entschieden dagegen, daß die Taktik, die auf dem Hintergrund der spezifischen politischen Verhältnisse des Kaiserreiches entstanden war, nun auch in demokratischeren Ländern wie der französischen Republik angewandt werden solle. Auf dem Hintergrund der deutschen Verhältnisse schien ihm das Votum, das die sozialistische Partei de facto zur Inaktivität verurteilte, noch bis zu einem gewissen Grade verständlich. Andererseits warf er den deutschen Sozialisten vor, die in Deutschland mangels Tradition ohnehin wenig ausgeprägte revolutionäre Kraft noch weiter zu schwächen. Seines Erachtens hätte in Dresden eine klare Entschei-

---

82 Streiks wurden u.a. in der Provinz Bologna und Mantua durchgeführt. In Apulien kam es wieder zu gewaltsamen Zusammenstößen mit den staatlichen Ordnungskräften. Procacci: La lotta di classe, S. 378.

83 Labriola: Il „blocco" rivoluzionario e la mozione di Brescia. In: Avanti!, 21.4.1904.

84 Kautsky: Allerhand Revolutionäres, Teil IV. In: NZ, 22, 1, 1903/04, S. 732-740, hier S. 738.

85 Die Syndikalisten verwendeten den Begriff „Generalstreik" (sciopero generale). Kautsky dagegen hielt die Bezeichnung „politischer Massenstreik" für korrekter. Kautksy: Allerhand Revolutionäres, Teil III. In: NZ, 22,1, 1903/04, S. 685-695, hier S. 685.

86 Ebd.

dung entweder für die revolutionäre Methode oder für den Parlamentarismus fallen müssen. Statt dessen habe sich die SPD hinter radikalen Verbalismen verschanzt und so versucht, die Ohnmacht der Partei zu verschleiern. „In eueren Zeitungen habt ihr geschrien: Unser das Reich! Unser die Welt! [dt. im Original]. Nein! Das Reich ist nicht euer, ihr könnt in eurer Hauptstadt nicht einmal einen Kongreß der Sozialistischen Internationale willkommen heißen.“[87]

Im Zentralorgan der Sozialistischen Partei berichtete Ferri, der Mitglied der italienischen Delegation war, aus Amsterdam. Er bezeichnete das Ergebnis des Kongresses als Bestätigung des Kurses von Dresden und Bologna und unterstrich die Unterschiede zwischen der Mehrheitsrichtung und der Labriola-Gruppe. So gesehen war er selbst mit seinen Anhängern der einzige legitime Repräsentant der Sozialistischen Internationale in Italien. „[. . .] die Resolution von Dresden, die im Kern identisch ist mit meiner vom Parteitag in Bologna (denn sie enthielt weder die Anerkennung der Gewaltanwendung noch die negative Einstellung zu Sozialreformen wie die Resolution Labriola) bekam nur drei Gegenstimmen.“[88]

Zwei Tage darauf erfolgte eine Gegendarstellung von Walter Mocchi, der der revolutionär-syndikalistischen Richtung angehörte. Er beschwerte sich, daß Ferri wiederholt auf den Unterschied zwischen der Resolution Labriolas und dem Dresdner bzw. dem Amsterdamer Beschluß hingewiesen hatte. Der Kernpunkt des von Ferri proklamierten Gegensatzes sei die Stellungnahme des jeweiligen Kongresses zur Gewalt. In Dresden sei diese Frage offengelassen worden. Es gebe jedoch keinen Zweifel daran, daß „Karl Kautsky [. . .] und alle Vertreter der Resolution von Amsterdam [die Frage, die Verf.] genauso gelöst hätten wie wir in Brescia, wenn dieses Problem aufgeworfen worden wäre.“[89]

Diese Annahme ging darauf zurück, daß Kautsky den entsprechenden, das Verhältnis von Gewalt und Revolution betreffenden Paragraphen, in seiner Antwort auf das Rundschreiben der „Avanguardia socialista“ vom März nicht kritisiert hatte. Als dritten Beitrag veröffentlichte der „Avanti!“ einen Kommentar von Viktor Adler, der im großen und ganzen auf der Linie Ferris lag.[90]

In krassem Widerspruch zu der Kritik an der Resolution von Dresden, die Ferri

---

87 „Vous avez crié dans votre journaux: „L'empire est à nous! Le monde est à nous! Unser das Reich! Unser die Welt!“ Non! L'empire n'est pas encore à vous, puisque vous n'êtes même pas assurés de donner dans vôtre capitale, l'hospitalité au socialisme international.“ Sixième congrès socialiste internationale. Compte-rendu, S. 81.

88 „[. . .] la risoluzione di Dresda – che è sostanzialmente identica al mio ordine di giorno al congresso di Bologna (poichè non prende l'affermazione dell'uso della violenza nè il concetto negativo delle riforme sociali, che erano nell'ordine del giorno Labriola) ha avuto tre soli voti contrari (compreso quello di Jaurès) e 27 favorevoli – oltre dieci astensioni“. Ferri: Impressioni. In: Avanti!, 22.8.1904.

89 „Se il quesito fosse stato posto, nessun dubbio che Carlo Kautsky [. . .], che tutti i presentatori dell'ordine del giorno d'Amsterdam l'avrebbero risolto come noi facemmo a Brescia.“ Walter Mocchi: Il trionfo della vera tattica socialista ad Amsterdam. In: Avanti!, 24.8.1904.

90 V. Adler: Unità. In: Avanti!, 28.8.1904. Als wichtigstes Ergebnis nannte er die Annäherung der beiden französischen Parteien und die Wahrung der Einheit der Partei. Zur umstrittenen Resolution über die Taktik merkte er positiv an, daß die Deutschen selbst den Beschluß von Dresden abgemildert hätten.

1903 als „intolerant und ideologisch verbohrt"[91] bezeichnet hatte, war der SPD-Parteitag nun Bezugspunkt und Legitimation. Darin einen Kurswechsel Ferris sehen zu wollen, dessen politischer Linie es ohnehin an Klarheit, Geschlossenheit und Durchsichtigkeit fehlte, wäre sicher verfehlt. Vielmehr zeigte sich, in welch hohem Maße die Entwicklung in der deutschen Partei, die auf internationaler Ebene noch immer eine Schlüsselposition einnahm, für den italienischen parteiinternen Streit instrumentalisiert wurde.

Die Beziehungen zwischen der SPD und einer „corrente" der italienischen Partei konnten daher nicht von Dauer sein. Nach dem Parteitag von Amsterdam distanzierte sich Arturo Labriola, der Favorit Kautskys im Kampf gegen den Revisionismus, wieder von dem deutschen Theoretiker, dessen Standpunkt in der Frage des Generalstreiks sich keineswegs mit den Vorstellungen der Syndikalisten vereinbaren ließ. Wie Michels schon 1903 nach dem Parteitag in Dresden, so kritisierte nun auch Labriola, daß in Amsterdam lediglich die „theoretische Bewegung" des Revisionismus, nicht aber die „Praxis des Reformismus" zurückgewiesen worden sei.[92] Nach Meinung der Syndikalisten lag die Gefahr des Reformismus nicht in der eventuellen Unterstützung einer bürgerlichen Regierung, sondern in der Konzentration der sozialistischen Aktion auf das parlamentarische System. Die Stellungnahme gegen den Generalstreik lasse die „gemeinsame Wurzel des opportunistischen Reformismus und der strengen sozialistischen Intransigenz" erkennen.[93] Labriola folgerte daraus:

„Es scheint tatsächlich, daß man mit Hilfe der traditionellen Taktik des Sozialismus wirklich entgegengesetzte Tendenzen rechtfertigen kann."[94] Scharfe Kritik an dem Votum von Amsterdam kam also nicht nur von den Reformisten, die durch die Resolution getroffen werden sollten, sondern auch vom linken, syndikalistischen Flügel der Partei.

Die Reformisten konnten die Resolution verständlicherweise nicht billigen. In ihrer Argumentation und in den spezifischen Interpretationen wiesen jedoch die „Critica sociale" und der „Tempo", die beiden zentralen Sprachrohre des Reformismus, erhebliche Unterschiede auf. Während Turati dazu tendierte, die Haltung der Deutschen aus der politischen Situation im Deutschen Reich zu erklären und seinen Angriff stärker gegen die französischen Guesdisten richtete, kritisierte Claudio Treves im „Tempo" in erster Linie die deutschen Sozialdemokraten: „Die von Kautsky für einen bestimmten Fall, nämlich den Fall Bernstein, formulierte Dresdener Resolution ist für die internationale sozialistische Partei ein kategorischer Imperativ geworden. [. . .] Die Deutschen sind ein wenig in sich selbst verliebt, und da niemand wagt, dem klingenden Ruhm von drei Millionen Wählern zu widersprechen, sind sie völlig davon überzeugt, daß sie der sozialistischen Welt ein

---

91 Vgl. Anm. 20.
92 Labriola: Il congresso di Amsterdam. In: Av.soc., 27.8.1904.
93 Ebd.
94 „Sembra infatti che dalla tattica tradizionale del socialismo possa risultare quanto basta a giustificare le più opposte correnti." Ebd.

unfehlbares Beispiel geben müssen, das man sich immer vor Augen halten muß, um nicht zu irren."[95]

Im Mittelpunkt der Kritik stand also die als Anmaßung empfundene Haltung der SPD, die Richtlinien der deutschen Partei auf internationaler Ebene durchsetzen zu wollen. Treves interpretierte den Beschluß als Zurückweisung sowohl der reformistischen als auch der revolutionär-syndikalistischen Methode. In der Auflehnung gegen die Hegemoniebestrebungen der deutschen Sozialdemokratie innerhalb der Sozialistischen Internationale ging der italienische Sozialist sogar so weit, gewisse Ähnlichkeiten mit dem parteiinternen Gegner festzustellen: Beide Richtungen seien aktive Bewegungen, die mit „romanischer Ungeduld" vorwärts drängten. Die Deutschen dagegen hätten mit ihrem Hang zu Disziplin und Reglementierung davor eine „tiefe Abscheu".[96]

Die Syndikalisten jedoch wiesen einen „gemeinsamen Kreuzzug gegen die erstickende, teutonische Hegemonie" empört von sich. Walter Mocchi entgegnete Treves in der syndikalistischen „Avanguardia socialista", daß der Beschluß von Brescia zwar sehr viel weiter gehe als der von Dresden, jedoch nicht im Gegensatz dazu stehe. Die revolutionäre Fraktion sei in Amsterdam keineswegs besiegt worden.

Durch ihre skeptische, desinteressierte Haltung in der Frage des Generalstreiks hatte die SPD jedoch nach Meinung der Syndikalisten ihre Führungskraft vollständig eingebüßt: „Vielleicht war dieser Kongreß der Beginn des Zerfalls der moralischen Hegemonie, die der deutsche Sozialismus für viele Jahre auf internationaler Ebene ausgeübt hat."[97]

Im September 1904 führte die Zuspitzung der Arbeitskämpfe in Italien zu einem Generalstreik – und zur Bewährungsprobe der syndikalistischen Methode.[98] Auslösendes Moment waren weitere gewaltsame Vorgehensweisen gegen demonstrierende Arbeiter in Buggerrú (Sardinien, Provinz Cagliari) und auf Sizilien, die überall heftige Proteste hervorriefen. Am 15. September wurde von einer von der „Camera del lavoro" organisierten Versammlung verschiedener Arbeiterorganisationen in Mailand der Generalstreik ausgerufen. Bereits am gleichen Tag wurde in einigen Städten die Arbeit niedergelegt. In den folgenden Tagen weitete sich der Streik auf ganz Norditalien aus, während der Süden von der Bewegung überhaupt nicht erfaßt wurde. Die beiden rivalisierenden sozialistischen Fraktionen, die von dem Ausmaß der Bewegung überrascht worden waren, versuchten Einfluß auf die

---

95 „La mozione di Dresda pensata dal Kautsky per un caso tutto speciale, il caso Bernstein, è diventato un categorico imperativo per il partito socialista internazionale. [. . .] I tedeschi sono un po' innamorati di sè stessi e come nessuno osa contestare la gloria sonante dei tre milioni di voti socialisti, cosi essi sono persuasissimi di dover darsi al mondo come l'esempio infallibile da tenersi sempre presente per non sbagliare strada [. . .]." c.t.: La mozione di Dresda. In: Tempo, 22.8.1904.

96 „Questo moto è ancor esso il frutto di una impazienza latina. L'egemonia tedesca ne sente un errore profondo che sale del suo inesorabile istinto etnico di disciplina e di irregimentazione." c.t.: L'Unità socialista. In: Tempo, 25.8.1904.

97 „E forse daterà appunto questo congresso la decadenza dell'egemonia morale che per tanti anni il socialismo tedesco ha esercitato sul socialismo internazionale." In: Av.soc., 7.10.1905.

98 Procacci: La lotta di classe, S. 375ff.

Streikenden zu gewinnen. Der entscheidende Faktor für die weitere Entwicklung des Streiks war die Haltung der Eisenbahner. Eine Arbeitsniederlegung dieser Berufsgruppe hätte das wirtschaftliche Leben im ganzen Land lahmgelegt. Während die Revolutionäre zur Ausdehnung der Bewegung drängten, versuchten die Reformisten, den Konflikt einzugrenzen. In einigen Städten, unter anderem in Rom, wurde am 19. September die Arbeit wieder aufgenommen. In zahlreichen Städten Mittel- und Süditaliens sowie in der Landwirtschaft in Norditalien wurde der Streik jedoch zu diesem Zeitpunkt erst ausgerufen. Die Bewegung erreichte also erst in einer zweiten Welle ihre größte Verbreitung.

Der Generalstreik von 1904 war Ausdruck des Protestes der Arbeiterschaft gegen das brutale Vorgehen der staatlichen Ordnungskräfte bei sozialen Unruhen. Über konkrete Ziele bestand jedoch kein klares, einheitliches Meinungsbild. Die Regierung verhielt sich zurückhaltend. Giolitti wies am 16. September die Präfekten an, keine präventiven Repressivmaßnahmen zu ergreifen.[99] In der Folge löste er die Kammer auf und setzte Neuwahlen an, die mit einem Erfolg für die konservativen Parteien endeten.

Insgesamt ist der Streik als Ergebnis der Arbeitskämpfe in den vorangegangenen Jahren anzusehen. Die Zentren lagen in den Gebieten, in denen die Arbeiterbewegung am besten organisiert war. Gleichzeitig traten Versäumnisse und Mängel zutage. Insbesondere machte sich das Fehlen eines Koordinationszentrums und der Gegensatz zwischen den geographisch gegliederten Arbeitskammern (camere del lavoro) und den nach Berufen organisierten Gewerkschaften (federazioni di mestiere) bemerkbar. Auf politischer Ebene zeigte sich die Zersplitterung der Partei und ihre Unfähigkeit, eine politische Linie für die gesamte Arbeiterbewegung zu entwickeln. Die erbitterten Richtungskämpfe zwischen den Fraktionen lähmten die Bewegung sowohl auf politischer als auch auf gewerkschaftlicher Ebene. Der Generalstreik markierte somit das Ende der seit etwa 1903 zu verzeichnenden Wiederbelebung der Streikbewegung und leitete eine Phase der Demoralisierung und der Stagnation ein.

Durch den Generalstreik wurde der grundlegende Unterschied zwischen den Syndikalisten und den orthodoxen Marxisten deutlich. Obwohl sich die Haltung der SPD zum Staat und zu den bürgerlichen Parteien von der der Reformisten unterschied, stand Kautsky von seinen politischen Grundüberzeugungen Turati doch sehr viel näher als dem Syndikalisten Labriola. Dennoch entzog er den Reformisten in der parteiinternen Auseinandersetzung seine Unterstützung und wandte sich den Syndikalisten zu. Kautsky übertrug damit den Gegensatz in der SPD ohne zu differenzieren auf Italien, wo der Streit zwischen den parteiinternen Gruppierungen völlig andere Inhalte hatte. Diese Haltung manifestierte sich sowohl in den persönlichen Kontakten als auch auf der Ebene der Sozialistischen Internationale. Die von der SPD in Dresden beschlossene Richtung wurde durch eine entsprechende Vorlage in Amsterdam auch den Parteien der gesamten Internatio-

---

99 Ebd., S. 390.

nale aufoktroyiert. Die französischen und italienischen Sozialisten, deren politische Position sich durch das parlamentarische System in beiden Ländern erheblich von der der deutschen Sozialdemokraten unterschied, empfanden diese Hegemoniebestrebungen zurecht als Anmaßung. Je mehr sich die SPD als machtlos gegenüber den imperialistischen Bestrebungen des Deutschen Reiches erwies, desto mehr wurde die Haltung der Parteileitung auch als Bedrohung für den Frieden in Europa eingeschätzt. Die SPD hatte somit lange vor dem 4. August 1914 einen großen Teil ihres einstigen Prestiges als revolutionäre, internationalistische Arbeiterpartei verloren.

Ergebnisse und Ausblick

„Kann die von Ernesto Ragionieri für die Konstituierungsphase des PSI aufgezeigte Rolle der SPD als dauerhaft bezeichnet werden?"[1] Diese Frage kann durch die hier vorliegende Studie als negativ beantwortet gelten.

In der Phase der Gründung der italienischen Arbeiterpartei war die deutsche Sozialdemokratie Gegenstand eines starken publizistischen Interesses. Die neue Partei wurde in vielen Punkten durch das Vorbild der deutschen Schwesterpartei geprägt: Am stärksten wirkte sich der Einfluß auf die Gestaltung des Parteiprogramms aus. Andererseits muß der PSI jedoch auch als „Produkt" der spezifischen italienischen Situation gesehen werden. Die Partei entstand in Folge des Wandels der wirtschaftlich-sozialen Situation in den 1880/90er Jahren und war gleichzeitig Erbin der risorgimentalen Traditionen. Im Gegensatz zu Deutschland stellte die Beschäftigung mit der sozialen Frage in Italien auch eine Auseinandersetzung mit der katholischen Kirche dar, die seit der Enzyklika „Rerum Novarum" (1891) eine neue Sozialtheorie vertrat.

In den Jahren nach der Gründung wirkte sich sowohl der Einfluß des „nordischen Sozialismus" als auch die Prägung durch das italienische Ambiente auf die Entwicklung des PSI aus. Wiederum zeigte sich die „Tedescomanie" am deutlichsten auf programmatischer Ebene. Mit der Resolution von 1897 entschied sich der PSI in der Agrarfrage für die gleiche Politik, für die die Mehrheit der deutschen Sozialdemokraten in Breslau gestimmt hatte. Obwohl die Sozialisten in einigen Teilen Italiens auch die Interessen der Pächter und Kleinbesitzer vertraten[2], setzte sich auf dem Parteitag in Bologna die sogenannte „Pilatus-Politik"[3] durch. Dieser Beschluß besagte, daß die Partei die Interessen der Kleinbesitzer (piccoli proprietari) nicht berücksichtigen könne, da diese Betriebsform „zum Untergang bestimmt" sei (destinata a scomparire).[4] Die Analyse der sozialistischen Presse hat jedoch gezeigt, daß diese Position äußerst umstritten war. Einer der vehementesten Kritiker war Camillo Prampolini. Im Gegensatz zu der Parteipresse auf nationaler Ebene wurden in der von ihm herausgegebenen „Giustizia" die Agrardebatten in der SPD völlig ignoriert. Der Parteitagsbeschluß von Bologna hatte keinen Wandel in der praktischen Politik der Reggianer zur Folge, deren wichtigste Ziele der Aufbau eines umfassenden Kooperativsystems und die Eroberung der kommunalen Verwaltungen waren. In der Emilia Romagna fand der Sozialismus seine größte Ausbreitung und entwickelte seine stärksten Traditionen. Bis zum Beginn der fa-

---

1 Andreucci: Il marxismo collettivo, S. 133. Vgl. Einleitung.
2 Prampolini e il socialismo riformista, S. 201.
3 Vgl. Pietro Fontana: Nuove tendenze del socialismo italiano. In: Tempo, 18.9.1900.
4 Pedone: Il Partito Socialista Italiano nei suoi congressi, S. 93f.

schistischen Diktatur blieb der Agrarsozialismus die typischste Form des italienischen Sozialismus. Die Emilia-Romagna, die Region, die aufgrund ihrer sozialistischen Einrichtungen und Verwaltungen zur ersten Zielscheibe der Faschisten wurde, entwickelte sich 20 Jahre später zu einer der Hochburgen der antifaschistischen „Resistenza". Das Wirken der Reformsozialisten trug somit auch zur Herausbildung eines demokratischen Bewußtseins bei.

An der Stellung Prampolinis innerhalb der Partei lassen sich auch die spezifischen Strukturen der italienischen Arbeiterpartei aufzeigen. Gerade an seiner Haltung in der Zeit der Agrardebatte wird die relativ große Autonomie der regionalen Parteisektionen sowie die Unfähigkeit der Parteileitung deutlich, Kongreßbeschlüsse an der Basis durchzusetzen. Die Parteistruktur des PSI stellte somit eine Organisation „sui generis" dar[5], die sich von dem in der II. Sozialistischen Internationale vorherrschenden Typus der „Organisationspartei"[6] in wesentlichen Zügen unterschied; die wichtigsten Charakteristika waren die Schwäche der Parteileitung, der föderative Charakter der Parteigliederung sowie die Autonomie der Parlamentsfraktion. Die weitgehende Unabhängigkeit der Lokalsektionen von der Parteizentrale läßt sich an der unterschiedlichen Behandlung der Agrarfrage in der Lokalpresse sehr deutlich zeigen.

Bedingt durch die wirtschaftliche Rückständigkeit Italiens wies der PSI darüber hinaus in der sozialen Zusammensetzung der Mitglieder spezifische Merkmale auf. Im Gegensatz zur SPD waren in Italien Landarbeiter und Bauern in hohem Maße in die sozialistische Bewegung integriert. In der Führerschaft herrschte das „akademische Element" vor: Nahezu alle führenden Sozialisten entstammten dem Bürgertum.

Bedingt durch den Wandel der politischen und wirtschaftlich-sozialen Entwicklung Italiens nach 1900 entwickelte die italienische Partei in der „Giolitti-Ära" immer stärker ihre eigenen spezifischen Züge. Das Beispiel der SPD konnte weder auf ideologischer noch auf organisatorischer Ebene Impulse geben. Richtungsweisend für die italienischen Sozialisten waren weder Kautsky noch Bernstein, sondern der französische Sozialist Jean Jaurès. Die Solidarisierung mit Kautsky flachte immer mehr zu einem reinen Lippenbekenntnis ab, das im Widerspruch zu der pragmatisch-reformistischen Politik stand. Eine minutiöse Rezeption der Diskussionen, wie beispielsweise bei der Agrarfrage 1894/95 in der „Lotta di classe", fand nicht mehr statt. Dennoch spielte die SPD noch immer eine wichtige in der italienischen Historiographie meist unterschätzte Rolle: Ihre Autorität war so groß, daß die Berufung auf ihre Parteitagsbeschlüsse, Fraktionsbeschlüsse und auf den „Chefideologen" Karl Kautsky legitimierende Funktion in der Auseinandersetzung mit dem parteiinternen Gegner hatte. Die zunehmende Instrumentalisierung der Äußerungen Kautskys und Bebels läßt sich anhand einer Analyse der Presseorgane der „correnti" aufzeigen.

---

5 Riosa: Il movimento operaio tra società e stato, S. 16.
6 Ebd.

In der Phase der ersten reformistischen „Experimente" und der Herausbildung der syndikalistischen Opposition bedeutete die Haltung Kautskys und des SPD-Vorstandes daher einen massiven Eingriff in die innerparteiliche Auseinandersetzung in Italien. Auf dem rechten Flügel wurde bereits ab 1902 Kritik an der SPD geübt. Zunächst handelte es sich nur um vereinzelte, vorsichtige Vorstöße, denen die starken Bemühungen um Identifizierung entgegenstanden. Seit 1903 wurde die Haltung der Reformisten durch die Solidarisierung Kautskys mit den „Avanguardisten" um Arturo Labriola negativ geprägt. Die Intervention Kautskys führte zu Verbitterung auf seiten der Reformisten und zum vollständigen Abbruch der Beziehungen zur SPD-Führung. Kontakte entwickelten sich dagegen zu der Gruppe um die „Sozialistischen Monatshefte".

Der Kongreß der Sozialistischen Internationale 1904 wurde sowohl vom linken als auch vom rechten Flügel des PSI als Zäsur in der Entwicklung der Beziehungen zu den deutschen Sozialdemokraten betrachtet. Die Syndikalisten sprachen vom „Beginn des Zerfalls der moralischen Hegemonie".[7] Auch der SPD-Parteitagsbeschluß über den politischen Massenstreik in Jena (1905) konnte das Meinungsbild nicht ändern. Die SPD hielt diese Maßnahme lediglich in Ausnahmefällen, beispielsweise im Falle einer Wahlrechtsbeschränkung, für sinnvoll.[8] Nach Auffassung der Syndikalisten wurde der Generalstreik damit auf eine „reine Zusatzwaffe" reduziert, die ausschließlich zur Erhaltung des Parlamentarismus und der staatsbürgerlichen Freiheiten angewandt werden sollte.[9]

Für die Reformisten hatte die SPD ihre Qualität als Führungspartei nun vollkommen verloren. Bonomi, einer der ersten Kritiker der SPD auf reformistischer Seite meinte im Rückblick: „Diese Art von Diktatur des durch eine Partei verkörperten Marxismus begann, nachdem sie bei dem Kongreß in Amsterdam ihren Höhepunkt erreicht hatte, neuen Kräften und neuen Konzepten den Platz zu räumen."[10]

Die Reformisten warfen der SPD Stagnation und Initiativlosigkeit vor. Die SPD galt als abschreckendes Beispiel einer zwar immer größer, aber auch immer unbeweglicher werdenden Organisation.[11] Nach Meinung Bonomis stellte sie deshalb auch eine Gefahr für den Frieden in Europa dar.[12] Die SPD arbeite, so die italienischen Reformisten, durch ihre politische Selbstisolierung, den reaktionären Kräften direkt in die Arme. „Die deutschen Sozialisten werden den Feudalismus nicht besiegen, wenn sie dem liberalen Bürgertum nicht zur Macht verhelfen."[13]

---

7 Av.soc., 7.10.1905.
8 Osterroth: Chronik, S. 119.
9 Dopo Jena. In: Av.soc., 7.10.1905.
10 „Dopo aver toccato il suo apogeo al congresso di Amsterdam, questa specie di dittatura del marxismo incarnato in un partito, sta per cedere il campo a nuove forze e a nuove concezioni." Bonomi: Le vie nuove, S. 196.
11 Siehe CS: Più in alto. In: CS, 1.5.1905.
12 Vgl. die Rede Jaurès auf dem Kongreß der Sozialistischen Internationale in Amsterdam. Sixième congrès socialiste internationale. Compterendu, S. 81ff.
13 „I socialisti tedeschi non potranno liberarsi dal feudalismo se non sospingendo al potere la borghesia liberale." Bonomi: Il congresso di Jena. In: CS, 16.10.1905.

Auch in dieser Situation vermengten sich wieder politische Argumente mit typischen Merkmalen des italienischen Deutschlandbildes. So hieß es unter anderem, die Deutschen, die „eine natürliche Neigung zur intellektuellen Faulheit und zur Initiativlosigkeit" besäßen, seien unter dem Einfluß der Sozialdemokraten noch „untertäniger" geworden.[14] Solche Äußerungen waren zwar nicht von Vertretern der ehemals deutsch-freundlichen „Väter-Generation" zu hören, aber sie fanden immerhin in einer Zeitschrift Platz, für die Filippo Turati verantwortlich zeichnete.

Dagegen entwickelte sich auf dem rechten Flügel der SPD ein wachsendes Interesse am italienischen Reformismus, das sich insbesondere in den „Sozialistischen Monatsheften" manifestierte. Darüber hinaus kam es im Kontext des Libyenkrieges und der Kampagne für die „großen Reformen"[15] seit etwa 1911/1912 zu einer Wiederannäherung des linken Reformismus an die SPD. Treibende Kraft für die Forderung nach den „großen Reformen" war neben Gaetano Salvemini insbesondere Anna Kuliscioff. Die Exilrussin, die sich ein Jahrzehnt lang völlig mit dem Reformismus Turatis identifiziert hatte und publizistisch fast überhaupt nicht in Erscheinung getreten war, gab seit 1912 eine eigene, an die Arbeiterinnen gerichtete Zeitung heraus. Eine der ersten Ausgaben der „Difesa delle lavoratrici" war dem Wahlerfolg der SPD[16] gewidmet, deren Propagandamethoden nun wieder Vorbildcharakter zugeschrieben wurde.[17] Die Redaktion sah den Grund für den hohen Konsens, der sich in den über vier Millionen Stimmen ausdrückte, in der „ausdauernden, engagierten Propagandaarbeit, nicht nur von Erwachsenen, sondern auch von Zehntausenden von Jugendlichen im Alter zwischen 15 und 25 und von Hunderttausenden von Frauen [. . .]."[18] Die Wahlkampfmethoden der SPD konnten nach Meinung Anna Kuliscioffs auch in Italien in der Kampagne gegen den Libyenfeldzug eingesetzt werden.

In der unmittelbaren Vorkriegszeit befanden sich beide Parteien in einer schwierigen Situation. Der italienische Reformismus hatte durch den Libyenkrieg eine entscheidende Niederlage erlitten, die den revolutionären Kräften unter der Führung Mussolinis in der Partei zur Mehrheit verhalf. Mussolini wurde 1912 zum Chefredakteur des „Avanti!" ernannt und in den Parteivorstand gewählt, während die „rechten Reformisten"[19] aus der Partei ausgeschlossen wurden. In der „Critica

---

14 „Nelle sue mani e sotto la sua guida il tedesco, che ha una naturale disposizione alla pigrizia mentale e alla mancanza di iniziativa è diventato ancora più sottomesso." Ettore Marchioli: La decadenza della socialdemocrazia tedesca. In: CS, 1.10.1907.

15 Darunter wurden die Forderungen nach allgemeinem, gleichem Wahlrecht und nach einer tiefgreifenden Reform der Zoll- und Steuerpolitik verstanden.

16 Die SPD erhielt 32,8% der Stimmen und wurde mit 110 Abgeordneten stärkste Fraktion im Parlament. Miller: Kleine Geschichte der SPD, S. 287.

17 Auch in der Frauenfrage orientierte sich Anna Kuliscioff weitgehend an August Bebel und den deutschen Sozialdemokratinnen. Vgl. Kuliscioff: Il monopolio dell'uomo.

18 „[. . .] il lavoro assiduo passionato di propaganda, non solo degli adulti, ma di diecine di migliaia di giovani dai 15 ai 25 anni, di centinaia di migliaia di donne [. . .]" Difesa delle lavoratrici: La chiave d'una gloriosa vittoria. In: Difesa delle lavoratrici, 4.2.1912.

19 Leonida Bissolati, Ivanoe Bonomi und Angiolo Cabrini.

sociale" setzte erneut eine Diskussion über die „Krise des Sozialismus" ein.[20] Der PSI ging den ersten Wahlen mit allgemeinem, gleichem Männerwahlrecht 1913 zerrissen und völlig unvorbereitet entgegen.[21]

Auch in der SPD vertiefte sich die Kluft zwischen dem rechten Flügel, der nach dem Wahlerfolg der SPD verstärkt auf ein Bündnis mit den Liberalen abzielte, und dem linken Flügel, der eine breit angelegte Agitation gegen Militarismus und Kapitalismus initiierte. Sowohl der zunehmende Trend der SPD zur Integration in das bestehende System als auch der revolutionäre Impuls in der italienischen Partei nach 1911 wirkten sich auch auf die Haltung der beiden Parteien bei Ausbruch des Krieges aus.[22]

Am 4. August 1914 stimmte die SPD-Fraktion den von der Regierung beantragten Kriegskrediten zu und leitete damit einen neuen „sozialpatriotischen" Kurs ein.[23] Die italienischen Sozialisten verurteilten diesen Beschluß, mit dem die SPD ihre internationalistischen Ideale aufgebe, scharf.[24] Der PSI seinerseits forderte die „absolute Neutralität" des italienischen Staates und drohte für den Fall des Kriegseintrittes den Generalstreik an. Als die italienische Regierung acht Monate später dem Bündnis der Alliierten beitrat, stimmte die sozialistische Fraktion gegen die Kriegskredite und definierte ihre Position mit dem Motto „Weder zustimmen noch sabotieren" (Nè aderire nè sabotare).

War die deutsche Sozialdemokratie, deren langjähriger Vorsitzender August Bebel sich als „Todfeind der bürgerlichen Gesellschaft" bezeichnete[25], in Wirklichkeit patriotischer als die italienischen Sozialisten, deren reformistische Mehrheit von den orthodoxen Marxisten als „opportunistisch" und „ministeriell" bezeichnet worden war? Benedetto Croce beurteilte das Verhältnis der beiden sozialistischen Parteien zur Nation folgendermaßen: „Die italienischen Sozialisten verhielten sich also genau entgegengesetzt wie ihre deutschen Kollegen; sie übernahmen die antinationale Rolle, die dort durch die revolutionäre Minderheit repräsentiert wurde und überließen die nationale Rolle der revolutionären Minderheit."[26]

Die Situation war jedoch wesentlich komplexer, da sich in beiden Parteien verschiedene politische und ideologische Entwicklungen abzeichneten.

---

20 Vgl. Favilli: Filippo Turati, ein marxistischer Reformist. In: Kuck: Die Entwicklung des Marxismus, S. 72-88. Santarelli spricht von einem „zweiten Revisionismus". Santarelli: La revisione II, S. 171. Auch Giovanni Lerda, der Führer der intransigenten Gruppe, reagierte auf die Orientierungslosigkeit der Partei und eröffnete in der Zeitschrift „Soffitta" eine Debatte über die Erneuerung des Parteiprogramms. Santarelli: Socialismo rivoluzionario e „mussolinismo", S. 551.

21 Die Zahl der sozialistischen Abgeordneten stieg von 41 (1909) auf 79. Insgesamt war die „Estrema Sinistra" nun mit 169 im Vergleich zu 115 Parlamentariern vertreten. Lill: Geschichte Italiens, S. 259.

22 Diese Tendenzen können allerdings nicht als determinant für die Haltung der Sozialisten bei Ausbruch des Krieges betrachtet werden.

23 Zur Problematik der Sozialisten bei Kriegsausbruch siehe Internationale Tagung.

24 Valiani: Il partito socialista dalla neutralità, S. 22.

25 Pt. 1903, S. 313.

26 „Cosi i socialisti italiani si condussero proprio all'opposto dei loro colleghi tedeschi, assumendo essi la parte antinazionale che assume colà la minoranza rivoluzionaria, e lasciando che in Italia la minoranza rivoluzionaria assumesse la parte nazionale." Croce: Storia d'Italia, vol.VIII. Bari 1943, S. 279. Zit.n. Santarelli: Socialismo rivoluzionario e „mussolinismo", S. 532.

Der italienische Reformismus hatte sich bereits 1908 in einen linken und einen rechten Flügel gespalten. Während die Linksreformisten (u.a. Turati) neutralistisch blieben und erst nach der Niederlage bei Caporetto einen „Burgfrieden" akzeptierten, der nun im Zeichen eines Verteidigungskrieges gegen Österreich stand, wandten sich die Rechtsreformisten (u.a. Bissolati und Bonomi) rasch interventionistischen Positionen zu. Sowohl Bissolati als auch Bonomi gehörten während des Krieges dem Kabinett unter Ministerpräsident Boselli[27] an. Auch in Deutschland spaltete sich das revisionistische Lager. Lehnten Bernstein und Kurt Eisner das Votum der SPD-Fraktion zu den Kriegskrediten ab, so wurde Eduard David zu einem der wichtigsten Exponenten des „sozialpatriotischen Kurses". Während die SPD-Linke in Deutschland eindeutig antimilitaristisch orientiert war, entwickelten sich innerhalb des revolutionären Flügels im PSI interventionistische Positionen. Mussolini löste sich bereits 1915 von der neutralistischen Politik des PSI und wurde daraufhin aus der Partei ausgeschlossen.

Noch 1918 bestand in Italien eine tiefe Kluft zwischen Interventionisten einerseits und Neutralisten andererseits.[28] In dieser Situation formierten sich die ersten faschistischen Kampfbünde (fasci di azione rivoluzionaria), in deren Reihen sich zahlreiche ehemalige Syndikalisten wiederfanden. Der erste „fascio" wurde von Mussolini selbst am 23. März 1919 in Mailand gegründet. Seit 1918 wurden in der Zeitung des zukünftigen Diktators, dem „Popolo d'Italia", theoretische Ansätze eines nationalen Syndikalismus vertreten. Syndikalistische Theoretiker wie Alceste de Ambris standen Mussolini zwar nicht unkritisch gegenüber, stellten sich jedoch in den Dienst der neuen, nationalen Bewegung. Der Interventionismus stellte somit in vielen Fällen den entscheidenden Schritt vom revolutionären Syndikalismus zum Faschismus dar. Durch diese links-syndikalistische Wurzel unterscheidet sich die Entwicklungsgeschichte des italienischen Faschismus wesentlich von der des deutschen Nationalsozialismus.

Die Arbeiterbewegung erlebte in beiden Ländern in der unmittelbaren Nachkriegszeit einen starken Aufschwung. Mit Fabrik- und Landbesetzungen, sozialen Unruhen und dem Generalstreik vom 20. Juli 1920 wurden die Jahre 1919/20 in Italien zu den sogenannten „roten Jahren" (biennio rosso); auch in Deutschland kam es 1919[29] und 1920[30] zu sozialistisch-kommunistischen Aufständen. In Italien scheiterten diese Bewegungen, in Deutschland wurden sie niedergeschlagen. Die Angst vor der „roten" Revolution führte in Italien zum Erstarken der faschistischen Bewegung, die 1922 mit dem „Marsch auf Rom" und der Etablierung einer 20jährigen Diktatur endete; in Deutschland dagegen mißlang der nach dem italienischen

---

27 Boselli wurde 1916 nach dem Sturz Salandras Ministerpräsident. Bonomi übernahm das Ministerium für öffentliche Arbeiten (lavori pubblici), Bissolati wurde Minister ohne Portefeuille.

28 Zu den verschiedenen Positionen innerhalb der sozialistischen Partei in der Nachkriegszeit siehe Arfè: La crisi del dopoguerra. In: Il movimento operaio e socialista. Bilancio storiografico, S. 278-308.

29 Vom 6.1.1919 brach in Berlin der Spartakusaufstand aus. Im April wurde in München die Räterepublik ausgerufen.

30 Vom 15. März bis zum 10. Mai 1920 kam es im Ruhrgebiet zu einer kommunistischen Aufstandsbewegung.

Vorbild versuchte „Marsch auf Berlin", und es kam vorübergehend zu einer Stabilisierung der Republik.

Die Gegensätze von 1904 wurden durch diese Entwicklungen völlig überholt. In der Beurteilung der bolschewistischen Revolution unterschied Kautsky sich nicht wesentlich von seinem einstigen Kontrahenten Filippo Turati.[31] Enrico Ferri dagegen, der sich 1902 als „italienischer Kautsky" gefühlt hatte, näherte sich dem Faschismus an und wurde 1929, kurz vor seinem Tod, zum Senator auf Lebenszeit ernannt. Arturo Labriola, Kautskys Favorit im italienischen Richtungsstreit, unterstützte 1911 den Libyenfeldzug der italienischen Regierung, kritisierte 1914 jedoch in einem Brief an Kautsky in scharfer Form das Votum der deutschen sozialdemokratischen Fraktion: „Ich schrieb Ihnen anläßlich der italienischen Expedition nach Tripolis, die Sie als ‚Räuberzug' qualifizierten; ich versuchte, Ihnen zu erklären, daß es sich um eine Defensivmaßnahme gegen den deutschen Imperialismus handelte. [. . .] Ich schreibe Ihnen nun erneut [. . .], um den deutschen Sozialisten mein Kompliment für die elegante Weise auszusprechen, in der sie sich in den Dienst ihres außerordentlich demokratischen Kaisers stellen!"[32]

In Folge des Abessinienkrieges wandte Labriola sich 1935 dem Faschismus zu[33], während der „monarchistische Sozialist" Filippo Turati zum Exil gezwungen war und in Paris eine Zeitschrift der antifaschistischen Sammlung herausgab. Zwischen Turati und Kautsky entwickelten sich in den 20er Jahren wieder freundschaftliche, zum Teil sogar ausgesprochen herzliche Beziehungen.[34]

An der politischen Entwicklung der ehemaligen Exponenten der verschiedenen Parteiflügel zeigt sich mit aller Deutlichkeit die Problematik von Akkulturationsprozessen.[35] Kautsky dehnte den Kampf gegen den Revisionismus 1903 unter dem Eindruck der erbitterten Debatte, die in der SPD um die Gültigkeit der Marxschen Prognosen geführt wurde, auch auf die ausländischen Parteien aus. In Italien handelte es sich jedoch bei der parteiinternen Auseinandersetzung nicht um einen

---

31 Vgl. auch das Urteil von Brunello Vigezzi: „Ma, poi, lo sforzo assiduo, laborioso, legato a un'indagine reale, per conciliare socialismo e democrazia non ha tratti communi?" Vigezzi: Intervento. In: Rivoluzione e reazione, S. 195.

32 „J'eus l'occasion de vous écrire lors de l'expedition des italiens à Tripoli, que vous qualifiez ‚ein Räuberzug'; et je tachai de vous expliquer qu'il ne s'agissait que d'une manoeuvre défensive contre l'impérialisme allemand. [. . .] Je vous écris de nouveau [. . .] pour faire aux socialistes allemands mes compliments pour la maniere élégante avec laquelle ils sont passés au service de leur très démocratique Kaiser!" Nachlaß Kautsky. Zit.n. Heering: Italiens et Allemands.

33 Labriola sympathisierte in der Nachkriegszeit zunächst mit der faschistischen Bewegung, vollzog jedoch 1923/24 eine politische Wende. Diese Haltung zwang ihn seit 1926 zum Exil.

34 Am 6.8.1927 schrieb Turati an Luise Kautsky: „Vous pouvez imaginer la joie que je prouverais en revoyant aussi le camerade Kautsky et vous." Nachlaß Kautsky, D XXII. Am 15.4.1931 äußerte er, ebenfalls in einem Brief an Luise Kautsky die Hoffnung, daß „unser Carlo" bald wieder genese. Für die erste Nummer der in Paris erschienenen „Libertà" bat Turati Kautsky um eine Solidaritätsbekundung. Kautsky seinerseits schrieb seit 1914 wieder in der „Critica sociale". Kautsky: Il programma socialista. Marxismo e revisionismo. La piccola impresa nell'evoluzione economica. In: CS, 1.9.1914. Vgl. auch Kautsky/CS: A guerra scoppiata. Che resta da fare ai socialisti. In: CS, 16.12.1914.

35 Vgl. Padilla: Acculturation.

Gegensatz zwischen Revisionismus und orthodoxem Marxismus, sondern um die Auseinandersetzung zwischen demokratischen Sozialisten, die auf die Liberalisierungstendenzen einer neuen Regierung reagierten und einer in Süditalien entstandenen radikalen Opposition gegen die Reformpolitik Giovanni Giolittis. Der Kampf Labriolas gegen „Giolittismus" und „Turatismus" ließ sich in keiner Weise mit dem Gegensatz zwischen Kautsky und Bernstein vergleichen. Die Übertragung der deutschen Verhältnisse auf Italien war somit von vornherein zum Scheitern verurteilt. Kautsky unterstützte in Italien eine Gruppe, der zwar das Verdienst zukam, auf die Schwächen und Mängel der giolittianischen Integrationspolitik hingewiesen zu haben, die sich in ihrer Methode jedoch in die Traditionen des Anarchismus stellte und somit der SPD viel ferner stand als die reformistische Gruppe. Die Verherrlichung von Gewalt und die Loslösung der Methode der „direkten Aktion" aus ihrem ursprünglichen sozialistischen Kontext führten zahlreiche Syndikalisten zur faschistischen Ideologie. Auf der anderen Seite brachten demokratische Grundüberzeugungen den unerbittlichen Revisionismusgegner Kautsky in der Nachkriegszeit wieder an die Seite Turatis. Die Fehleinschätzung des italienischen Richtungsstreites durch den „Chefideologen" des Marxismus resultierte nicht zuletzt aus der Mißachtung der Unterschiede zwischen der Lage der SPD im Deutschen Reich und der Situation des PSI in Italien.

Anhang

I. Abkürzungen

AAPA	Auswärtiges Amt, Politisches Amt
AAVV	Autori vari (Autorenkollektiv)
ACS	Archivio Centrale di Stato, Roma
AF	Annali dell'Istituto Giangiacomo Feltrinelli, Milano, 1958-
AfSS	Archiv für soziale Gesetzgebung und Statistik, seit 1904 Archiv für Sozialwissenschaft und Sozialpolitik
AfS	Archiv für Sozialgeschichte
ASD	Archiv der sozialen Demokratie, Bonn
Av.soc.	Avanguardia socialista, Milano, 1902-1906
BZG	Beiträge zur Geschichte der Arbeiterbewegung, Berlin (Ost), 1958-
CGL	Confederazione Generale del Lavoro
CM	Critica Marxista, Roma, 1962-
CPC	Casellario Politico Centrale
CS	Critica Sociale. Rivista quindicinale del socialismo (Halbmonatszeitschrift des Sozialismus), Milano, 1891-
ESSMOI	Ente per la storia del socialismo e il movimento operaio (Stelle zur Erforschung der Geschichte des Sozialismus und der Arbeiterbewegung), Roma
GPS	Gruppo Parlamentare Socialista (Sozialistische Parlamentsfraktion)
GWU	Geschichte in Wissenschaft und Unterricht, Offenburg, 1950-
HZ	Historische Zeitschrift, München, 1859-
IAA	Internationale Arbeiterassoziation
IISG	Internationaal Instituut voor sociale Geschiedenis (Institut für Sozialgeschichte), Amsterdam
ISSOCO	Istituto per lo studio della società contemporanea (Institut für Zeitgeschichte), Roma
LdC	Lotta di Classe, Milano, 1892-1898
M-E-L	Marx-Engels-Lassalle. Opere a cura di Ettore Ciccotti. Roma, 1899-1922
MEW	Marx, Karl und Friedrich Engels. Werke, hrsg. vom Institut für Marxismus-Leninismus beim ZK der SED, Bd.1ff, Berlin, 1958ff.
MO	Mondo operaio, Roma, 1953-
Mov.O.	Movimento operaio. Bimestrale di storia del movimento operaio italiano (Zweimonats-Zeitschrift für die Geschichte der italienischen Arbeiterbewegung). Milano, 1953-1956

Mov.op.soc.	Movimento operaio e socialista. Rivista trimestrale di storia e bibliografia (Vierteljahres-Zeitschrift des Sozialismus und der Arbeiterbewegung). Genova, 1962-
NG	Neue Gesellschaft/Frankfurter Hefte, 1953-
NRS	Nuova Rivista Storica, Roma-Napoli, 1953-
NZ	Neue Zeit, Stuttgart, 1883-
PdLI	Partito dei Lavoratori Italiani
POI	Partito Operaio Italiano
PSI	Partito Socialista Italiano
PSRR	Partito Socialista Rivoluzionario di Romagna
Pt	Parteitagsprotokoll
PdLI	Partito dei Lavoratori Italiani
O.d.g.	Ordine del giorno (Resolution)
QFIAB	Quellen und Forschungen aus italienischen Archiven und Bibliotheken, Rom, 1897-
RCdS	Rivista Critica del Socialismo, Roma, 1899
Rct	Rendiconto (Parteitagsprotokoll)
RiS	Ricerche Storiche. Rivista semestrale del Centro Piombinese di studi storici. Firenze, 1971-
RSI	Rivista Storica Italiana, Napoli
RSSoc	Rivista Storica del Socialismo, Periodico trimestrale. Milano, 1958-
SAP	Sozialistische Arbeiterpartei (1875)
SDAP	Sozialdemokratische Arbeiterpartei (1869)
SM	Sozialistische Monatshefte, Berlin, 1897-
SPD	Sozialdemokratische Partei Deutschlands
SPO	Storia e politica. Organo dell'Istituto di studi storici e politici della facoltà di scienze politiche dell'università di Roma. Milano, 1962-
St.cont.	Storia contemporanea. Rivista trimestrale di studi storici. Roma, 1970-
StSt	Studi storici. Rivista trimestrale dell'Istituto Gramsci. Roma, 1959-
ZfG	Zeitschrift für Zeitgeschichte, Berlin, 1953-

II. Informationen über die Entwicklung in Italien

1. Die italienischen Ministerpräsidenten von 1887-1914

1887/91:	Francesco Crispi
1891/92:	Antonio Starabba di Rudinì
1892/93:	Giovanni Giolitti
1893/96:	Francesco Crispi
1896/99:	Antonio Starabba di Rudinì
1899/1900:	General Luigi Pelloux
1900/01:	Giuseppe Saracco
1901/03:	Giuseppe Zanardelli, Innenminister Giovanni Giolitti
1903/05:	Giovanni Giolitti
1905/06:	Alessandro Fortis
1906:	Sydney Sonnino
1906/09:	Giovanni Giolitti
1909/10:	Sydney Sonnino
1910/11:	Luigi Luzzatti
1911/14:	Giovanni Giolitti

2. PSI in Zahlen

Die Parteitage

Jahr	Ort	Zahl der Mitglieder*
1892	Genua	
1893	Reggio Emilia	ca. 100.000**
1895	Parma	ca. 21.000
1896	Florenz	ca. 20.000
1897	Bologna	ca. 27.000
1900	Rom	ca. 19.000
1902	Imola	ca. 28.000
1904	Bologna	ca. 34.000
1906	Rom	ca. 34.000
1908	Florenz	ca. 43.000
1910	Mailand	ca. 28.000
1911	Modena	
1912	Reggio Emilia	ca. 30.000
1914	Ancona	ca. 48.000

* Die exakte Anzahl läßt sich aufgrund der zum Teil stark differierenden Quellenangaben nicht feststellen.

** Die Zahl der Mitglieder lag in diesem Jahr aufgrund der Parteizugehörigkeit der sizilianischen „fasci" überdurchschnittlich hoch.

Quellen: Almanacco socialista, 1917, S. 99-127; Michels: Proletariat und Bourgeoisie. Teil I, S. 405.

3. Die sozialistische Fraktion 1882-1913

Jahr	Zahl der Abgeordneten
1882	1
1886	2
1890	3
1892	7
1895	13
1897	15
1900	32
1904	29
1909	41
1913	79 (davon 52 PSI)

Quelle: Attività parlamentare, vol.I und II.

4. Liste der Abgeordneten 1882-1900

Agnini, Gregorio, geb. 1856 in Finale Emilia
Armirotti, Valentino, geb. 1845 in Sampierdarena
Badaloni, Nicola, geb. 1854 in Recanati
Berenini, Agostino, geb. 1858 in Parma
Bertesi, Alfredo, geb. 1851 in Carpi
Bissolati, Leonida, geb. 1857 in Cremona
Casilli, Pietro, geb. 1848 in Neapel
Costa, Andrea, geb. 1851 in Imola
De Felice Giuffrida, Giuseppe, geb. in Catania
De Marinis, Errico, geb. 1853 in Cava dei Tirreni
Ferri, Enrico, geb. 1856 in San Benedetto Po
Gatti, Girolamo, geb. 1860 in Gonzaga
Maffei, Giacomo, geb. 1857 in Reggio Emilia
Maffi, Antonio, geb. 1845 in Mailand
Morgari, Oddino, geb. 1865 in Turin
Musini, Luigi, geb. 1840 in Parma
Nofri, Quirino, geb. 1861 in Pietrasanta
Pescetti, Giuseppe, geb. 1859 in Siena
Prampolini, Camillo, geb. 1859 in Reggio Emilia
Rondani, Dino, geb. 1858 in Forlì
Salsi, Italo, geb. 1865 in Reggio Emilia
Sichel, Adelmo, geb. 1864 in Guastella
Turati, Filippo, geb. 1857 in Como

Quelle: Attività parlamentare, vol.I, S. 643f.

237

III. Quellen- und Literaturverzeichnis

1. Unveröffentlichte Quellen

Politisches Archiv, Auswärtiges Amt, Bonn
Akten betreffend: Die Sozialdemokratie in Italien, Europa Generalia 82/7, Bde 2-5 (1888-1919) (Zit.:
Eur.Gen. 82/7)
Akten betreffend: Arbeiter- und Sozialistenkongresse, Europa Generalia 82/17, Bde. 1-7 (1889-1903)
(Zit.: Eur.Gen. 82/17)
Akten betreffend: Allgemeine Angelegenheiten Italiens, Italien 68, Bde. 29-33 (1894) (Zit.: Italien 68)
Akten betreffend: Die italienische Presse, Italien 74, Bde. 4-6 (1890-1905) (Zit.: Die ital.Presse,
Italien 74)
Akten betreffend: Italienische Journalisten, Italien 83, 3 (1889-1903) (Zit.: Italien 83)

Archiv der sozialen Demokratie, Bonn
Nachlaß Bebel
Nachlaß Bernstein
Nachlaß Motteler
Nachlaß Vollmar
Kleine Korrespondenz

Internationales Institut für Sozialgeschichte, Amsterdam
Nachlaß Kautsky

Archivio Centrale di Stato, Rom
Casellario Politico Centrale, ad nomen (Zit.: CPC)

Staatsarchiv Basel-Stadt
Erziehungsakte CC21, 1877-1927 und CC21, 1928-1942 (Zit.: Erz.akten CC21)

2. Veröffentlichte Quellen

Akten
Attività parlamentare dei socialisti italiani. ESSMOI. I. 1882-1900, Roma 1967. II. 1900-1904, Roma
1970 (Zit.: Attività parlamentare)
Dokumente aus geheimen Archiven. Übersichten der Berliner Politischen Polizei über die allgemeine
Lage der sozialdemokratischen und anarchistischen Bewegungen 1878-1913. Bd. I. 1878-1889. Bearbeitet von Dieter Fricke und Rudolf Knaack. Weimar 1983 (Zit.: Dokumente Berliner Polizei I). Bd. II.
1890-1906. Weimar 1989 (Zit.: Dokumente Berliner Polizei II)
Dokumente und Materialien zur Geschichte der deutschen Arbeiterbewegung. Bd. III u. IV. Berlin (Ost)
1967 (Zit.: Dokumente III und Dokumente IV)

Parteitagsprotokolle

Italien
Cortesi, Luigi: Il socialismo italiano tra riforme e rivoluzione. Dibattiti congressuali. Bari 1969 (Zit.:
Cortesi: Il socialismo)
Il Partito Socialista Italiano nei suoi congressi, Bd.1, 1882-1902. A cura di Franco Pedone. Milano 1959
(Zit.: Pedone: Il Partito Socialista Italiano nei suoi congressi)

Programmi e statuti socialisti (1890-1903). Presentazione di Franco Andreucci. Firenze 1974 (Zit.: Programmi e statuti)

Il Partito Socialista dei lavoratori Italiani. Il congresso di Reggio Emilia. Verbale stenografico. 8.-10.sett.1893. Milano 1893 (Zit.: Rct 1893)

Il Partito Socialista. Congresso Socialista. Rapporti della Direzione del Partito. Relazioni sull'organizzazione, sulla tattica, sulla stampa, sulla propaganda. Verbali delle discussioni. Firenze, 11.-13.luglio 1986. Milano, 1896 (Zit.: Rct 1896)

– –. Rendiconto del VI Congresso Nazionale. Roma, 8.-11.sett.1900. Roma, 1901 (Zit.: Rct 1900)

– –. Rendiconto del VII Congresso Nazionale. Imola, 6.-9.sett.1902. Roma, 1903 (Zit.: Rct 1902)

– –. Rendiconto del VII Congresso Nazionale. Bologna, 7.-12.apr.1904. Roma 1904 (Zit.: Rct 1904)

Deutschland

Protokoll über die Verhandlungen des Parteitages der Sozialdemokratischen Partei Deutschlands. Abgehalten zu Erfurt vom 14. bis 20. Oktober 1891, Berlin 1891 (Zit.: Pt 1891)

– –. Abgehalten zu Frankfurt a.M. vom 21. bis 27. Oktober 1894, Berlin 1894 (Zit.: Pt 1894)

– –. Abgehalten zu Breslau vom 6. bis 12. Oktober 1895, Berlin 1895 (Zit.: Pt 1895)

– –. Abgehalten zu Stuttgart vom 3. bis 8. Oktober 1898, Berlin 1898 (Zit.: Pt 1898)

– –. Abgehalten zu Hannover vom 9. bis 14. Oktober 1899, Berlin 1899 (Zit.: Pt 1899)

– –. Abgehalten zu Lübeck vom 22. bis 28. September 1901, Berlin 1901 (Zit.: Pt 1901)

– –. Abgehalten zu Dresden vom 13. bis 20. September 1903, Berlin 1903 (Zit.: Pt 1903)

– –. Abgehalten zu Jena vom 17. bis 23. September 1905, Berlin 1905 (Zit.: Pt 1905)

Internationale

Congrès International Ouvrier Socialiste de Paris du 14 au 21 juillet 1889. Paris, 1889. In: Histoire de la IIe Internationale, tome 6, Geneve 1976 (Zit.: Histoire de la IIe Internationale, tome 6)

Congrès International Ouvrier Socialiste tenu a Bruxelles du 16 au 23 aout 1891. In: Histoire de la IIe Internationale, tome 8, Geneve 1977 (Zit.: Histoire de la IIe Internationale, tome 8)

Congrès International Ouvrier Socialiste. Tenu à Zürich du 6 au 12 aout 1893. In: Histoire de la IIe Internationale, tome 9, Geneve 1977 (Zit.: Histoire de la IIe Internationale, tome 9)

Congrès International Socialiste des travailleurs et des chambres syndicales ouvrieres. Londres, 26.7.-2.8.1896. In: Histoire de la IIe Internationale, tome 10, Geneve 1980 (Zit.: Histoire de la IIe Internazionale, tome 10)

Congrès Socialiste International, Paris 23.-27.9.1900. In: Histoire de la IIe Internationale, tome 13, Geneve 1980 (Zit.: Histoire de la IIe Internationale, tome 13)

Congrès Congrès International, Amsterdam, 14.-20.8.1904. In: Histoire de la IIe Internationale, tome 15, Geneve 1978 (Zit.: Histoire de la IIe Internationale, tome 15)

Sixième Congrès Socialiste Internationale tenu à Amsterdam du 14 au 20 aout 1904. Compte rendu analytique publié par le Secrétariat Socialiste Internationale. Bruxelles 1904 (Zit.: Sixième Congrès Socialiste Internationale. Compterendu)

Korrespondenzen

Adler, Victor: Briefwechsel mit August Bebel und Karl Kautsky. Gesammelt und erläutert von Friedrich Adler. Wien 1954 (Zit.: Adler: Briefwechsel)

August Bebels Briefwechsel mit Friedrich Engels. Hg. von Werner Blumenberg, London, Paris 1965 (Zit.: Bebels Briefwechsel mit Friedrich Engels)

August Bebels Briefwechsel mit Karl Kautsky. Hg. von Karl Kautsky, Jr., Assen, Niederlande 1971 (Zit.: Bebels Briefwechsel mit Karl Kautsky)

Bernstein, Bebel, Liebknecht, Kautsky, Rolland, Mehring, Toller, Adler a Gustavo Sacerdote. In: Mov.O., 1949, a.I, S.31-37 (Zit.: Bernstein u.a. an Sacerdote)

Der Briefwechsel zwischen Friedrich Engels und Filippo Turati. In: BZG, III, 1961, S. 392-407 (Zit.: Briefwechsel)

Carteggio Filippo Turati-Anna Kuliscioff 1898-1925, vol.I 1898/99 e vol.II, 1-2, 1900-1909, raccolto da Alessandro Schiavi, a cura di Franco Pedone, Torino 1977 (Zit.: FT-AK Carteggio)

La corrispondenza F.Engels-F.Turati, 1891-1895, a cura di Luigi Cortesi. In: AF, 1958, S. 220-281 (Zit.: Corrispondenza Engels-Turati)

La corrispondenza di Marx e Engels con italiani (1848-1895), a cura di Giuseppe del Bo, Milano 1964 (Zit.: Corrispondenza di Marx e Engels con italiani)

Friedrich Engels' Briefwechsel mit Karl Kautsky. Hg. von bearb. von B. Kautsky, Wien 1955 (Zit.: Engels Briefwechsel mit Kautsky)

Antonio Labriola e la revisione del marxismo attraverso l'epistolario con Bernstein e con Kautsky. 1895-1904. A cura di Giuliano Procacci. In: AF, 1960, S. 264-342 (Zit.: Labriola e la revisione)

Labriola, Antonio: Lettere a Engels. Roma 1949 (Zit.: Lettere a Engels)

Lettere di Antonio Labriola ai socialisti tedeschi e francesi (1892-1900). A cura di L. Valiani. In: CS, 1955, a.47, S. 300-302, 316-319, 332-335. (Zit.: Lettere di AL). In französischer Sprache in: Bulletin of the International Institute of Social History, 1954, n.2

Lettere di Arturo Labriola a E.C. Langobardi. A cura di E. Santarelli. In: RSSoc., 1962, n.17, S. 563-583 (Zit.: Lettere di Arturo Labriola a E.C. Langobardi)

Lettere di Anna Kuliscioff e di F. Turati a Ivano Bonomi. A cura di Renato Giusti. In: RSSoc., 1959, a.II, S. 95-120 (Zit.: Lettere di AK e FT a Bonomi)

Masini, Pier Carlo: Le origini di „Critica sociale" nelle lettere di F. Turati ad A.Ghisleri. In: CS, 1959, a.51, S. 43-45, 77-79, 109-111 (Zit.: Masini: Le origini)

Karl Marx und Friedrich Engels. Werke. Hg. vom Institut für Marxismus-Leninismus beim ZK der SED. Berlin 1966, Bd. 22, 33 und 39 (Zit.: MEW)

Romeo Soldi: Il congresso internazionale socialista di Londra del 1896. In appendice: Dieci lettere di Antonio Labriola sul congresso. In: Mov.O., 1950, 9-10, S. 248-254 (Zit.: Soldi: Il congresso)

Filippo Turati attraverso le lettere di corrispondenti (1880-1925), a cura di Alessandro Schiavi, Bari 1947 (Zit.: Turati attraverso le lettere)

Zeitungen und Zeitschriften

Archiv für soziale Gesetzgebung und Statistik, hrsg. von Heinrich Braun. 1888 (Jg.1)-1903 (Jg.18). Fortgesetzt als Archiv für Sozialwissenschaft und Sozialpolitik, hrsg. von Werner Sombart, 1904 (Jg.19)-1907 (Jg.25)

L'Avanguardia socialista, 1902 (Jg.1)-1906, Milano (zeitweise Bologna)

Avanti!, 1896 (Jg.1)-1905, Roma, Milano

Avanti della Domenica, 1903 (Jg.1)-1907, Firenze, Roma

L'Azione Socialista, 1905, Roma

La Battaglia, 1898(Jg.1)-1904, Palermo

La Critica Sociale, a cura di Filippo Turati, 1891 (Jg.1)-1914 (Jg.23), Milano

Cuore e Critica, 1886 (Jg.1)-1891, Milano

L'Eco del Popolo, 1889 (Jg.1)-1903, Cremona

Il Domani, Juli 1896, Firenze

La Giustizia, 1886 (Jg.1)-1905, Reggio Emilia

Die Gleichheit, März 1894 und Juli 1898, Berlin

La Difesa, 1903 (Jg.5), Firenze

La Difesa delle Lavoratrici, 1912-1914, Milano

Il Grido del Popolo, 1892(Jg.1)-1904, Torino

L'Isola, 1892, Palermo

Italia del Popolo, 1891-1904, Milano

Il Lavoratore Comasco, 1888 (Jg.1)-1904, Como

La Lotta di Classe, 1892 (Jg.1)-1898, Milano, Reprint Milano

La Lotta di Classe 1901, Milano

Die Neue Zeit, hrsg. von Karl Kautsky, 1891 (Jg.9)-1905 (Jg.14), Stuttgart

La Nuova Idea, Venezia

La Propaganda, 1899 (Jg.1)-1905, Napoli

La rassegna popolare del socialismo, 1899 (Jg.1), Firenze

La Revue Socialiste, 1899, Paris

Risveglio, 1893 (Jg.1)-1901, Forli

Rivista Critica del Socialismo, 1899, Roma

Rivista Popolare di Politica, Letteratura, Scienze Sociali, 1893-1904, Roma

Il Socialismo, 1902 (Jg.1)-1905, Roma

Il Socialista, 1.5.-29.5.1892, Palermo

Socialistische Monatshefte, hrsg. von J.Bloch, 1897 (Jg.1)-1904
Socialpolitisches Centralblatt, hrsg. von Heinrich Braun, 1893 (Jg.1)-1895, Berlin
Der sozialistische Akademiker, 1896, Berlin. Reprint Bad Feilnbach 1986
Il Tempo, 1899 (Jg.1)-1905, Milano
Verona del popolo, 1890-1898, Verona
La Vigilia, 1895, Napoli
Vorwärts, 1891-1905, Berlin

Zeitgenössische Schriften, Aufsätze, Materialsammlungen

Almanacco Socialista per l'anno 1895, 1896, 1897, 1898, 1899. Milano, s.d.
Bebel, August: Alla conquista del potere. Discorso al Parlamento Tedesco nella tornata del 3 febbr. 1893. Milano 1893
Bebel, August: La donna e il socialismo. Traduzione di Vittorio Olivieri. Milano 1891 (Zit.: Bebel: La donna)
Bebel-Vollmar-Bülow: Guglielmo II e i socialisti. Resoconto stenografico delle sedute 20 e 24 genn. 1903 del Reichstag Germanico. Roma 1903
Bernstein, Eduard: Die Voraussetzungen des Sozialismus und die Aufgaben der Sozialdemokratie. Darmstadt 1977. Nachdruck der 1921 erschienen zweiten Auflage. Erste Aufl. 1899 (Zit.: Bernstein: Die Voraussetzungen)
Bernstein, Eduard: Ein revisionistisches Sozialismusbild. Drei Vorträge. 2.Auflage, Bonn 1976 (Zit.: Bernstein: Ein revisionistisches Sozialismusbild)
Biagio, Carlantonio: Fra operaie di città e campagna. Torino 1896 (Zit.: Biagio: Fra operaie)
Biagio, Carlantonio: Vangelo e socialismo. Torino 1897 (Zit.: Biagio: Vangelo)
Dott. Biel: Ai contadini d'Italia. Nuov. ed. dell'opuscolo „Ai contadini in Toscana". Colle 1896 (Zit.: Dott. Biel: Ai contadini)
Dott. Biel: Il socialismo per tutti. Milano 1919 (Erste Aufl. 1895) (Zit.: Dott. Biel: Il socialismo per tutti)
Bissolati, Leonida: Per la democrazia socialista. „Chi siamo e dove andiamo". Risposte di Carlo Kautsky e E. Bernstein. Prefazione di L. Bissolati. Roma 1899 (Zit.: Bissolati: Per la democrazia)
Blank, R.: Die Zusammensetzung der sozialdemokratischen Wählerschaft in Deutschland. In: AfSS, 20, 1905, S. 512 (Zit.: Blank: Die soziale Zusammensetzung)
Bonomi, Ivanoe: Le vie nuove al socialismo, Roma 1944. Ristampa della prima edizione, 1907). (Zit.: Bonomi: Le vie nuove). Auszug in: Cortesi: Bonomi, S. 119-145
La conquista delle campagne. Polemiche agrarie fra socialisti. Milano 1896 (Zit.: La conquista)
Critica sociale. Antologia di M. Spinella, A. Caracciolo, R. Amaduzzi, G. Petronio. 2 voll. Milano 1959 (Zit.: Antologia)
Croce, Benedetto: Come nacque e come mori il marxismo in Italia (1895-1900); aggiunto alla nuova edizione di Antonio Labriola: La concezione materialistica della storia. Bari 1938, s. 265-312 (Zit.: Croce: Come nacque e come mori il marxismo)
Engels, Federico: Le condizioni della classe operaia in Inghilterra secondo un'inchiesta diretta e fonti autentiche (1845). Versione dall'originale di Vittorio Piva. Roma 1899. M-E-L, vol.II, n.5 (Zit.: Engels: Le condizioni della classe operaia in Inghilterra secondo un'inchiesta diretta e fonti autentiche)
Engels, Federico: Dal socialismo utopistico al socialismo scientifico. Benevento 1883 (Zit.: Engels: Socialismo utopistico)
Engels, Federico: L'evoluzione della rivoluzione. Con prefazione di F. Turati. (Estr. dalla „Critica sociale", 1895, n.9) (Zit.: Engels: L'evoluzione)
Engels, Federico: Nella questione Brentano contro Marx per pretesa falsa citazione. Esposizione di fatti e documenti. Traduzione di Vittorio Piva. Roma 1902. M-E-L, vol.IV, n.7 (Zit.: Engels: Nella questione Brentano contro Marx per pretesa falsa citazione)
Engels, Federico: L'origine della famiglia, della proprietà privata e dello stato. Versione di Pasquale Martignetti. Benevento 1885. 2.ed, con introduzione di Eduard Bernstein e avvertenze filologiche di Filippo Turati. Milano 1901 (Zit.: Engels: L'origine)
Engels, Federico: Po e Reno (1859). Prima traduzione italiana dall'originale tedesco di Gustavo Sacerdote. Roma 1906. M-E-L, vol.IV, n.3 (Zit.: Engels: Po e Reno)
Engels, Federico: Sulla tattica socialista. Risposta al Signor Paul Ernst. Versione dall'originale tedesco di Gustavo Sacerdote. Estr. da: Berliner Volksblatt, 5.ottobre 1890. Roma 1902. M-E-L, vol.IV, n.10 (Zit.: Engels: Sulla tattica socialista)

Ferri, Enrico: Die revolutionäre Methode. Leipzig 1908 (Zit.: Ferri: Die revolutionäre Methode)
Ferri, Enrico: Socialismus und moderne Wissenschaft. Leipzig 1895 (Zit.: Ferri: Socialismus und moderne Wissenschaft)
Gatti, Gerolamo: Il partito socialista e le classi agricole. Relazione. Congresso Nazionale del Partito Socialista Italiano. Bologna, 18.-20.sett.1897. Milano 1897 (Zit.: Gatti: Il partito socialista e le classi agricole)
Giolitti, Giovanni: Discorsi parlamentari. Torino 1952 (Zit.: Giolitti: Discorsi parlamentari)
Giudizi su Antonio Labriola dei classici del marxismo. 1.Federico Engels 2.Lenin 3.Franz Mehring. In: Rinascita. Rassegna politica e culturale italiana, 54, a.II, S. 183-184, 263-264, 398-400 (Zit.: Giudizi su Antonio Labriola)
Kautsky, Karl: Bernstein und das sozialdemokratische Programm. Eine Antikritik. Bonn 1976 (1.Aufl. Stuttgart 1899). (Zit.: Kautsky: Bernstein und das sozialdemokratische Programm)
Kautsky, Karl: Erinnerungen und Erörterungen. s'Gravenhage, Niederlande 1960 (Zit.: Kautsky: Erinnerungen und Erörterungen)
Kautsky, Carlo: La libertà nel socialismo. Con prefazione di Turati. Estratto dalla „Critica sociale", anno V, 1895. Milano 1895
Kautsky, Carlo: La politica e le organizzazioni operaie. Con prefazione di Giovanni Lerda. Genova 1903 (Zit.: Kautsky: La politica e le organizzaioni)
Kautsky, Carlo: Il programma socialista. Principii fondamentali del socialismo. Traduzione italiana. Milano 1908 (Zit.: Kautsky: Il programma socialista)
Kautsky, Carlo: La rivoluzione sociale. 1. Riforma e rivoluzione sociale. Versione di Romeo Soldi. Lodi 1902 (Zit.: Kautsky: La rivoluzione sociale)
Kautsky, Carlo: Socialismo e malthusianismo. L'influenza dell'aumento della popolazione sul progresso della società. Traduzione dal tedesco di Leonida Bissolati. Milano 1884 (Zit.: Kautsky: Socialismo e malthusianismo)
Kuliscioff, Anna: Immagini. Scritti. Testimonianze. Milano 1978 (Zit.: Kuliscioff: Immagini)
Kuliscioff, Anna: In memoria. A cura di Filippo Turati. Milano 1926 (Zit.: Kuliscioff: In memoria)
Kuliscioff, Anna: Il monopolio dell'uomo. Conferenza tenuta nel circolo filologico milanese. Milano 1890. 2.ed. Milano 1894. (Zit.: Kuliscioff: Il monopolio dell'uomo)
Labriola, Antonio: Democrazia e socialismo. A cura di Luciano Cafagna. Bari 1954 (Zit.: Labriola: Democrazia e socilaismo)
Labriola, Antonio: Discorrendo di socialismo e di filosofia. A cura di Benedetto Croce. Roma-Bari 1944. 1ª ed. Roma 1898 (Zit.: Labriola: Discorrendo)
Labriola, Arturo: Riforme e rivoluzione sociale. Milano 1904 (Zit.: Labriola: Riforme e rivoluzione sociale)
Lerda, Giovanni: Sull'organizzazione politica del Partito Socialista Italiano. Imola 1902 (Zit.: Lerda: Sull'organizzazione politica)
Liebknecht, Karl: Lettere dal campo, dal carcere preventivo, dal reclusorio. Traduzione italiana di Quidam. Milano 1920, 1921. (Zit.: Liebknecht: Lettere dal campo)
Luxemburg, Rosa: Lettere dal carcere. Traduzione di Amalia Sacerdote. Milano 1922 (Zit.: Luxemburg: Lettere dal carcere)
Marazio, Annibale: Il partito socialista italiano e il governo. 1905 (Zit.: Marazio: Il partito socialista)
Marx, Carlo: Indirizzo inaugurale e statuti dell'Associazione internazionale dei lavoratori. Versione di Gustavo Sacerdote. Milano 1925 (Zit.: Marx: Indirizzo inaugurale e statuti dell'Associazione internazionale dei lavoratori)
Marx, Carlo: Le lotte di classe in Francia dal 1848 al 1850. Ristampa dalla Neue Rheinische Zeitung. Amburgo 1850. Con prefazione di Federico Engels. Milano 1896 (Zit.: Marx: Le lotte di classe in Francia dal 1848 al 1850)
Marx-Engels-Lassalle. Opere a cura di Ettore Ciccotti. Roma 1899-1922 (Zit.: M-E-L)
Karl Marx/Friedrich Engels: Scritti italiani. A cura di Gianni Bosio. Milano-Roma 1955. 2.ed. 1972 (Zit.: Marx/Engels: Scritti italiani)
Mehring, Franz: Dodici anni di leggi eccezionale. Tradotto da Carlo Tanzi, con una introduzione di Claudio Treves. Milano 1901. (Zit.: Mehring: Dodici anni di leggi eccezionale)
Mehring, Franz: Storia della democrazia sociale tedesca. Parte prima: Dalla rivoluzione di luglio fino al conflitto per la costituzione in Prussia (1830-1863). Versione della seconda edizione tedesca di Gustavo Sacerdote. Roma 1900. M-E-L., vol.II, n.6 (Zit.: Storia della democrazia sociale tedesca. Parte prima)
Mehring, Franz: Storia della democrazia sociale tedesca. Parte seconda: Dalla risposta pubblica del Lassalle al programma di Erfurt (1863-1891). Versione dalle seconda edizione tedesca di Gustavo

Sacerdote. Roma 1907. M-E-L., vol.VIII, n.1 (Zit.: Storia della democrazia sociale tedesca. Parte seconda)

Merlino, Saverio: La concezione critica del socialismo libertario. A cura di Aldo Venturini e Pier Carlo Masini. Firenze 1957 (Zit.: Merlino: La concezione critica)

Michels, Robert: Die deutsche Sozialdemokratie im internationalen Verbande. Eine kritische Untersuchung. In: AfSS, 25, 1907, S. 148-231 (Zit.: Michels: Die deutsche Sozialdemokratie im internationalen Verbande)

Michels, Robert: Historisch-kritische Einführung in die Geschichte des Marxismus in Italien. In: AfSS, 24, 1907, S. 189-258. (Zit.: Michels: Historisch-kritische Einführung)

Michels, Robert: Italien von heute. Zürich 1930 (Zit.: Michels: Italien von heute)

Michels, Robert: Der italienische Sozialismus auf dem Lande. Frankfurt 1902 (Zit.: Michels: Sozialismus auf dem Lande)

Michels, Robert: Die italienische Literatur über den Marxismus. In: AfSS 25, 1907, S. 525-572 (Zit.: Michels: Die italienische Literatur über den Marxismus)

Michels, Robert: Proletariat und Bourgeosie. In: AfSS 21, 1905, S. 347-416 (Zit.: Michels: Proletariat und Bourgeosie, Teil I); AfSS 22, 1906, S. 80-125 (Zit.: Michels: Proletariat und Bourgeosie, Teil I); AfSS 22, 1906, S. 424-466 (Zit.: Proletariat und Bourgeosie, Teil III); AfSS 22, 1906, S. 664-707 (Zit.: Michels: Proletariat und Bourgeosie, Teil IV). Ital. Ausgabe: Proletariato e borghesia nel movimento socialista italiano. Saggio di scienza sociografico-politica. Torino 1908

Michels, Robert: Der Sozialismus in Italien. München 1925 (Zit.: Michels: Der Sozialismus)

Michels, Robert: Zur Soziologie des Parteiwesens in der modernen Demokratie. Untersuchungen über die oligarchischen Tendenzen des Gruppenlebens. Stuttgart 1970. (1. Aufl. Leipzig 1911) (Zit.: Michels: Soziologie). Engl. Ausgabe: Political Parties. New York 1915. Neuauflage 1962

Novara, Mario: Il partito socialista in Germania. Torino 1894 (Zit.: Novara: Il partito socialista)

Prampolini, Camillo: Ai contadini. Torino 1897 (Zit.: Prampolini: Ai contadini)

Prampolini, Camillo: Come avverrà il socialismo. Torino 1896 (Zit.: Prampolini: Come avverrà il socialismo)

Prampolini, Camillo: La predica del Natale. 5ª ed. Firenze 1902 (Zit.: Prampolini: La predica di Natale)

Turati, Filippo: Da Pelloux a Mussolini. Dai discorsi parlamentari. A cura di A. Schiavi. Torino 1953 (Zit.: Turati: Da Pelloux)

Turati, Filippo: Le vie maestre al socialismo. A cura di Rodolfo Mondolfo e Gaetano Arfé. Napoli 1966 (Zit.: Turati: Le vie maestre)

Turati, Filippo: Socialismo e riformismo nella storia d'Italia. Scritti politici 1878-1932. Introduzione di Franco Livorsi. Milano 1979 (Zit.: Turati: Scritti politici)

Rossi, Alfredo: Die Bewegung in Sizilien. Stuttgart 1894 (Zit.: Rossi: Die Bewegung in Sizilien)

Zibordi, Giovanni: Dialoghi campagnuoli. Con prefazione di Camillo Prampolini. Mantova, s.d. (Zit.: Zibordi: Dialoghi)

Zibordi, Giovanni: Storia del Partito Socialista Italiano attraverso i suoi congressi. Reggio Emilia, s.d

Zibordi, Giovanni: Saggio sulla storia del movimento operaio in Italia. Camillo Prampolini e i lavoratori reggiani. Bari 1930 (Zit.: Zibordi: Saggio)

Sekundärliteratur

Abendroth, Wolfgang: Aufstieg und Krise der deutschen Sozialdemokratie. Frankfurt 1969 (Zit.: Abendroth: Aufstieg und Krise)

Albertoni, Ettore A.: Storia delle dottrine politiche in Italia. Milano 1985 (Zit.: Albertoni: Storia delle dottrine politiche)

Andreucci, Franco: Engels e l'affermazione del marxismo nella fase costituente della socialdemocrazia tedesca. In: Annali della fondazione Lelio e Lisli Basso-ISSOCO, 1977, vol. III, S. 193-199 (Zit.: Andreucci: Engels e l'affermazione)

Andreucci, Franco: Il marxismo collettivo. Socialismo, marxismo e circolazione delle idee dalla Seconda alla Terza Internazionale. Milano 1986 (Zit.: Andreucci: Il marxismo collettivo)

Andreucci, Franco: L'ideologia della socialdemocrazia tedesca. In: StSt, 1971, S. 833-838 (Zit.: Andreucci: L'ideologia)

Anna Kuliscioff e l'età del riformismo. Atti del convegno di Milano, dic. 1976. Roma 1978 (Zit.: Anna Kuliscioff e l'età del riformiso)

Aquarone, Alberto: L'Italia giolittiana (1896-1915). Bologna 1981 (Zit.: Aquarone: L'Italia giolittiana)

Aragno, Giuseppe: Socialismo e sindacalismo rivoluzionario a Napoli in età giolittiana. Roma 1980 (Zit.: Aragno: Socialismo)

Are, Giuseppe: Economia e politica nell'Italia liberale 1890-1915. Bologna 1974 (Zit.: Are: Economia e politica)

Arfè, Gaetano: Giudizi e pregiudizi su Filippo Turati. In: RSSoc, 1958, 1-2, S. 98-104 (Zit.: Arfè: Giudizi e pregiudizi)

Arfè, Gaetano: Storia del socialismo. 1ª ed.1965. Torino 1977 (Zit.: Arfè: Storia del socialismo)

Arfè, Gaetano: Storia dell'Avanti!. Vol.I: 1896-1926. Roma 1977 (Zit.: Arfé: Storia dell'Avanti!)

Auernheimer, Gustav: „Genosse Herr Doktor". Zur Rolle von Akademikern in der deutschen Sozialdemokratie 1890-1933. Gießen 1933 (Zit.: Auernheimer: „Genosse Herr Doktor")

Bartel, Hans: Die historische Rolle der Zeitung „Der Sozialdemokrat" in der Periode der Sozialistengesetze. In: ZfG 4,1, 1956, S. 265-290 (Zit.: Bartel: Die historische Rolle)

Baumgart, Winfried: Deutschland im Zeitalter des Imperialismus 1890-1914. Grundkräfte, Thesen und Strukturen. Stuttgart, Berlin, Köln, Mainz 1982 (Zit.: Baumgart: Deutschland im Zeitalter des Imperialismus)

Beyer, Marga: Wilhelm Liebknechts Schreiben an die italienischen Sozialisten vom Nov.1898. In: BZG, 1976, 1, S. 70-72 (Zit.: Beyer: Wilhelm Liebknechts Schreiben)

Beziehungsgeschichtliche Aspekte der deutschen und der ost- sowie der südeuropäischen Arbeiterbewegung 1889-1920/21. In: Internationale wissenschaftliche Korrespondenz zur Geschichte der deutschen Arbeiterbewegung XV, 1979, 1, S. 1-29 (Zit.: Beziehungsgeschichtliche Aspekte)

Blackbourn, David und G. Eley: Mythen deutscher Geschichtsschreibung. Die gescheiterte bürgerliche Revolution 1848. Frankfurt, Berlin, Wien 1980 (Zit.: Blackbourn: Mythen deutscher Geschichtsschreibung)

Bortone, Leo: Le strutture della stato unitario. In: Storia d'Italia, coordinata da Nino Valeri, vol.IV. Torino 1965, S. 203-226 (Zit.: Bortone: Le strutture)

Bosio, Gianni: La diffusione degli scritti di Marx e Engels in Italia dal 1871 al 1892. In: Karl Marx/ Friedrich Engels: Scritti italiani. A cura di G. Bosio. Roma 1972, S. 213-263 (Zit.: Bosio: La diffusione degli scritti di Marx e Engels)

Bozzetti, Gherardo: Mussolini direttore dell'Avanti! Milano 1979 (Zit.: Bozzetti: Mussolini)

Bravo, Gian-Mario: Marx e Engels in lingua italiana. 1848-1960. Milano 1962 (Zit.: Bravo: Marx e Engels)

Bronder, Dietrich: Organisation und Führung der sozialistischen Arbeiterbewegung im Deutschen Reich 1890-1914. Diss. Göttingen 1952 (Zit.: Bronder: Organisation und Führung)

Cafagna, Luciano: Antonio Labriola e la coscienza socialista in Italia. In: Mov.O. 1954, S. 661-683 (Zit.: Cafagna: Labriola)

Candeloro, Giorgio: Storia dell'Italia moderna, vol. V: La costruzione della stato unitario, 5.ed. Milano 1972; vol.VI: Lo sviluppo del capitalismo e del movimento operaio, 4.ed., Milano 1974; vol.VII: La crisi del fine secolo e l'età giolittiana, Milano 1974. (Zit.: Candeloro: Storia dell'Italia moderna)

Casali, Antonio: Socialismo e internazionalismo. Claudio Treves 1869-1933. Napoli 1985 (Zit.: Casali: Socialismo e internazionalismo)

Casalini, Maria: La signora del socialismo italiano. Vita di Anna Kuliscioff. Roma 1987 (Zit.: Casalini: La signora del socialismo)

Castronovo, V. e Nicola Tranfaglia: La stampa italiana nell'Eta liberale. Bari 1979 (Zit.: Castronovo: La stampa)

Catalano, Franco. Filippo Turati. Milano-Roma 1957 (Catalano: Turati)

Colapietra, Raffaele: Leonida Bissolati. Milano 1958 (Zit.: Colapietra: Bissolati)

Cole, G. D. H.: Storia del pensiero socialista. vol.II: Marxismo e anarchismo 1850-1890. Roma-Bari 1974 (Zit.: Cole: Storia del pensiero socialista). Org.: A history of socialist thought. Marxism and anarchism (1850-1890). London 1954

Collotti, Enzo: I socialisti italiani e la rivoluzione di novembre in Germania. In: StSt, a.X, 1969, n.3, S. 587-611 (Zit.: Collotti: I socialisti italiani e la rivoluzione di novembre in Germania)

Cortesi, Luigi: A proposito dei rapporti tra socialdemocrazia tedesca e socialismo italiano. In: RSSoc, gen.-apr. 1961, S. 243-264 (Zit.: Cortesi: A proposito)

244

Cortesi, Luigi: Il partito socialista e il movimento dei fasci (1892-1894) In: Mov.O. 1954, S. 1067-1111 (Zit: Cortesi: Il partito socialista e il movimento dei fasci)

Cortesi, Luigi: Il socialismo italiano tra riforme e rivoluzione. Dibattiti congressuali. Bari 1969 (Zit.: Cortesi: Il socialismo)

Cortesi, Luigi: Ivanoe Bonomi e la socialdemocrazia italiana. Salerno 1971 (Zit.: Cortesi: Bonomi)

Cortesi, Luigi: La costituzione del partito socialista italiano. Milano 1963 (Zit.: Cortesi: La costituzione)

Cortesi, Luigi: La giovinezza di Turati. In: RSSoc, 1958, 1, S. 3-40 (Zit.: Cortesi: La giovinezza)

Cozzetto, Fausto: Il revisionismo riformista. Nord e Sud, 1971, a. 18, nuova seria, n. 137, S. 109-123 (Zit.: Cozzetto: Il revisionismo riformista)

De Felice, Renzo: Mussolini il rivoluzionario. Torino 1965 (Zit.: De Felice: Mussolini)

Degl'Innocenti, Maurizio: Cooperazione e movimento operaio italiano. La fondazione della Lega nazionale delle cooperative. In: RiS, 1976, 1, S. 125-166 (Zit.: Degl'Innocenti: Cooperazione e movimento operaio)

Degl'Innocenti, Maurizio: Geografia e istituzioni del socialismo italiano 1892-1914. Napoli 1983 (Zit.: Degl'Innocenti: Geografia e istituzioni)

Die Reichtagsfraktion der deutschen Sozialdemokratie 1898-1918. Bearbeitet von Erich Matthias und Eberhard Pikart. 2 Bde. Düsseldorf 1966 (Zit.: Die Reichtagsfraktion)

Dittmar, Gerhardt: Zur praktischen Landagitation der deutschen Sozialdemokratie. In: BZG X, 1968, S. 1091-1100 (Zit.: Dittmar: Zur praktischen Landagitation)

Droz, Jacques: Der Einfluß der deutschen Sozialdemokratie auf den französischen Sozialismus 1871-1914. Opladen 1973 (Zit.: Droz: Der Einfluß)

Epifani, E. G.: Gli studi su Anna Kuliscioff. Le fonti. In: SPO 1973, 2, S. 169-182 (Zit.: Epifani: Gli studi)

Fenske, Hans: Bismarck und die Kaiserreichs-Verfassung. In: Das Parlament, 14.-21. April 1989, S. 6f (Zit.: Fenske: Bismarck)

Filippo Turati e il socialismo europeo. A cura di M. Degl'Innocenti. Napoli 1985 (Zit.: Turati e il socialismo europeo)

Friedrich Engels 1820-1870. Referate, Diskussionen, Dokumente. Internationale wissenschaftliche Konferenz in Wuppertal vom 25.-29.5.1979 = Schriftenreihe des Forschungsinstituts der Friedrich-Ebert-Stiftung, Bd.85, Hannover 1979 (Zit.: Friedrich Engels 1870-1870)

Fritsche, Peter: Die politische Kultur Italiens. Frankfurt, New York 1987 (Zit.: Fritsche: Die politische Kultur Italiens)

Frosini, Vittorio.: Breve storia della critica al marxismo in Italia. Catania 1965 (Zit.: Frosini: Breve storia)

Furiozzi, Gian Biagio: Il sindacalismo rivoluzionario italiano. Milano 1977 (Zit.: Furiozzi: Sindacalismo)

Gaetano Salvemini tra politica e storia. A cura di G. Cingari. Roma-Bari 1986 (Zit.: Salvemini tra politica e storia)

Galbiati, Piera: L'Avanguardia socialista e il gruppo di Arturo Labriola, 1903-1904. Cenni. In: RiS, 1975, nuova seria, a.5, S. 75-82 (Zit.: Galbiati: L'Avanguardia)

Gallo, Max: Le grand Jaurès. Paris 1985. (Zit.: Gallo: Jaurès)

Ganci, S. Massimo: La formazione positivistica di Turati. In: RSSoc, 1958, 1-2, S. 56-68. (Zit.: Ganci: La formazione positivistica)

Gay, Peter: Das Dilemma des demokratischen Sozialismus. Nürnberg 1954 (Zit.: Gay: Dilemma)

Gentile, Emilio: L'età giolittiana, 1899-1914. Storia dell'Italia contemporanea. Diretta da Renzo de Felice. Vol. II. Napoli 1977 (Zit.: Gentile: L'età giolittiana)

Gianinazzi, Willy: L'itinerario di Enrico Leone. Libersimo e sindacalismo nel movimento operaio italiano. Milano 1989 (Zit.: Gianinazzi: L'itinerario)

Goldberg, Harvey: The life of Jean Jaurès. Madison, Milwaukee 1968 (Zit.: Goldberg: Jaurès)

Gozzi, Gustavo: Modelli politici e questione sociale in Italia e in Germania fra Otto- e Novecento. Bologna 1988 (Zit.: Gozzi: Modelli politici)

Granata, Ivanoe: Il socialismo italiano nella storiografia del secondo dopoguerra. Roma-Bari 1981 (Zit.: Granata: Il socialismo italiano nella storiografia)

Grebing, Helga: Arbeiterbewegung. Sozialer Protest und kollektivistische Interessensvertretung bis 1914. München 1985 (Zit.: Grebing: Arbeiterbewegung)

Grebing, Helga: Der „deutsche Sonderweg" in Europa 1806-1945. Eine Kritik. Stuttgart, Berlin, Köln, Mainz 1986 (Zit.: Grebing: Der „deutsche Sonderweg")

245

Grebing, Helga: Geschichte der deutschen Arbeiterbewegung. Ein Überblick, 11. Auflage, München 1981 (Zit.: Grebing: Geschichte der deutschen Arbeiterbewegung)

Groh, Dieter: Negative Integration und revolutionärer Attentismus. Die deutsche Sozialdemokratie am Vorabend des Ersten Weltkrieges. Hannover 1969. (Zit.: Groh: Negative Integration)

Gustafsson, Bo: Marxismus und Revisionismus. Eduard Bernsteins Kritik am Marxismus und ihre ideengeschichtlichen Voraussetzungen. Frankfurt 1972 (Gustaffson: Marxismus und Revisionismus)

Hammer, Marius: Probleme der sizilianischen Agrarstruktur. Basel 1965 (Zit.: Hammer: Probleme der sizilianischen Agrarstruktur)

Haupt, Georges: Der Einfluß der deutschen Sozialdemokratie auf den Südosten Europas zur Zeit der Zweiten Internationale. In: Internationale wissenschaftliche Korrespondenz zur Geschichte der deutschen Arbeiterbewegung XV, 1979, 1, S. 1-29 (Zit.: Haupt: Der Einfluß der deutschen Sozialdemokratie)

Haupt, Georges: La Deuxième Internationale, 1889-1914. Essai bibliographique. Paris 1964 (Zit.: Haupt: La Deuxième Internationale)

Haupt, Georges: Partito e sindacato: socialismo e democrazia della II. Internazionale. In: Annali della Fondazione Lelio e Lisli Basso-ISSOCO, vol. 3, S. 203-230 (Zit.: Haupt: Partito e sindacato)

Heering, Aart: Filippo Turati e la IIᵃ Internazionale. In: Turati e il socialismo europeo, S. 108-122

Heering, Aart: Italiens et allemands. Les relations entre les intellectuels socialistes italiens et allemands. Discours prononcé au colloque „Role et position des intellectuels dans la Deuxième Internationale. Paris, Maison des sciences de l'homme, nov. 1984. Unveröffentliches Manuskript (Heering: Italiens et allemands)

Heimann, Horst und Thomas Meyer (Hg.): Bernstein und der demokratische Sozialismus. Berlin 1978 (Zit.: Heimann: Bernstein)

Herkunft und Mandat. Beiträge zur Führungsproblematik in der Arbeiterbewegung (= Schriftenreihe der Otto Brenner Stiftung 5). Frankfurt-Köln 1976 (Zit.: Herkunft und Mandat)

Hertner, Peter: Banken und Kapitalbildung in der Giolitti-Ära. In: QFIAB 58, 1978, S. 466-561 (Zit.: Hertner: Banken und Kapitalbildung)

Hertner, Peter: Italien von 1850-1914. In: Handbuch der europäischen Wirtschafts- und Sozialgeschichte, Bd.5. Hrsg. von W. Fischer u.a. Stuttgart 1985, S. 707-777 (Zit.: Hertner: Italien von 1850-1914)

Hesse, Heidrun-Ute: Il gruppo parlamentare del partito socialista italiano, la sua composizione e la sua funzione negli anni della crisi del parlamentarismo italiano. In: Il movimento operaio e socialista in Italia e in Germania dal 1870 al 1920. Atti della settimana di studio, 6.-11. Sept. 1976. Bologna 1978, S. 179-221 (Zit.: Hesse: Il gruppo parlamentare)

Hobsbawm, Eric J.: La diffusione del marxismo (1890-1905) In: StSt, 1974, S. 241-269 (Zit.: Hobsbawm: La diffusione del marxismo)

Hobsbawm, Eric J.: The fortune of Marx' and Engels' writings. In: History of marxism, vol.1: Marxism in Marx's Day. Brighton 1982, S. 327-344 (Zit.: Hobsbawm: The fortune of Marx' and Engels' writings). Ital.Ausgabe: Ders.: La fortuna delle edizioni di Marx e Engels. In: Storia del marxismo, vol.1: Il marxismo ai tempi di Marx. Torino 1978, S. 358-374

Hunecke, Volker: Arbeiterschaft und industrielle Revolution in Mailand 1859-1892. Göttingen 1978 (Zit.: Hunecke: Arbeiterschaft)

Hunecke, Volker: Die neuere Literatur zur Geschichte der italienischen Arbeiterbewegung. In: AfS 14, 1974, S. 543-592 und 15, 1975, S. 409-451 (Zit.: Hunecke: Die neuere Literatur)

Hunecke, Volker: Stefano Merli: Proletariato di fabbrica e capitalismo. In: AfS, 13, 1973, S. 705-708 (Zit.: Hunecke: Rezension Merli)

Internationale Stellung und internationale Beziehungen der deutschen Sozialdemokratie 1871-1895. Berlin (Ost) 1982 (Zit.: Internationale Stellung, Berlin)

Internationale Stellung und internationale Beziehungen der deutschen Sozialdemokratie 1871-1900. Protokoll des 1. bilateralen Symposiums von Historikern der DDR und der Republik Österreich, veranstaltet von der Sektion Geschichte der Karl-Marx-Universität Leipzig, 28., 29. Mai 1980. Leipzig 1980 (Zit.: Internationale Stellung, Leipzig)

Internationale Tagung der Historiker der Arbeiterbewegung, Linz, 16. bis 20. September 1969. Hg. von der ITH. Wien 1971 (Zit.: Internationale Tagung)

Joll, James: The Second International 1889-1914. Oxford 1955 (Zit.: Joll: The Second International)

Jung, Werner: August Bebel. Deutscher Patriot und internationaler Sozialist. Pfaffenweiler 1988 (Zit.: Jung: Bebel)

Kocka, Jürgen (Hg.): Europäische Arbeiterbewegung im 19. Jahrhundert. Deutschland, Österreich, England, Frankreich im Vergleich. Göttingen 1983 (Zit.: Kocka: Europäische Arbeiterbewegung)

Kocka, Jürgen: Arbeitsverhältnisse und Arbeiterexistenzen. Grundlagen der Klassenbildung im 19. Jahrhundert, Bonn 1990

Kolakowski, Leszek: Die Hauptströmungen des Marxismus. München 1977 (Zit.: Kolakowski: Die Hauptströmungen des Marxismus)

Kuck, Gerhard (Hg.): Karl Marx, Friedrich Engels und Italien. = Schriften aus dem Karl-Marx-Haus Trier, 40/2: Die Entwicklung des Marxismus in Italien: Wege, Verbreitung, Besonderheiten. Vorträge. Trier 1989 (Zit.: Kuck: Die Entwicklung des Marxismus)

L'Italia unita nella storiografia del secondo dopoguerra. A cura di Nicola Tranfaglia. Milano 1980 (L'Italia unita nella storiografia)

Langewiesche, Dieter (Hg.): Liberalismus im 19. Jahrhundert. Göttingen 1988 (Zit.: Langewiesche: Liberalismus)

Lehmann, Georg: Die Agrarfrage in der Theorie und Praxis der deutschen und internationalen Sozialdemokratie. Tübingen 1971 (Zit.: Lehmann: Agrarfrage)

Lehnert, Detlef: Sozialdemokratie zwischen Protestbewegung und Regierungspartei 1848-1983. Frankfurt 1983 (Zit.: Lehnert: Sozialdemokratie)

Lezioni di storia del movimento operaio. AAVV. Bari 1974 (Zit.: Lezioni)

Lezioni di storia del partito socialista italiano.1892-1975. AAVV, Firenze 1976 (Zit.: Lezioni di storia)

Lill, Rudolf: Geschichte Italiens vom 16.Jahrhundert bis zu den Anfängen des Faschismus. Darmstadt 1980, 2.Aufl.1982. (Zit.: Lill: Geschichte Italiens). Neuauflage unter dem Titel: Geschichte Italiens in der Neuzeit. Darmstadt 1986

Livorsi, Franco: Turati. Milano 1984 (Zit.: Livorsi: Turati)

Lösche, Peter: Arbeiterbewegung und Wilhelminismus. Sozialdemokratie zwischen Anpassung und Spaltung. In: GWU XX, 1969, S. 519-533 (Zit.: Lösche: Arbeiterbewegung)

Mack Smith, Denis: Storia d'Italia dal 1861-1958, vol.I, Bari 1964. Org.: Italy. A modern history. The University of Michigan Press 1959 (Zit.: Mack Smith: Storia d'Italia, vol.I)

Mammarella, Giuseppe: Riformisti e rivoluzionari nel partito socialista italiano 1900-1912. Padova-Marsilio 1969 (Zit.: Mammarella: Riformisti e rivoluzionari)

Manacorda, Gastone Il socialismo nella storia d'Italia. Vol.I-II. Bari 1966 (Zit.: Manacorda: Il socialismo nella storia)

Manacorda, Gastone: Formazione e primo sviluppo del partito socialista in Italia. In: Il movimento operaio e socialista. Bilancio storiografico e problemi storici. Atti del convegno promosso da „Mondo Operaio" per il 70° anniversario del PSI, Firenze, 18.-20. gen. 1963, Milano 1965, S. 144-177. (Zit.: Manacorda:. Formazione e primo sviluppo). Auch in: Rivoluzione borghese e socialismo, Roma 1975, 165-192

Manacorda, Gastone: I socialisti italiani nella crisi politica della fine del secolo XIX. In: Il movimento operaio e socialista in Italia e in Germania dal 1870 al 1920. Annali dell'Istituto storico italo-germanico. Quaderno 2. Bologna 1978, S. 151-178 (Manacorda: I socialisti italiani nella crisi politica)

Manacorda, Gastone: Il movimento operaio italiano attraverso i suoi congressi. Dalle origini alla formazione del partito socialista (1853-1892). Roma 1963 (Zit.: Manacorda: Il movimento operaio italiano attraverso)

Manzotti, F.: Il giornalismo socialista dal 1875 al 1896. In: Clio, 1969, 1, S. 33-48 (Zit.: Manzotti: Il giornalismo socialista)

Marramao, G.: Marxismo e revisionismo in Italia: Dalla „Critica Sociale" al dibattito sul leninismo. Bari 1971 (Zit.: Marramao: Marxismo e revisionismo)

Marucco, Dora: Arturo Labriola e il sindacalismo rivoluzionario in Italia. Torino 1970 (Zit.: Marucco: Arturo Labriola e il sindacalismo)

Marxismo e anarchismo. Introduzione di Gian Mario Bravo. Roma 1971 (Zit.: Marxismo e anarchismo)

Miller, Susanne und H.Potthoff: Kleine Geschichte der SPD. Berlin 1983 (Zit.: Miller: Kleine Geschichte der SPD)

Mittmann, Ursula: Fraktion und Partei. Ein Vergleich von Zentrum und Sozialdemokratie im Kaiserreich. Düsseldorf 1976 (Zit.: Mittmann: Fraktion und Partei)

Mommsen, Hans (Hg.): Sozialdemokratie zwischen Klassenbewegung und Volkspartei. Frankfurt 1974 (Zit.: Mommsen: Sozialdemokratie)

Il movimento operaio e socialista. Bilancio storiografico e problemi storici. Atti del convegno promosso da „Mondo operaio" per il 70° anniversario del PSI, Firenze, 18.-20.1.1963. Milano 1965 (Zit.: Il movimento operaio e socialista. Bilancio storiografico)

Il movimento operaio italiano. Dizionario biografico, 1853-1943. 5 voll. A cura di Franco Andreucci e Tommaso Detti. Roma 1975-1978 (Zit.: Il movimento operaio Italiano. Dizionario biografico)

Il movimento operaio socialista in Italia e in Germania dal 1870 al 1920. Annali dell'Istituto storico italo-germanico. Quaderno 2. A cura di Leo Valiani. Bologna 1978 (Zit.: Il movimento operaio e socialista in Italia e in Germania)

Monteleone, Renato: „L'Antidühring" e la deformazione del marxismo nella prassi. In: Annali della Fondazione Lelio e Lisli Basso-ISSOCO, vol.V, Roma 1981, S. 288-299 (Zit.: Monteleone: L'Antidühring)

Monteleone, Renato: Turati. Torino 1987 (Zit.: Monteleone: Turati)

Morandi, Carlo: Per una storia del socialismo in Italia. In: Belfagor, 1946, S. 163ff

Morini, S.: La propaganda di C. Prampolini fra i contadini reggiani (1886-1900). In: Zangheri, Renato (a cura di): Le campagne emiliane nell'epoca moderna, Milano 1957, S. 195-209 (Zit.: Morini: La propaganda di C. Prampolini)

Nenni, Pietro: La lotta di classe in Italia. Milano 1987 (Zit.: Nenni: La lotta di classe). Org.: La lutte de classes en Italie. Paris 1930

Nipperdey, Thomas: Die Organisation der deutschen Parteien vor 1918. Düsseldorf 1961 (Zit.: Nipperdey: Organisation)

Nolte, Ernst: Grundprobleme der italienischen Geschichte nach der Einigung. In: HZ 200, 1965, S. 332-346 (Zit.: Nolte: Grundprobleme der italienischen Geschichte)

Nowka, Harry: Das Machtverhältnis zwischen Partei und Fraktion in der SPD. Eine historisch-empirische Untersuchung. Köln, Berlin, Bonn, München 1973 (Zit.: Nowka: Das Machtverhältnis)

Onufrio, Salvatore: Socialismo e marxismo nella „Critica sociale" 1892-1912. Palermo 1980 (Zit.: Onufrio: Socialismo e marxismo)

Osterroth, Franz und Dieter Schuster: Chronik der deutschen Sozialdemokratie. Bd.I: Bis zum Ende des Ersten Weltkrieges. Berlin, Bonn-Bad Godesberg 1975 (Zit.: Osterroth: Chronik)

Osterroth, Franz: Biographisches Lexikon des Sozialismus. Hannover 1960 (Zit.: Osterroth: Biographisches Lexikon)

Pala, Antonio Anna Kuliscioff, Milano 1973 (Zit.: Pala: Anna Kuliscioff)

Pedone, Franco: Il Partito Socialista Italiano nei suoi congressi, 3 voll., Milano-Roma, 1959-1963. Vol.: 1892-1902, Milano 1959 (Zit.: Pedone: Il Partito Socialista Italiano nei suoi congressi)

Pellicone, Marco: Andrea Costa: Dall'anarchia al socialismo. Il contributo del socialismo imolese e romagnolo alla fondazione del PSI 1879-1893. Imola 1979 (Zit.: Pellicone: Andrea Costa)

I periodici di Milano. Bibliografia e storia. Tomo I (1860-1904). Milano 1956 (Zit.: I periodici di Milano)

Pescosolido: Stato e società 1870-1898. Storia dell'Italia contemporanea. Diretta da Renzo de Felice, vol.I, Napoli 1976 (Zit.: Pescosolido: Stato e società)

Pillitteri, Paola: Anna Kuliscoff, Venezia 1986 (Pillitteri: Anna Kuliscioff)

Ponthier, Jean-Luc: Robert Michels et les syndicalistes révolutionnaires français. In: Cahiers Georges Sorel. Paris 1986, S. 39-60 (Zit.: Ponthier: Robert Michels)

Prampolini e il socialismo riformista. Atti del convegno di Reggio Emilia. Ottobre 1978. Roma 1979 (Zit.: Prampolini e il socialismo riformista)

Preuss, Ulf: Von der Arbeiterpartei zur Volkspartei. In: NG, 1966, S. 371-385 (Zit.: Preuss: Von der Arbeiterbewegung zur Volkspartei)

Procacci, Giuliano: Geografia e struttura del movimento contadino della Valle Padana nel suo periodo formativo (1901-1906). In: StSt, 1964, S. 41-120 (Zit.: Procacci: Geografia e struttura)

Procacci, Giuliano: Introduzione alla traduzione italiana di Karl Kautsky: „La questione agraria". Milano 1959, S. IX-XCV (Zit.: Procacci: Introduzione)

Procacci, Giuliano: La classe operaia italiana agli inizi del secolo XX. In: StSt, 1962, 1, S. 3-76 (Zit.: Procacci: La classe operaia italiana)

Procacci, Giuliano: La lotta di classe in Italia del secolo XX. Roma 1970 (Zit.: Procacci: La lotta di classe)

Procacci, Giuliano: Lo sciopero generale del settembre 1904. In: RSSoc, 1962, S. 401-438 (Zit.: Procacci: Lo sciopero generale)

Procacci, Giuliano: Studi sulla II. Internazionale e sulla socialdemocrazia tedesca. In: AF, 1958, S. 105-146. (Zit.: Procacci: Studi sulla II. Internazionale)

Punzo, Mario: Un quotidiano riformista: „Il Tempo". In: Il socialismo riformista a Milano agli inizi del secolo. A cura di Alceo Riosa. Milano 1981, S. 403-435

Ragionieri, Ernesto: Alle origini del marxismo della Seconda Internazionale. 1. I primi anni della „Neue

Zeit". In: CM, 1966, a. IV, n.2, 131-160. 2. La battaglia contro il socialismo di stato. In: CM, 1966, n.3, 119-150. 3. Kautsky e Engels. In: CM, 1966, n.4, 76-109

Ragionieri, Ernesto: Der Einfluß der deutschen Sozialdemokratie auf die Herausbildung der Sozialistischen Partei Italiens. In: BZG II, 1960, S. 66-91 (Zit.: Ragionieri: Der Einfluß der deutschen Sozialdemokratie)

Ragionieri, Ernesto: Il marxismo e l'Internazionale. Studi di storia del marxismo. Roma 1968 (Zit.: Ragionieri: Il marxismo e l'Internazionale)

Ragionieri, Ernesto: Il movimento socialista in Italia (1859-1922). Milano 1976 (Zit.: Ragionieri: Il movimento socialista)

Ragionieri, Ernesto: L'Italia e il movimento operaio italiano nella „Neue Zeit" (1883-1914). In: StSt V, 1964, n.3, S. 467-531 (Zit.: Ragionieri: L'Italia e il movimento operaio italiano)

Ragionieri, Ernesto: Politica e amministrazione nella storia dell'Italia unita. Roma 1979 (Zit.: Ragionieri: Politica e amministrazione)

Ragionieri, Ernesto: Socialdemocrazia tedesca e socialisti italiani 1875-1895. Milano 1961 (Zit.: Ragionieri: Socialdemocrazia tedesca e socialisti italiani)

Ragionieri, Ernesto: Storia del movimento operaio. Firenze 1968 (Zit.: Ragionieri: Storia del movimento)

Ragionieri, Ernesto: Werner Sombart e il movimento operaio italiano. In: RSSoc, 1960, a.3, S. 329-356 (Zit.: Ragionieri: Werner Sombart)

Raith, Werner: Die ehrenwerte Firma. Berlin 1983 (Zit.: Raith: Die ehrenwerte Firma)

Renda, Francesco: I fasci siciliani 1892-1894. Torino 1977 (Zit.: Renda: I fasci siciliani)

Riosa, Alceo: Il movimento operaio tra società e stato. Il caso italiano nell'epoca della II. Internazionale. Milano 1984 (Zit.: Riosa: Il movimento operaio tra società e stato)

Riosa, Alceo: Il sindacalismo rivoluzionario in Italia. Bari 1976 (Zit.: Riosa: Il sindacalismo)

Ritter, Gerhard A.: Deutsche Parteien vor 1918. Köln 1973 (Zit.: Ritter: Deutsche Parteien)

Ritter, Gerhard A.: Sozialdemokratie und Sozialgeschichte. In: AfS 17, S. 458-466 (Zit.: Ritter: Sozialdemokratie und Sozialgeschichte)

Ritter, Gerhard A.: Staat, Arbeiterschaft und Arbeiterbewegung in Deutschland. Berlin, Bonn 1980 (Zit.: Ritter: Staat, Arbeiterschaft)

Ritter, Gerhard. A.: Die Arbeiterbewegung im Wilhelminischen Reich. Die sozialdemokratische Partei Deutschlands und die Freien Gewerkschaften 1890-1900. 2.Aufl. Berlin 1963 (1.Aufl. Berlin 1959) (Zit.: Ritter: Die Arbeiterbewegung)

Ritter, Gerhard. A. und Klaus Tenfelde: Arbeiter im Deutschen Kaiserreich 1871 bis 1914, Bonn 1992

Rivoluzione e reazione in Europa 1917/1924. Convegno storico internazionale. Perugia 1978. Vol.II, Roma 1978 (Zit.: Rivoluzione e reazione)

Röhrich, Werner: Robert Michels. Vom sozialistisch-syndikalistischen zum faschistischen Credo. Berlin 1972 (Zit.: Röhrich: Robert Michels)

Röhrich, Wilfried: Revolutionärer Syndikalismus. Darmstadt 1977 (Zit.: Röhrich: Revolutionärer Syndikalismus)

Rojahn, Jürgen, Till Schelz und Hans-Josef Steinberg (Hg.): Marxismus und Demokratie. Karl Kautskys Bedeutung in der sozialistischen Arbeiterbewegung. Frankfurt 1992 (Zit.: Rojahn: Marxismus und Demokratie).

Romano, Aldo: Nuovi documenti per la storia del marxismo. In: Rinascita 1946, S. 27ff (Zit.: Romano: Nuovi documenti)

Romeo, Rosario: Deutschland und das geistige Leben in Italien von der Einigung bis zum 1. Weltkrieg. In: Saeculum 24, 1973, S. 346-366 (Zit.: Romeo: Deutschland und das geistige Leben in Italien)

Rosada, M.: Biblioteche popolari e politica culturale del PSI tra Ottocento e Novecento. In: Mov.op.soc., 1977, n. 2-3, S. 259-288 (Zit.: Rosada: Biblioteche popolari)

Roveri, Alessandro: Dal sindacalismo rivoluzionario al fascismo. Capitalismo agrario e socialismo nel ferrarese 1870-1920. Firenze 1972 (Zit.: Dal sindacalismo)

Santarelli, Enzo: Il socialismo anarchico in Italia. Milano 1959 (Zit.: Santarelli: Il socialismo anarchico)

Santarelli, Enzo: La revisione del marxismo in Italia nel periodo della Seconda Internazionale. In: RSSoc, I, 1958, S. 361-404. (Zit.: Santarelli: La revisione)

Santarelli, Enzo: La revisione del marxismo in Italia. Prima ed. 1964. Milano 1977 (Zit.: Santarelli: La revisione II)

Santarelli, Enzo: Socialismo rivoluzionario e „mussolinismo" alla vigilia del primo conflitto europeo. In: RSSoc, 1961, S. 531-571

Seidel, Jutta: Politische Beziehungen und theoretische Beziehungen und theoretische Zusammenarbeit zwischen der deutschen und der französischen Arbeiterpartei (Parti ouvrier) 1876-1889, Diss., 2 Bde. Leipzig 1974 (Zit.: Seidel: Politische Beziehungen)

Sellin, Volker: Die Anfänge staatlicher Sozialreform im liberalen Italien. Stuttgart 1971 (Zit.: Sellin: Die Anfänge)

Sereni, Emilio: Il capitalismo nelle campagne, 1860-1900. Torino 1968 (Zit.: Sereni: Il capitalismo)

Seton-Watson, Christopher: L'Italia dal liberalismo al fascismo 1870-1925, vol.I, Roma-Bari 1980. Org.: Italy from Liberalism to Fascism: 1870-1925, London 1967 (Zit.: Seton-Watson: L'Italia, vol.I)

Spriano, Paolo: Enzo Santarelli: La revisione del marxismo in Italia. In: CM, 1965, a.III, n.2., S. 202-207 (Zit.: Spriano: Rezension von E. Santarelli: La revisione)

Spriano, Paolo: Storia di Torino operaia e socialista. Da de Amicis a Gramsci. Torino 1972 (Zit.: Spriano: Storia di Torino operaio e socialista)

Stein, Harry: Deutsche Sozialdemokratie und Italienische Sozialistische Partei von Anfang der 90er Jahre des 19. Jahrhunderts bis 1914. Diss. Universität Leipzig 1984 (Zit.: Stein: Deutsche Sozialdemokratie)

Steinberg, Hans-Josef: Grande Depressione, riconstruzione del capitalismo e movimento operaio socialista in Germania. In: Annali della Fondazione Lelio e Lisli Basso-ISSOCO 1977, Vol.3, S. 57-63 (Zit.: Steinberg: Grande depressione)

Steinberg, Hans-Josef: Sozialismus und deutsche Sozialdemokratie. Ideologie der Partei vor dem Ersten Weltkrieg. 2.Aufl. Hannover 1969 (Zit.: Steinberg: Sozialismus)

Storia del marxismo. Progetto di Eric J.Hobsbawm et al. Torino 1978-1982. 5 voll. Vol.II: Il marxismo nell'età della Seconda Internazionale 1979 (Zit.: Storia del marxismo)

Storia del socialismo. A cura di J. Droz, vol.II: Dal 1875-1918. Préfazione di G. Mario Bravo, Roma 1974. Org.: Histoire générale du socialisme, Paris 1974 (Zit.: Storia del socialismo)

Strik Lievers, Lorenzo: Turati, la politica delle alleanze e una celebre lettera di Engels. In: NRS, 1973, 1-2, S. 129-160 (Zit.: Strik Lievers: Turati, la politica delle alleanze)

Strutynski, Peter: Die Auseinandersetzung zwischen Marxisten und Revisionisten in der deutschen Arbeiterbewegung um die Jahrhundertwende. Diss.1974, Köln 1976 (Zit.: Strutynski: Die Auseinandersetzung)

Studi in memoria di Roberto Michels. Padua 1937 (Zit.: Studi di memoria di Roberto Michels)

Toninello, Alberto: Sindacalismo rivoluzionario, anarco-sindacalismo, anarchismo. Ragusa 1978 (Zit.: Toninello: Sindacalismo)

Valeri, Nino: Turati e la Kuliscioff. Firenze 1974 (Zit.: Valeri: Turati e Kuliscioff)

Valiani, Leo: Dalla Prima alla Seconda Internazionale. In: Mov.O. 1954, a. VI, S. 177-247 (Zit.: Valiani: Dalla Prima alla Seconda Internazionale)

Valiani, Leo: Il movimento operaio socialista in Italia e in Germania dal 1870 al 1920. In: Il movimento operaio e socialista in Italia e in Germania (Zit.: Valiani: Il movimento operaio socialista)

Valiani, Leo: Il partito socialista italiano dal 1900 al 1918. In: RSI, 75, 1963, S. 269-326 (Zit.: Valiani: Il partito socialista italiano dal 1900 al 1918). Auch in: Il movimento operaio e socialista. Bilancio storiografico, S. 185-270

Valiani, Leo: Il partito socialista italiano nel periodo della neutralità 1914-1915. Milano 1963 (Zit.: Valiani: Il partito nel periodo della neutralità)

Valiani, Leo: L'azione di Leonida Bissolati e il revisionismo. In: RSI, 1959, a.71, S. 653-664 (Zit.: Valiani: L'azione di Bissolati)

Valiani, Leo: L'Italia dal 1876 al 1915: Storia d'Italia. Coordinata da Nino Valeri, vol.IV, Torino 1965, S. 457-646 (Zit.: Valiani: L'Italia dal 1876 al 1915)

Valiani, Leo: La storiografia italiana sul periodo 1870-1915. In: La storiografia italiana negli ultimi anni. Milano 1970, S. 675-771. (Zit.: Valiani: La storiografia italiana). Auch in: Questioni, S. 280-384

Valiani: Questioni di storia del socialismo. Torino 1958. Nuova edizione riveduta e aggiornata 1977 (Zit.: Valiani: Questioni)

Vigezzi, Bruno: Il PSI, le riforme e la rivoluzione. 1898-1915. Firenze 1981 (Zit.: Vigezzi: Il PSI, le riforme e la rivoluzione)

Viroli, Maurizio: Aspetti della recezione di Engels in Italia. In: Annali della Fondazione Lelio e Lisli Basso-ISSOCO, vol.V. Atti della quarta settimana internazionale di studi marxisti tenuta a Perugia nell'ottobre 1979. Milano 1983, S. 300-334 (Zit.: Viroli: Aspetti della recezione)

Viroli, Maurizio: Il marxismo e l'ideologia del socialismo italiano (1890-1914). In: 1883-1983. L'oeuvre de Marx, un siècle après. Colloque international, 17.-20.3.1983. Publié sous la direction de George Labica. Paris 1985, S. 303-311 (Zit.: Viroli: Il marxismo e l'ideologia)

Waldenberg, Marek: Il papa rosso. Roma 1980 (Zit.: Waldenberg: Il papa rosso)

Wehler, Hans Ulrich: Das deutsche Kaiserreich 1871-1918. Göttingen 1973. (Zit.: Wehler: Kaiserreich)

Weiss, Otto: Das italienische Deutschlandbild von der Schlacht bei Sadowa bis zur Reichsgründung. Wandel und Konsistenz von Stereotypen. In: Are, Angelo und Rudolf Lill: Immagini a confronto: Italia e Germania dal 1830 all'unificazione nazionale. Deutsche Italienbilder und italienische Deutschlandbilder in der Zeit der nationalen Bewegungen (1830-1870). Bologna, Berlin 1991, S. 239-277 (Zit.: Weiss: Das italienische Deutschlandbild)

Weiss, Otto: La „scienza tedesca" e l'Italia nell'Ottocento. In: Annali dell'Istituto Storico Italo-Germanico in Trento, 1983, S. 9-85 (Zit.: Weiss: La „scienza tedesca" e l'Italia)

Willard, Claude: Les guesdistes. Le mouvement socialiste en France 1893-1905. Paris 1965 (Zit.: Willard: Les guesdistes)

Winkler, Heinrich August (Hg.): Organisierter Kapitalismus. Voraussetzungen und Anfänge. Göttingen 1974 (Zit.: Winkler: Organisierter Kapitalismus)

Workers and Protest. The European Labor Movement, the Working Classes and the Origins of Social Democracy 1890-1914. Hg. von Harvey Mitchell und Peter N. Stearns. Itasca, Illinois 1971 (Zit.: Workers and Protest)

Wörsdörfer, Rolf: Die sozialistische Partei Italiens am Vorabend des Ersten Weltkrieges. 1911-1914. Magisterarbeit bei Professor Dr. Siegfried Bahne. Koblenz 1980 (Zit.: Wörsdörfer: Die sozialistische Partei)

Zangheri, Renato: Lotte agrarie in Italia. Milano 1960 (Zit.: Zangheri: Lotte agrarie)

4. Bibliographien

Bibliografia del socialismo e del movimento operaio I. Periodici II. Libri, opuscoli, articoli, almanacchi, numeri unici. ESSMOI, Roma 1956-1968; Supplemento 1953-1967, Roma 1975-1976; Supplemento 1968-1977, Roma 1986 (Zit.: Bibliografia del socialismo).

Bibliografia Nazionale Italiana. Roma-Bari, 1939-1987

Bibliographie zur Geschichte der deutschen Arbeiterschaft und Arbeiterbewegung 1863 bis 1914. Berichtszeitraum 1945 bis 1975. Hrsg. von Klaus Tenfelde und Gerhard A.Ritter. In: AfS, Beiheft 8. Bonn-Bad Godesberg 1981

Bibliographische Informationen zur italienischen Geschichte im 19. und 20. Jahrhundert. Hg. von Jens Petersen. Rom 1981-1989

Michels, Robert: Die italienische Literatur über den Marxismus. In: AfSS 25, 1907, S. 525-572 (Zit.: Michels: Die italienische Literatur über den Marxismus)

Steinberg, Hans-Josef: Die deutsche sozialistische Arbeiterbewegung bis 1914. Eine bibliographische Einführung. Frankfurt, New York 1979

IV. Personenverzeichnis

Nur für die deutschen Lesern und Leserinnen nicht ganz so vertrauten Personen werden biographische Hinweise gegeben.

an die Seite des Faschismus führte. Nach dem Machtantritt Mussolinis stellte sich der Spezialist für Gewerkschaftsfragen in den Dienst des faschistischen Regimes. 108, 129, 137, 148f.

Cafiero, Carlo, 1846-1892, italienischer Anarchist. Nach abgebrochener militärischer Karriere lernte er in London Marx und Engels kennen. 1871 ging er als Propagandist der IAA nach Italien. Bei der Spaltung der IAA war er Vorsitzender der italienischen Sektion, die sich gegen die marxistische Richtung entschied. 32, 36

Carlo Alberto, 1798-1855, von 1831-1849 König von Piemont-Sardinien. 25f.

Cavour, Camillo Benso Graf von, 1810-1861, von 1852 bis zur Einigung Italiens Ministerpräsident von Piemont-Sardinien, von Januar 1860 bis Juni 1861 Ministerpräsident Italiens. 26, 85

Chiesa, Pietro, 1858-1915, von 1900-1904 und erneut ab 1909 sozialistischer Abgeordneter, Reformist. 80

Ciccotti, Ettore, 1863-1939, Historiker, Journalist, Abgeordneter des PSI. Durch die Herausgabe von Werken Marx, Engels, Lassalles und Mehrings in italienischer Sprache kam ihm eine zentrale Rolle bei der Verbreitung des Marxismus in Italien zu. Nach dem Ersten Weltkrieg näherte er sich dem Faschismus an und wurde 1924 zum Senator ernannt. 93f., 121, 128, 183f.

Cipriani, Amilcare, 1844-1918, Anarchist und Kommunarde. 46

Colajanni, Napoleone, 1847-1921, Dozent für Statistik, Sozialist, seit 1895 Mitglied der republikanischen Partei. In den 1880er Jahren spielte er eine führende Rolle beim Versuch der Annäherung zwischen Republikanern und Sozialisten. In den Jahren 1893/94 war er in führender Position in der sizilianischen „fasci"-Bewegung engagiert; seit Ende der 1890er Jahre widmete er sich in erster Linie der Formulierung der „Südfrage". 141, 164, 179, 182

Costa, Andrea, 1851-1910, zentrale Figur des frühen italienischen Sozialismus. Als Anhänger Bakunins nahm er 1874 an der Revolte in Bologna teil. Nach Ablauf seiner Haftstrafe floh er in die Schweiz, wo er Anna Kuliscioff kennenlernte, mit der er bis 1885 liiert war. 1879 wandte er sich von der Taktik der direkten Aktion ab, 1882 wurde er erster, sozialistischer Abgeordneter im italienischen Parlament. Im gleichen Jahr gründete er den „Partito Socialista Rivoluzionario di Romagna". Bei der Gründung des PdLI spielte er lediglich eine marginale Rolle, seit 1900 war er jedoch im Parteivorstand vertreten. 29, 32, 34f., 38-41, 46, 146

Crispi, Francesco, 1819-1901, 1887-1891 und 1893-1896 Ministerpräsident. 51, 60, 62, 64f., 68, 83, 97, 124, 159, 166

Croce, Benedetto, 1866-1952, Philosoph, Historiker, Literaturwissenschaftler und Politiker. 1920/21 wurde er Unterrichtsminister, 1925 verfaßte er das „Manifest gegen den Faschismus" und 1943-47 wurde er zum Führer der Liberalen. 1944 war er Mitglied im Kabinett Bonomi. 14, 20, 34, 104, 180, 229

Croce, Giuseppe, 1853-1915, Mitbegründer des POI. 1892 wurde er in den Parteivorstand des neu gegründeten PdLI gewählt, 1894-1898 war er Präsident der „Camera del lavoro". Der ehemalige Operaist unterstützte 1904 den syndikalistischen Parteiflügel und wurde beim Kongreß von Bologna in den Parteivorstand gewählt. Nach 1906 zog er sich aus der Politik zurück. 46, 50, 52

Cuno, Theodor, 1847-1934, Maschinenbauingenieur. 1870 war er Mitglied des Wiener Arbeiterbildungsvereins, 1871 gründete er die Mailänder Sektion der IAA. Ab 1872 war er für die IAA in Amerika tätig, wo er einer der Führer der amerikanischen Arbeiterorganisation „The Knights of Labor" wurde. 32f.

Darwin, Charles, 1809-1882. 163f.

David, Eduard, 1863-1930, sozialdemokratischer Redakteur, Parteisekretär, ab 1903 Mitglied des Reichstages, 1919 erster Präsident der deutschen Nationalversammlung. 153, 230

Depretis, Agostino, 1813-1887, seit 1873 Führer der „Storica Sinistra", 1876-79 und 1881-89 Ministerpräsident. 38

Déroulède, Paul, 1846-1914, Schriftsteller, Politiker und einer der Gründer der „Ligue des patriotes" (1882). Von 1889-1893 war er Abgeordneter und zeitweise Vorsitzender der nationalistischen Partei. 174

Dreyfus, Alfred, 1859-1935, französischer Hauptmann jüdischer Abstammung. 174f.

Dühring, Karl Eugen, 1833-1921, Philosoph. 35

Ebert, Friedrich, 1871-1925. 19

Einaudi, Luigi, 1874-1961, Wirtschaftswissenschaftler und Politiker, 1945 Finanzminister (ministro del bilancio) unter de Gasperi, 1948-1955 Staatspräsident. 147f.

Eisner, Kurt, 1867-1919. 198, 230

Ellenbogen, Wilhelm, 1863-1951, einer der Gründer der österreichischen Sozialdemokratie, Mitglied des Reichsrates und des österreichischen Parlamentes von 1901-1934, 1919 Unterstaatssekretär für Handel. Nach dem „Anschluß" Österreichs flüchtete er zunächst nach Frankreich, dann nach Amerika. 126, 200

Elm, Adolf von, 1857-1918, rechter Sozialdemokrat und Mitbegründer des Zentralverbandes deutscher Konsumvereine. 112

Engels, Friedrich, 1820-1895. 12, 19, 21f., 32-36, 42, 59, 62-68, 105, 121, 127f., 145f., 149, 152, 163, 183, 197ff., 216f.

Salvemini, Gaetano, 1873-1957, Historiker, Politiker und Journalist. Von 1893-1911 war er Mitglied der sozialistischen Partei. Salvemini war einer der wichtigsten Theoretiker des „Meridionalismus" und setzte sich für eine Politik der „großen Reformen" (allgemeines, gleiches Wahlrecht, Freihandelspolitik, Reform der Steuer- und Zollpolitik, politisch-administrative Autonomie) ein. Im Jahre 1926 wurde er vom faschistischen Staat ausgebürgert. Er gehörte zu den Initiatoren der „Giustizia e libertà" und ließ sich 1934 in den USA nieder. Im Jahr 1947 kehrte er nach Italien zurück, ab 1949 unterrichtete er an der Universität in Florenz. 88, 183f., 228

Samoggia, Massimo, 1870-1942, Sozialist. In der Agrardebatte spielte er eine wichtige Rolle, danach zog er sich aus der Politik zurück. 115

Saracco, Giuseppe, 1821-1907, seit 1851 Abgeordneter, 1887-1889 und 1893-1896 Minister für öffentliche Arbeiten (lavori pubblici), 1898 Senatspräsident, 1900-1901 Ministerpräsident. 185f.

Schiavi, Alessandro, 1872-1965, sozialistischer Publizist, unter anderem Mitarbeiter des „Avanti!", der „Critica sociale" und des „Archivs für Sozialwissenschaft und Sozialpolitik". Der Reformsozialist und enge Vertraute Turatis widmete sich während der Dauer der faschistischen Diktatur in erster Linie wirtschaftlich-politischen Studien. Nach 1943 verwaltete er den Nachlaß Turatis, der zunächst in seinem Besitz war. Schiavi war der erste Biograph Turatis und Herausgeber eines Teils des Briefwechsels zwischen Turati und Kuliscioff. 117, 170, 188

Schippel, Max, 1859-1928, sozialdemokratischer Publizist, Revisionist. 152f.

Schönlank, Bruno, 1859-1901, 1892 Stellvertreter des „Vorwärts"-Chefredakteurs Wilhelm Liebknecht, 1893 Chefredakteur der „Leipziger Volkszeitung". 145f.

Singer, Paul, 1844-1911. 57, 100, 140

Soldi, Romeo, 1870-1959, studierte in den 1890er Jahren in Berlin und war Korrespondent für verschiedene italienische Zeitungen. 58, 83, 94, 109, 112, 117, 123, 128f., 140, 188, 200, 202, 214

Sombart, Werner, 1863-1941, Nationalökonom. 21, 104, 117

Sorel, Georges, 1847-1922, französischer Syndikalist. 104, 179ff., 184, 212f.

Spencer, Herbert, 1820-1903. 163

Storck, Nicola. 50

Tasca di Cutò, Alessandro, 1874-1942, sizilianischer Sozialist aristokratischer Herkunft, Mitbegründer und Herausgeber der Zeitung „Battaglia". Die Unterstützung des Libyenfeldzuges bedeutete den Bruch mit der sozialistischen Partei. 113, 182

Togliatti, Palmiro, 1893-1964. 1921 Mitbegründer des PCI, 1944/45 stellvertretender Ministerpräsident, ab 1944 Generalsekretär der PCI. 16

Treves, Claudio, 1869-1933, sozialistischer Abgeordneter, Journalist, Reformist. Er lehnte sowohl den Libyenfeldzug als auch die Intervention Italiens 1915 ab. Als Gegner Mussolinis wurde er 1926 ins Exil gezwungen. 87, 89, 115, 117, 125, 172f., 186, 188, 197f., 205f., 220f.

Turati, Filippo, 1857-1932. Er war einer der Gründungsväter des PdLI und gehörte zu den wichtigsten Exponenten des reformistischen Sozialismus in der „Giolitti-Ära". Im Jahr 1914 optierte er für die Neutralität Italiens; erst in Folge der Niederlage 1917 näherte er sich der Position eines „Burgfriedens" an. Nach dem Machtantritt Mussolinis wurde er ins Exil gezwungen, wo er in Paris durch antifaschistische Propaganda hervortrat. 11, 14, 18-21, 41ff., 46ff., 50ff., 54f., 59f., 62, 64f., 68, 80, 83, 88f., 91f., 95ff., 103f., 109, 114f., 117, 119, 121f., 124f., 128, 137, 139, 142, 148f., 154, 156, 160, 163-167, 169ff., 173, 176, 186f., 190, 192ff., 198f., 201f., 204, 207ff., 211, 216f., 220, 222, 228, 230ff.

Umberto I, 1844-1900, 1878-1900, König von Italien. 185

Vaillant, Edouard, 1840-1915, Arzt und französischer revolutionärer Sozialist. Als ehemaliges IAA-Mitglied und Kommunarde wurde er zu einem der führenden Köpfe des „Parti Socialiste Révolutionnaire" und später des „Parti Socialiste". 46, 118

Vandervelde, Émile, 1866-1938, einer der Gründer der belgischen Arbeiterpartei, Reformsozialist. Zwischen 1914 und 1927 war er mehrere Male Minister, 1935/36 wurde er Vizepräsident der Kammer. 179

Verro, Bernardino, 1866-1915, Führer des „fascio" in Corleone, Reformist. Um einer Haftstrafe zu entgehen, emigrierte er 1903 nach Tunesien. Drei Jahre später kehrte er zurück, bis 1907 war er in Haft. 1914 wurde er zum Bürgermeister Corleones gewählt und kurz darauf ermordet. 61

Vittorio Emanuele II, 1820-1878, 1849-1861 König von Sardinien, seit 1861 König von Italien. 25

Vittorio Emanuele III, 1869-1947, 1900-1946 König von Italien. 185

Vollmar, Georg von, 1850-1922, ursprünglich bayerischer Offizier, 1879 Redakteur des „Sozialdemokrat" in Zürich, 1881-1887 und 1896-1918 Mitglied des Reichstages. Er setzte sich seit 1891 für eine positive Mitarbeit der SPD in Staat und Parlament ein. 34ff., 142, 145ff., 151f.

Waldeck-Rousseau, Pierre, 1846-1904, französischer Ministerpräsident von 1899-1904. 174f.

Zanardelli, Giuseppe, 1826-1903. Er gehörte der „Storica Sinistra" an und leitete nach 1876 verschiedene Ministerien; im Jahr 1901 wurde er Ministerpräsident. 14, 87, 163, 167, 185, 193, 198

Zetkin, Klara, 1857-1933. 153
Zola, Émile, 1840-1902. 174

V. Die Autorin

Katharina Keller, geboren 1960, Dr. phil., ist freie Journalistin in Neustadt an der Weinstraße und Lehrbeauftragte am Historischen Seminar der Universität Karlsruhe.